股权纠纷

实务要点与案例精解

GUQUAN JIUFEN
SHIWU YAODIAN YU ANLI JINGJIE

黄明建　莫妙珍　李学峰／主编

法律出版社 | LAW PRESS
北京

图书在版编目（CIP）数据

股权纠纷实务要点与案例精解 / 黄明建，莫妙珍，李学峰主编. -- 北京 : 法律出版社，2024. -- ISBN 978 - 7 - 5197 - 9478 - 1

Ⅰ. D922.291.915

中国国家版本馆 CIP 数据核字第 2024KS2909 号

股权纠纷实务要点与案例精解
GUQUAN JIUFEN SHIWU YAODIAN YU ANLI JINGJIE

黄明建　莫妙珍　李学峰 主编

策划编辑 林　蕊　周　洁
责任编辑 林　蕊
装帧设计 鲍龙卉

出版发行 法律出版社
编辑统筹 司法实务出版分社
责任校对 晁明慧
责任印制 胡晓雅
经　　销 新华书店

开本 710 毫米 ×1000 毫米　1/16
印张 25.75　　**字数** 463 千
版本 2024 年 11 月第 1 版
印次 2024 年 11 月第 1 次印刷
印刷 三河市龙大印装有限公司

地址：北京市丰台区莲花池西里 7 号(100073)
网址：www.lawpress.com.cn
投稿邮箱：info@lawpress.com.cn
举报盗版邮箱：jbwq@lawpress.com.cn

销售电话：010 - 83938349
客服电话：010 - 83938350
咨询电话：010 - 63939796

书号：ISBN 978 - 7 - 5197 - 9478 - 1　　**定价**：88.00 元

凡购买本社图书，如有印装错误，我社负责退换。电话：010 - 83938349

本书编委会

序一 Preface

股权，作为企业发展的基础和关键，犹如企业的心脏，关系众多投资者的权益。在我国经济快速发展、市场竞争日益激烈的当下，股权在公司治理和经济运行中的重要性不言而喻。

近年来，国内外经济形势呈现多元化、复杂化的发展态势，经济结构不断调整，新兴产业蓬勃发展，传统产业也在积极转型升级。在这一背景下，公司作为市场经济的主体，面临前所未有的机遇和挑战。股权治理的优化与稳定，成为公司健康发展的关键因素之一。随着新修订的《公司法》实施，股权领域的规则与动态也发生了诸多深刻变化，对股权的界定、股东的权利与义务、公司治理结构等产生了重大且深远的影响。随着公司数量的急剧增长和商业活动的日益频繁，股权纠纷也呈现高发的态势。根据笔者多年处理股权纠纷的经验，我国高频、易发的股权纠纷主要集中在如下几个方面：

1. 股东资格确认纠纷屡见不鲜。公司设立、股权代持等情况日益复杂，《公司法》对股东资格认定的形式与实质要件的规定，影响此类纠纷的判定标准。例如，在新兴的创业公司中，由于资金来源多样、合作模式创新，股东资格的界定往往容易引发争议。

2. 股东知情权纠纷也是当前的热点问题。公司治理结构日益复杂，中小股东获取公司信息的难度与日俱增，股东知情权纠纷是股权纠纷中的常见难题，同时解决此类纠纷是解决众多股权纠纷的先决条件。新修订的《公司法》对股东知情权相关规定进一步完善，为小股东维权提供了新的法律依据，如扩大了小股东在特定情况下的查账权范围、完善了股东代表诉讼制度等。这一系列的改变反映在股权纠纷中，加强了对小股东的权益保护，使得小股东在面对大股东侵害权益时有了更多的法律武器，小股东在维权时应重点关注证据收集、程序履行、权利行使等要点。

3. 股东出资风险在当前的经济环境下更加突出。在《公司法》修订的背景下，股东的出资责任风险发生了新的变化。认缴资本制下，股东出资期限更加灵活，但同时也带来了诸如虚假出资、抽逃出资、加速出资、违法减资、违法注销、财产混同等重大风险。本书针对不同出资风险，结合《公司法》条文，选取典型案例进行分析，例如，在企业扩张过程中，股东为了满足公司资本需求可能会面临调整出资期限或者增加出资的情况，此时如何保障自身权益并避免出资风险，是众多股东关注的焦点，也是笔者在本书中进行法律风险提示及防控的重点。

4. 公司治理中职权冲突导致的股权纠纷越发常见。从公司治理的角度看，新修订的《公司法》对股东会、董事会、监事会的职权划分更加明确，这有助于规范公司内部的权力运行。但在实际操作中，这种职权划分的调整会引发新的股权纠纷，例如，股东会与董事会决策权限的争议，可能涉及对公司重大利益的决策和股东权益的影响。

出版本书是希望为公司股东、高管以及所有关注股权问题的人提供一本全面、实用的指南，结合当前国内经济形势下公司高频股权纠纷和股东风险，以案例精解的方式让读者深入理解股权纠纷的实务要点，从而在复杂多变的商业环境中有效地保护股东权益。

尽管市面上有关股权纠纷解决方案的书籍很多，但笔者认为，本书有以下三方面特点：

其一，本书的编著过程与《公司法》2023年修订同步，结合了法律规定及实务操作的最新变化和要求，具有较强的时效性。

其二，本书以案例为事实基础，以法律法规、司法解释为依据，以法律风险防范为立足点，重点关注对股权纠纷源头治理、防患于未然，专注纠纷解决的专业性。

其三，本书讲述的股权纠纷具有典型性，涉及的都是高频、常见、易发的股权纠纷，更加注重实用性。

在编写本书过程中，或许存在这样或那样的缺憾，欢迎各位专家、学者、读者不吝赐教，对本书的不足之处给予批评和指正。

最后，希望本书的出版能为中国企业高质量发展贡献绵薄之力！

黄明建

2024年10月

序二 Preface

随着中国市场经济的蓬勃发展和法治建设的不断深化,《公司法》作为调整公司行为、规范公司治理、平衡及保护投资者和债权人权益的基础法律,其修订及完善对于促进市场经济的健康发展具有重要意义。2023 年 12 月 29 日,新修订的《公司法》(以下简称新《公司法》)由中华人民共和国第十四届全国人民代表大会常务委员会第七次会议审议通过,于 2024 年 7 月 1 日起施行。这一修订标志着我国公司法律制度迈入了一个新的发展阶段。

我是一名执业律师,数年前已获评二级律师的副高级职称。在法律界耕耘了 15 载,我专注于公司法相关商事争议解决以及股权并购非诉法律事务,有幸代理了若干重大疑难案件,积累了一定的实务经验,并在解决复杂的股权纠纷方面有一定的心得。作为《股权纠纷实务要点与案例精解》的主编之一,能在这个重要的时刻,与大家分享对新《公司法》的理解,对公司法典型案例的研究所得,我深感荣幸。

新《公司法》在多个层面进行了重要调整,实际性修订的条款超过 50%,笔者认为其中以下几个方面尤其值得关注及重点理解:其一,注册资本制度的调整。新法规定有限责任公司股东的出资期限不得超过 5 年,这有助于遏制注册资本虚高现象,增强公司资本的真实性和偿债能力。其二,股东权利保护的加强。新法扩大了股东的知情权范围,允许股东在特定条件下查阅会计凭证,进一步强化了股东的参与权和监督权。其三,董事、监事、高级管理人员责任的明确。新法对董事、监事、高级管理人员的责任进行了进一步明确和强化,以促进其忠实、勤勉地履行职责。其四,公司治理结构的优化。新法允许公司根据自身规模和实际情况,灵活选择公司治理结构,包括不设立董事会或监事会,简化了公司治理程序。其五,国家出资公司的特别规定。新法对国家出资公司进行了特别规定,强调了党对国有企业的领导,强化了国有企业的内部监督管理。其六,公司债券发行的完善。新法对公司债券的发行进行了进一步规范,明确了债券持有人会议和债券受托管理人制度,保护了债权人的利益。其七,简易注销制度的引入。新法引入了简易注销制度，简化了公司注销流程，有助于提高市场退出效率。

新《公司法》的上述重大调整，回应了过往公司法领域众多争议较大的问题。“法律的生命不在于逻辑，而在于经验。”作为法律人，我们深知法律实务的复杂性和挑战性，在处理股权纠纷案件时，不仅要精通法律条文，还要具备敏锐的洞察力和丰富的经验，才能准确把握案件的关键点，为当事人提供有效的解决方案。本书选取的典型案例，多有涉及新《公司法》作出重大调整的问题，详细解读了案例体现的裁判思路、逻辑和宗旨，深入分析了股权纠纷的各大热点问题，包括但不限于发起人责任、股东出资、股东资格确认、股权转让等。我们希望通过对这些要点的解读和案例的剖析，帮助读者更好地理解和运用新《公司法》，在实务操作中把握法律的精髓，妥善处理各类股权纠纷。

本书通过分析案例中的法律适用问题，探讨在类似情况下如何正确理解和应用法律，指出股权纠纷中可能存在的风险，并提供相应的风险防范建议。在选取和解析案例、撰写本书的过程中，编委会秉承如下原则：首先，保证代表性。精选的案例有代表性，体现法律条文的关键点和在实际情况下的解释及应用。其次，力求全面性。尽可能涵盖股权纠纷的常见争议焦点，确保读者能够全面了解股权纠纷。再次，追求深入性。对每个案例进行深入分析，不仅解读法律条文，还探讨了案件的背景、争议焦点、法院判决的依据和结果，以及对实务操作的启示。最后，保证实务性。结合法律条文和案例，提供实务操作建议，帮助读者理解在实务中如何运用新修订的法律。

新《公司法》为我们提供了新的法律框架和指导原则，希望本书可以成为读者理解和应用这些法律条文的实用工具。我们期待与广大读者共同探讨和交流，以期为中国公司法领域的法律实务贡献绵薄之力。

最后，感谢所有参与本书编写的同人，以及给予我们支持和帮助的朋友们。让我们共同期待新《公司法》能够为中国的公司法律制度建设和市场经济的健康发展提供更加坚实的法律保障。

是为序。

莫妙珍

2024 年 10 月

序三 Preface

"法律的生命在于经验。"法律不是躺在纸上的条文,而是深入我们每个人的生活,是活生生的实践,是实实在在的经验。从2004年准备司法考试开始,我已经在法律实践的道路上,行走了整整20年。20年的实践,20年的经验,告诉我:律师不应当仅仅是法律的实践者,更应当是经验的提炼者,从而为法治建设献力。

自执业之初,我便选择了商事律师作为自己的执业领域,那时我以能够到法院经济庭[①]开庭为荣,慢慢的,我成了经济庭的常客,也越来越熟悉《公司法》、《合同法》的审判规则和司法实践。十年磨一剑,近20年实践,使我对公司股东之间的纠纷、股权问题的处理积累了大量的实战经验;正是基于此,我参与编写了此书。

股权纠纷主要包括股东出资纠纷、股权确认纠纷、股权转让纠纷、股东权利纠纷等。

股东出资纠纷是股东在公司设立过程或增资过程中,因履行向公司投入资金或物等资本过程中所发生的纠纷。在司法实践中,股东出资纠纷主要有:(1)股东虚报出资额,有关验资单位出具虚假的验资证明,使不符合条件的"公司"得以登记;(2)先出资后抽逃,公司发起人在设立时,通过借款等方式筹措资金划到验资账户上,一旦完成验资,即以各种形式将资本进行抽逃。

股权确认纠纷股权确认实质上就是股东资格的确认。在司法实践中,因股东资格而产生的股权确认之诉是较为常见的一种纠纷,也是法理上和实务中较为复杂的诉讼。股东资格的认定问题主要存在于有限责任公司;股份有限公司股东资格以是否持有公司发行的股票为认定标准,一般不存在疑义。

股权转让纠纷,是指股权在转让的过程中所发生的纠纷的总称,包括股东之间转让股权的纠纷,以及股东与非股东之间转让股权的纠纷。

股东权利纠纷,是指在按公司法注册的企业中,因企业财产的一个或多个权益

① 随着时代发展,经济庭的设置已经不存在,大多数法院现在称为民二庭。

所有者拥有哪些权利和按什么方式、程序来行使权利产生的纠纷。

股权纠纷产生的根本原因系利益争夺。应该说无论是股东之间的股权之争、控制权之争,还是董事会与总经理、董事会内部的权力之争,一般来说,都是股东之间的利益之争。如何防范股权纠纷的法律风险?如何解决实际生活中遇到的股权问题?如何维护自己正当的股权利益?本书将给您答案。

注重实务是本书的根本特点。书名《股权纠纷实务要点与案例精解》表明:帮助读者认识股权实务,掌握股权纠纷在实践中的处理是本书的目的。本书没有过多的理论阐述,也没有对各种名家经典理论的诠释,而是直奔主题,紧扣股权实务,展示案件实务操作的客观流程,并辅以相关案例、法规、文件及风险防范建议为支撑。本书围绕股权法律实务中相关问题"是什么"、遇到了"怎么办",来帮助读者认识股权纠纷,学会处理股权纠纷。

直观性是本书的鲜明特点。本书注重内容直观,运用案例教学法原理,以案说事,以案析理。本书更注重语言直观,在语言表述上,注重使用律师执业中的行业术语、司法实践中的法言法语阐释内容,使读者一看即懂,做到可学易仿。

兼顾多用性是本书的一大特色。本书没有止步于一般案例选编的约束,兼顾了教学参考和自学用书的功能,适合当下司法从业者,公司高管、股东的碎片阅读习惯。本书不但可以作为专业青年律师的教科书,也可以作为广大创业者、老板的自学教材,更可以作为有股权纠纷困惑的当事人打官司的实用宝典。从某种意义上来说,本书称得上是处理股权纠纷的实务宝典。

为了保证本书的权威性和准确性,我们诚邀了多位专业领域的资深律师参与编写和审校工作,在此感谢协助编写本书的各位合作者。

李学峰

2024 年 10 月

目录 Contents

第一章

发起人责任纠纷

一、实务要点

公司设立,是指发起人依照法律规定的条件和程序,为组建公司并使之取得法人资格而采取或实施的一系列法律行为的总称。公司设立需要经过必要的法律程序,如制定公司章程、认缴出资、租赁场所、报请设立、行政部门核准设立等,只有经过公司设立程序,公司才得以成立并具有法人资格,从而可以开展正常的商业活动。

公司经依法设立登记,自营业执照签发之日即告成立。公司成立后,即可以自己的名义开展正常的经营活动,并在法律上独立于股东及发起人。

在公司设立过程中,发起人系设立中公司具体事务的承办者,其地位属于设立中公司的法律机关,履行公司设立职责。设立任何公司都有公司的发起人。根据《最高人民法院关于适用〈中华人民共和国公司法〉若干问题的规定(三)》第一条的规定,发起人是指为设立公司而签署公司章程、向公司认购出资或者股份并履行公司设立职责的人,包括有限责任公司设立时的股东。据此,公司的发起人分为两种:一种是有限责任公司设立时的股东,另一种是股份有限公司的发起人。

《最高人民法院关于适用〈中华人民共和国公司法〉若干问题的规定(三)》第三条规定,发起人以设立中公司名义对外签订合同,公司成立后合同相对人请求公司承担合同责任的,人民法院应予支持。公司成立后有证据证明发起人利用设立中公司的名义为自己的利益与相对人签订合同,公司以此为由主张不承担合同责任的,人民法院应予支持,但相对人为善意的除外。该解释第四条规定,公司因故未成立,债权人请求全体或者部分发起人对设立公司行为所产生的费用和债务承担连带清偿责任的,人民法院应予支持。部分发起人依照前款规定承担责任后,请求其他发起人分担的,人民法院应当判令其他发起人按照约定的责任承担比例分担责任;没有约定责任承担比例的,按照约定的出资比例分担责任;没有约定出资比例的,按照均等份额分担责任。因部分发起人的过错导致公司未成立,其他发起人主张其承担设立行为所产生的费用和债务的,人民法院应当根据过错情况,确定过错一方的责任范围。该解释第五条规定，发起人因履行公司设立职责造成他人损害，公司成立后受害人请求公司承担侵权赔偿责任的，人民法院应予支持；公司未成立，受害人请求全体发起人承担连带赔偿责任的，人民法院应予支持。公司或者无过错的发起人承担赔偿责任后，可以向有过错的发起人追偿。该解释第十三条第三款规定，股东在公司设立时未履行或者未全面履行出资义务，依照该条第一款或者第二款提起诉讼的原告，请求公司的发起人与被告股东承担连带责任的，人民法院应予支持；公司的发起人承担责任后，可以向被告股东追偿。

我国《公司法》第四十四条规定："有限责任公司设立时的股东为设立公司从事的民事活动，其法律后果由公司承受。公司未成立的，其法律后果由公司设立时的股东承受；设立时的股东为二人以上的，享有连带债权，承担连带债务。设立时的股东为设立公司以自己的名义从事民事活动产生的民事责任，第三人有权选择请求公司或者公司设立时的股东承担。设立时的股东因履行公司设立职责造成他人损害的，公司或者无过错的股东承担赔偿责任后，可以向有过错的股东追偿。"

发起人责任，是指发起人在公司设立过程中，因公司不能成立应承担的责任，或者在公司成立时因发起人自身的过失行为致使公司利益受损时应承担的责任。由以上法律规定可知，发起人的责任主要体现在以下几方面：

第一，公司因故未成立，发起人对设立公司行为所产生的费用和债务承担责任；发起人为二人或以上的，发起人承担连带清偿责任。因部分发起人的过错导致公司未成立，其他发起人可以主张由有过错的发起人承担设立行为所产生的费用和债务。

第二，发起人因履行公司设立职责造成他人损害，公司成立的，受害人可请求公司承担侵权赔偿责任；公司未成立的，受害人可请求全体发起人承担连带赔偿责任。公司或者无过错的发起人承担赔偿责任后，可以向有过错的发起人追偿。

第三，发起人为设立公司以自己名义对外签订合同，第三人有权选择请求公司或者公司设立时的股东承担。

第四，发起人以设立中公司名义对外签订合同，原则上由成立后的公司承担合同责任。但公司成立后有证据证明发起人利用设立中公司的名义为自己的利益与相对人签订合同，公司不承担合同责任。

实务中，发起人责任纠纷主要包括两种：一种是发起人之间的纠纷，如个别发起人违约导致公司不能设立引起的纠纷、公司未能设立但发起人之间对过错的认识不一致引起的纠纷，等等；另一种是发起人和设立中的公司与债权人等利害关系人因相互之间权利义务而产生的纠纷，如发起人与合同相对人因合同履行或费用结算产生的纠纷。

二、风险防范建议

无论公司设立成功还是失败均有可能产生发起人责任。为规避相应法律风险，建议如下：

1. 发起人应当签订设立协议，根据《公司法》第四十三条与第九十三条的规定，有限责任公司的发起人可以签订设立协议；股份有限公司的发起人应当签订发起人协议，明确各自在公司设立过程中的权利和义务。可见，设立协议并不是有限责任公司成立的必备条件，但有限责任公司设立前，由于还不具有独立的主体资格，在设立的过程中往往会出现很多无法预知的问题，为避免争议，建议发起人在有限责任公司设立之前签署出资协议，对出资各方的出资额和对应的股权/股份比例、出资方式、出资时间、发起人的权利、责任和义务、公司未能设立的情况下如何分担费用等情况进行详细、明确的约定。实务中，有些创业者怕麻烦，希望签的协议越少越好，认为既然公司章程也规定股东权利义务，没必要再签一份出资协议。实际上，这是对设立协议和公司章程的片面理解，从法律角度来看，公司章程无法替代设立协议，如公司章程一般不规定具体的违约责任，而设立协议可根据不同情况设计不同的违约救济条款，具化违约责任。这不仅可事先给出资人造成一定的心理威慑，提前预估违约成本，也为事后解决争议提供明确的合同依据。

与不熟悉的人合作成立公司，为避免对方不按约定出资导致公司不能设立的风险，设立协议或发起人协议内容可约定"一方不按约定履行出资义务，经催告后在合理期限内仍不履行导致公司不能设立的，不仅要承担公司所有设立费用与债务，还要向其他发起人赔偿×万元违约金，该违约金由其他发起人按认缴出资比例进行分配。若其他发起人因此被追究连带责任，则违约的发起人除了需赔偿其他发起人所遭受的损失外，还应按该损失金额的一倍向其他发起人额外支付赔偿金"。

就集团公司而言，为避免存在"主体不适格"的争议，在签订《设立协议》《发起人协议》等相关文件时，建议不要以集团公司名义签订，应以具体参与发起设立的子公司名义签订。

2. 负责筹备公司成立的发起人要做好自我保护工作。发起人应尽量以设立中的公司的名义对外签订合同，或者在合同中注明购买的材料或设备是用于公司设立的。为筹备公司设立而对外签订合同时，应当在合同第一条明确约定"本合同的甲方为×××公司(筹)。由于本合同签订时×××公司(筹)仍处于设立过程中，×××的签字属于发起人以设立中公司名义对外签订合同，因本合同产生的责任和义务等均由×××公司承担"，此时合同的落款为发起人自己的签名。如果条件允许，还可以把发起人之间的合伙协议或出资协议作为合同附件，让合同相对人充分了解公司仍处于筹备阶段的事实。待公司正式成立并取得公章后，发起人可以在上述合同中补盖公司公章以加强合同效力。

3. 发起人应当细心保留公司设立过程中的费用支出凭证，如场地租赁合同、机器设备买卖合同、增值税发票、银行转账记录、收据、微信聊天记录等证据，以便在日后诉讼纠纷中举证证明因筹备公司设立所产生的费用支出。另外，款项交付方式要慎重，现金交付难以"留痕"，尽量采取银行转账、支付宝或微信支付等能证明支付情况的方式。若因特殊情况只能现金交付，金额较大的，除要求对方出具收据外，还要保留好现金来源等证据或有见证人在场。

4. 签订《设立协议》或《发起人协议》前，对其他发起人进行背景调查，尤其是关于资金实力、征信情况、有无被列为失信被执行人等进行调查，尽可能选择与信用良好、实际有出资能力的主体签约，避免日后对方无法出资。

三、典型案例解析

案例1 发起人为设立公司以自己名义对外签订合同，合同相对人可请求发起人承担合同责任，也可请求已设立的公司承担合同责任

——蔡某华诉无锡市阳×辰焊管科技有限公司买卖合同纠纷案

【基本案情】

上诉人（原审被告）：蔡某华

被上诉人（原审原告）：无锡市阳×辰焊管科技有限公司（以下简称阳×辰公司）

一审法院：无锡市锡山区人民法院

案号：（2016）苏0205民初1686号

二审法院：江苏省无锡市中级人民法院

案号：（2016）苏02民终3040号

2015年1月26日，阳×辰公司与蔡某华签订《购买合同》一份，约定：蔡某华向阳×辰公司购买固定轮式内外焊缝整平设备一套，合同价款37,000元。合同签订后，阳×辰公司按约完成了交付货物义务，并根据蔡某华的要求多次供货价值8300元，但蔡某华仅支付10,000元，尚欠货款35,300元不按约定支持。为此，阳×辰公司将蔡某华诉至法院，请求：判令蔡某华立即支付货款35,300元及逾期利息（自起诉之日2016年4月19日起计算至实际给付之日止按中国人民银行同期同类贷款基准利率计算）。

蔡某华不服一审判决，向江苏省无锡市中级人民法院提起上诉，请求：撤销一审

判决,改判驳回阳×辰公司的诉讼请求。事实与理由:蔡某华实际系代表无锡华×达新型材料有限公司(以下简称华×达公司)签订的买卖合同,当时华×达公司在筹备阶段,后于2015年2月3日经市场监督管理部门核准注册且蔡某华被登记为法定代表人,故蔡某华是作为华×达公司代表人的身份签订合同,属于职务行为而非个人行为。具体表现为:首先,本案诉争标的物用于生产华×达公司的产品,且生产和销售该产品在华×达公司的经营范围之内。其次,阳×辰公司提供的送货单也注明客户单位为"华×达",恰好证明阳×辰公司的真实意思表示是与华×达公司发生业务往来。最后,合同约定含17%税票,只有一般纳税人才能开具17%的增值税发票,可推定签订合同时已经向阳×辰公司释明了实际买方是华×达公司。鉴于华×达公司与本案有直接利害关系,一审法院没有追加其为本案第三人,致使本案事实没有查清。

阳×辰公司辩称,蔡某华在案涉买卖合同上签字确认,其即与阳×辰公司建立了合同关系。蔡某华虽称合同主体应为华×达公司,但未提供任何证据证明或得到华×达公司追认。关于发票,在买卖活动中,卖方往往根据买方的指示开具发票,开票与否不能作为反推合同主体的依据,合同应当根据签字盖章来确认主体。

本案其他相关事实:(1)一审期间,蔡某华提供了华×达公司的工商登记情况,但未有华×达公司对蔡某华行为的认可或追认的相关依据。(2)二审期间,蔡某华提交华×达公司工商档案中的企业住所租赁协议,证明2015年1月20日蔡某华以华×达公司名义从事筹建公司的工作,当时华×达公司已经向工商部门申请了名称。阳×辰公司对该证据的真实性无异议,但认为与本案无关。

【裁判结果】

一审法院判决:蔡某华于判决生效后10日内支付阳×辰公司货款35,300元,并支付该款自2016年4月19日起至实际给付之日止按人民银行同期同类贷款基准利率计算的利息。

二审法院判决:驳回上诉,维持原判。

【案件解析】

本案主要争议焦点为蔡某华是否应承担案涉买卖合同的买方责任。

《最高人民法院关于适用〈中华人民共和国公司法〉若干问题的规定(三)》第二条规定:"发起人为设立公司以自己名义对外签订合同,合同相对人请求该发起人承担合同责任的,人民法院应予支持;公司成立后合同相对人请求公司承担合同责任的,人民法院应予支持。"可见,即使行为人是为设立中的公司签订合同,且公司也予以认可,对于由行为人还是由公司承担合同责任,合同相对人具有选择权。

本案中,阳×辰公司显然选择由签订合同的行为人蔡某华承担买方责任,符合法律规定,其诉求应被支持。如果蔡某华确为华×达公司利益而签订此合同,在对外承担责任后,可另行与华×达公司结算。

案例2　发起人以设立中公司名义对外签订合同，公司成立后合同相对人可以要求公司承担合同责任

——佛山市三×纺织有限公司诉鹤山市海×龙盛服装有限公司买卖合同纠纷案

【基本案情】

原告：佛山市三×纺织有限公司（以下简称三×公司）

被告：鹤山市海×龙盛服装有限公司（以下简称海×龙盛公司）

审理法院：佛山市南海区人民法院

案号：（2022）粤0605民初12983号

2021年3月15日，三×公司作为供方与海×龙盛公司作为需方签订《购销合同》，合同约定了货品名称、数量、金额等内容，结算方式为当月货款于次月25日前付60%，剩余40%货款于次次月25日前付清。合同落款处加盖了三×公司印章及海×龙盛公司印章。

2021年3月22日，三×公司作为供方与海×龙盛公司作为需方签订《购销合同》，合同约定了货品名称、数量、金额等内容，结算方式为当月货款于次月25日前付60%，剩余40%货款于次次月25日前付清。合同落款处加盖了三×公司印章及海×龙盛公司印章。

2021年3月29日，海×龙盛公司经鹤山市市场监督管理局核准设立。

2021年6月20日，三×公司、海×龙盛公司签署《三泰纺织应收款对账单》，双方确认截至当日海×龙盛公司尚欠三×公司货款合计1,208,524元，落款处海×龙盛公司的印章与海×龙盛公司在本案中提交的《民事答辩状》落款处的印章无肉眼可辨的差别。

2021年12月4日，海×龙盛公司作为委托方、江苏海×远东实业有限公司（以下简称海×实业公司）作为受委托方、三×公司作为应收款方共同签署了一份《委托书》，其中载明海×龙盛公司委托海×实业公司收到鸿某达货款后支付三×公司604,261.85元。同年12月13日，海×实业公司向三×公司指定的中国工商银行尾号为4637的账户转账604,261.85元。

剩余货款604,261.85元经数次催告无效，三×公司遂诉至法院，请求判令：（1）海×龙盛公司向三×公司支付货款604,261.85元；（2）海×龙盛公司向三×公司支付逾期付款利息34,314.24元（自2021年8月25日起至2021年12月13日止共计111天，以1,208,523.7元为基数按照全国银行间同业拆借中心公布的贷款市场报价利率3.85%的1.5倍即5.775%向三×公司支付逾期付款利息21,519元；自

2021 年 12 月 24 日起至款项付清日止以 604, 261. 85 元为基数按照全国银行间同业拆借中心公布的贷款市场报价利率 3. 85% 的 1. 5 倍即 5. 775% 向三×公司支付逾期付款利息,现暂计至 2022 年 4 月 24 日合共 132 天为 12, 795. 24 元);(3)本案诉讼费、财产保全费由海×龙盛公司承担。

海×龙盛公司辩称:海×龙盛公司于 2022 年 3 月 29 日成立,但根据三×公司提供的购销合同和起诉状的陈述,双方于 2021 年 3 月 15 日和 2021 年 3 月 22 日签订了《购销合同》,但海×龙盛公司未成立不可能与三×公司签订合同。事实上,海×龙盛公司与三×公司并不存在买卖合同关系,海×龙盛公司也没有收到三×公司上述合同载明的货物。因此,海×龙盛公司要求驳回三×公司的诉讼请求。

【裁判结果】

1. 海×龙盛公司应于本判决发生法律效力之日起 10 日内支付货款 604, 261. 85 元予三×公司;

2. 海×龙盛公司应于本判决发生法律效力之日起 10 日内支付截至 2022 年 4 月 24 日的利息 28, 167. 54 元及以 604, 261. 85 元为基数自 2022 年 4 月 25 日起至实际清偿之日止按全国银行间同业拆借中心公布的 1 年期贷款市场报价利率上浮 30% 的标准计算的利息予三×公司;

3. 驳回三×公司的其他诉讼请求。

【案件解析】

本案虽然案涉两份《购销合同》的签订日期稍早于海×龙盛公司的成立日期,但合同签署后原海×龙盛公司又于 2021 年 6 月 20 日签署《三泰纺织应收款对账单》确认海×龙盛公司尚欠三×公司货款 1, 208, 523. 7 元,且海×龙盛公司已委托海×实业公司于 2021 年 12 月 13 日向三×公司支付了货款 604, 261. 85 元。《最高人民法院关于适用〈中华人民共和国公司法〉若干问题的规定(三)》第三条第一款规定:“发起人以设立中公司名义对外签订合同,公司成立后合同相对人请求公司承担合同责任的,人民法院应予支持。”可见,海×龙盛公司的发起人以设立中的海×龙盛公司对外签订合同,且海×龙盛公司成立后亦对相应债务进行确认,并已履行部分合同义务。因此,原海×龙盛公司之间的买卖合同关系合法有效,应受法律保护,三×公司已向海×龙盛公司履行交付货物的义务,海×龙盛公司应对案涉债务承担清偿责任。综上,三×公司主张海×龙盛公司支付 604, 262. 15 元的货款金额,法院应予支持。

案例3 公司因故未成立,债权人可请求发起人对设立公司行为所产生的债务承担连带清偿责任

——酵×男孩(杭州)科技有限公司诉蒋某军、郭某买卖合同纠纷案

【基本案情】

原告:酵×男孩(杭州)科技有限公司(以下简称酵×公司)

被告:郭某

被告:蒋某军

审理法院:杭州市上城区人民法院

案号:(2021)浙0102民初6770号

2020年6月28日,蒋某军以杭州羊×仓餐饮有限公司(乙方)名义与酵×公司(甲方)签订《供货合同》一份,约定:甲方向乙方供应洋酒、红酒、啤酒、饮料等产品,协议履行期限为两年,2020年7月1日至2022年8月1日,甲方供应的所有商品须根据乙方所需用量在24小时内将货物送至乙方经营场所内或其他指定地点,运费由甲方承担;在甲方将货物送至乙方店内后,乙方指定的经办人员应在甲方提供的销售回单联上签名确认,在合同约定的付款日凭此单付款。协议签订时,乙方指定的经办人员为蒋某军;若乙方在本协议履行期内变更上述指定货品接受人,乙方应当立即书面通知甲方,乙方未履行书面通知义务的,在收货单上签收的签字人员均视为乙方的工作人员。乙方所需的商品货款实行月结算,即每月发生的货款必须在次月的20日前结清。乙方如未能在上述约定期限内付清款项,甲方有权停止发货;逾期5个工作日内,每逾期1日的,按未付货款的0.5%支付逾期付款违约金;逾期5个工作日以上每逾期1日,按未付货款的1%日息支付逾期付款违约金;若逾期支付超过20个工作日,甲方有权停止供货,单方解除协议并收回货款,同时甲方有权收回本合同项下向乙方提供的一切销售折扣和物品。如乙方在协议期内发生经营变更,甲方将视情况决定是否变更合同。乙方经营变更未通知造成甲方损失的,甲方有权要求乙方承担赔偿责任或承担连带法律责任;乙方有其他严重违约行为损害甲方利益的,甲方有权停止供货,单方解除协议并提前收回货款,同时甲方有权收回合同项下向乙方提供的一切销售折扣、物品。因乙方违约行为导致甲方需要诉讼解决的,则产生的全部诉讼费用(包括律师费)由乙方承担;协议未尽事宜,双方应当协商处理,若协商不成,则通过诉讼解决,约定的管辖法院为甲方所在地法院等。蒋某军在乙方法定代表人处签名。

酵×公司于2020年7月16日至8月17日依约供应总金额为73,135元的货物,2020年9月10日退回31,748元货物,剩余货款41,387元未支付。现杭州羊×仓餐

饮有限公司没有注册成立，蒋某军没有支付货款。为此，酵×公司于2021年9月1日向杭州市上城区人民法院提起诉讼，请求：（1）判令蒋某军、郭某立即偿付货款41,387元，支付逾期付款违约金；（2）蒋某军、郭某承担律师费3000元；（3）本案诉讼费用由两被告承担。

法院经审理查明：（1）酵×公司供应洋酒、红酒、啤酒、饮料等产品，用于设立杭州羊×仓餐饮有限公司。（2）酵×公司为本案支出律师费3000元。（3）酵×公司所举证据尚不足以证明郭某系杭州羊×仓餐饮有限公司的发起人。

【裁判结果】

1. 蒋某军于判决生效后10日内向酵×公司支付货款41,387元及逾期付款违约金（以未付货款41,387为基数，自2020年9月20日起按年利率12%计算至实际付清之日止）；

2. 蒋某军于本判决生效后10日内向酵×公司支付律师费3000元；

3. 驳回酵×公司的其他诉讼请求。

【案件解析】

酵×公司与蒋某军之间买卖合同合法有效，合同之标的用于设立杭州羊×仓餐饮有限公司，根据《最高人民法院关于适用〈中华人民共和国公司法〉若干问题的规定（三）》第四条第一款“公司因故未成立，债权人请求全体或者部分发起人对设立公司行为所产生的费用和债务承担连带清偿责任的，人民法院应予支持”的规定，现杭州羊×仓餐饮有限公司因故未成立，债权人酵×公司请求作为发起人的蒋某军偿付货款及逾期付款违约金，于法有据，法院应予支持。酵×公司要求蒋某军承担律师费3000元的诉请，具有合同依据，应予支持。酵×公司要求郭某承担共同清偿责任的诉请，因酵×公司所举证据尚不足以证明郭某系杭州羊×仓餐饮有限公司的发起人，不应支持。

案例4　发起人之间均无证据证明对方对公司未成功设立存在过错的，对公司设立中产生的费用，应按照约定的出资比例分担责任

——浙江省长兴天×电源有限公司诉曾某甲、徐某兵发起人责任纠纷案

【基本案情】

上诉人（原审被告）：曾某甲

被上诉人（原审原告）：浙江省长兴天×电源有限公司（以下简称天×电源公司）

原审被告：徐某兵

一审法院：浙江省长兴县人民法院

案号:(2018)浙0522民初1918号
二审法院:浙江省湖州市中级人民法院
案号:(2019)浙05民终1204号

2016年11月23日,天×集团周某中、朱某彬、韩某俊、沈某晖作为甲方与曾某甲、徐某兵作为乙方签订《会议纪要》一份。《会议纪要》载明双方拟成立一家公司,注册资本暂定1000万元,甲方占股55%,乙方占股45%。公司筹备小组拟定9人,甲方4人,出任公司董事长、财务总监、销售总经理和行政专员。乙方5人,出任公司总裁、副总裁、研发总经理、生产总经理和研发总经理助理。曾某甲月薪8万元,徐某兵月薪3万元,孙某山月薪3万元,赵某臣月薪2万元,龙某玥月薪2万元。《会议纪要》同时载明,项目筹备期以曾某甲的名义向甲方借支,其费用支出作为业务费,凭正规发票报销,作为拟设公司的成本费用。公司筹备期间费用限额不超过200万元。

《会议纪要》签订后,双方开始筹备公司的设立工作,陆续产生部分费用。2017年10月31日,天×电源公司向曾某甲邮寄《函》一份,载明天×电源公司为设立公司已花费230万元,而公司尚未设立,告知曾某甲设立公司期间产生的工资、业务费用等85万元由双方按占股比例承担。曾某甲一方向天×电源公司的借款扣除天×电源公司应承担的部分,曾某甲一方尚应归还天×电源公司103.5万元。曾某甲一方应自该函寄出之日起7日内或确认收到该函之日起3日内前往天×电源公司对上述事项进行确认,逾期视为同意上述处理意见。曾某甲于2017年11月6日收到上述函件。

天×电源公司认为:设立公司的费用应由双方按约定的股份比例承担,即天×电源公司承担126.5万元,曾某甲、徐某兵承担103.5万元。曾某甲认为:(1)《会议纪要》中,天×电源公司并非《会议纪要》的签订主体,并非公司设立的主体,故其并非本案适格原告;(2)《会议纪要》约定曾某甲、徐某兵以技术与专利入股,曾某甲已提供技术方案和工程设计书,出资责任已履行完毕。

此后双方就公司未成立所产生的费用承担问题产生争议,天×电源公司向长兴县人民法院提起诉讼,请求:(1)判令终止天×电源公司与曾某甲、徐某兵签订的《会议纪要》;(2)判令曾某甲、徐某兵返还天×电源公司出资款103.5万元,逾期付款利息17,008.5元;(3)案件诉讼费用由曾某甲、徐某兵承担。在诉讼过程中,天×电源公司放弃了对逾期付款利息的主张。

经法院审理查明:(1)天×电源公司为设立公司实际花费2,199,825.95元。(2)曾某甲提交的技术方案、工程设计说明书、新产品开发评审、技术协议等材料,仅表明曾某甲团队提供的相关技术曾处于开发、评估、改进阶段,其未能提供技术符合投产要求以及投入实质性生产的相关证据。(3)双方均无证据证明对方对公司未成功设立存在过错。

【裁判结果】

一审法院判决:(1)天×电源公司与曾某甲、徐某兵于2016年11月23日签订的《会议纪要》于本判决生效之日终止履行;(2)曾某甲、徐某兵返还天×电源公司设立费用989,921.68元,限于判决生效后10日内付清;(3)驳回天×电源公司其他的诉讼请求。

二审法院判决:驳回上诉,维持原判。

【案件解析】

本案主要争议焦点为:(1)天×电源公司是否为本案的适格原告。(2)曾某甲是否已经以技术出资的形式完成了出资义务。(3)设立公司产生的费用如何承担。

关于本案争议焦点1,天×电源公司是否具有原告资格。2016年11月23日,甲方天×集团周某中、朱某彬、韩某俊、沈某晖与乙方曾某甲、徐某兵签订的《会议纪要》系双方对本案所涉公司设立过程中涉及的股权架构设置、机构设置、人员薪酬安排、业务范围确定等事宜进行的整体性约定,而本案关于公司设立期间的费用,实际是以曾某甲向天×电源公司借支的形式支出,天×电源公司应当具有原告资格,系适格的主体。

关于本案争议焦点2,曾某甲在二审中提交的技术方案、工程设计说明书、新产品开发评审、技术协议等材料,仅表明曾某甲团队提供的相关技术曾处于开发、评估、改进阶段,但曾某甲未能提供其提供的技术符合投产要求以及投入实质性生产的相关证据,不能视为曾某甲已完成了技术出资义务。

关于本案争议焦点3,设立公司产生的费用如何承担。因部分发起人的过错导致公司未成立,其他发起人主张其承担设立行为所产生的费用和债务的,人民法院应当根据过错情况,确定过错一方的责任范围。本案中,双方均无证据证明对方对公司未成功设立存在过错。故对公司设立中产生的费用,应按照约定的责任承担比例分担责任;没有约定责任承担比例的,按照约定的出资比例分担责任。《会议纪要》中约定甲方占股55%,乙方占股45%。故曾某甲、徐某兵应对公司设立的过程中产生的费用2,199,825.95元承担45%的责任即989,921.68元。因公司设立过程中产生的费用均由天×电源公司支付,故曾某甲、徐某兵应向天×电源公司返还989,921.68元。

案例5 公司未能设立，发起人向其他发起人出具的与公司设立费用相关的欠条具有法律效力，发起人应当履行在欠条中承诺的付款义务

——胡某乐诉付某芳发起人责任纠纷案

【基本案情】

上诉人(原审被告):付某芳

被上诉人(原审原告):胡某乐

一审法院:长兴县人民法院

案号:(2014)湖长泗商初字第108号

二审法院:湖州市中级人民法院

案号:(2014)浙湖商终字第454号

胡某乐诉称:胡某乐、付某芳因租用厂房办厂,胡某乐支付付某芳10万元用于租用厂房,后因付某芳租房办厂未成,胡某乐退出,付某芳同意归还胡某乐出资。付某芳出具胡某乐欠条一份,约定2013年10月中旬归还。后付某芳一直未予支付。胡某乐为维护自身合法权益向长兴县人民法院提起诉讼,请求判令:(1)付某芳给付胡某乐租金10万元,承担逾期付款利息;(2)付某芳承担本案诉讼费用。

付某芳辩称:(1)《共同投资合作协议书》由胡某乐、付某芳、秦某根三方签订。除胡某乐、付某芳外,秦某根作为共同投资人,应参加诉讼,故应追加秦某根为本案被告。(2)自己在公司筹建过程中支出较大的费用,公司未能办成,系胡某乐、秦某根未能按协议出资,过错在胡某乐、秦某根,应由胡某乐、秦某根承担全部责任并赔偿付某芳的损失。(3)根据《解散合作协议书》的约定,付某芳、胡某乐和秦某根三方合作期间产生了费用与债务,该些费用与债务应由三方共同承担,本案涉及的10万元属于负债,也应由三方共同承担,而不是由付某芳个人承担。

法院查明,胡某乐、付某芳、秦某根三方于2013年4月29日签订《共同投资合作协议书》,协议共同投资组建蓄电池装配自动化机械设备有限公司。2013年6月18日,胡某乐通过案外人李某华账户付给付某芳10万元,该费用用于租用厂房办厂。后因付某芳租房办厂未成,胡某乐、付某芳、秦某根三方于2013年8月25日签订《解散合作协议书》,约定:"2013年4月29日签订的《共同投资合作协议书》作废,在合作期间电脑、办公用品、车间、办公室等费用由付某芳等全体股东共同承担,今后任何一方不准再提合作中对与错事项"。2013年9月26日,付某芳出具胡某乐欠条一份,约定2013年10月中旬归还胡某乐10万元,欠条中还约定10万元中的3.6万元由胡某乐转给案外人汤某龙,秦某根在欠条证明人一栏签字。后经胡某乐催讨,付某芳一直未予支付。

本案其他相关事实:(1)付某芳主张欠条系其代表合作体向胡某乐出具,但对此并未能提供证据予以证实。(2)付某芳庭审中称,涉案欠条系受胡某乐逼迫所写,但对此并未提供充分有效的证据予以证明,付某芳也未以受胁迫为由请求撤销出具欠条的法律行为。

【裁判结果】

一审法院判决:付某芳给付胡某乐欠款 10 万元,于判决生效之日起 10 日内付清,逾期利息按中国人民银行同期贷款利率,本金 10 万元,自 2013 年 10 月 20 日计算至还清之日。

二审法院判决:驳回上诉,维持原判。

【案件解析】

本案争议焦点为案外人秦某根是否应当参加诉讼以及付某芳是否应在本案中向胡某乐支付 10 万元及相应利息。

本案争议焦点一是案外人秦某根是否应当参加诉讼。本案所涉欠条由付某芳向胡某乐出具,秦某根仅作为证明人签字,并未涉及秦某根的权利义务。付某芳在庭审中主张欠条系其代表合作体向胡某乐出具,但对此并未能提供证据予以证实,故对付某芳关于应追加秦某根作为共同诉讼人参加诉讼的主张,法院不应支持。

本案争议焦点二是付某芳是否应在本案中向胡某乐支付 10 万元及相应利息的问题。付某芳主张,合作期间发生的费用与债务应由三方共同承担,本案涉及的 10 万元属于负债,也应由三方共同承担。但从欠条的内容看,系付某芳作为"欠款人"向胡某乐作出给付 10 万元的付款承诺,付某芳还在欠条中明确"2013 年 10 月中旬还"。付某芳提出涉案欠条系受胡某乐逼迫所写,但对此并未提供充分有效的证据予以证明,付某芳也未以受胁迫为由请求撤销出具欠条的法律行为。付某芳作为完全民事行为能力人,应当知晓对外出具欠条的法律后果。本案的欠条系双方当事人真实意思表示,未违反国家有关法律、行政法规的强制性规定,合法有效。在欠条具有法律效力的情况下,付某芳应当履行在欠条中承诺的付款义务。至于付某芳提出的三方合作期间发生的费用及负债的分摊问题,若付某芳所称属实,可另行通过诉讼或其他途径依法解决。

案例 6 公司因故未设立,根据公平原则,继续享有公司设立期间合同权益的发起人应承担较大比例的公司开办费用

——孙某丽、屈某琦诉刘某霞发起人责任纠纷案

【基本案情】

原告:孙某丽

原告:屈某琦
被告:刘某霞
审理法院:北京市朝阳区人民法院
案号:(2019)京0105民初1567号

2017年12月29日,刘某霞作为甲方与乙方孙某丽、丙方屈某琦签订《合作出资经营协议书》,约定:甲乙丙三方本着互利共赢、团结合作的精神,经友好协商,就共同经营北京翻×云文化艺术传播有限公司事宜,达成如下合作协议:"第一条 公司名称以工商局核定公司名称为准,按照名称报批顺序拟定公司名称为:北京翻×云文化艺术传播有限公司、北京时×机文化艺术传播有限公司、北京北×星文化艺术传播有限公司,注册地北京,法定代表人刘某霞,注册资本20万元,经营范围为组织文化艺术交流活动(不含演出);赛事活动策划;设计、制作、代理、发布各类广告;承办展览展示;企业管理咨询;会议服务;摄影服务;家政服务;餐饮管理;室内设计装饰;办公用品、文化用品、工艺品、母婴用品、儿童玩具、乐器的销售;具体以工商部门批准经营的项目为准。公司是依照《公司法》等相关法律规定成立的有限责任公司,甲乙丙三方各以其注册时认缴的出资额为限对公司承担责任……第三条 注册资本20万元。甲方以现金作为出资,出资额10万元,占注册资本的50%;乙方以现金作为出资,出资额5万元,占注册资本的25%;丙方以现金作为出资,出资额5万元,占注册资本的25%;甲乙丙三方均应在签署本协议起3日内将各应投资的资金存入到共同的临时账户(开户行:北京农商银行机场南路支行,账号:×××),公司开业后,该临时账户内的余款将转入公司账户。任一方股东违反上述约定,均应按本协议第十条第一款承担相应的违约责任。公司成立后,应向已按期足额缴纳出资方签发出资证明书并加盖公司公章。出资证明书应载明公司名称、公司成立日期、公司注册资本、已按期足额缴纳出资方的名称、缴纳的出资额和出资日期、出资证明书的编号和核发日期……第九条 发生以下情形,本协议即终止:1. 公司因客观原因未能设立;2. 公司营业执照被依法吊销;3. 公司被依法宣告破产;4. 各方一致同意解除本协议。本协议解除后,各方共同进行清算,必要时可聘请中立方参与清算;若清算后有剩余,各方在公司清偿全部债务后,方可要求返还出资、按出资比例分配剩余财产;若清算后有亏损,各方以出资比例分担,遇有股东须对公司债务承担连带责任的,各方以出资比例偿还。第十条 任一方违反协议约定,未足额、按时缴付出资的,须在三日内补足,未如期足额缴纳出资,每逾期一日,违约方应向其他方支付出资额的10%作为违约金,如逾期三个月仍未缴纳的,其他方有权解除协议。除上述出资违约外,任一方违反本协议约定使公司利益遭受损失的,须向公司承担赔偿责任,并向守约方支付违约金20万元。"

2017年12月30日,孙某丽向刘某霞转账1万元;2017年12月31日,孙某丽再次向刘某霞转账1万元;2018年1月2日,孙某丽又向刘某霞转账2万元。2018年1月1日,屈某琦向刘某霞转账5万元。四笔款项的收款账户的户名为刘某霞,账号为×××。该账户的交易记录显示,2018年1月1日,现金存入10万元,刘某霞称该笔现金系其本人出资款。另外,该账户产生三笔汇款,第一笔汇款金额为3万元,第二笔汇款金额为190.8元,第三笔汇款金额为1万元,刘某霞称三笔汇款均转账给屈某琦,其中,第一笔是偿还屈某琦代付的"小×顿"项目的加盟费,第二笔是给屈某琦报销的交通费,第三笔是偿还屈某琦代付的"贝×汉堡"项目的定金。屈某琦和孙某丽对三笔汇款没有异议,但不同意将"小×顿"的加盟费计入公司开办费用中。

诉讼中,刘某霞提交"小×顿"项目的《代理协议书》,该协议载明甲方为北京小×顿科技启蒙教育科技有限公司(以下简称小×顿公司),乙方为刘某霞,其中第三条第(二)项约定,"本协议签订当日,乙方应一次性向甲方交纳一次性综合服务费1万元,首批产品款2万元,首批产品款用于订购教材、器材及软件使用"。第五条第(九)项约定,"因乙方原因致协议不能继续履行时,甲方不再退还货款及其他款项"。协议签订日期为2018年1月18日。刘某霞在诉讼中称,按照《代理协议书》的约定,如不能继续履行该协议,已经交纳的款项均无法得到返还,但仍可以得到价值2万元的教材、器材和软件等。孙某丽和屈某琦不同意受让《代理协议书》的相关权益,亦不同意接收相关教材、器材和软件,理由是拟成立的公司现已设立失败,其二人非经营主体。

2018年9月25日,刘某霞、孙某丽和屈某琦签订《股东会议决议》,内容如下:经2018年9月25日中午12时于京林大厦一层召开股东三人会议,鉴于公司自2017年12月29日至今未成立,三人同意自愿解散。原始出资额均存于刘某霞账号,于2018年10月1日至14日召开清算方案会议。孙某丽和屈某琦认为,三人于该日达成解除《合作出资经营协议书》的合意,但未就拟成立公司的费用负担问题形成一致意见。刘某霞表示,认可三人已于2018年9月25日共同解除《合作出资经营协议书》的事实。

另查,刘某霞于2018年9月14日申请注册成立北京翻×云文化传播有限责任公司,注册资本10万元,股东为刘某霞一人。孙某丽和屈某琦认为,刘某霞未经二人同意,私自使用三人拟设立的公司名称,已经构成违约。刘某霞提交2018年9月3日的《股东决议》和2018年9月25日的录音,证明其使用"北京翻×云文化传播有限责任公司"的名称注册公司已经孙某丽和屈某琦同意。2018年9月3日的《股东决议》内容为:(1)北京翻×云文化艺术传播有限公司、北京时×机文化艺术传播有限公司、北京北×星文化艺术传播有限公司因股东三方未找到合适的经营地点未选其中一个名称进行注册,经股东同意之前共同确认的三人公司名称及标识LOGO、公众号由刘某霞按其顺序选择一个可以使用注册其属于个人的公司。(2)刘某霞的个人公司自负盈亏、独立核算,与其他股东无关。(3)若股东刘某霞个人所经营的上述公司名称之一公司品牌效应形成,三个股东可以商议在经营范围许可以及工商批准的条件下可以设立分支机构,但财务损益独立核算。签名处有屈某琦和刘某霞的签字。孙某丽在庭审中表示其未参加该次会议,也不知道该决议的内容。在2018年9月25日的录音中,孙某丽、屈某琦和刘某霞三人主要围绕解除合作关系以及如何清算等问题进行协商。在谈及无法继续合作的原因时,屈某琦说:"嗯,反正是就从这一点上来说,就是这个信任吧有点失去了,出现信任危机吧……然后还有这件事,上次你单独约我谈这个公司名字这个事儿,我觉得我出于对你的信任,我挺配合你的,现场我就给你签字了,然后我回家以后我老公真是就把我骂了一顿,说协议你能随便乱签吗?说你们三个人合伙做的就应该你们三个人一起来商量这个一起坐下来,来签这个协议。"就刘某霞使用公司名称一事,孙某丽在录音中说:"这不是一个名字的问题,是一个很大的问题,一是我没退出来,二是涉及公司注册问题。"刘某霞说:"因为你在群里你在那里说你要退出了,你要不干了,外加什么之前来讲的话,我们去了这么多地方也好,或者包括这个去现场,然后你这个就特别不积极,给我们一种消极状态。"屈某琦说:"说过了吗?"孙某丽回答:"前期我很积极的。"刘某霞说:"后来一听说你去美国,就在我们家那天聊天的时候说,你要在美国那边买房子怎么怎么样,然后就不打算有这种说需要用钱呀,或者什么的,更证明了,然后就是说你不是说是,就后期嘛,我没说前期啊。"孙某丽说:"您不能不分时间段啊,您可以说我后期不积极,我前期很积极呀。"在讨论解除合作关系后的清算问题时,孙某丽、屈某琦和刘某霞均同意分摊费用,但就各自分摊的费用金额和"小×顿"项目处置问题未能达成一致,各方一致同意就费用负担问题另行择期协商处理。

2018年11月1日,孙某丽和屈某琦将刘某霞诉至法院,诉求:(1)判令刘某霞向孙某丽和屈某琦各返还5万元的出资,并支付相应利息;(2)判令刘某霞向孙某丽和屈某琦各支付违约金10万元;(3)本案诉讼费用由刘某霞负担。

刘某霞辩称:不同意孙某丽和屈某琦的诉讼请求。2017年12月29日,刘某霞、孙某丽和屈某琦签订《合作出资经营协议书》,各方在约定期限内将投资款转账至指定账户。后经考察项目,三人决定经营"小×顿"项目,并由屈某琦代缴加盟费1万元和材料费2万元,由刘某霞代表签订《代理协议书》。在考察"小×顿"项目过程中,屈某琦垫付交通费195元。刘某霞于2018年1月18日,将屈某琦垫付的前述款项支付给屈某琦。2018年8月25日,三人又商议加盟"贝×汉堡"项目,由屈某琦代为垫付加盟费1万元。2018年8月29日,刘某霞亦将该费用支付给屈某琦。2018年8月26日,孙某丽在微信群聊中提出退出合作;2018年8月27日,屈某琦也提出退出合作。虽然刘某霞多次挽留孙某丽和屈某琦,但孙某丽和屈某琦仍态度坚决,刘某霞考虑到二人的经济能力,遂决定自己成立独立的公司。2018年9月3日,刘某霞找到屈某琦，希望屈某琦加入刘某霞成立的公司，屈某琦予以拒绝，但屈某琦出具书面意见同意刘某霞使用三人前期拟定的公司名称。当日晚间，刘某霞通过微信群聊书面通知孙某丽，告知其计划使用三人拟定的公司名称。在孙某丽和屈某琦明确退出合作的情况下，刘某霞着手准备注册自己的公司，并在 2018 年 9 月 14 日取得营业执照。2018 年 9 月 25 日，三人商定以 1∶1∶1 的比例分摊已支出的费用，并且解除合作关系，清算的具体事宜后期安排时间详谈，但后来三人并未就清算事宜协商一致。刘某霞认为，第一，三人在 2017 年 12 月 29 日签订的是《合作出资经营协议书》，并未签订公司章程，而且公司也未进行注册，现孙某丽和屈某琦退出合作，本案应当属于公司未设立纠纷，而非发起人责任纠纷。第二，三人均属于投资方，并没有资金借贷关系，故孙某丽和屈某琦要求退还全部投资款并索要利息属于无理要求，没有法律依据。第三，在合作过程中，孙某丽和屈某琦相继提出退出合作，其二人违约在先，给刘某霞造成经济损失，应当承担违约责任；刘某霞在注册公司时使用三人拟定的名称是经过孙某丽和屈某琦同意的，故不存在违约的行为，不应当支付违约金 20 万元。第四，不应当由刘某霞一人承担本案的诉讼费，应由三人共同承担。

另法院审理查明：(1)公司设立期间，因考察公司拟经营的项目，共计支出 40,190.8 元。(2)根据 2018 年 9 月 25 日的录音，孙某丽、屈某琦与刘某霞三人当时并未就开办费用的分摊比例为 1∶1∶1 达成一致意见。

【裁判结果】

1. 刘某霞于本判决生效之日起 10 日内向孙某丽返还投资款 45,980.92 元并支付相应利息；

2. 刘某霞于本判决生效之日起 10 日内向原告屈某琦返还投资款 45,980.92 元并支付相应利息；

3. 驳回孙某丽和屈某琦的其他诉讼请求。

【案件解析】

孙某丽、屈某琦与刘某霞签订的《合作出资经营协议书》系各方真实意思表示，内容不违反法律、行政法规的强制性规定，应属合法有效。合同签订后，孙某丽和屈某琦均依约向刘某霞名下的银行账户汇入投资款，刘某霞亦在约定日期内完成出资。后在公司设立期间，因考察公司拟经营的项目，共计支出 40,190.8 元。2018 年 9 月 25 日，孙某丽、屈某琦与刘某霞经协商签订《股东会议决议》，决定解除合作关系，三人不再继续成立公司，故以成立公司为目的的《合作出资经营协议书》应于当日解除。由于三人拟成立的公司并未实际成立，故在《合作出资经营协议书》解除后，应当对已发生的开办费用按照一定比例进行分摊，分摊后所剩余的资金返还给各出资人。

本案争议焦点一是“小×顿”项目所产生的费用是否应当列入开办费用。虽然“小×顿”项目的《代理协议书》由刘某霞一人签订，但该笔费用却由屈某琦代为垫付，显然屈某琦对加盟“小×顿”项目是知情并且同意的。另外，2018 年 9 月 25 日的录音也反映出，孙某丽对于加盟“小×顿”也是知情并且同意的，故应当认定“小×顿”项目系孙某丽、屈某琦和刘某霞当时拟成立公司的经营项目之一，该项目所产生的 3 万元的费用应当列入开办费用中。但是，鉴于“小×顿”项目的《代理协议书》系由刘某霞个人签订，在后续履行《代理协议书》或者解除该协议时也只能由刘某霞主张，故《代理协议书》的合同权益应当由刘某霞继续享有，2 万元首批产品款可订购的教材、器材和软件使用等均由刘某霞个人所有，而根据公平原则，刘某霞应当对为《代理协议书》支付的 3 万元负担较大比例。

本案争议焦点二是三人分摊开办费用的比例问题。刘某霞主张，三人已在 2018 年 9 月 25 日协商中确定分摊比例为 1∶1∶1，但孙某丽和屈某琦予以否认。根据 2018 年 9 月 25 日的录音，三人当时并未就开办费用的分摊比例问题达成一致意见，故对刘某霞的主张不应采信。《合作出资经营协议书》第九条约定，公司因客观原因未能设立导致合同解除的，如清偿债务后仍有剩余财产，应按出资比例分配剩余财产。因此，原则上三人应当按照出资比例分摊开办费用，即孙某丽和屈某琦各承担 25%，刘某霞承担 50%，但由于刘某霞需要对“小×顿”项目的费用承担较大比例，故根据公平原则，依法酌定孙某丽和屈某琦各承担 10%，刘某霞承担 80%，即孙某丽应承担的费用为 4019.08 元，屈某琦应承担的费用为 4019.08 元。由于拟设立公司的资金均储存在刘某霞账户内，故刘某霞应当在扣除孙某丽和屈某琦应承担的费用后向其二人返还剩余资金，即刘某霞向孙某丽返还 45，980.92 元，向屈某琦返还 45，980.92 元。

本案争议焦点三是孙某丽和屈某琦主张刘某霞擅自使用三人事先选定的名称注册公司，是否构成违约。根据刘某霞提交的 2018 年 9 月 3 日的《股东会议决议》可以看出，刘某霞使用三人事先选定的名称注册公司是经过屈某琦同意的，刘某霞并不对屈某琦构成违约。而就孙某丽而言，虽然孙某丽对该事并不知情，刘某霞对孙某丽有违约行为，但该违约行为并不符合《合作出资经营协议书》第十条约定的“任一方违约使公司利益遭受损失”的情形。另外，根据录音可知，公司设立失败也并非因此导致的。因此，孙某丽和屈某琦要求刘某霞支付违约金的诉讼请求，于法无据，法院不应支持。

案例 7　先支付“出资款”、后签订出资协议，收款方主张“出资款”是合伙款并已经营亏损，如何认定法律关系

——陈某生诉张某锁发起人责任案

【基本案情】

上诉人（一审被告）：张某锁

被上诉人(一审原告):陈某生
一审法院:南宁市西乡塘区人民法院
案号:(2014)西民二初字第893号
二审法院:南宁市中级人民法院
案号:(2016)桂01民终485号

陈某生、张某锁口头协商设立有限责任公司。陈某生分别于2013年11月12日、2013年11月16日、2013年11月21日转款5万元、8万元(该8万元是陈某生于2013年11月16日分两笔转给张某锁的,一笔是5万元、另一笔是3万元,其中5万元这笔转款的摘要为“合伙货款”)、2万元至张某锁个人银行账户。

2013年11月23日,张某锁出具一份收款收据给陈某生,载明“名称及规格”为“重晶石贸易投资款”,金额为15万元。

2013年12月21日,陈某生、张某锁签订一份《出资协议书》,约定甲方(陈某生)、乙方(张某锁)、丙方(案外人吴某锋)经充分协商,一致同意共同出资设立有限责任公司,并约定:公司的经营范围为主营重晶石贸易,兼营其他矿产品贸易。公司的注册资本为35万元,出资为货币形式,其中甲方出资额为15万元,以货币方式出资,占注册资本的42.857%;乙方出资额为15万元,以货币方式出资,占注册资本的42.857%;丙方出资额为5万元,以货币方式出资,占注册资本的14.286%。甲方投入新公司的现金已经在2013年12月12日前以货币出资足额存入公司临时账户(现暂由乙方代收,公司成立后将存入公司账户),乙方投入新公司的现金已经在2013年12月12日前以货币出资足额存入公司临时账户,丙方投入新公司的现金已经在2013年12月12日前以货币出资足额存入公司临时账户。公司成立后,足额缴付出资的发起人有权要求公司向股东及时签发出资证明书。发起人未能按照本协议约定按时缴纳出资的,除向公司补足其应缴付的出资外,还应对其未及时出资行为给其他发起人造成的损失承担赔偿责任;合同任何一方未按合同规定依期如数提交出资额时,每逾期一日,违约方应向其他方支付出资额的0.5%作为违约金;逾期三个月仍未提交的,其他方有权解除合同。另外,该协议书约定了公司组织结构、财务、会计、发起人的权利和义务等内容。案外人吴某锋至今未在该协议书上签名。

后来,陈某生、张某锁在《出资协议书》中约定设立的公司未设立,张某锁没有向陈某生返还投资款15万元。为此,陈某生向南宁市西乡塘区人民法院提起诉讼,请求判令:(1)张某锁返还陈某生投资款15万元;(2)张某锁从2013年11月24日至陈某生起诉之日起以15万元为基数按人民银行同期存款利息向陈某生支付利息;(3)张某锁从陈某生起诉之日起以15万元为基数按人民银行规定的金融机构计收逾期贷款利息的标准向陈某生支付利息;(4)本案全部诉讼费用由张某锁承担。

张某锁辩称：张某锁分别于2013年11月12日、2013年11月16日、2013年11月21日收到陈某生转来的款5万元、8万元、2万元，共计15万元。但这些转款发生在《出资协议书》签订日期之前，不是发起设立公司的投资款，而是陈某生、张某锁合伙做重晶石生意的款项，其中陈某生于2013年11月16日转给张某锁5万元时转款摘要载明的就是"合伙货款"，张某锁将这些款项用于向何×公司购买重晶石，但何×公司没有交付货物给陈某生、张某锁，陈某生、张某锁合伙做重晶石生意亏损。本案的《出资协议书》是经陈某生、张某锁、案外人吴某锋三方协商，由陈某生起草的；陈某生、张某锁认为可以就在协议书上签名。张某锁将协议书发给案外人吴某锋看，吴某锋说要修改，但一直没有修改也没有签名，故该协议书无效，且没有实际履行，张某锁没有收到该协议书约定的陈某生的投资款15万元。陈某生、张某锁之间存在两个法律关系，一个是合伙关系，另一个是发起设立公司关系。陈某生转给张某锁的15万元是合伙款项，合伙亏损了，陈某生以发起人责任纠纷提起本案诉讼，是想逃避合伙亏损，其诉请应予驳回。

本案其他相关事实：(1)在庭审过程中，对于张某锁辩称15万元是陈某生、张某锁合伙做重晶石生意的合伙款项，张某锁已将这些款项用于向何×公司购买重晶石，陈某生表示否认，而张某锁又未能提供充分证据证实。(2)张某锁对公司未能设立的事实予以确认。

【裁判结果】

一审法院判决：(1)张某锁返还陈某生投资款15万元；(2)张某锁支付陈某生投资款利息（利息计算方法：以15万元为基数，按中国人民银行同期流动资金存款基准利率，从2013年11月24日起计至本案生效判决规定的履行期限最后一日止）。

二审法院判决：驳回上诉，维持原判。

【案件解析】

本案争议的焦点是张某锁应否向陈某生返还15万元投资款及相应利息。

陈某生与张某锁于2013年12月21日签订的《出资协议书》，约定陈某生、张某锁、吴某锋三方共同出资设立有限责任公司，由于协议书只有陈某生、张某锁签名，没有丙方吴某锋的签名，故该协议书尚未成立。《出资协议书》第二条约定，公司的经营范围为：主营重晶石贸易，兼营其他矿产品贸易；第三条约定，陈某生出资额为15万元，以货币方式出资，占注册资本的42.857%；第四条约定，陈某生投入新公司的资金已经在2013年12月12日前将货币出资足额存入公司临时账户（现暂由张某锁代收，公司成立后将存入公司账户）。虽然该协议书的丙方吴某锋未签名，协议尚未成立，但陈某生、张某锁签名确认协议书的事实，证明陈某生支付给张某锁的15万元，张某锁与陈某生均认可是陈某生投入新公司的资金，这15万元陈某生还享有支配权。由于《出资协议书》的丙方吴某锋未签字，协议书尚未成立，张某锁对公司未能设立的事实也予以确认,故张某锁应退还陈某生用于设立公司的投资款 15 万元及相应利息。张某锁认为在签订《出资协议书》之前与陈某生之间就重晶石采购各自出资 15 万元形成合伙关系的主张,与本案不是同一法律关系,超出本案的审理范围,双方可另循合法途径解决。

第二章

股东出资纠纷

一、实务要点

(一)股东出资概述

股东出资,是指出资人为取得公司股权,在公司设立或者增资时,根据法律法规、公司章程或《出资协议》的约定等,向公司给付出资。股东出资是股东应履行的最重要、最基本的义务。过去我国注册资本实行实缴制,2014 年 3 月 1 日,我国《公司法》修订后,公司注册资本实行认缴登记制,公司实收资本不再作为公司登记事项。公司登记时,发起人无须提交验资报告,只需要在公司章程中规定认缴出资额、出资方式等即可。

我国《公司法》第四十七条规定:“有限责任公司的注册资本为在公司登记机关登记的全体股东认缴的出资额。全体股东认缴的出资额由股东按照公司章程的规定自公司成立之日起五年内缴足。法律、行政法规以及国务院决定对有限责任公司注册资本实缴、注册资本最低限额、股东出资期限另有规定的,从其规定。”可见,对于有限责任公司,我国实行注册资本认缴制,股东认缴出资后即获得相应的股权,成为公司股东。全体股东认缴的出资总额,就是公司的注册资本。股东实际缴纳出资的金额、方式仅需在公司章程中规定即可,股东按照公司章程规定的金额、方式缴纳所认缴的出资即完成了出资义务。需要注意的是,全体股东认缴的出资额由股东按照公司章程的规定自公司成立之日起 5 年内缴足。根据《国务院关于实施〈中华人民共和国公司法〉注册资本登记管理制度的规定》的相关规定,对于 2024 年 6 月 30 日前登记设立的公司,有限责任公司的股东最迟应在 2032 年 6 月 30 日前完成注册资本实缴,股份有限公司的股东则最迟应在 2027 年 6 月 30 日前全额缴纳股款。

2023 年修订的《公司法》新增股东失权制度。失权制度源于英美公司法体系下的“forfeiture of shares”(股份没收制度),是指当股东未能按照法律规定与公司章程规定按期缴纳出资时,公司以谨慎方式催告其在一定的宽限期限内缴纳出资,若该股东仍未履行缴纳出资义务，则公司可以遵循一定程序剥夺其股东权利，宣告该股东丧失其未缴纳出资的股权。《公司法》第五十一条规定，有限责任公司成立后，董事会应当对股东的出资情况进行核查，发现股东未按期足额缴纳公司章程规定的出资的，应当由公司向该股东发出书面催缴书，催缴出资。未及时履行前款规定的义务，给公司造成损失的，负有责任的董事应当承担赔偿责任。第五十二条规定，股东未按照公司章程规定的出资日期缴纳出资，公司依照前条第一款规定发出书面催缴书催缴出资的，可以载明缴纳出资的宽限期；宽限期自公司发出催缴书之日起，不得少于60日。宽限期届满，股东仍未履行出资义务的，公司经董事会决议可以向该股东发出失权通知，通知应当以书面形式发出。自通知发出之日起，该股东丧失其未缴纳出资的股权。依照前款规定丧失的股权应当依法转让，或者相应减少注册资本并注销该股权；6个月内未转让或者注销的，由公司其他股东按照其出资比例足额缴纳相应出资。股东对失权有异议的，应当自接到失权通知之日起30日内，向人民法院提起诉讼。

对有限责任公司认缴制出资的理解，要注意以下几方面：

1. 认缴出资不等同于不用出资。

出资义务是股东的法定义务，如果股东没有出资，公司则没有资本可以运营。在认缴制下，股东出资多少、什么时候出资都由股东自行决定，但是这并不意味股东可以不履行出资义务。认缴制只是放宽了股东出资的时间（股东认缴的出资额由股东按照公司章程的规定自公司成立之日起5年内缴足），并不免除股东的出资义务。股东须按照公司章程规定的出资时间、金额、方式向公司缴纳出资。

《公司法》第五十四条规定，公司不能清偿到期债务的，公司或者已到期债权的债权人有权要求已认缴出资但未届出资期限的股东提前缴纳出资。根据《最高人民法院关于适用〈中华人民共和国公司法〉若干问题的规定（三）》第十三条的规定，如果股东没有按约定缴纳出资，公司或其他股东可以请求其向公司依法全面履行出资义务。结合《公司法》第五十二条规定的“股东失权制度”可知，对于逾期出资的股东，公司有权或其他股东有权选择要求该股东依约出资，或选择按法定程序宣告其失权。如果公司发生债务纠纷，债权人可以请求未履行或未全面履行出资义务的股东对公司债务不能清偿的部分承担补充赔偿责任。如果公司清算或破产，即使章程规定的股东出资认缴期限未届满，股东也应提前履行出资义务，即注册资本的“加速到期”。

2. 认缴出资不等同于减轻了股东责任。

根据《公司法》第四条第一款的规定，有限责任公司的股东以其认缴的出资额为限对公司承担责任；股份有限公司的股东以其认购的股份为限对公司承担责任。可见，股东须按照认缴的出资额对公司债务承担责任。股东认缴的注册资本越高，将来为公司承担的责任越大。例如，某公司甲股东认缴出资为100万元，乙股东认缴出资为900万元，那么甲仅以100万元为限对公司承担责任，乙须以900万元为限对公司承担责任。

3. 不是所有行业都实行认缴登记制。

根据《公司法》第九十七、九十八条，以及《注册资本登记制度改革方案》第二条第一款的规定，对于一些特定行业必须根据法律、行政法规等要求出资，根据前述方案，实行注册资本实缴登记制的市场主体包括股份有限公司、商业银行、外资银行、金融资产管理公司、信托公司、财务公司、金融租赁公司、汽车金融公司、消费金融公司、货币经纪公司、村镇银行、贷款公司、农村信用合作联社、农村资金互助社、证券公司、期货公司、基金管理公司、保险公司、保险专业代理机构和保险经纪人、外资保险公司、直销企业、对外劳务合作企业、融资性担保公司、劳务派遣企业、典当行、保险资产管理公司、小额贷款公司等27类公司。如设立保险公司，应当经国务院保险监督管理机构批准，需要遵循《保险法》等规定。根据《保险法》第六十九条的规定，设立保险公司，其注册资本的最低限额为人民币2亿元。保险公司的注册资本必须为实缴货币资本。可见，设立保险公司的前提条件为实际出资货币2亿元，不适用认缴登记制。

(二)股东出资的方式

我国《公司法》第四十八条规定，股东可以用货币出资，也可以用实物、知识产权、土地使用权、股权、债权等可以用货币估价并可以依法转让的非货币财产作价出资；但是，法律、行政法规规定不得作为出资的财产除外。对作为出资的非货币财产应当评估作价，核实财产，不得高估或者低估作价。法律、行政法规对评估作价有规定的，从其规定。根据前述规定，我国法律规定的股东出资方式分为货币和非货币财产两种。

1. 货币出资

货币出资，即以货币的方式出资。货币出资是最常见、最便利的出资方式。货币出资与非货币财产出资不同，不需要评估作价；交付简单，不需要办理产权转移登记变更手续。

在我国，货币出资一般是指以人民币形式出资，但是外商投资公司可以以法律法规规定的外币作为注册资本的货币形式。

货币出资的，应当将货币存入公司开设的银行账户，出资款汇入公司账户的时间，则为货币出资的时间。

2. 非货币财产出资

用于出资的非货币财产包括实物、知识产权、土地使用权、股权、债权等。用非货币资产作为出资，须满足以下条件：

(1)能够用货币进行估价。

用于出资的非货币资产需用货币来衡量价值。如果非货币财产不能评估作价，其价格不能确定，不得作为出资。

（2）依法可以转让。

非货币财产须可转让。如果财产不能转让至公司名下，则不能作为出资。例如，农村的宅基地使用权不能转让给公司，设定了抵押或质押的财产不能转让，上述财产不能作为股东出资。

（3）法律规定不得用于出资的财产不能作为出资。

劳务、信用、自然人姓名、商誉、特许经营权或者已设定担保的财产等，不能作为股东出资。

非货币资产须交付或办理财产转让手续后，才能视为股东完成了出资。动产须交付给公司；其他财产如土地使用权、知识产权、股权，应及时办理产权变更手续，转移登记至公司名下。

（三）股东瑕疵出资

股东出资纠纷主要由股东瑕疵出资引起。瑕疵出资，是指在公司设立、增资过程中，股东违反法律、章程、出资协议相关规定，未履行出资义务。广义上的瑕疵出资不仅包括股东未履行或者未全面履行出资义务（迟延出资、出资不足、虚假出资），还包括履行出资义务后抽逃出资。

1. 瑕疵出资的表现形式

（1）迟延出资。

迟延出资，是指股东没有按照公司章程规定或出资协议约定的期限缴纳所认缴出资的行为。例如，公司股东利用法律规定股东可以分期缴纳出资的制度，在首次出资后，不再缴纳后期的出资；约定以土地使用权、知识产权、股权、债权等非货币财产出资，但迟迟不办理转移登记、不交付给公司，严重影响了公司占有和使用的权利等。

（2）出资不足。

出资不足，是指公司股东没有按照公司章程规定或设立协议约定的金额履行出资义务。例如，以货币出资，却只履行部分出资义务；以实物、土地使用权、知识产权等非货币财产出资，其实际价值远远低于章程或协议约定的金额。

（3）虚假出资。

虚假出资，是指股东并未交付货币、实物或者未转移其他财产所有权，而与代收股款的银行串通，由银行出具收款证明；或者与资产评估机构、验资机构串通，由资产评估机构、验资机构出具财产所有权转移证明、出资证明，骗取公司登记的行为。虚假出资的特征是股东表面上已出资而实际未出资。虚假出资的主要目的是吸引其他股东的投资，即被欺骗的是其他股东。

(4)抽逃出资。

抽逃出资，是指在公司股东向公司交付了货币、实物或转移了其他非货币财产的财产权，履行了出资义务，在公司成立后，又通过某种方式将出资抽走。

抽逃出资的表现形式包括制作虚假财务会计报表虚增利润进行分配，以分红的形式转移注册资本；通过虚构债权债务关系将其出资转出；利用关联交易将出资转出；其他未经法定程序将出资抽回的行为。

关于瑕疵出资的相关法律规定主要如下：

《最高人民法院关于适用〈中华人民共和国公司法〉若干问题的规定(三)》第十一条规定："出资人以其他公司股权出资，符合下列条件的，人民法院应当认定出资人已履行出资义务：(一)出资的股权由出资人合法持有并依法可以转让；(二)出资的股权无权利瑕疵或者权利负担；(三)出资人已履行关于股权转让的法定手续；(四)出资的股权已依法进行了价值评估。股权出资不符合前款第(一)、(二)、(三)项的规定，公司、其他股东或者公司债权人请求认定出资人未履行出资义务的，人民法院应当责令该出资人在指定的合理期间内采取补正措施，以符合上述条件；逾期未补正的，人民法院应当认定其未依法全面履行出资义务。股权出资不符合本条第一款第(四)项的规定，公司、其他股东或者公司债权人请求认定出资人未履行出资义务的，人民法院应当按照本规定第九条的规定处理。"

该解释第十二条规定："公司成立后，公司、股东或者公司债权人以相关股东的行为符合下列情形之一且损害公司权益为由，请求认定该股东抽逃出资的，人民法院应予支持：(一)制作虚假财务会计报表虚增利润进行分配；(二)通过虚构债权债务关系将其出资转出；(三)利用关联交易将出资转出；(四)其他未经法定程序将出资抽回的行为。"

该解释第十三条规定："股东未履行或者未全面履行出资义务，公司或者其他股东请求其向公司依法全面履行出资义务的，人民法院应予支持。公司债权人请求未履行或者未全面履行出资义务的股东在未出资本息范围内对公司债务不能清偿的部分承担补充赔偿责任的，人民法院应予支持；未履行或者未全面履行出资义务的股东已经承担上述责任，其他债权人提出相同请求的，人民法院不予支持。股东在公司设立时未履行或者未全面履行出资义务，依照本条第一款或者第二款提起诉讼的原告，请求公司的发起人与被告股东承担连带责任的，人民法院应予支持；公司的发起人承担责任后，可以向被告股东追偿。股东在公司增资时未履行或者未全面履行出资义务，依照本条第一款或者第二款提起诉讼的原告，请求未尽公司法第一百四十七条第一款规定的义务而使出资未缴足的董事、高级管理人员承担相应责任的，人民法院应予支持；董事、高级管理人员承担责任后，可以向被告股东追偿。"

该解释第十四条规定："股东抽逃出资，公司或者其他股东请求其向公司返还出资本息、协助抽逃出资的其他股东、董事、高级管理人员或者实际控制人对此承担连带责任的，人民法院应予支持。公司债权人请求抽逃出资的股东在抽逃出资本息范围内对公司债务不能清偿的部分承担补充赔偿责任、协助抽逃出资的其他股东、董事、高级管理人员或者实际控制人对此承担连带责任的，人民法院应予支持；抽逃出资的股东已经承担上述责任，其他债权人提出相同请求的，人民法院不予支持。"

该解释第十五条规定："出资人以符合法定条件的非货币财产出资后，因市场变化或者其他客观因素导致出资财产贬值，公司、其他股东或者公司债权人请求该出资人承担补足出资责任的，人民法院不予支持。但是，当事人另有约定的除外。"

该解释第十六条规定："股东未履行或者未全面履行出资义务或者抽逃出资，公司根据公司章程或者股东会决议对其利润分配请求权、新股优先认购权、剩余财产分配请求权等股东权利作出相应的合理限制，该股东请求认定该限制无效的，人民法院不予支持。"

该解释第十七条规定："有限责任公司的股东未履行出资义务或者抽逃全部出资，经公司催告缴纳或者返还，其在合理期间内仍未缴纳或者返还出资，公司以股东会决议解除该股东的股东资格，该股东请求确认该解除行为无效的，人民法院不予支持。在前款规定的情形下，人民法院在判决时应当释明，公司应当及时办理法定减资程序或者由其他股东或者第三人缴纳相应的出资。在办理法定减资程序或者其他股东或者第三人缴纳相应的出资之前，公司债权人依照本规定第十三条或者第十四条请求相关当事人承担相应责任的，人民法院应予支持。"

2. 瑕疵出资的法律责任

(1)民事责任。

①向公司承担缴纳出资责任。

股东向公司缴纳出资是其作为股东最基本的义务。股东瑕疵出资应承担相应的民事责任。

股东未履行或者未全面履行出资义务的，其应向公司依法全面履行出资的义务；股东抽逃出资的，其应向公司返还出资本息。公司或者其他股东有权提出上述请求。

②向已出资股东承担违约责任。

出资协议和章程由各股东共同约定和制定，对各股东均有约束力。出资协议和章程对股东的出资时间进行了约定，股东未按约定的期限缴纳出资，违反相关约定的，应向其他股东承担逾期缴纳出资的违约责任。

如果出资协议或章程约定了违约金或违约金的计算方式，逾期缴纳出资的股东应按约定承担违约责任。如果出资协议对违约责任没有约定，逾期缴纳出资的股东应当按照法律和司法解释的规定承担违约责任。

③在未出资、抽逃出资、虚假出资、出资不实的本息范围内，对公司债务不能清偿

部分,向公司债权人承担补充责任股东瑕疵出资会导致公司资本不充实,侵害了公司债权人的利益。瑕疵股东应在未出资、抽逃出资、虚假出资、出资不实的本息范围内对公司债务不能清偿的部分,向公司债权人承担补充赔偿责任。

需要注意的是,公司可对瑕疵出资的股东进行权利限制及解除股东资格。根据权利和义务相一致的原则,公司有权对瑕疵股东的权利进行相应的限制,对股东权利进行限制,应限于合理的范围,而不是全面限制股东权利,就此,《最高人民法院关于适用〈中华人民共和国公司法〉若干问题的规定(三)》第十六条规定,股东未履行或者未全面履行出资义务或者抽逃出资,公司根据公司章程或者股东会决议对其利润分配请求权、新股优先认购权、剩余财产分配请求权等股东权利作出相应的合理限制,该股东请求认定该限制无效的,人民法院不予支持。根据《最高人民法院关于适用〈中华人民共和国公司法〉若干问题的规定(三)》第十七条第一款的规定,有限责任公司的股东未履行出资义务或者抽逃全部出资,经公司催告缴纳或者返还,其在合理期间内仍未缴纳或者返还出资,公司以股东会决议解除该股东的股东资格,该股东请求确认该解除行为无效的,人民法院不予支持。可见,公司可以依据股东会决议,解除未履行出资义务或抽逃全部出资股东的股东资格。

(2)行政责任。

《公司法》第二百五十二条规定:“公司的发起人、股东虚假出资,未交付或者未按期交付作为出资的货币或者非货币财产的,由公司登记机关责令改正,可以处以五万元以上二十万元以下的罚款;情节严重的,处以虚假出资或者未出资金额百分之五以上百分之十五以下的罚款;对直接负责的主管人员和其他直接责任人员处以一万元以上十万元以下的罚款。”该法第二百五十三条规定:“公司的发起人、股东在公司成立后,抽逃其出资的,由公司登记机关责令改正,处以所抽逃出资金额百分之五以上百分之十五以下的罚款;对直接负责的主管人员和其他直接责任人员处以三万元以上三十万元以下的罚款。”

(3)刑事责任。

对于实行实缴登记制的公司,如采取募集方式设立的股份有限公司、商业银行、典当行、小额贷等公司,股东虚假出资、抽逃出资数额巨大、后果严重或者有其他严重情节的,则构成虚假出资罪、抽逃出资罪。《刑法》第一百五十九条规定:“公司发起人、股东违反公司法的规定未交付货币、实物或者未转移财产权,虚假出资,或者在公司成立后又抽逃其出资,数额巨大、后果严重或者有其他严重情节的,处五年以下有期徒刑或者拘役,并处或者单处虚假出资金额或者抽逃出资金额百分之二以上百分之十以下罚金。单位犯前款罪的,对单位判处罚金,并对其直接负责的主管人员和其他直接责任人员,处五年以下有期徒刑或者拘役。”

二、风险防范建议

公司注册资本由实缴制登记制改为认缴登记制后，为规避出资风险，建议如下：

1. 股东出资要量力而行，因为认缴的出资越多，股东责任越重。虽然增资也适用认缴制度，同样不需要马上实缴到位，但也应当量力而行，因为公司一旦破产，未缴纳的出资加速到期，破产管理人可以起诉要求股东承担出资责任。《最高人民法院关于适用〈中华人民共和国公司法〉若干问题的规定（三）》第十三条第三款规定："股东在公司设立时未履行或者未全面履行出资义务，依照本条第一款或者第二款提起诉讼的原告，请求公司的发起人与被告股东承担连带责任的，人民法院应予支持；公司的发起人承担责任后，可以向被告股东追偿。"《公司法》第五十条规定："有限责任公司设立时，股东未按照公司章程规定实际缴纳出资，或者实际出资的非货币财产的实际价额显著低于所认缴的出资额的，设立时的其他股东与该股东在出资不足的范围内承担连带责任。"可见，发起人作为公司的设立责任人，有防止公司设立程序及目的不法性的义务，有保证公司资本充实的责任。

2. 股东在确定注册资本认缴期限时要慎重，如果短期内资金不是很充足，建议将出资期限适当延长，但需要注意的是，股东认缴的出资额由股东按照公司章程的规定自公司成立之日起 5 年内缴足。因为股东的认缴期限一经确定，不能随意更改，否则可能会被认定为违反诚实守信原则，损害债权人利益。根据《全国法院民商事审判工作会议纪要》第 6 条的规定，在公司债务产生后，公司股东会决议或以其他方式延长股东出资期限的，债权人有权以公司不能清偿到期债务为由，请求未届出资期限的股东在未出资范围内对公司不能清偿的债务承担补充赔偿责任。

3. 尽量不要使用过桥垫资资金出资，一是因为过桥垫资的资金来源不明，容易产生各种法律风险（如过桥垫资的资金属于他人犯罪所得，则资金流经的账户可能会被公安机关冻结）；二是因为过桥垫资的资金普遍较高，如果未能及时归还垫资资金，将会产生高额利息。自 2014 年 3 月 1 日，公司注册资本缴纳的方式已由"实缴制"变成"认缴制"（前文所述银行等特殊企业因监管等需要仍实行注册资本实缴登记制的除外），公司注册领域的垫资行为已经大幅度减少。实际上，创业者可通过适当延长认缴期限的方法（最长不得超过 5 年），缓解创业初期资金紧张的难题，而无须借取过桥资金来完成出资。

4. 为保证股东的出资来源的合法性，避免不必要的法律风险，建议：（1）尽量与熟悉的合作伙伴一起创业。如果与不熟悉的人共同创办公司，应当事先做好尽职调查，以保证资金来源合法。（2）在设立协议中对资金来源的合法性作出约定，敦促每位出资股东合法出资，如约定："每位股东必须保证所缴纳的出资没有权利瑕疵及不被任何第三人追索，否则将构成违约并赔偿其他股东 × 万元的违约金。"

5. 以房产出资的股东应当尽快办理过户手续,因为未过户给公司的房产,在法律性质上仍属于出资股东的个人财产。如果出资股东对外欠有债务被法院强制执行,或者因为离婚、继承需要分割个人财产,则该房产会被第三人追索权利。如果用于出资的房产被第三人追索权利,则出资股东的行为已经构成了“瑕疵出资”。

6. 并非所有类型的财产都可以进行出资,以非货币财产出资还应符合“可以用货币估价并可以依法转让”的标准。因此用于出资的实物、知识产权、土地使用权、股权、债权等非货币财产应当经评估作价,并且需要达到出资股东承诺的价值,否则会被认定为出资瑕疵。

7. 为避免设立协议约定与公司章程规定不一致产生的纠纷,建议:(1)公司章程应当尽量吸收出资协议的内容,并与出资协议保持一致;(2)在公司章程中加注一句“本章程与出资协议不一致的,以出资协议为准”,或者明确约定公司章程和出资协议各自适用的范围,避免出现冲突。

8. 公司经营过程中,有股东可能暂时因为资金紧张,自己应缴纳的部分出资由其他有资金的股东代为缴纳,但双方之间往往会缺少书面的协议约定,难以证明两人之间存在代出资的法律关系,导致在发生纠纷时候,极可能变成赠与或难以认定是否存在代出资行为。为避免争议,建议双方签订代出资协议,协议中明确约定出资的事实并厘清相关法律关系,同时还可以约定代出资款如何归还以及利息数额等问题;在法律上,代出资实际上等同于借款,因此代出资协议是实际出资人日后追讨欠款的重要依据。

9. 各股东的约定持股比例与实际出资比例不同,虽然在法律上可行,但存在一定的法律风险。为避免争议,建议在公司章程中清楚规定各股东出资份额、各股东持有股权数量及股权比例、各股东对公司债务所应承担的份额等。

10. 以股权出资的,出资股权应当权属清晰、权能完整、依法可以转让。建议在签订出资协议前核查:用作出资的股权是否存在权利瑕疵或者权利负担(如已被设立质押、查封冻结);章程是否对股权转让进行限制;出资股权是否需要报经相关国家部门批准才可以出让;公司的其他股东是否同意放弃优先受让权等。

11. 其他股东、董事、高管或公司实际控制人协助股东抽逃出资的,应与抽逃出资的股东承担连带责任,且承担责任后不能向抽逃出资的股东追偿,后果非常严重。因此,无论其他股东以何种方式诱骗、强迫、要求协助抽逃出资,都应当坚决拒绝。

12. 股东存在抽逃出资情形而转让股权,受让人对此知道或应当知道的,受让人应对抽逃出资股东的出资义务承担连带责任。因此,受让人怀疑股东存在抽逃出资行为的,应当慎重受让股权。

13. 隐名股东出资(代持股权),是指在公司设立或存续期间,公司的实际股东因各种原因不方便以自己的名义作为股东出现,特别是不希望出现在公司的工商登记信息中,而委托他人代为持有公司的股权(股份)的情况,实际出资人即为隐名股东,工商登记显示的股东即为名义股东。虽然在司法实践中,隐名股东的存在并未被法律全面禁止,但其存在的法律风险仍然值得被重点关注。隐名股东出资主要风险包括:在名义股东因自身债务而被债权人追索、执行代持股权时,代持股关系无法对抗善意第三人;名义股东承担实际出资的连带责任;名义股东如系自然人,在其离婚或死亡时,股权被配偶或继承人主张分割;无法向公司主张利益的风险等。隐名股东在承担了股东最重要的出资义务的同时,想要更好地保障自身的权益,必须重视对于风险的把控,签订完善的委托持股协议、更多地实际参与公司的运作等,皆为可行之法。

三、典型案例解析

案例8　股东存在抽逃出资情形而转让股权,受让人对此知道或应当知道的,应对抽逃出资股东的出资义务承担连带责任

——上海荔×实业发展有限公司与崔某景等追收抽逃出资纠纷案

【基本案情】

原告:上海荔×实业发展有限公司(以下简称荔×公司)

被告:崔某景

被告:钱某芳

被告:崔某

第三人:王某元

第三人:王某华

审理法院:上海市奉贤区人民法院

案号:(2021)沪0120民初9016号

荔×公司向上海市奉贤区人民法院提起诉讼,请求:(1)崔某景向荔×公司返还抽逃出资8,000,000元,钱某芳向荔×公司返还抽逃出资2,000,000元;(2)崔某对崔某景抽逃出资的款项承担连带返还责任。事实和理由:荔×公司成立于2009年9月27日,成立时注册资本为500,000元,由崔某景、钱某芳共同出资设立,崔某景认缴400,000元,实缴80,000元;钱某芳认缴100,000元,实缴20,000元,各股东以货币出资到位。2011年9月16日,公司决定增加注册资本为10,000,000元,崔某景与钱某芳按原出资比例增资。股东以货币出资,变更后的累计注册资本10,000,000元,实收资本10,000,000元。2014年9月10日,经荔×公司股东会决议,全体股东

一致同意，崔某景以8,000,000元价格将其持有的荔×公司80%股份转让给崔某。2020年5月18日，上海市奉贤区人民法院裁定受理对荔×公司破产清算申请，并指定北京盈×(上海)律师事务所担任管理人。管理人接受指定后，查询银行流水发现，公司于2009年11月23日，将验资户中100,059元注册资本金转入公司基本存款账户。2009年11月25日，荔×公司以本票的方式取出100,000元。此外，公司于2011年9月16日，将验资户中9,900,137.50元注册资本金转入公司基本存款账户。同日，公司账户转出9,900,100元至上海××有限公司(以下简称××公司)。管理人经翻阅荔×公司财务凭证，该记账凭证后仅附有转账回执，无其他相关证明。三被告提供了荔×公司与××公司于2011年8月19日签订的《设备买卖合同》，共计购买设备9,900,100元。但三被告无法提供相关设备的入库单、发票等。经查询，××公司工商档案机读材料显示，其注册资本仅为1,000,000元，认为其注册资本明显低于涉案交易的金额，存在虚假交易的可能性。管理人前往国家税务总局上海市××局第一税务所调取了公司2011年9月至12月、2012年12月及2013年12月的会计报表。根据资产负债表显示，2011年9月至12月、2012年12月及2013年12月荔×公司固定资产均为0，证明并未有设备入账，进一步证实了存在虚假交易额可能性。崔某景和钱某芳未经法定程序将出资抽回100,000元以及通过虚构债权债务关系抽逃出资9,900,000元，实际未履行出资义务的金额为10,000,000元。崔某为崔某景的父亲，其在明知崔某景为瑕疵股东的情形下仍受让该股权，应对此承担连带责任。

钱某芳辩称，不同意荔×公司的诉讼请求，没有抽逃出资。

崔某景、崔某未做答辩，亦未向法院提交任何证据。

第三人王某元、王某华未做陈述，亦未向法院提交任何证据。

法院查明事实如下：荔×公司于2009年9月27日成立，成立时的公司注册资本500,000元，股东为崔某景(认缴出资400,000元)及钱某芳(认缴出资100,000元)。上海C事务所有限公司出具编号为沪华会验字(2009)第1423号的《验资报告》，确认截至2009年9月22日，已收到全体股东缴纳首次出资款100,000元，各股东以货币出资，崔某景出资80,000元及钱某芳出资20,000元。2009年11月23日，荔×公司将验资账户中的100,059元转入了其公司基本存款账户。2009年11月25日，荔×公司以本票的方式取出100,000元。

2011年9月16日，荔×公司决定增加注册资本为10,000,000元；崔某景新增7,600,000元，总计认缴8,000,000元；钱某芳新增1,900,000元，总计认缴2,000,000元。上海D事务所出具编号为银沪会师内验字[2011]第B9-80号的《验资报告》，截至2011年9月15日，已收到全体股东缴纳的新增注册资本及前期未到位注册资本合计9,900,000元整，股东以货币出资，变更后的累计注册资本10,000,000元，实收资本10,000,000元，崔某景实际缴纳出资额7,920,000元，钱某芳实际缴纳出资额

1,980,000 元。2011 年 9 月 16 日,荔×公司将验资账户中的 9,900,137.50 元转入其公司基本存款账户。同日,荔×公司将该账户中的 9,900,100 元转至××公司。

2014 年 9 月 10 日,经荔×公司股东会决议,全体股东一致同意,崔某景以 8,000,000 元价格将其持有的荔×公司 80% 的股份转让给崔某。现荔×公司的登记股东为崔某(持股比例 80%,出资 8,000,000 元)、钱某芳(持股比例 20%,出资 2,000,000 元)。

另查明,2020 年 5 月 18 日,上海市奉贤区人民法院作出(2020)沪 0120 破 17 号民事裁定书,受理对荔×公司的破产清算。2020 年 7 月 7 日,上海市奉贤区人民法院作出(2020)沪 0120 破 17 号决定书,指定北京盈×(上海)律师事务所为荔×公司管理人。

××公司成立于 2000 年 5 月 19 日,注册资本 500,000 元;2014 年 4 月 4 日起股东变更为第三人王某华、王某元;2015 年 1 月 27 日,注册资本变更为 1,000,000 元;××公司于 2021 年 8 月 4 日被注销。2011 年 8 月 19 日,荔×公司与××公司签订《设备买卖合同》,载明荔×公司向××公司购买模具机等,金额 9,900,100 元,荔×公司在合同签订后 30 天内支付。再查明,荔×公司与××公司之间仅存在一份买卖合同,并无其他履约凭证。

法院通过查阅财务账册和凭证,认定崔某对于 100,000 元出资款抽逃及 9,900,000 元转账至××公司的情况应当知道。

【裁判结果】

1. 崔某景向荔×公司返还抽逃的出资 8,000,000 元;

2. 钱某芳向荔×公司返还抽逃的出资 2,000,000 元;

3. 被告崔某对被告崔某景的上述第 1 项义务承担连带责任。

如果未按本判决指定的期间履行给付金钱义务,应当依照《民事诉讼法》之规定,加倍支付迟延履行期间的债务利息。

【案件解析】

我国《公司法》(2018 年)第三十五条①规定,公司成立后,股东不得抽逃出资。股东抽逃出资的形态主要表现为未经法定程序股东利用强势地位强行将注册资金从公司抽回,通过虚构债权债务关系将出资转出等。股东将已向公司的出资资金抽回而未向公司支付合理对价是认定股东抽逃资金的关键。

本案中,首先,崔某景、钱某芳的首期出资款 100,000 元,崔某景、钱某芳在将 100,000 元转入验资账户后,不久荔×公司就将该款项转入基本存款账户,随即荔×公司即将 100,000 元取出,系未经法定程序将出资抽回的行为,应认定崔某景、钱某

---

① 对应《公司法》(2023 年修订)第五十三条。

芳抽逃出资100,000元。其次,荔×公司的新增注册资本9,500,000元及前期未到期注册资本400,000元,合计9,900,000元,在崔某景、钱某芳将9,900,000元转入验资账户后的第二天,荔×公司即将验资账户中的9,900,137.50元转入了其基本账户,同日,又将基本账户中的9,900,100元转至××公司。荔×公司提供的证据能够形成证据链证明本案资金流向符合股东抽逃出资的外观要件,被告应当举证证明荔×公司与××公司之间存在真实的债权债务关系,而被告未提供合理证据,现有证据显示荔×公司与××公司之间仅存在一份买卖合同,并无其他履约凭证,在如此大金额的交易过程中,无其他证据予以佐证并不符合常理,不能证明双方之间存在真实的债权债务关系,故被告的上述行为属于典型的验资过程中抽逃出资的行为,应当承担返还抽逃出资款的责任。

关于崔某应否承担连带责任的问题。股东违反出资义务包括股东抽逃出资、虚假出资、拒绝出资、迟延出资、出资不实等。根据《最高人民法院关于适用〈中华人民共和国公司法〉若干问题的规定(三)》第十八条第一款的规定,有限责任公司的股东未履行或者未全面履行出资义务即转让股权,受让人对此知道或者应当知道,公司请求该股东履行出资义务、受让人对此承担连带责任的,人民法院应予支持。该司法解释的条文中,抽逃出资与未履行或未全面履行出资义务存在并列描述的情形,而该司法解释第十八条规制的瑕疵股权转让行为是股东未履行或未全面履行出资义务即转让股权,未明确将抽逃出资的行为列入其内。但抽逃出资显然属于违反出资义务的表现形态之一,违反出资义务的实质是违反公司资本维持原则,股东滥用有限责任,危害性在于削弱了公司的偿债能力,误导公司的交易相对方,造成资本充实的假象,严重危及公司的债权人利益和公司利益。抽逃出资的实质和违法性,与未履行或未全面履行出资义务的行为并无本质区别。故以《最高人民法院关于适用〈中华人民共和国公司法〉若干问题的规定(三)》中关于未履行或未全面履行出资义务的规定来规制抽逃出资行为,并不违反该司法解释的宗旨和目的,即股东存在抽逃出资情形而转让股权,受让人对此知道或应当知道的,受让人应对抽逃出资股东的出资义务承担连带责任。受让人在受让股权时应当在条件允许和能力所及的范围内查证该股权所对应的出资义务是否已经履行,尽到善意相对方的谨慎注意义务。本案中,崔某于2014年9月10日受让崔某景持有的荔×公司80%股权,成为荔×公司的控股股东,法院通过查阅财务账册和凭证,认定崔某对于100,000元出资款抽逃及9,900,000元转账至××公司的情况应当知道。故荔×公司请求崔某对崔某景返还出资义务承担连带责任,符合《最高人民法院关于适用〈中华人民共和国公司法〉若干问题的规定(三)》第十八条的规定,法院应予支持。

案例9　股东存在抽逃出资的行为，监事不存在协助抽逃出资的行为，公司要求监事承担相应责任不被法院支持

——深圳市相×纸品包装有限公司、王某谊等损害公司利益责任纠纷案

【基本案情】

原告：深圳市相×纸品包装有限公司（以下简称相×公司）

被告：王某谊

被告：张某

被告：朱某英

审理法院：广东省深圳市中级人民法院

案号：（2021）粤03民初4841号

相×公司工商登记信息显示，2013年7月5日，相×公司设立时注册资本为100万元，股东为王某谊，持股比例100%。2015年4月13日，公司注册资本由100万元变更为600万元，股东王某谊认缴500万元，持股比例为100%。另外，公司设立时的监事为张某；2014年10月27日，公司监事变更为朱某英。

2020年2月18日，广东省深圳市中级人民法院作出（2019）粤03破申302号民事裁定书，裁定受理东莞市永×纸品有限公司申请相×公司破产清算一案，并指定北京德×衡（深圳）律师事务所担任管理人。2020年11月16日，广东省深圳市中级人民法院作出（2020）粤03破84号民事裁定书，裁定确认深圳市社会保险基金管理局、国家税务总局深圳市宝安区税务局、东莞市永×纸品有限公司、东莞市裕×纸业有限公司四家债权人的五笔债权，债权总额为1,566,498.26元。2020年12月21日，广东省深圳市中级人民法院作出（2020）粤03破84号之一民事裁定书，裁定宣告相×公司破产。2021年4月28日，广东省深圳市中级人民法院作出（2020）粤03破84号之三民事裁定书，终结相×公司破产程序。

相×公司向深圳市中级人民法院提起诉讼，请求：（1）判令三被告支付（2020）粤03破84号民事裁定书所确定的相×公司债务1,566,498.26元，并归入破产企业财产；（2）判令三被告承担本案的案件受理费、公告费。

相×公司认为，张某、朱某英担任相×公司监事，未尽忠实义务和勤勉义务，应对相×公司不能清偿的债务承担连带责任。理由如下：

1. 事实依据：最高人民法院（2018）最高法民再366号民事判决书指出，根据《公司法》（2018年）第一百四十七条第一款[①]的规定，董事、监事、高级管理人员应当遵守

① 对应《公司法》（2023年）第一百七十九、一百八十条。

法律、行政法规和公司章程,对公司负有忠实义务和勤勉义务。上述规定并没有列举监事董事勤勉义务的具体情形,但是监事负有向未履行或未全面履行出资义务的股东催缴出资的义务,这是由监事的职能定位和公司资本的重要作用决定的。相×公司《章程》第二十六条规定:公司不设监事会,设监事一名。监事履行下列职责:(1)检查公司财务;(2)对执行董事、经理执行公司职务时违反法律法规或者公司章程的行为进行监督;(3)当执行董事和经理的行为损害公司的利益时,要求执行董事和经理予以纠正。张某、朱某英作为公司历任监事,其应当在王某谊作出损害公司利益的行为(抽逃注册资本)时予以阻止,但事实上张某、朱某英并未对王某谊的行为予以阻止和纠正,张某、朱某英未要求王某谊将注册资金重新转入公司可以佐证,张某、朱某英以消极不作为的方式构成了对监事勤勉义务的违反。根据《最高人民法院关于适用〈中华人民共和国公司法〉若干问题的规定(三)》第十三条第四款之规定,张某、朱某英未尽监事勤勉义务,导致公司注册资本显著不足,无对外偿还债务的能力,严重损害公司债权人利益,应对相×公司不能清偿的债务承担赔偿责任。

2. 法律依据:首先,根据《公司法》(2018 年)第一百四十七条第一款的规定:"董事、监事、高级管理人员应当遵守法律、行政法规和公司章程,对公司负有忠实义务和勤勉义务。"其次,《最高人民法院关于适用〈中华人民共和国公司法〉若干问题的规定(三)》第十三条第四款:"股东在公司增资时未履行或者未全面履行出资义务,依照本条第一款或者第二款提起诉讼的原告,请求未尽公司法第一百四十七条第一款规定的义务而使出资未缴足的董事、高级管理人员承担相应责任的,人民法院应予支持;董事、高级管理人员承担责任后,可以向被告股东追偿。"最后,《最高人民法院关于适用〈中华人民共和国公司法〉若干问题的规定(三)》第十四条第二款规定:"公司债权人请求抽逃出资的股东在抽逃出资本息范围内对公司债务不能清偿的部分承担补充赔偿责任、协助抽逃出资的其他股东、董事、高级管理人员或者实际控制人对此承担连带责任的,人民法院应予支持;抽逃出资的股东已经承担上述责任,其他债权人提出相同请求的,人民法院不予支持。"

在庭审中,王某谊未能向法院提供证据证明相×公司的财产独立于其个人财产;相×公司未举证证明张某、朱某英存在协助股东抽逃出资的行为。

【裁判结果】

1. 王某谊应于本判决生效之日起 10 日内向相×公司支付 1,566,498.26 元,相关款项归入破产财产;

2. 驳回相×公司的其他诉讼请求。

如未按本判决指定的期间履行给付金钱义务,应当依照《民事诉讼法》(2017 年)第二百五十三条之规定,加倍支付迟延履行期间的债务利息。

【案件解析】

根据《企业破产法》第二十五条的规定，管理人履行的职责包括管理和处分债务人的财产、代表债务人参加诉讼、仲裁或者其他法律程序。本案相×公司的管理人代表破产企业提起本案诉讼属于履行上述职责的行为，目的在于维护全体债权人的合法权益，追收款项应归入破产财产。在破产清算程序中，相×公司经法院裁定确认的破产债权数额为1,566,498.26元，相×公司起诉要求三被告对相×公司的上述债务承担相应责任，本案争议焦点为：(1)王某谊作为一人有限责任公司的股东，是否应对公司债务承担连带责任；(2)张某、朱某英作为公司监事，是否应对公司债务承担相应责任。

关于争议焦点一是一人有限责任公司股东王某谊的责任问题。相×公司系王某谊投资设立的一人有限责任公司，根据《公司法》(2018年)第六十三条①的规定，一人有限责任公司的股东不能证明公司财产独立于股东自己的财产的，应当对公司债务承担连带责任。作为相×公司的唯一股东，王某谊未能向法院提供证据证明相×公司的财产独立于其个人财产。因此，相×公司要求王某谊对上述债务承担连带责任的诉请，法院应予支持。

关于争议焦点二是监事张某、朱某英的责任问题。相×公司诉请张某、朱某英承担责任的依据有三：一是《公司法》(2018年)第一百四十七条第一款，董事、监事、高级管理人员应当遵守法律、行政法规和公司章程，对公司负有忠实义务和勤勉义务。二是《最高人民法院关于适用〈中华人民共和国公司法〉若干问题的规定(三)》第十三条第四款规定，"股东在公司增资时未履行或者未全面履行出资义务，依照本条第一款或者第二款提起诉讼的原告，请求未尽公司法第一百四十七条第一款规定的义务而使出资未缴足的董事、高级管理人员承担相应责任的，人民法院应予支持；董事、高级管理人员承担责任后，可以向被告股东追偿"。三是《最高人民法院关于适用〈中华人民共和国公司法〉若干问题的规定(三)》第十四条第二款规定，公司债权人请求抽逃出资的股东在抽逃出资本息范围内对公司债务不能清偿的部分承担补充赔偿责任、协助抽逃出资的其他股东、董事、高级管理人员或者实际控制人对此承担连带责任的，人民法院应予支持；抽逃出资的股东已经承担上述责任，其他债权人提出相同请求的，人民法院不予支持。但是，上述法律和司法解释均未规定作为公司监事，一旦股东存在抽逃出资的行为，监事必须承担相应责任，相×公司也未举证证明被告张某、朱某英存在协助股东抽逃出资的行为，故相×公司请求张某、朱某英对相×公司债务承担责任的诉讼请求，缺乏事实和法律依据，法院不应支持。

---

① 对应《公司法》(2023年)第二十三条第三款。

案例10 董事协助股东抽逃出资，应对股东应当返还的抽逃出资本息承担连带清偿责任

——温岭市友×水产有限公司、包某友等追收抽逃出资纠纷案

【基本案情】

原告：温岭市友×水产有限公司（以下简称友×公司）

被告：包某友

被告：陈某正

被告：徐某娟

审理法院：温岭市人民法院

案号：（2022）浙1081民初3889号

友×公司于2010年2月3日成立，注册资金50万元，由包某友、陈某正以货币方式出资，各出资25万元占股50%。公司设立时的法定代表人、执行董事由包某友担任。2010年2月3日，台州市浙×会计师事务所出具台浙会验（2010）第026号验资报告，载明友×公司已经收到包某友、陈某正缴纳的注册资本（实收资本）合计50万元。2010年2月5日，友×公司向案外人梁某巍开具现金支票一张，金额为50万元，记载用途为货款。2013年9月6日，陈某正将其享有的友×公司50%股权以25万元的价格转让给徐某娟。2021年12月21日，温岭市人民法院作出（2021）浙1081破申89号民事裁定书，裁定受理山东美×环保科技有限公司对友×公司的破产清算申请，并于2022年1月18日作出（2022）浙1081破1号决定书，指定浙江鼎×律师事务所担任管理人。

友×公司向温岭市人民法院提起诉讼，请求：（1）判令包某友、陈某正共同向友×公司返还抽逃的出资50万元，并赔偿利息损失；（2）判令徐某娟对上述25万元出资及利息承担连带责任；（3）本案诉讼费用由被告承担。

陈某正辩称：（1）管理人认为包某友、陈某正于2010年2月5日以支付货款为由抽逃公司注册资金50万元，与事实不符；事实上这是正常的经营行为，不存在抽逃出资的行为。对其他事实均无异议。（2）陈某正已经于2013年的9月6日将其享有的公司50%股权转让给了徐某娟，而且经过工商变更登记，无须再承担责任。（3）追收的范围应当是债权人山东美×环保科技有限公司的债权即90,800元，而不是所谓的全部投资款，或者加上利息85万元。（4）如果出资款不到位的话，应当由股东或者债权人向未出资的行为人追偿。管理人提出主张应当有一个前提条件，即在公司清算以后才可以提出来，如果没有经过清算，如何确定是否抽逃资金。综上，请求法院驳回对陈某正的诉请。

包某友、徐某娟未做答辩。

法院查明:(1)从友×公司的银行账户明细来看,2010年、2011年,除了2010年2月3日注册资本50万元的入账及2010年2月5日50万元的出账,几乎不存在其他款项往来。(2)被告未向友×公司管理人提供财务账簿等资料,在友×公司管理人提供了对包某友、陈某正抽逃出资合理怀疑的证明后,包某友、陈某正未能提供有效的证据证明验资后的款项用于友×公司真实的交易或者其他合理用途。(3)陈某正于2013年9月6日将其享有的友×公司50%股权以25万元的价格转让给徐某娟,但实际上并没有取得任何对价。(4)陈某正庭后表示公司成立的相关手续均由包某友操作,其并不清楚,其在公司成立时其并没有充足资金,是包某友帮其借款,但未告知具体借款情况。(5)包某友在50万元的现金支票上加盖有包某友的私章。(6)友×公司未举证证明陈某正有协助包某友抽逃出资的行为。(7)徐某娟与包某友时系夫妻关系。

【裁判结果】

1. 包某友在本判决生效之日起10日内向友×公司返还出资款25万元,并支付利息损失;

2. 陈某正在本判决生效之日起10日内向友×公司返还出资款25万元,并支付利息损失;

3. 包某友对上述第2项款项承担连带清偿责任;

4. 徐某娟对上述第2项款项承担连带清偿责任。

如果未按本判决指定的期间履行给付金钱义务,应当依照《民事诉讼法》(2021年)第二百六十条之规定,加倍支付迟延履行期间的债务利息。

【案件解析】

我国《公司法》(2018年)第三十五条①规定,公司成立后,股东不得抽逃出资。友×公司于2010年2月3日成立,并于同日收到注册资本(实收资本)50万元;2010年2月5日,友×公司即向案外人梁某巍开具金额为50万元现金支票一张,而且从友×公司的银行账户明细来看,2010年、2011年,除了2010年2月3日注册资本50万元的入账及2010年2月5日50万元的出账,几乎不存在其他款项往来,虽然现金支票上记载用途为货款,但该笔资金的流转过程使人产生包某友、陈某正抽逃出资的高度怀疑。由于被告未向友×公司管理人提供财务账簿等资料,在友×公司管理人提供了对包某友、陈某正抽逃出资合理怀疑的证明后,此时举证责任转移至包某友、陈某正,但包某友、陈某正未能提供有效的证据证明验资后的款项用于友×公司真实的交易或者其他合理用途,应当承担不利的法律后果。再结合陈某正于2013年

① 对应《公司法》(2023年)第五十三条第一款。

9月6日将其享有的友×公司50%股权以25万元的价格转让给徐某娟，但实际上并没有取得任何对价的不合理情形，以及陈某正庭后表示公司成立的相关手续均由包某友操作，其并不清楚，其在公司成立时其并没有充足资金，是包某友帮其借款，但未告知具体借款情况等令人难以信服的陈述，应认定包某友、陈某正作为友×公司的股东，以获取验资为目的，短暂地将出资资金转入验资账户随即转出，其行为已经构成抽逃出资，依法应向友×公司返还出资本息。同时，依据《最高人民法院关于适用〈中华人民共和国公司法〉若干问题的规定（三）》第十四条第一款的规定，股东抽逃出资，公司或者其他股东请求其向公司返还出资本息、协助抽逃出资的其他股东、董事、高级管理人员或者实际控制人对此承担连带责任的，人民法院应予支持。根据本案查明的事实，包某友作为公司设立时的法定代表人、董事，在50万元的现金支票上加盖包某友的私章，可以认定包某友知晓并协助抽逃出资，故包某友应对陈某正应当返还的抽逃出资本息承担连带清偿责任。陈某正虽系公司股东，担任监事，但友×公司未举证证明其有协助包某友抽逃出资的行为，故陈某正不应对包某友应当返还的抽逃出资承担连带清偿责任。

根据《最高人民法院关于适用〈中华人民共和国公司法〉若干问题的规定（三）》第十八条的规定，有限责任公司的股东未履行或者未全面履行出资义务即转让股权，受让人对此知道或者应当知道，公司请求该股东履行出资义务、受让人对此承担连带责任的，人民法院应予支持。本案中，徐某娟与包某友时系夫妻关系，徐某娟于2013年9月6日以25万元的价格受让陈某正享有的友×公司50%股权，但实际上并没有支付任何对价。因此，可认定徐某娟知道包某友、陈某正未实际缴纳出资，应当在其受让的陈某正的25万元出资本息范围内承担连带清偿责任。

案例11　公司已被法院裁定受理破产清算，股东出资义务不受出资期限的限制

——临海市尚×眼镜加工有限公司、伍某海等追收未缴出资纠纷案

【基本案情】

原告：临海市尚×眼镜加工有限公司（以下简称尚×公司）

被告：伍某海

被告：王某西

审理法院：临海市人民法院

案号：（2022）浙1082民初7453号

尚×公司于2016年11月22日成立，注册资本50万元，股东伍某海认缴出资25

万元，持股比例占 50%；股东王某西认缴出资 25 万元，持股比例占 50%，实缴出资时间为 2036 年 11 月 21 日前。尚×公司因不能清偿到期债务，并且资产不足清偿全部债务、明显缺乏清偿能力，申请人周某燕向临海市人民法院提出破产清算的申请，临海市人民法院于 2022 年 8 月 4 日裁定受理申请人周某燕对被申请人尚×公司的破产申请，指定浙江回×律师事务所担任债务人尚×公司破产清算的管理人。现尚×公司已进入破产清算程序。伍某海和王某西经管理人催缴至今仍未缴纳认缴的出资额。

尚×公司向临海市人民法院提起诉讼，请求：(1)判令伍某海向尚×公司管理人缴纳出资 25 万元及利息（利息以 25 万元为基数，按照同期全国银行间同业拆借中心公布的 1 年期贷款市场报价利率从原告起诉之日计算至履行完毕止）；(2)判令王某西向尚×公司管理人缴纳出资 25 万元及利息（利息以 25 万元为基数，按照同期全国银行间同业拆借中心公布的 1 年期贷款市场报价利率从原告起诉之日计算至履行完毕止）。

2022 年 12 月 2 日，尚×公司向临海市人民法院提交变更诉讼请求申请书，请求将第 1 项诉讼请求变更为判令伍某海向尚×公司缴纳出资 25 万元；第 2 项诉讼请求变更为判令王某西向尚×公司缴纳出资 25 万元。

【裁判结果】

1. 伍某海于本判决发生法律效力之日起 30 日内向尚×公司补缴出资 25 万元；

2. 王某西于本判决发生法律效力之日起 30 日内向尚×公司补缴出资 25 万元。

如果未按照本判决指定的期间履行给付金钱义务，应当依照《民事诉讼法》(2021 年)第二百六十条的规定，加倍支付迟延履行期间的债务利息。

【案件解析】

根据《公司法》(2018 年)第二十八条第一款①的规定，股东应当按期足额缴纳公司章程中规定的各自所认缴的出资额。股东以货币出资的，应当将货币出资足额存入有限责任公司在银行开设的账户；以非货币财产出资的，应当依法办理其财产权的转移手续。《企业破产法》第三十五条规定，人民法院受理破产申请后，债务人的出资人尚未完全履行出资义务的，管理人应当要求该出资人缴纳所认缴的出资，而不受出资期限的限制。

本案中，伍某海和王某西尚未缴纳认缴出资，虽出资期限尚未届满，但尚×公司已被法院裁定受理破产清算，伍某海和王某西的出资义务不受出资期限的限制，应立即缴纳。

---

① 对应《公司法》(2023 年)第四十九条。

案例 12 法院受理破产申请后，股东认缴的出资"加速到期"，发起人应对彼此未缴出资承担连带责任

——上海鉴×投资管理有限公司等与上海时×周流物联网科技有限公司等追收未缴出资纠纷案

【基本案情】

上诉人(原审被告)：上海鉴×投资管理有限公司(以下简称鉴×公司)

被上诉人(原审原告)：上海时×周流物联网科技有限公司(以下简称时×周流公司)

原审被告：浦某

原审被告：唐某华

原审被告：朱某

原审被告：上海时×电子科技有限公司(以下简称时×电子公司)

一审法院：上海铁路运输法院

案号：(2021)沪7101民初468号

二审法院：上海市第三中级人民法院

案号：(2022)沪03民终173号

2017年12月14日，时×周流公司(设立时公司名称为上海B有限公司)经登记设立，股东为鉴×公司、唐某华、时×电子公司；公司注册资本为2000万元，鉴×公司认缴出资额1400万元、唐某华认缴出资额500万元、时×电子公司认缴出资额100万元；出资时间为公司成立之日起20年。2018年10月29日，时×周流公司股东会通过章程修正案，增加公司注册资本至5000万元，鉴×公司认缴出资额3500万元、唐某华认缴出资额1250万元(其中，知识产权出资500万元)、时×电子公司认缴额250万元(其中，知识产权出资100万元)。

2018年12月6日，鉴×公司与朱某签订《股权转让协议》，约定鉴×公司将其持有的时×周流公司5%(认缴出资额250万元)股权作价250万元转让给朱某。同日，时×周流公司通过股东会决议，同意上述股权转让，并通过公司新的公司章程。公司注册资本5000万元，鉴×公司认缴出资额3250万元、唐某华认缴出资额1250万元(其中，知识产权出资500万元)、时×电子公司认缴出资额250万元(其中，知识产权出资100万元)、朱某认缴出资额250万元，出资时间为公司成立之日起20年。

2018年至2019年，鉴×公司向时×周流公司银行账户转账几十笔款项。

其中，转账摘要载明为"投资款"的款项金额共计606.15万元，时×周流公司记

账为“实收资本”会计科目;其余转账摘要载明为“往来款”的款项,时×周流公司记账为“其他应收款”会计科目。

2018 年 12 月 12 日,张某明代朱某向时×周流公司银行账户转账 100 万元,转账摘要载明为“代付股权投资款”。2019 年 1 月 3 日,朱某向时×周流公司银行账户转账 20 万元,转账摘要载明为“股权投资款”。

2019 年 1 月 7 日,唐某华与时×周流公司签署转让声明,内容为“就专利申请号为:20×××,专利申请日期为:2017－10－23,专利申请权人为:唐某华,专利名称为:智能化控制系统及其控制方法的发明专利申请,双方在 2019 年 1 月 7 日达成如下协议:该专利申请权由唐某华转让给上海 B 有限公司”。之后,双方办理了专利申请权的转移登记。

2020 年 6 月 15 日,根据朱某亚等人的申请,上海铁路运输法院作出(2020)沪 7101 破 67 号民事裁定书,受理时×周流公司的破产清算一案,并指定上海市君×律师事务所担任时×周流公司管理人。

一审法院查明,鉴×公司系一人有限责任公司,股东为浦某。一审审理中,浦某申请对其个人财产与鉴×公司财产是否各自独立进行鉴定,一审法院通过随机方式指定上海××事务所有限公司进行鉴定。因浦某未缴纳鉴定费,并且未能按鉴定机构要求补充提供所需要的审计资料,视为浦某撤回鉴定申请。

二审期间,唐某华、时×电子公司提供了上海市社会保险事业管理中心对上海 B 有限公司的责令改正通知书、催告书、账务明细,旨在证明时×周流公司实际只运作 10 个月,公司运作消耗的资金与鉴×公司所述投入的资金不相符合,鉴×公司未完成实际出资。鉴×公司和浦某质证认为鉴×公司只是时×周流公司的股东之一,该份证据不足以证明鉴×公司没有履行出资义务。时×周流公司质证不认可该份证据的关联性。

二审法院认证认为,时×周流公司的运转情况与鉴×公司对时×周流公司实缴出资金额的认定不具有关联性,依法不予采纳。

二审法院经审理查明,一审判决书第 7 页第 5 段第 6 行“追收被告朱某未缴出资 120 万元”系笔误,应为“追收被告朱某未缴出资 130 万元”,予以纠正。

时×周流公司向一审法院起诉请求:(1)判令鉴×公司向时×周流公司支付出资款 2643.85 万元;(2)唐某华向时×周流公司支付出资款 1250 万元;(3)时×电子公司向时×周流公司支付出资款 250 万元;(4)朱某向时×周流公司支付出资款 130 万元;(5)鉴×公司、唐某华、时×电子公司对第 1～3 项诉讼请求承担连带责任;(6)浦某对鉴×公司的上述债务承担连带责任。

【裁判结果】

一审法院判决:

1. 鉴×公司于判决生效之日起10日内向时×周流公司缴纳出资款2643.85万元;

2. 唐某华于判决生效之日起10日内向时×周流公司缴纳出资款1250万元;

3. 时×电子公司于判决生效之日起10日内向时×周流公司缴纳出资款250万元;

4. 朱某于判决生效之日起10日内向时×周流公司缴纳出资款130万元;

5. 鉴×公司、唐某华、时×电子公司对判决第1~3项确定的付款义务承担连带责任;

6. 浦某对判决确定的鉴×公司的付款义务承担连带责任。

二审法院判决:驳回上诉,维持原判。

【案件解析】

本案系管理人代表债务人在破产程序中追收未缴出资而产生的民事纠纷。法院受理破产申请后,债务人的出资人尚未完全履行出资义务的,管理人应当要求该出资人缴纳所认缴的出资,而不受出资期限的限制。

关于鉴×公司、唐某华、时×电子公司是否应对彼此未缴出资承担连带责任。根据《最高人民法院关于适用〈中华人民共和国公司法〉若干问题的规定(三)》第十三条第三款的规定,"股东在公司设立时未履行或者未全面履行出资义务,依照本条第一款或者第二款提起诉讼的原告,请求公司的发起人与被告股东承担连带责任的,人民法院应予支持;公司的发起人承担责任后,可以向被告股东追偿"。

本案中,鉴×公司、唐某华、时×电子公司系时×周流公司的发起人,负有资本充实的责任,故应对彼此未缴出资承担连带责任。

案例13 股东会决议经生效判决确认为不成立,股东应当按照变更前的公司章程规定的出资时间全面履行出资义务

——丁某屿、楚×力卡建材有限公司股东出资纠纷案

【基本案情】

上诉人(原审被告):丁某屿

被上诉人(原审原告):楚×力卡建材有限公司(以下简称楚×力卡公司)

一审法院:云南省楚雄市人民法院

案号:(2022)云2301民初875号

二审法院:云南省楚雄彝族自治州中级人民法院

案号:(2022)云23民终1965号

姚安力×建材有限公司成立于2017年6月22日,注册资本为1000万元,登记住所为云南省楚雄彝族自治州姚安县××镇财政所旁,发起人为丁某屿(认缴出资150万元,持股比例为15%)及案外人黑某景(认缴出资250万元,持股比例为25%)、高某斌(认缴出资400万元,持股比例为40%)、李某林(认缴出资200万元,持股比例为20%)。公司设立时,公司章程载明的全体股东出资时间均为2017年6月15日。2021年12月16日,姚安力×建材有限公司依据其于2021年12月14日作出的股东会决议办理了公司住所、股权结构、股东出资时间及法定代表人等内容的工商变更登记,其中公司名称变更为"楚×力卡公司",公司住所变更为"云南省楚雄高新区紫溪大道三号桥头北侧尚城商务中心主楼8层8-3号房",公司股权结构变更为"黑某景认缴出资850万元、持股比例为85%,丁某屿认缴出资150万元、持股比例为15%",出资时间变更为"2022年6月30日"。楚×力卡公司于2021年12月1日使用原公司名称"姚安力×建材有限公司"向楚雄市人民法院提起诉讼并于2021年12月24日使用原公司名称"姚安力×建材有限公司"向楚雄市人民法院申请撤诉。丁某屿至今未向楚×力卡公司履行150万元的股东出资义务。2022年7月5日,楚雄市人民法院作出(2022)云2301民初530号生效民事判决书,认定楚×力卡公司于2021年12月14日作出的股东会决议不成立。

楚×力卡公司向一审法院起诉请求:(1)判决丁某屿立即向楚×力卡公司履行150万元的出资义务;(2)案件受理费由丁某屿承担。

【裁判结果】

一审法院判决:丁某屿于判决生效之日起30日内向楚×力卡公司缴纳出资款150万元。

二审法院判决:驳回上诉,维持原判。

【案件解析】

本案争议焦点是丁某屿应否向楚×力卡公司缴纳出资款150万元。

根据《公司法》(2018年)第二十八条[①]的规定,股东应当按期足额缴纳公司章程中规定的各自所认缴的出资额。《最高人民法院关于适用〈中华人民共和国公司法〉若干问题的规定(三)》第十三条第一款规定,股东未履行或者未全面履行出资义务,公司或者其他股东请求其向公司依法全面履行出资义务的,人民法院应予支持。

本案中,楚×力卡公司设立时,公司章程载明的全体股东出资时间均为2017年6月15日。楚×力卡公司于2021年12月14日作出的股东会决议经生效判决确认为

---

① 对应《公司法》(2023年)第四十九条。

不成立，故楚×力卡公司变更公司章程规定的股东出资时间为2022年6月30日应属无效，楚×力卡公司的股东应当按照变更前的公司章程规定的出资时间履行各自的出资义务，故丁某屿应向楚×力卡公司缴纳出资款150万元。

案例14 股东将股权无偿转让给与其具有特定关系且无出资能力的人，可以认定股东系恶意转让股权以逃避出资义务，股权转让行为应认定为无效

——四川省岳池县恒×机械有限责任公司、吕某章、吕某等追收未缴出资纠纷案

【基本案情】

上诉人（原审原告）：四川省岳池县恒×机械有限责任公司（以下简称恒×公司）

被上诉人（原审被告）：吕某章

被上诉人（原审被告）：吕某

被上诉人（原审被告）：王某敏

被上诉人（原审被告）：李某云

一审法院：四川省岳池县人民法院

案号：（2021）川1621民初500号

二审法院：四川省广安市中级人民法院

案号：（2021）川16民终602号

何某琴系吕某章的前妻，吕某系吕某章与何某琴之子，王某敏与吕某章系夫妻关系。

（一）恒×公司股权变更情况

恒×公司是经岳池县工商质监局批准，于2004年2月24日登记成立，注册地址为四川省广安市岳池县九龙镇城南工业园玉竹路7号，现在登记的法定代表人为王某敏，注册资本2000万元。公司经营范围：铸造机械零部件，收购生产性废旧金属；销售建筑材料、钢材；水电安装；机械制造（依法须经批准的项目，经相关部门批准后方可开展经营活动）。

2004年2月24日，恒×公司登记由2个股东吕某章、何某琴共同出资设立，注册资本金50万元，其中吕某章出资40万元，占80%，何某琴出资10万元，占20%，并于2004年2月19日由四川蜀中会计师事务所出具了川蜀会师2004验字第12号验资报告。2011年8月18日增加注册资本450万元，增资后吕某章出资为400万元，占80%，何某琴出资100万元，占20%，并于2011年8月17日由四川蜀中会计师事务

所出具了川国会验字2011第427号验资报告。2015年1月16日,恒×公司股东会作出变更决议,何某琴出让全部股份并退出公司股东会,受让人为吕某章,到此,恒×公司为吕某章独资公司,注册资本500万元,启用新的公司章程。

2015年2月5日,吕某章、何某琴签署《股权转让协议》,何某琴股权转让价为100万元,同日进行了工商变更登记,公司类型变更为自然人独资。

2015年2月6日,吕某章作为独资股东签署了《股东书面变更决定》,确定增加注册资本1500万元,共计注册资本2000万元;启用公司新的章程等。公司章程载明:增加后的1500万元于2018年10月29日到位。

2015年2月11日,股东吕某章(甲方)转让全部股份给吕某(乙方),并与吕某签署《股权转让协议》,同日变更登记独资股东为吕某,吕某为新的法定代表人,启用公司新的章程等。转让协议中约定:"3.甲乙双方确定的转让价格为人民币500万元……5.甲方向乙方转让的股权尚未实际缴纳出资的部分,转让后,由乙方继续履行这部分股权的出资义务;6.本次股权转让完成后,乙方即成为该公司的股东,享受相应的股东权利并承担义务;甲方不再享受相应的股东权利和承担义务。"章程载明:增加后的1500万元于2018年10月29日到位。

2015年4月7日,恒×公司独资股东吕某(甲方)作出《股东书面变更决定》,转让全部股权给李某云(乙方),并与李某云签署《股权转让协议》,同日变更登记独资股东为李某云,李某云为新的法定代表人。转让价格为2000万元,启用公司新的章程等。转让协议中载明:"3.甲乙双方确定的转让价格为人民币2000万元……5.本次股权转让完成后,乙方即成为该公司的股东,享受相应的股东权利并承担义务;甲方不再享受相应的股东权利和承担义务"。但没有特别约定"甲方向乙方转让的股权尚未实际缴纳出资的部分,转让后,由乙方继续履行这部分股权的出资义务"。公司章程载明:增加后的1500万元于2018年10月29日到位。

2015年9月2日,股东李某云(甲方)转让全部股份给王某敏(乙方),并与王某敏签署《股权转让协议》。协议中约定:"3.甲乙双方确定的转让价格为人民币500万元……5.本次股权转让完成后,乙方即成为该公司的股东,享受相应的股东权利并承担义务;甲方不再享受相应的股东权利和承担义务。甲方向乙方转让的股权尚未实际缴纳出资的部分,转让后,由乙方继续履行这部分股权的出资义务。"2015年9月6日,变更登记王某敏为恒×公司独资股东、新的法定代表人,启用公司新的章程等。公司章程载明:增加后的1500万元于2018年10月29日到位。

以上所有的转让,均未给出让金,实际上是零元转让。

(二)吕某章购买资产转移登记到恒×公司名下情况

2012年12月11日,吕某章与四川国×电梯有限公司岳池分公司(法定代表人邹某伟)签订了《转让协议》,以430万元的价格受让公司资产,包括:工业用地使用权面积19,657.30平方米[岳国用(2011)第07224号土地使用证]及厂房一栋、办公楼一栋及配电房、值班室;冲床三台、剪板机一台、折弯机一台、搅拌机、办公桌一批。吕某章在协议签订前已先行代四川国×电梯有限公司岳池分公司向唐某华支付50万元,并记载于协议中,后于2012年向邹某伟支付280万元,代邹某伟支付唐某华46.03万元,下欠邹某伟53.97万元。邹某伟因追讨欠款诉至法院,案号为(2016)川1621民初77号。2016年3月15日,经四川省岳池县人民法院调解,双方达成协议,协议确定由吕某章向邹某伟支付欠款53.9万元。因吕某章未自动履行,该案进入执行程序,被执行人为吕某章个人,目前尚未执结,吕某章全额未予履行。

2013年8月14日,经变更登记土地使用权人为恒×公司,该宗房地产的土地使用权证为岳国用(2013)第05245号,面积19,657.30平方米;2014年11月3日,经变更登记房屋所有权人为恒×公司,房权证有岳房权证岳池字第××号、20××26号、20××38号、20××4X号、20××87号、20××31号。其中五幢已办产权,面积12,869.55平方米;两幢未办产权,面积3200平方米,是恒×公司新厂区,位于岳池县地段。

恒×公司旧厂区土地使用权证为岳国用(2008)第1517号,面积4418.30平方米,登记在恒×公司名下,位于岳池县桥地段,房产证5个,分别是岳池县房权证岳字第××号、00××69号、00××16号、00××67号、00××72号。

(三)恒×公司破产清算受理情况

2018年6月29日,四川省岳池县人民法院作出(2018)川1621民申1号民事裁定书,裁定受理申请人胡某元申请对债务人恒×公司破产清算一案,并指定四川圣×律师事务所担任管理人,负责破产清算工作。恒×公司从2004年成立,至2014年停产,2018年5月按法院通知完全停产,目前将厂房、车间出租给10家租户,租金每年约70万~80万元。在管理人接管公司时,移交人吕某章、王某敏向管理人明确确认"2004年吕某章和何某琴各出资400万元、100万元(已到位)。2018年10月29日应出资1500万元,未到位。"

2019年6月9日,吕某章向管理人提交破产债权申报书,申报债权520.1526万元。债权事实及理由为:吕某章为恒×公司买废铁、土地、争取流动资金,向外借款,出借人起诉申报人吕某章,并出具了法律文书。吕某章申报债权提交的证据为民事调解书两份、民事判决书一份。

2019年6月20日,王某敏、吕某章回复管理人,根据《公司法》之规定,王某敏本人用所属公司的土地、房产出资,公司资产大于1500万元,王某敏出资已完全到位,不再用现金出资;吕某章于2015年以后就不是该公司股东,没有对该出资承担义务。

(四)破产清算中的审计报告

经破产管理人委托,成都中×国政会计师事务所于2019年8月26日出具了中财国政审字[2019]第69－1号审计报告，对恒×公司特别事项进行了审计。审计报告载明，截至2019年5月8日，恒×公司账面应付吕某章债务为598.4314万元（含吕某章代付电费40.06万元）。其中2015年9月30日前应付吕某章债务为40.933729万元，至2017年4月1日应付吕某章债务为623.375429万元，但2015年10月1日至2017年3月31日的账务资料缺失，债务原因及是否虚构债务均无法确定。2015年2月6日新增注册资本1500万元为认缴出资方式，截至审计日，后续几任独资股东均未将新增注册资本实缴到位，出资人未完全履行出资义务。截至审计日，历任股东、监事中，只有吕某章、何某琴与公司发生业务往来。

因恒×公司的破产管理人向吕某章追缴出资未果，遂向一审法院提起诉讼，诉请：（1）责令吕某章、吕某、李某云、王某敏向恒×公司共同履行出资义务，支付应缴出资款1500万元，并支付利息，利息从2018年6月29日起按照银行同期同类贷款利率计算至出资款付清之日；（2）案件受理费由吕某章、吕某、李某云、王某敏负担。

一审法院作出判决后，恒×公司不服，向广安市中级人民法院提起上诉，请求：（1）维持一审判决第1项；（2）撤销一审判决第2项，改判被吕某章、吕某、李某云对一审判决第1项债务承担连带清偿责任。诉讼中，恒×公司变更其第2项上诉请求为：撤销一审判决第2项，改判吕某章对一审判决第1项债务承担连带清偿责任。

二审中，恒×公司提交了管理人分别于2019年5月31日、2019年6月8日、2019年6月15日、2019年6月20日调查、询问吕某章的笔录共四份，拟证明恒×公司进入破产清算后，王某敏不清楚公司情况，管理人都是与吕某章对接，公司的债权债务以及公司经营情况都是由吕某章向管理人做陈述，因此吕某章是恒×公司的实际控制人。同时，所有债权人借钱都是将款转到吕某章的账户，所有债权人都认为公司是吕某章的。

吕某章、吕某、王某敏的质证意见如下：对上述证据的真实性、合法性无异议，对其关联性不认可，因为对公司熟悉的人不能直接认定就是公司的实际控制人，且上诉人陈述说债权人认为吕某章是实际控制人，这只是推论，不能作为认定吕某章在2015年之后是公司实际控制人的证据。

二审法院对上述证据的认证意见为：因吕某章、吕某、王某敏对该证据的真实性无异议，法院予以确认，至于能否达到上诉人的证明目的，法院将围绕争议焦点问题结合在案其他证据及查明事实予以综合评述。

二审中，吕某章称，变更恒×公司的法定代表人为李某云是为了公司贷款，签订股权转让协议后，李某云未支付股权对价，后贷款用于其他，故将法人资格收回；恒×公司2015年后的厂房租赁合同都是由吕某章签订的。

【裁判结果】

一审法院判决：

1. 王某敏在判决生效后 30 日内向恒×公司缴纳公司增加资本金 1500 万元及利息；

2. 驳回恒×公司的其他诉讼请求。案件受理费 111,800 元由王某敏负担。

二审法院判决：

1. 撤销四川省岳池县人民法院(2021)川 1621 民初 500 号民事判决；

2. 王某敏在本判决生效后 30 日内向恒×公司缴纳增资款 1500 万元,并支付相应利息；

3. 吕某章对王某敏的上述债务承担连带责任；

4. 驳回恒×公司的其他诉讼请求。

【案件解析】

在认缴资本制下,股东享有期限利益,股东在认缴期限内未缴纳出资不属于未履行出资义务。认缴股份实质上是股东对公司承担的负有期限利益的债务,在股权转让得到公司认可情况下,视为公司同意债务转移,出让人退出出资关系,不再承担出资义务,除非有证据证明其系恶意转让以逃避该出资义务。

本案中,吕某章为设立一人有限责任公司即恒×公司向公司认购增加出资 1500 万元,公司章程规定其出资 1500 万元于 2018 年 10 月 29 日到位。吕某章于 2015 年 2 月将恒×公司股权转让给吕某,当时出资期限未届满,但恒×公司于 2014 年就处于停产状态,故恒×公司债务基本上产生于吕某章转让股份前。案涉几次股权转让过程中,受让方均未向转让方支付出让金,实际上均为无偿转让。除李某云外,股权受让方分别为吕某章的儿子和妻子,且吕某章在二审中明确与李某云签订股权转让协议的目的是为公司贷款,而非真实的股权转让。同时,由于吕某章对恒×公司的债权债务及厂房车间的出租情况清楚,在股权转让后仍代表恒×公司对外签订租赁合同,即事实上恒×公司一直由吕某章经营管理。综上,吕某章将股权无偿转让给与其具有特定关系且无出资能力的人,可以认定吕某章系恶意转让股权以逃避出资义务。因案涉股权转让的法律事实产生于民法典施行前,根据《最高人民法院关于适用〈中华人民共和国民法典〉时间效力的若干规定》第一条第二款的规定,应适用当时的法律、司法解释的规定。原《民法总则》第一百五十四条规定,行为人与相对人恶意串通,损害他人合法权益的民事法律行为无效。故案涉多手股权转让行为均应认定为无效。恒×公司破产后,股东出资加速到期。《最高人民法院关于适用〈中华人民共和国公司法〉若干问题的规定(三)》第十三条第一款规定,股东未履行或者未全面履行出资义务,公司或者其他股东请求其向公司依法全面履行出资义务的,人民法院应予支持。故吕某章应对其认缴的增资款 1500 万元承担出资义务。本案中,吕某章与吕某、李某云、王某敏具有通谋逃避增资义务的故意，恒×公司可以请求全部受让人承担连带责任，也可以向其中部分受让人请求承担连带责任。一审法院判决王某敏承担出资义务后，王某敏对此未提出异议，应视为其对该项义务的认可。二审中，恒×公司选择请求吕某章对王某敏的出资义务承担连带责任，不违反法律规定。

案例15 名义股东的股东资格经公司章程确认且经工商登记公示的，为保护善意第三人，其应当承担出资义务

——绍兴上虞新×轴承有限公司、黄某娣追收未缴出资纠纷案

【基本案情】

原告：绍兴上虞新×轴承有限公司（以下简称新×公司）

被告：黄某娣

审理法院：绍兴市上虞区人民法院

案号：（2021）浙0604民初2273号

2020年10月26日，绍兴市上虞区人民法院裁定受理新×公司破产清算一案，并于同日指定浙江新×望律师事务所担任管理人。管理人接受指定后通过市场监督管理部门查询调查发现，新×公司成立于2013年8月7日，原名"上虞新×轴承有限公司"，由樊某尧和黄某娣发起设立，注册资本100万元，实收100万元，其中樊某尧出资50万元，黄某娣出资50万元。后经历多次变更，新×公司变更为一人有限公司，注册资本变更为1200万元，全部由股东黄某娣一人出资，其中550万元于2017年1月31日前缴足，600万元于2026年12月30日前缴足。根据市场监督管理部门查询显示及新×公司实际控制人黄某太的陈述，公司股东认缴出资未到位，管理人向黄某娣催缴未果，故诉至法院。新×公司向法院提出诉讼请求：（1）依法判令股东黄某娣向新×公司缴纳出资款共计1150万元；（2）本案诉讼费由黄某娣承担。

黄某娣答辩称：黄某太自认并经司法机关查实，黄某娣是挂名股东，新×公司实际控制人为黄某太，黄某娣并不应当承担出资义务；新×公司实际股东已在破产前投入了上千万元资金用于生产经营，远远超过了认缴的资金。因此，应当驳回新×公司的诉讼请求。

【裁判结果】

1. 黄某娣应于本判决生效之日起10日内向新×公司缴纳出资1150万元。

2. 如果未按本判决指定的期间履行给付金钱义务，应当依照《民事诉讼法》（2017年）第二百五十三条之规定，加倍支付迟延履行期间的债务利息。

【案件解析】

根据《公司法》(2018 年)第二十八条[①]的规定,股东应当按期足额缴纳公司章程中规定的各自所认缴的出资额。股东以货币出资的,应当将货币出资足额存入有限责任公司在银行开设的账户。本案中,根据公司章程规定,黄某娣应于 2017 年 1 月 31 日前缴足 550 万元,于 2026 年 12 月 30 日前缴足 600 万元,且黄某娣的股东资格和认缴资本数额已经工商登记,对外具有公示效力。现新×公司已进入破产程序,根据《企业破产法》第三十五条的规定,人民法院受理破产申请后,债务人的出资人尚未完全履行出资义务的,管理人应当要求该出资人缴纳所认缴的出资,而不受出资期限的限制。故黄某娣应向公司账户存入尚未缴纳的出资款 1150 万元,且不受公司章程关于出资期限的限制。

黄某娣关于其是挂名股东,新×公司实际控制人为黄某太,其不应当承担出资义务的抗辩不能得到法院支持,因为黄某娣的股东资格经公司章程确认且经工商登记公示,即使其确是"名义出资人",但对公司特别是第三人来说,其就是公司的"股东",为保护善意第三人,其应当承担出资义务。公司经营所需的投入与股东对公司的认缴出资并非同一概念,股东不能以此免除出资义务,故黄某娣关于新×公司实际控制人黄某太已投入远超认缴出资的资金用于公司生产经营的抗辩于法亦无据。

---

① 对应《公司法》(2023 年)第四十九条。

第三章

股东资格确认纠纷

一、实务要点

股东资格,是指各民事主体作为公司股东的一种身份和地位。具有股东资格,意味着享有法律上所规定的股东各项权利和承担法律所规定的股东各项义务。股东资格确认纠纷,是指股东与股东之间、股东与公司、股东与第三方之间就股东资格是否存在或者股东持股比例等所产生的纠纷。

《最高人民法院关于适用〈中华人民共和国公司法〉若干问题的规定(三)》第二十二条规定:“当事人之间对股权归属发生争议,一方请求人民法院确认其享有股权的,应当证明以下事实之一:(一)已经依法向公司出资或者认缴出资,且不违反法律法规强制性规定;(二)已经受让或者以其他形式继受公司股权,且不违反法律法规强制性规定。”司法实践中,股东资格确认纠纷主要有以下的几种类型:

(一)瑕疵出资股东的股东资格确认纠纷

一般情况下,瑕疵出资不会对股东资格造成影响,只是相关股东要承担相应的瑕疵出资责任。但是,根据《最高人民法院关于适用〈中华人民共和国公司法〉若干问题的规定(三)》第十七条第一款的规定,有限责任公司的股东未履行出资义务或者抽逃全部出资,经公司催告缴纳或者返还,其在合理期间内仍未缴纳或者返还出资,公司以股东会决议解除该股东的股东资格,该股东请求确认该解除行为无效的,人民法院不予支持。可见,瑕疵出资股东在经公司催告并在合理期限内仍不履行出资义务的,公司可通过股东会决议的形式解除其股东资格。

(二)因借用或冒用他人姓名而引起的股东资格确认纠纷

冒名股东,是指冒名者以虚拟人(如死者或者虚构者)的名义,或者盗用真实人的名义向公司出资并注册登记。实际出资人害怕承担法律风险,在他人不知情的情况下,偷偷地将他人登记为公司股东。一旦公司出现严重债务无法清偿、重大事故或被有关行政机关处罚,实际出资人则以此来逃避法律责任。

《最高人民法院关于适用〈中华人民共和国公司法〉若干问题的规定(三)》第二十八条规定,冒用他人名义出资并将该他人作为股东在公司登记机关登记的,冒名登记行为人应当承担相应责任;公司、其他股东或者公司债权人以未履行出资义务为由,请求被冒名登记为股东的承担补足出资责任或者对公司债务不能清偿部分的赔偿责任的,人民法院不予支持。

(三)因股权转让而产生的股东资格确认纠纷

此种情形主要是股权转让双方在股权转让过程中没有交付股票或者出资证明书,或者没有履行股东变更登记手续,受让股东与转让股东发生的股权资格确认纠纷。

(四)共有股权股东资格确认纠纷

共有股权,是指两个以上的权利主体享有同一股权的情形。共有股权既可因当事人之间的身份关系而产生,也可因约定而产生,如因共同认购、合伙、夫妻关系而产生的共有股权。共有处分、合伙解散、夫妻离婚时,一方共有人可能提起股东资格确认之诉。

(五)因继承引起的股东资格确认纠纷

股东资格继承,是指自然人股东死亡后,按照《公司法》的规定由其合法继承人继承其股东资格。

根据《公司法》第九十条与第一百六十七条的规定,在公司章程没有特别规定的情况下,自然人股东死亡后,其合法继承人可以继承股东资格。如果股东重视人合性,不希望继承人享有表决权等股东权利,建议在公司章程中规定股东资格不得继承,则继承人只能继承死亡股东的财产权利。

(六)股权代持股东资格确认纠纷

股权代持,是指实际出资人与他人约定,以他人的名义代实际出资人行使股东权利、履行股东义务的一种持股方式。实际出资人又称隐名股东,名义出资人又称名义股东、显名股东。股权代持纠纷主要包括实际出资人与名义股东之间的纠纷,实际出资人与其他股东、公司之间的股东资格确认纠纷,实际出资人因利益受损与第三方之间的纠纷等。

现实生活中,股权代持的情况并不少见,为便于理解,现就股权代持相关概念进行阐述。

1. 实际出资人

实际出资人,是指实际认缴、缴纳出资并实际享有股东权利的人,但其身份未被登记在公司章程、股东名册中,通过公司登记机关及相关信息系统也无法在公司股东信息中查询到此人。实际出资人具有以下特征:一是实际出资人必须出资或认缴出资,承担了股东义务;二是实际出资人未登记在公司章程、股东名册等文件,公司将其持有的股权登记在他人(名义股东)名下;三是第三人无法知悉实际出资人的股东身份。

2. 名义股东

名义股东,与实际出资人相对应,是指并未出资或认缴出资,在公司章程、股东名册、公司登记机关登记资料等文件中均记载为公司股东的人。名义股东实质上是代实际出资人对外持有股权、承担股东义务、行使股东权利,但第三人无法判断其真实身份,均认可名义股东为公司股东。

3. 实际出资人与名义股东之间的法律关系

实际出资人与名义股东之间系委托持股的关系。根据《最高人民法院关于适用〈中华人民共和国公司法〉若干问题的规定(三)》第二十四条第一款、第二款的规定,有限责任公司的实际出资人与名义出资人订立合同,约定由实际出资人出资并享有投资权益,以名义出资人为名义股东,实际出资人与名义股东对该合同效力发生争议的,如无法律规定的无效情形,人民法院应当认定该合同有效。前款规定的实际出资人与名义股东因投资权益的归属发生争议,实际出资人以其实际履行了出资义务为由向名义股东主张权利的,人民法院应予支持。名义股东以公司股东名册记载、公司登记机关登记为由否认实际出资人权利的,人民法院不予支持。由此可见,股权代持协议只要不存在法律规定的无效情形,合同均具有法律效力。实际出资人与名义出资人因投资权益的归属发生争议,实际出资人以其实际履行了出资义务为由向名义出资人主张权利的,人民法院将支持实际出资人的主张。相反,名义出资人以公司股东名册记载、公司登记机关登记为由要求取得投资收益的,人民法院将不会支持其主张。

根据《全国法院民商事审判工作会议纪要》第 28 条的规定:"实际出资人能够提供证据证明有限责任公司过半数的其他股东知道其实际出资的事实,且对其实际行使股东权利未曾提出异议的,对实际出资人提出的登记为公司股东的请求,人民法院依法予以支持。公司以实际出资人的请求不符合公司法司法解释(三)第 24 条的规定为由抗辩的,人民法院不予支持。"也就是说,对内不隐名的实际出资人可以直接要求公司确认股东资格。

4. 实际出资人与其他股东、公司之间的法律关系

实际出资人的股东资格如果能够得到确认,实际出资人与其他股东成为股东关系,与公司之间建立出资关系。根据《最高人民法院关于适用〈中华人民共和国公司法〉若干问题的规定(三)》第二十四条第三款的规定,实际出资人须经过公司其他股东半数以上同意,方可取得公司股东资格。如果实际出资人没有取得股东资格,则其与其他股东、公司之间无直接法律关系。需要注意的是,无论实际出资人的股东资格

是否能够得到确认，都不影响其与名义股东之间股权代持协议的效力。

5. 实际出资人、名义股东与公司外部第三人的法律关系

实际出资人与外部第三人之间无直接法律关系。名义股东将登记在其名下的股权转让、质押给第三人，名义股东与第三人之间存在股权转让或股权质押的法律关系，相关合同对名义股东与第三人具有约束力。

实际出资人与名义股东签订的股权代持合同，一般而言，第三人并不知情，当名义股东未经实际出资人同意向第三人处分其名下的股权时，实际出资人不得以其实际出资人的身份向第三人主张权利。实际出资人只能就名义股东处分其股权对其造成的损失，依据股权代持协议追究名义股东的法律责任，因此，对实际出资人来说，签订完善的股权代持协议有重要的意义。

二、风险防范建议

为防范股东资格确认纠纷的风险，建议如下：

1. 若出现股东拒不履行出资义务或者抽逃出资的情况，公司欲对该股东除名的，需注意以下几点：(1)解除股东资格对股东来说属于严厉措施，只适用于严重违反出资义务的情形，即"构成根本违约"，主要为未出资和抽逃全部出资两种情形，未完全履行出资义务和抽逃部分出资的情形一般不包括在内。(2)公司在对未履行出资义务或者抽逃全部出资的股东除名前，应给予该股东补正的机会，即应当催告该股东在合理期限内缴交或者返还出资。(3)公司解除未履行出资义务或者抽逃全部出资的股东资格，应当依法根据公司章程召开股东会，作出有效的股东会决议。

2. 公司在增加注册资本时，应尊重并保护原有股东对新增股权的优先认购权。我国《公司法》第二百二十七条规定，有限责任公司增加注册资本时，股东在同等条件下有权优先按照实缴的出资比例认缴出资。但是，全体股东约定不按照出资比例优先认缴出资的除外。股份有限公司为增加注册资本发行新股时，股东不享有优先认购权，公司章程另有规定或者股东会决议决定股东享有优先认购权的除外。因此，在公司增资时，原股东在同等条件下享有对新增资本的优先认购权，认缴比例为股东实缴出资比例，若有新股东（投资人）入股，公司原股东须作出声明放弃全部或部分优先认缴出资权。如处理不好，新旧股东之间极易产生纠纷。

3. 身份证作为个人最重要的身份证件，应当妥善保管，不轻易借给他人使用，以免被他人冒名登记为股东。在日常业务往来中需要个人身份证复印件的，务必在复印件上注明用途。一旦发现自己有可能被他人冒名登记为股东，可自行收集证据向相关部门举报，或以公司为被告，提起股东资格否认之诉。

4. 在法院裁判生效后，股权变动就发生效力，届时会导致股东名册或工商部门登

记的股权与真实的股权不一致。为避免第三人信赖工商登记的记载而发生善意取得的风险,因法院生效裁判而取得股权的权利人应及时要求公司变更股东名册及工商登记。

5. 为避免"一股多卖",受让股权一方应及时将股权转让协议及变更股东申请等文件通知公司,并要求公司按照法律法规召开股东会、修改公司章程,及时办理股权工商变更手续和变更股东名册。

6. 公司可通过章程排除股东资格继承。在不违背《公司法》及相关法律法规效力性强制性规范的情形下,章程可约定当出现股东死亡情形时,由公司按公司股权届时的评估价回购其股权,评估机构由公司选定,以排除所有继承人的股权继承资格,继承人仅取得股权财产现金对价。

7. 在股权转让中,受让股权一方应要求出让股权一方出示、提交公司其他股东放弃优先权转让股权的相关证明文件,避免在股权转让后,其他股东主张转让无效。

8. 如非必要,一般不要以隐名股东的身份对企业进行投资。确实无法显名登记、需要隐名出资的,应当注意以下事项:

(1)事先与显名股东签订代持股协议,详细约定包括但不限于以下事项:隐名股东向显名股东支付出资款项以及显名股东实际出资至公司的金额、期限及方式;显名股东定期(按月或按季度)向隐名股东书面报告公司状况;根据隐名股东的要求,显名股东对隐名股东需行使的股东权利、特定情况下需提起的诉讼,应提供相应的配合;显名股东因违约应对隐名股东的损失承担的赔偿责任等条款内容。

隐名股东投资有限责任公司的,应尽可能要求其他过半数股东也在股权代持协议上签字确认,避免其他股东以行使优先购买权为由,阻碍隐名股东变更为显名股东。如果有条件,可以选择与显名股东及公司三方签订股权代持协议,约定公司直接向隐名股东支付红利,以及在条件成就时,公司配合名义股东积极完成隐名股东显名的事务及程序。

(2)隐名股东要妥善保存实际缴纳公司注册资本的证据,便于向公司主张确认股东资格。

(3)在公司允许的情况下,隐名股东日常应直接参与公司经营管理、决策、选任人员等公司事项,行使股东权利并保存相应证据,并掌握公司真实的经营状况。

(4)妥善保存股权代持协议的原件。股权代持协议是证明隐名股东与显名股东存在股权代持合意的最直接的证据,若无该等股权代持合意证据,投资人支付的投资款在诉讼中极有可能被显名股东抗辩为该款项是隐名股东向显名股东提供的借款、赠款或是归还对显名股东的欠款,在股权出现大幅增值的情况下,较易产生前述纠纷。

(5)对用于公司增资的款项,隐名股东在汇款时应该写清楚用途,并要求被投资公司向其出具载明"收到投资款"的收据、出资证明等，避免后续出现纠纷时，就该资金的性质产生争议。

三、典型案例解析

案例 16　股东未按期履行出资义务，经公司催告缴纳后在合理期间内仍未缴纳的，公司可通过股东会决议解除其股东资格

——吴某飞、玉环宏×模具有限公司解除股东资格纠纷案

【基本案情】

原告：吴某飞

被告：玉环宏×模具有限公司（以下简称宏×公司）

审理法院：玉环市人民法院

案号：(2022)浙 1021 民初 1757 号

吴某飞与宏×公司法定代表人陈某斌于 2022 年 1 月 11 日设立宏×公司，注册资金为 580 万元；该公司股东为吴某飞和陈某斌二人，双方对公司各占 50% 的份额。公司原章程约定的出资时间为 2041 年 12 月 30 日。宏×公司于 2022 年 2 月 10 日作出公司股东会决议将出资期限提前至 2022 年 3 月 10 日，并向主管部门办理了公司变更登记手续。2022 年 3 月 18 日，宏×公司向吴某飞发出通知，要求吴某飞在收到该通知后 5 日内履行出资义务。因吴某飞未履行出资义务，宏×公司于 2022 年 3 月 25 日作出涉案解除股东资格决议，该决议决定解除吴某飞在宏×公司的股东资格，吴某飞的股权由陈某斌享有。

吴某飞认为，涉案解除股资决议侵犯了其合法权益，故诉至法院，请求确认宏×公司 2022 年 3 月 25 日所做的解除吴某飞股东资格的股东会决议无效。

宏×公司辩称，对吴某飞主张的事实没有异议，但认为涉案解除股资决议有效。

【裁判结果】

驳回吴某飞的诉讼请求。

【案件解析】

公司的股东会系公司的重要意思表示机构和治理机构，其所作出的决议关乎公司决策发展和自由意志体现，理应得到法律的尊重和保护。《最高人民法院关于适用〈中华人民共和国公司法〉若干问题的规定（三）》第十七条第一款规定："有限责任公司的股东未履行出资义务或者抽逃全部出资，经公司催告缴纳或者返还，其在合理期

间内仍未缴纳或者返还出资，公司以股东会决议解除该股东的股东资格，该股东请求确认该解除行为无效的，人民法院不予支持。”

本案中，宏×公司在吴某飞未按期履行出资义务的情况下书面催告其缴纳，但吴某飞仍未在合理期间内缴纳出资。因此，宏×公司通过股东会决议形式解除吴某飞股东资格符合法律规定。吴某飞请求确认该解除行为无效，法院不应支持。在吴某飞股东资格被解除后，宏×公司应当及时办理法定减资程序或者由其他股东或者第三人缴纳相应的出资。

案例17　股东未完全履行出资义务，不属于未履行出资义务的情形，公司不得解除其股东资格

——湖南华×投资有限公司、湖南中×高科技发展有限公司解除股东资格纠纷案

【基本案情】

原告：湖南华×投资有限公司（以下简称华×公司）

被告：湖南中×高科技发展有限公司（以下简称中×公司）

第三人：吴某燕

第三人：陈某

审理法院：益阳市赫山区人民法院

案号：（2022）湘0903民初3238号

中×公司成立于2013年8月7日，原注册资本2000万元人民币。经股东会决议，申请增加注册资本人民币2500万元，由华×公司于2014年12月5日之前一次缴足。华×公司分别于2014年12月3日、12月4日向中×公司在中国建设银行股份有限公司益阳赫山支行开立的人民币验资临时账户：430015200670×××××××缴存3000万元、2000万元，实际缴纳货币资金5000万元（其中2500万元为转增注册资本和实收资本，溢价部分2500万元转增资本公积）。华×公司出资到位后，中×公司的注册资本变更为人民币4500万元，其中华×公司认缴注册资本2500万元，出资比例55.56%；陈某认缴1160万元，出资比例25.78%；吴某燕认缴800万元，出资比例17.78%；贺某震认缴20万元，出资比例0.44%；陈某辉认缴20万元，出资比例0.44%。

2014年12月15日，华×公司作为乙方，中×公司中以作为甲方，共同签订一份《借款协议》，约定华×公司向中×公司借款人民币4000万元，借款期限12个月，自2014年12月16日至2015年12月16日，年利率10%，于每月25日支付当月利息。

第三人吴某燕在协议落款甲方代表人处签字。

2015 年 3 月 11 日，华 × 公司作为乙方，中 × 公司作为甲方，再次签订一份《借款协议》，约定华 × 公司向中 × 公司借款 200 万元，借款期限 12 个月，自 2015 年 3 月 11 日至 2016 年 3 月 10 日，年利率 10%，于每月 25 日支付当月利息。

上述两份《借款协议》签订后，中 × 公司分别于 2014 年 12 月 18 日、2015 年 3 月 2 日、2015 年 3 月 11 日向华 × 公司转账 3600 万元、100 万元、600 万元，共计 4300 万元。自 2015 年 1 月 26 日至 2017 年 5 月 25 日，华 × 公司分 × 次向中 × 公司转账共计 15,740,136.96 元。诉讼过程中，经法庭询问，华 × 公司、中 × 公司双方均称华 × 公司未向中 × 公司支付借款利息，且双方均认为案涉两份借款协议不是自己的真实意思表示，中 × 公司主张 2014 年 12 月 15 日华 × 公司登记为中 × 公司的股东后，中 × 公司的公章及法定代表人均由华 × 公司控制。华 × 公司提供的《中 × 公司与华 × 公司往来明细情况》显示，自 2014 年 12 月 4 日至 2017 年 5 月 25 日，华 × 公司转给中 × 公司金额为 65,740,136.96 元，收回金额为 4300 万元，总金额 22,740,136.96 元。

2021 年 6 月 16 日，中 × 公司向华 × 公司发出《催告函》，内容为："2014 年 12 月 5 日，华 × 公司向中 × 公司出资 2500 万元，但华 × 公司自 2014 年 12 月 15 日起以借款名义从中 × 公司账户中先后转出资金共计 4200 万元，已经构成抽逃出资，严重侵害了中 × 公司的合法权益。请华 × 公司收到催告函后尽快缴纳 2500 万元出资额并补足剩余抽逃款项 920 万元。如华 × 公司未能在 2021 年 6 月 30 日前全面履行出资义务，由此引发的一切法律后果均由华 × 公司承担"，华 × 公司于 2021 年 6 月 17 日签收上述《催告函》，华 × 公司未按催告函补足出资。2021 年 7 月 1 日，华 × 公司向中 × 公司各股东发出《关于中 × 公司全体股东召开 2021 年第一次临时股东大会的通知》，会议时间定于 2021 年 7 月 20 日，会议议题包括讨论公司发展现状和发展规划事项，改选公司董事长、董事、监事、法定代表人、总经理及其他经营事宜等六项内容。2021 年 7 月 9 日，北京浩 × 信和（长沙）律师事务所接受陈某、吴某燕、贺某震、陈某辉的委托，就华 × 公司提议召开中 × 公司股东大会事宜向华 × 公司发出《律师函》，上述股东认为华 × 公司抽回资金 4200 万元后，没有补足 2500 万元出资额，也拒绝全面履行出资义务，根据《公司法》及司法解释的规定，可以解除华 × 公司的股东资格，故要求在 2021 年 7 月 20 日召开的公司 2021 年第一次临时股东大会中将解除华 × 公司股东资格的事项作为一项新增议题，并将此议题作为临时股东大会的优先议题进行表决。华 × 公司于 2021 年 7 月 12 日签收上述《律师函》。

2021 年 7 月 20 日，中 × 公司在湖南光 × 律师事务所会议室召开第一次股东会会议，审议议案未包含陈某、吴某燕、贺某震、陈某辉提出的要求审议解除华 × 公司股东资格这一事项，对华 × 公司提出的六项议案内容进行表决并确定：(1) 尽快收回土地转让款，并对中 × 公司相关情况进行审计，更换领导班子；(2) 由朱某担任公司董事长，褚某锋、陈某担任董事；（3）唐某见担任公司监事；（4）由朱某担任公司法定代表人；（5）褚某锋担任公司总经理；（6）要求原相关人员缴回公司印章和资质证照。

2021 年 7 月 21 日，吴某燕、陈某以中×公司为被告，以华×公司为第三人，向益阳市赫山区人民法院提起公司决议撤销纠纷诉讼，要求撤销中×公司于 2021 年 7 月 20 日作出的股东会决议。益阳市赫山区人民法院于 2021 年 10 月 18 日作出（2021）湘 0903 民初 3829 号民事判决书，认定中×公司该股东会决议内容违反了公司章程，亦不符合法律规定，判决撤销中×公司 2021 年 7 月 20 日作出的股东会决议。华×公司不服该判决，上诉至湖南省益阳市中级人民法院，该院于 2022 年 4 月 14 日作出（2021）湘 09 民终 2310 号民事判决书，认定该股东会决议召集程序违法，故驳回华×公司的上诉，维持原判。

2022 年 3 月 31 日，陈某、吴某燕以中×公司董事会名义向华×公司发出《中×公司召开 2022 年度第一次临时股东会会议通知》，定于 2022 年 4 月 20 日召开中×公司 2022 年第一次股东会议，会议议题：审议解除华×公司股东资格的议案并投票表决。

2022 年 4 月 20 日，中×公司 2022 年度第一次临时股东会在北京浩×（长沙）律师事务所会议室召开。华×公司委托游某然、阳某平，陈某委托杜某博，贺某震、陈某辉共同委托余某波，以及股东吴某燕一起参加会议。股东陈某、贺某震、陈某辉、吴某燕认为华×公司未按要求返还其抽回的出资款，也未按借款协议偿还借款本息合计 5200 余万元，构成抽逃出资，同意解除华×公司股东资格。华×公司认为其抽回的是资本公积金 2500 万元，超出部分才是资本金，不构成抽逃全部出资，反对股东会解除华×公司股东资格。会议以出席会议的股东 5 人，代表 100% 的股份，经除拟除名股东外代表 2/3 以上有表决权的股东表决通过，作出“解除华×公司股东资格”的决议，华×公司因此提起本案诉讼。

请求：（1）确认中×公司于 2022 年 4 月 20 日作出的 2022 年第一次临时股东会决议无效；（2）中×公司承担本案全部诉讼费用。

中×公司及第三人吴某燕、陈某答辩称，华×公司以借款名义抽逃全部出资，经催告后仍未返还，中×公司作出的涉案股东会决议符合公司章程及法律规定，是合法有效的，应当驳回华×公司的诉讼请求。

【裁判结果】

确认中×公司于 2022 年 4 月 20 日作出的 2022 年第一次临时股东会议决议无效。

【案件解析】

根据《公司法》（2018 年）第二十二条第一款①的规定，公司股东会或者股东大

---

① 对应《公司法》（2023 年）第二十五条。

会、董事会的决议内容违反法律、行政法规的无效。根据《最高人民法院关于适用〈中华人民共和国公司法〉若干问题的规定(三)》第十七条第一款"有限责任公司的股东未履行出资义务或者抽逃全部出资,经公司催告缴纳或者返还,其在合理期间内仍未缴纳或者返还出资,公司以股东会决议解除该股东的股东资格,该股东请求确认该解除行为无效的,人民法院不予支持"之规定,被解除股东资格的股东应当存在未履行出资义务或者抽逃全部出资的情形,未完全履行出资义务和抽逃部分出资的情形不包括在内。

本案中,华×公司认缴注册资本2500万元,另出资2500万元作为中×公司的资本公积金,故华×公司对中×公司的实际出资为5000万元,该5000万元已成为中×公司的法人财产。华×公司抽逃4300万元出资后至2017年5月25日,已陆续归还15,740,136.96元,故华×公司在中×公司的出资实为22,740,136.96元,华×公司的行为应认定为未完全履行出资义务,不属于未履行出资义务和抽逃全部出资的情形,不能适用《最高人民法院关于适用〈中华人民共和国公司法〉若干问题的规定(三)》第十七条第一款的规定解除华×公司的股东资格。对于华×公司未全面履行出资义务和抽逃出资的行为,中×公司或者其他股东可以请求华×公司向中×公司依法全面履行出资义务、向公司返还出资本息,或根据公司章程或者股东会决议对其利润分配请求权、新股优先认购权、剩余财产分配请求权等股东权利作出相应的合理限制,但在华×公司尚有22,740,136.96元出资的情况下作出解除其股东资格的决议缺乏法律依据,损害了华×公司的合法财产权益,应认定为无效决议。

案例18 被冒名登记为公司股东,向法院主张不具有股东资格的诉求得到支持

——兰某兴诉陕西天×清淤工程有限公司股东资格确认纠纷案

【基本案情】

原告:兰某兴

被告:陕西天×清淤工程有限公司(以下简称天×清淤公司)

第三人:西安金×力建筑工程有限公司(以下简称金×力公司)

审理法院:西安市碑林区人民法院

案号:(2022)陕0103民初11138号

2014年,第三人金×力公司以劳务合同纠纷一案将天×清淤公司起诉至西安市碑林区人民法院,该院审理后作出(2014)碑民初字01799号民事判决书,判决:(1)金×力公司与天×清淤公司于2013年9月20日签订的《页岩矿开采劳务合同》予以解

除,终止履行;(2)天×清淤公司于判决生效之日起10日内退还金×力公司保证金15万元、利息损失5250元;(3)驳回金×力公司其余诉讼请求。上述判决生效后,金×力公司向该院申请执行。2019年2月27日,该院作出(2019)陕0103执异45号执行裁定书,裁定:追加兰某兴为本案被执行人。被执行人应在注册资本不实(兰某兴出资100万元)的范围内对申请执行人金×力公司承担责任。

2020年1月10日,兰某兴向西安市碑林区人民法院提起诉讼,请求:(1)确认《陕西吴×清淤工程有限(责任)公司首次股东会议决议》及《陕西吴×清淤工程有限责任公司章程》无效。(2)确认兰某兴非天×清淤公司真实股东。(3)由天×清淤公司承担本案的诉讼费用。

法院查明,陕西吴×刚清淤工程有限公司于2007年11月14日申请登记,《公司设立登记申请书》显示,法定代表人为吴某桥,《公司设立登记申请书》中载明指定或者委托代理人为兰某兴。同日召开首次股东会并形成决议,该股东会决议签字为"吴某桥""兰某兴"。2010年3月23日修正公司章程,签名为"吴某桥""兰某新"。2010年3月23日召开第三次股东会决议,签名及印章为"吴某桥""兰某新"。2012年6月12日股东会决议,签字为"吴某桥""兰某兴"。工商档案显示,兰某兴认缴100万元,吴某桥认缴100万元。2012年7月3日,陕西吴×清淤工程有限公司变更为天×清淤公司。

审理中,兰某兴申请就上述工商档案中"兰某兴"签字的真实性进行司法鉴定。西安市碑林区人民法院通过西安市中级人民法院委托陕西正×司法鉴定中心进行司法鉴定,该中心鉴定后作出陕正义司鉴[2020]文鉴字第156号司法鉴定意见书,该鉴定意见书载明:检材中的"兰某兴"签名字迹与样本中的兰某兴的签名字迹不是同一人书写。上述鉴定意见送达后,兰某兴及第三人金×力公司均认为遗漏了三份检材,鉴定单位遂进行了补充鉴定后作出陕正义司鉴[2020]文鉴字第156-1号司法鉴定意见书,鉴定意见书载明:检材中的"兰某兴"签名字迹与样本中的兰某兴的签名字迹不是同一人书写。庭审中第三人金×力公司提交《指定代表或者共同委托代理人的证明》,该证明显示申请人为吴某桥、兰某兴,委托代理人为兰某兴,委托事项为"办理企业法人营业执照",代理权限为同意修改任何材料,同意修改企业自备文件的文字错误;同意修改有关表格的填写错误;全权委托。委托有效期为2007年11月14日至2007年12月20日,该文件底部由"吴某桥""兰某兴"签字及印章。上述签字在兰某兴所申请鉴定中,经鉴定亦确认上述"兰某兴"签字非兰某兴所签。

西安市碑林区人民法院函询陕西省市场监督管理局,请求协助调查核实"1.天×清淤公司工商档案中《指定代表或者共同委托代理人的证明》真实性。2.受托人兰某兴本人是否需要实际到场或者知情才能办理相关委托事宜即办理企业法人营业执照。3.兰某兴本人是否已实际完成办理企业法人营业执照的委托事宜",陕市监函

(2021)568 号《关于回复有关协助调查情况的函》载明:“天×清淤公司 2007 年 11 月 23 日设立,2017 年 6 月 28 日,因成立后无正当理由超过六个月未开业被原登记机关陕西省工商局吊销营业执照。经核实影视档案材料,该公司 2007 年 11 月 23 日设立,设立时提交了《指定代表或者共同代理人的证明》等相关材料。根据《行政许可法》第三十一条的规定,申请人申请行政许可,应当如实向行政机关提交有关材料和反映真实情况,并对其申请材料实质内容的真实性负责。根据《公司登记管理条例》(已失效)第二条的规定,申请办理公司登记,申请人应当对申请文件、材料的真实性负责。该公司设立登记提交材料显示,股东吴某桥、兰某兴共同委托兰某兴办理公司登记事项。”

天×清淤公司未到庭参加诉讼,亦未提交答辩意见。

第三人金×力公司述称,兰某兴的《指定代表或者共同委托代理人的证明》在陕西省市场监督管理局归档备案,陕西省市场监督管理局给碑林区法院出具了陕市监函[2021]568 号函,充分证明了兰某兴作为受托人在陕西省市场监督管理局办理了公司营业执照这一客观事实,《指定代表或者共同委托代理人的证明》中的签名不是兰某兴所签并不能否定原告在公司登记部门办理业务的客观事实。在天×清淤公司登记文件中,有四个指定代表或者共同代理人,吴某桥、兰某兴、刘某、李某莉,四人在不同时期代理了相关业务,都在陕西省市场监督管理局备了案,除兰某兴说自己身份造假,其他人都是真实存在的,而且办理了业务,可见是《指定代表或者共同代理人的证明》中的受托人办理了相应业务,说明只有受委托人才能办理业务,如果别人能拿着兰某兴的《指定代表或者共同委托代理人的证明》办理业务,那么天×清淤公司完全可以利用兰某兴的《指定代表或者共同委托代理人的证明》办理后续的一切业务,吴某桥、刘某、李某莉的委托证明就不可能留在工商登记部门,工商登记部门留下了吴某桥、刘某、李某莉包括兰某兴所有办业务的人员信息,证明了《指定代表或者共同委托代理人的证明》只能一人一证使用,而且只有受托人才能办理业务。天×清淤公司的营业场所李某合的房产证上标注有兰某兴的名字,这是登记部门注明是谁提交该文件而标注的,并注明了提交的时间是 2017 年 11 月 19 日,这与兰某兴受委托办理营业执照的时间一致,进一步佐证了兰某兴办理了营业执照。综上所述,兰某兴确系天×清淤公司股东,兰某兴提起股东确权之诉是在逃避责任,并提出如下诉讼请求:(1)请求法院依法确认兰某兴是天×清淤公司股东;(2)本案诉讼费由兰某兴、天×清淤公司承担。

法院另查明,现有证据不足以证明兰某兴与天×清淤公司法定代表人、股东吴某桥之间存在任何关联性以及兰某兴有对天×清淤公司履行过出资义务、参与过公司经营管理、分配过利润的行为。

【裁判结果】

1. 确认《陕西吴×清淤工程有限(责任)公司首次股东会议决议》及《陕西吴×清

淤工程有限责任公司章程》无效。

2. 兰某兴不具有天×清淤公司股东资格。

3. 驳回第三人金×力公司全部诉讼请求。

【案件解析】

民事主体从事民事活动，应当遵循自愿原则，按照自己的意思设立、变更、终止民事法律关系。兰某兴要求确认《陕西吴×清淤工程有限（责任）公司首次股东会决议》《陕西吴×清淤工程有限责任公司章程》无效，并且确认其并非天×清淤公司的股东，经鉴定，天×清淤公司设立时向工商登记部门提交的《公司设立登记申请书》《首次股东会议决议》《公司章程》《股东身份证明》以及公司经营期间的《股东会决议》《公司变更登记申请书》等文件中"兰某兴"的签字或相关书写内容均非兰某兴本人所写，陕西省市场监督管理局出具的函仅写明"该公司设立登记提交材料显示，股东吴某桥、兰某兴共同委托兰某兴办理公司登记事项"，但在《指定代表或者共同委托代理人的证明》中，作为委托代理人的"兰某兴"签字亦非本人所签，目前涉及天×清淤公司的所有文件均没有兰某兴本人的真实签字，并且现有证据亦不足以证明兰某兴与天×清淤公司法定代表人、股东吴某桥之间存在任何关联性以及兰某兴有对天×清淤公司履行过出资义务、参与过公司经营管理、分配过利润的行为，故对兰某兴不具有天×清淤公司股东资格的诉讼请求，法院应予支持。

案例 19 仅有司法鉴定结论证明签名为他人代签，无法举证证明其在客观上未行使或承担股东权利义务、在主观上对于被登记为股东一事并不知情，不能认定为冒名股东

——赵某与上海厚×金融信息服务有限公司股东资格确认纠纷案

【基本案情】

上诉人（原审原告）：赵某

被上诉人（原审被告）：上海厚×金融信息服务有限公司（以下简称厚×公司）

原审第三人：冯某明

原审第三人：何某林

原审第三人：余某福

一审法院：上海市虹口区人民法院

案号：（2017）沪 0109 民初 6435 号

二审法院：上海市第二中级人民法院

案号：（2017）沪 02 民终 11609 号

工商行政管理部门公示信息显示：(1)厚×公司于2014年3月14日成立，股东为赵某与冯某明、何某林，法定代表人为冯某明。(2)2014年3月10日形成的厚×公司股东会决议载明决议如下：通过厚×公司章程、选举冯某明为第一届执行董事、选举何某林为第一届监事、同意设立厚×公司并拟向公司登记机关申请设立登记，以上事项表决结果同意占总股数100%。上述决议下方签有赵某与冯某明、何某林。(3)2014年3月10日形成的厚×公司章程，载明公司注册资本为人民币200万元(以下币种同)，赵某出资额为40万元、出资时间为2019年3月30日等。(4)2014年8月5日，厚×公司形成股东会决议，载明决议如下：公司注册资本由原200万元增至3000万元；冯某明、何某林分别增加注册资本至1200万元，赵某增加注册资本至600万元，以上事项表决结果同意占总股数100%。上述决议下方签有赵某与冯某明、何某林。(5)2014年8月5日，冯某明签字确认厚×公司章程修正案，载明公司章程中公司注册资本从200万元变更为3000万元、赵某的出资额、出资时间变更为出资额600万元、出资时间2014年8月4日。

赵某认为，冯某明擅自使用其身份证办理公司登记手续，将其登记为厚×公司的股东，但自己从来没有同意成为股东，并且对于成为厚×公司股东一事不知情，故于2017年××月××日向上海市虹口区人民法院起诉请求：(1)确认于2014年3月10日形成的厚×公司股东会决议不成立；(2)确认于2014年8月5日形成的厚×公司股东会决议不成立；(3)确认赵某不是厚×公司的股东。

一审另查明，赵某身份证仅曾于2015年在上海市用于办理电信宽带业务，厚×公司及冯某明均未办理过电信宽带业务。

一审审理中，根据赵某申请，一审法院委托司法鉴定科学技术研究所司法鉴定中心对厚×公司工商登记材料中公司章程、2014年3月10日和8月5日的两份股东会决议等中"赵某"签名是否为赵某本人所签进行鉴定。2017年9月15日，司法鉴定中心出具司鉴中心[2017]技鉴字第1427号司法鉴定科学技术研究所司法鉴定中心鉴定意见书，鉴定意见为厚×公司工商登记材料中公司章程、2014年3月10日和8月5日的两份股东会决议等中"赵某"签名均不是赵某所写。

二审法院另查明，余某福在一审中曾在2017年4月10日的谈话笔录中表示，其是赵某的姐夫，曾在云南省金融办工作，后因不想将养老保险留在云南，所以就将养老保险挂在厚×公司，此后亦曾在冯某明要求下去厚×公司做非正式顾问，但未领取报酬。

本案其他事实：(1)赵某亦称曾将自己的身份证原件交予冯某明手中。(2)赵某未能提供充分证据证明其身份被冒用之事实。(3)现有证据中，仅有司法鉴定结论，可证明签名系他人代签，但对代签之原因，双方各执一词，赵某并未能充分证明其观点。

【裁判结果】

一审法院判决：

1. 确认于 2014 年 3 月 10 日形成的厚×公司股东会决议不成立；

2. 确认于 2014 年 8 月 5 日形成的厚×公司股东会决议不成立；

3. 驳回赵某其他诉讼请求。

二审法院判决：驳回上诉，维持原判。

【案件解析】

本案的争议焦点在于赵某是否存在被冒名登记为厚×公司股东的情况。根据《公司法》及司法解释相关规定：冒用他人名义出资并将该他人作为股东在公司登记机关登记的，冒名登记行为人应承担相应责任；公司、其他股东或者公司债权人以未履行出资义务为由，请求被冒名登记为股东的承担补足出资责任或者对公司债务不能清偿部分的赔偿责任的，不予支持。由此可知，登记股东若确有证据证明其系被冒名登记为股东，而其对此一无所知，且从未有要成为该公司股东的意思表示，则可依法主张其并非公司股东。然而，公司的股东信息毕竟属于商事登记之范畴，如若轻易否定登记股东的身份，则有损于该登记之公示公信效力，冲击公司登记信息之可信赖外观，甚至动摇公司法制度关于有限责任之立法根基。而在实践中，不乏企业登记代理机构或招商中心代办登记时代股东签名的情况，致使股东设立公司意思表示的真实性难以简单以签名的真实与否直接判断。因此，对于冒名股东的认定应当审慎，并应对主张己方被冒名的股东课以必要的举证义务。

本案中，根据司法鉴定结论，赵某在厚×公司工商登记材料中的签名确实并非本人所签，但赵某亦言及曾将自己的身份证原件交予冯某明手中，因此，本案中赵某被登记为厚×公司的股东，存在两种可能：(1)如赵某所言，其因其他原因将身份证借给冯某明，后该身份证被冯某明利用，在赵某没有成为股东意图的情况下将其登记为厚×公司股东；(2)冯某明经赵某同意，基于赵某拟成为公司股东或为他人代持股份的意思表示，取得赵某身份证后将其登记厚×公司股东。对于前述两种可能性，应当全面分析在案证据、举证责任及案件相关事实予以综合判断和确认。

首先，赵某未能提供充分证据证明其身份被冒用之事实。前文已述，主张己方被冒名的股东应承担相应的举证义务。然现有证据中，仅有司法鉴定结论，可证明签名系他人代签，但代签之原因，双方各执一词，赵某并未能充分证明其观点。其次，赵某的姐夫余某福系冯某明的朋友，根据余某福在一审中的陈述，余某福曾将养老保险挂在厚×公司，亦曾为厚×公司做过非正式顾问，可见余某福与冯某明及厚×公司存在密切往来，赵某和冯某明亦并非全然不相识，上述事实均无法印证赵某所称其毫不知晓自己成为厚×公司股东的观点。相反，鉴于余某福身份的特殊性，甚至不能完全排除法院对赵某系为余某福代持股权之合理怀疑。最后，赵某于 2014 年 3 月即被登记为厚×公司之股东,该登记信息系对社会公开的信息。赵某直至2017年才提起本案诉讼主张其被冒名,意味着其在亲戚与该公司存在密切往来的情况下,近3年的时间对其身份被冒用一事一无所知,有违常理及一般社会经验法则。

综上所述,赵某主张其并无成为厚×公司股东的意愿,也对自己被登记为公司股东的情况毫不知情,但其在举证方面有所欠缺,亦没有其他有利事实予以印证其关于被冒名登记为股东的主张,故法院驳回赵某关于确认其不是厚×公司股东的诉讼请求,合法有据。

案例20　公司章程并未对继承股东资格另有规定,法定继承人有权继承公司的股权及股东资格

——陈某、玉环县金×机械有限公司等股东资格确认纠纷案

【基本案情】

原告:陈某

被告:玉环县金×机械有限公司(以下简称金×公司)

第三人:张某

第三人:金某斌

第三人:金某胜

审理法院:浙江省玉环市人民法院

案号:(2022)浙1021民初4831号

案外人陈某兴与陈某系父子关系。金×公司成立于2004年12月8日;2009年5月21日工商登记记载共16名股东,其中2位法人股东,分别为玉环力×机械有限公司、玉环东×废旧金属有限公司。14位自然人股东分别为陈某兴(持股比例为25.55%,出资额13.04万元)、金某1、金某2、曹某丰、刘某妹、刘某忠、刘某保、刘某钗、卢某强、芦某平、尤某云以及第三人张某、金某胜、金某斌,董事长、法定代表人为陈某兴。2022年3月11日,股东曹某丰将其股权转让给曹某平。法定代表人陈某兴于2015年4月23日死亡,金×公司的章程中并未对合法继承人继承股东资格另有规定,因此陈某、何某梅、陈某1、陈某2作为法定继承人有权继承陈某兴在金×公司的股权及股东资格,并享有股东权利和义务。2022年6月30日,陈某、何某梅、陈某1、陈某2经玉环市公证处公证,确认登记在陈某兴名下的金×公司的25.55%股权系陈某兴生前个人单独所有的财产,何某梅、陈某1、陈某2均表示自愿放弃继承登记在陈某兴名下的金×公司的25.55%股权,股权由陈某继承,归陈某个人单独所有。陈某于2022年9月18日向玉环力×机械有限公司、玉环东×废旧金属有限公司、尤某

云、郑某忠、刘某钗、刘某妹、金某1、金某2、曹某平、芦某平、卢某强11名股东发送《股权变更通知书》，请求协助办理股权变更的登记手续，将原属于陈某兴持有的25.55%的股权变更登记至自己名下，11位股东明确表示同意。因刘某保于2017年10月9日去世，故陈某于2022年9月27日向其儿子刘某1发送《股权变更通知书》，并取得刘某1的同意。陈某另通过快递送达的方式向第三人张某、金某斌、金某胜发送了《股权变更通知书》，第三人张某知晓后拒绝签收，第三人金某斌签收后并未做任何反馈，第三人金某胜签收后通过电话表示拒绝协助。综上，陈某认为自己作为合法继承人，继承陈某兴在金×公司的股东资格符合《公司法》(2018年)第七十五条[①]之规定。故诉至玉环市人民法院，请求：(1)依法确认陈某享有金×公司股东资格，登记在陈某兴名下的金×公司25.55%股权归属陈某所有；(2)判令金×公司、第三人张某、金某斌、金某胜协助陈某办理上述股权变更登记手续。

法院查明：陈某兴死亡后，金×公司至今未按公司章程规定的程序通过股东会补选董事，也没有通过董事会选举新的董事长来担任法定代表人。依据公司章程董事长不能召集股东会时，应由公司监事召集。金某1担任金×公司的监事。

【裁判结果】

1. 确认陈某享有金×公司股东资格，登记在陈某兴名下金×公司的股权归陈某享有；

2. 限金×公司于判决生效后10日内为陈某办理上述股权的变更登记手续，由第三人张某、金某斌、金某胜予以协助。

【案件解析】

我国《公司法》(2018年)第七十五条规定，自然人股东死亡后，其合法继承人可以继承股东资格；但是，公司章程另有规定的除外。《最高人民法院关于适用〈中华人民共和国民法典〉继承编的解释(一)》第三十三条规定，继承人放弃继承应当以书面形式向遗产管理人或者其他继承人表示。第三十五条规定，继承人放弃继承的意思表示，应当在继承开始后、遗产分割前作出。遗产分割后表示放弃的不再是继承权，而是所有权。

本案中，陈某兴作为公司股东之一，在其死亡后，其法定继承人对其享有的股权有继承的权利。其他法定继承人放弃了继承权，陈某对陈某兴的股权依法予以继承，取得股东资格，故法院对陈某的诉讼请求应予支持。

---

① 对应《公司法》(2023年)第九十条。

案例21 股权属于夫妻共同财产的，丈夫死亡后妻子分得一半，剩余一半在继承人之间进行分配

——赵某1、鹤壁佳×科工贸股份有限公司等法定继承纠纷案

【基本案情】

上诉人(原审被告):赵某1

上诉人(原审第三人):鹤壁佳×科工贸股份有限公司(以下简称佳×科公司)

被上诉人(原审原告):赵某2

被上诉人(原审原告):王某

被上诉人(原审原告):李某

一审法院:鹤壁市淇滨区人民法院

案号:(2021)豫0611民初1984号

二审法院:河南省鹤壁市中级人民法院

案号:(2021)豫06民终1485号

佳×科公司成立于2004年7月23日，赵某英系该公司发起人之一，并任该公司法定代表人，同时持有该公司79.3435%的股份。2021年4月1日，赵某英因病去世。赵某2、李某、王某分别系赵某英的儿子、母亲、妻子，赵某1系赵某英女儿。赵某1系佳×科公司员工，赵某英去世后，赵某1实际负责佳×科公司的经营和管理。赵某2、王某、李某因股权分割事宜与赵某1协商未果，为此向鹤壁市淇滨区人民法院提起诉讼，请求:(1)依法分割赵某英持有的佳×科公司股权，确认李某分得12.5%的股份，王某分得62.5%的股份，赵某2分得12.5%的股份;(2)赵某1及第三人佳×科公司配合赵某2、王某、李某办理股权变更手续;(3)本案诉讼费由赵某1承担。

法院查明，关于公司股东股权继承，佳×科公司章程对于股权继承并未规定限制性条款，该公司向其股东颁发的股权证书证封皮后内侧关于股份管理规定第一条第三款载明:“在佳×工作×年病、老、死、因公致残或丧失劳动能力者，可终生享有股权权益，持有人按序处理股权权益:(1)指定继承人。(2)按公司董事会裁决执行。(3)法律规定继承”。该条款并未载入公司章程，且赵某2、王某、李某对此不予认可。

2021年10月22日，佳×科公司召开了第六届董事会第三次会议，出席本次董事会成员应到7人，实到7人，本次董事会形成如下决议:赵某2、王某、李某非公司员工，未参与公司经营，公司董事会不同意赵某2、王某、李某成为公司股东并拥有股东资格，赵某2、王某、李某对赵某英持有的公司股份享有的相应财产权益，其可另行与公司协商解决;赵某1系公司员工，并参与公司经营，其对赵某英持有的公司股份所应享有的份额，可由其本人选择成为公司股东并拥有股东资格，或者选择享有所对应

的财产权益并另行与公司协商解决。

二审期间，赵某 1 向法院提交李某签字的收据二份。拟证明本案一审判决后赵某 1 在与其奶奶李某沟通时得知李某对本案不知情，其本人并未起诉及委托代理人参加诉讼，起诉状及委托书也非其本人签署，因此本案李某并未起诉及参与一审诉讼，代理人无权代理其参加诉讼，属于遗漏必要共同诉讼参与人，一审程序错误。经质证，赵某 2、王某、李某对该证据提出异议，李某对本次诉讼完全知情，本案上诉状系李某本人领取，一审的起诉状和委托书均为李某本人签署。佳×科公司认为与其无关，不发表质证意见。

佳×科公司二审期间申请证人郭某出庭，拟证明佳×科公司股东死亡后，股份处理按照《佳×股份管理规定》进行。经质证，赵某 2、王某、李某认为赵某 1、佳×科公司提到的规定中的内容是针对公司赠送的债股和机动股，而赵某英的股份均是实际出资，即使该规定有效，对赵某英的股份也不适用；证人所述与实际情况不符，赵某 1、佳×科公司为恶意占有股权虚构证据。赵某 1 对证人证言真实性无异议，认为佳×科公司之前作为有限公司的股份管理规定至今仍然有效。

【裁判结果】

一审法院判决：

1. 赵某 2、李某、王某，赵某 1 共同继承赵某英在佳×科公司股东资格，分别享有佳×科公司 9.9179375%、9.9179375%、49.5896875%、9.9179375%的股权；

2. 佳×科公司于判决生效后 20 日内协助赵某 2、王某、李某，赵某 1 办理股权变更手续。

二审法院判决：驳回上诉，维持原判。

【案件解析】

我国《公司法》(2018 年)第七十五条规定，“自然人股东死亡后，其合法继承人可以继承股东资格；但是，公司章程另有规定的除外”。根据该条规定，自然人股东的合法继承人可以继承股东资格，同时考虑到股份有限公司具有人合性，股东之间的合作基于相互间的信任，允许公司章程对此另行规定。

本案中，赵某英去世前在佳×科公司持有 79.3435%股权，其股权应当由其母亲李某、配偶王某、儿子赵某 2、女儿赵某 1 继承，赵某 2、李某、王某作为原告提起诉讼，要求继承赵某英的股东资格，本案主体资格符合法律规定。另外，佳×科公司章程中没有限制继承人继承股东资格的相关规定，虽然股权证书封皮中有关于股权继承的顺序条款，但该条款并未载入公司章程，且赵某 2、王某、李某对此不予认可，故该条款规定及佳×科公司于 2021 年 1 月 22 日就赵某英股权继承问题形成的董事会决议均不对赵某 2、王某、李某具有约束力。故李某、王某、赵某 2、赵某 1 均有继承赵某英在佳×科公司股东资格，佳×科公司应协助赵某 2、王某、李某办理股权变更手续。

赵某英生前亦未立下遗嘱,故涉案股权的分配应按照法定继承办理。我国《民法典》第一千零六十二条第一款规定:“夫妻在婚姻关系存续期间所得的下列财产,为夫妻的共同财产,归夫妻共同所有:(一)工资、奖金、劳务报酬;(二)生产、经营、投资的收益;(三)知识产权的收益;(四)继承或者受赠的财产,但是本法第一千零六十三条第三项规定的除外;(五)其他应当归共同所有的财产。”本案中,王某系赵某英妻子,关于赵某英的股权,其有权依据上述规定分得一半,即39.67175%,剩余的39.67175%股权作为赵某英的遗产在其继承人之间进行分配。我国《民法典》第一千一百二十七条第一款规定:“遗产按照下列顺序继承:(一)第一顺序:配偶、子女、父母;(二)第二顺序:兄弟姐妹、祖父母、外祖父母。”本案中,赵某2、王某、李某及赵某1分别系赵某英儿子、妻子、母亲、女儿,系第一顺序继承人,故分别继承赵某英9.9179375%的股权。综上,赵某2、李某、王某,赵某1分别分得的股权为9.9179375%、9.9179375%、49.5896875%、9.9179375%,佳×科公司应在判决生效后协助办理股权变更手续。

案例22 实际出资人能够提供证据证明公司过半数的其他股东知道其实际出资的事实,提出登记为公司股东的请求获得法院支持

——湖北东×绿源木业有限公司、李某军与公司有关的纠纷案

【基本案情】

上诉人(原审被告):湖北东×绿源木业有限公司(以下简称东×公司)

被上诉人(原审原告):李某军

一审法院:湖北省英山县人民法院

案号:(2022)鄂1124民初838号

二审法院:湖北省黄冈市中级人民法院

案号:(2022)鄂11民终3604号

东×公司于2007年11月20日成立,注册资本为218万元,法定代表人为邓某军,工商登记股东为尉某梅、邓某军、程某祥、余某、蔡某容、万某东、舒某七人。2008年2月25日,邓某军向东×公司投资60万元作为入股资金。2008年8月3日,李某军、熊某、邓某军三人签订《共同投资协议书》,协议书约定:三人共同向东×公司投资入股,共同投资数额为60万元,公司占股比例:邓某军4.09835%、熊某4.09835%、李某军8.1967%。由邓某军为投资代表人,以股东身份进入东×公司。投资代表人在东×公司的重要决定,由全体投资人协商书面同意方可表决。全体投资人权利平等,按投资份额享有表决权,表决以少数服从多数通过。投资人的收益,按该公司的全部

回报利润，按个人出资比分配。该协议有效期至共同投资人分别成为东×公司股东之日止。该协议由邓某军、熊某及李某军签字确认，东×公司加盖了公章。2008年7月21日，东×公司召开股东会，决定聘请余某担任公司总经理，负责公司日常经营，任期自2008年4月1日至2013年3月31日，公司的生产经营实行总经理负责制。2008年度工作目标为：完成生产任务400万元、销售任务300万元、净盈利任务50万元，并就公司其他事项形成决议，股东会决议书有包括李某军在内的股东签字并加盖了东×公司公章。同日，公司股东会作出决议，确定李某军出资人民币30万元，占比为13.89%，该决议加盖了公司公章。2008年3月8日，尉某梅、李某军、熊某、邓某军、舒某五人作为乙方与甲方余某签订协议书，协议书约定甲方与东×公司签订《承包经营合同书》承包经营该公司，双方达成协议，双方继续执行《东×公司章程》第五章，享有股东权利，履行股东义务。该协议乙方有包括李某军在内的东×公司股东签字确认。2015年9月22日，东×公司形成股东会决议，对前期经营运作所形成的权益按总值540万元，按各股东占股比例进行分配，由余某全面负责，该协议有李某军在内的公司股东签字。2016年10月，东×公司承包费方案中明确载明李某军分得利润42,620元，该方案由经办人万某东、证明人邓某军签字。2022年3月28日，李某军通过微信和短信的方式向东×公司法定代表人提出申请，请求公司召开股东会议，将李某军列入公司股东名册，向登记机关进行登记。由于东×公司一直未予回复，李某军遂向英山县人民法院提起诉讼，请求：(1)东×公司向李某军签发《出资证明书》；(2)东×公司将李某军记载于公司股东名册；(3)请求东×公司将李某军的姓名向公司登记机关登记；(4)本案诉讼费用由东×公司承担。

法院查明，东×公司的其他股东对李某军的隐名股东的身份是清楚并认可的，且从未提出异议。

【裁判结果】

一审法院判决：东×公司于判决生效之日起10日内向李某军签发出资证明书，将李某军记载于股东名册并办理公司登记机关登记。

二审法院判决：驳回上诉，维持原判。

【案件解析】

《最高人民法院关于适用〈中华人民共和国公司法〉若干问题的规定（三）》第二十四条第一款规定："有限责任公司的实际出资人与名义出资人订立合同，约定由实际出资人出资并享有投资权益，以名义出资人为名义股东，实际出资人与名义股东对该合同效力发生争议的，如无法律规定的无效情形，人民法院应当认定该合同有效。"本案中，李某军、熊某与邓某军签订的《共同投资协议书》约定，三人共同向东×公司投资60万元，公司占股比例：邓某军4.09835%、熊某4.09835%、李某军8.1967%。由邓某军为投资代表人，以股东身份进入东×公司。该协议书系当事人的真实意思表示,且不违反法律、行政法规的强制性规定,合法有效,应予以确认。邓某军已经按照协议书约定将60万元投资款打入公司账户。按照工商登记机关登记信息,目前东×公司股东为尉某梅、邓某军、程某祥、余某、蔡某容、万某东、舒某七人,因此本案纠纷涉及的东×公司“其他股东”为尉某梅、程某祥、余某、蔡某容、万某东、舒某六人。关于李某军要求东×公司签发出资证明书、记载于股东名册、将李某军的姓名向公司登记机关登记的问题。《最高人民法院关于适用〈中华人民共和国公司法〉若干问题的规定(三)》第二十四条第三款规定,实际出资人未经公司其他股东半数以上同意。在东×公司成立后,李某军多次参与了股东会并在股东会决议上签字确认,且东×公司以股东会决议形式确定了李某军出资金额及占股比例,股东会决议上也有公司其他股东签字,在东×公司与余某签订《承包经营合同书》过程中,李某军亦参与其中,切实履行了股东义务。此外,李某军还参与了公司利润分配。东×公司的其他股东对李某军的隐名股东的身份是清楚并认可的,且从未提出异议。虽然基于有限公司股东人合性考虑,隐名股东与显名股东之间的关系并不为公司及其他股东所知晓及认可时,隐名股东与显名股东之间的关系是内部关系,对公司并无拘束力。但在本案中,隐名股东李某军与显名股东邓某军的股权代持关系已经为公司及公司其他股东所知晓并认可,东×公司亦已通过允许李某军参与公司经营管理行为承认其股东身份,据此,应当认定东×公司“其他股东”已经以实际行为对李某军的股东资格予以确认。故李某军要求签发出资证明书、记载于股东名册理由成立,依法予以支持。李某军要求东×公司将李某军姓名向公司登记机关登记,理由成立,应予以支持。

案例23 “隐名股东”无法提供证据证实在公司成立时曾实际出资,法院不支持其系公司实际出资人

——陈某发、惠州市敏×实业有限公司等股东资格确认纠纷案

【基本案情】

上诉人(原审原告):陈某发

被上诉人(原审被告):惠州市敏捷实业有限公司(以下简称敏×公司)

被上诉人(原审被告):钟某超

被上诉人(原审被告):钟某清

原审第三人:钟某喜

原审第三人:黎某强

原审第三人:钟某荣

原审第三人:钟某顺

一审法院:惠东县人民法院

案号：(2021)粤1323民初1489号
二审法院：广东省惠州市中级人民法院
案号：(2021)粤13民终10046号

陈某发向惠东县人民法院提起诉讼，请求：(1)确认陈某发为敏×公司的实际出资人（隐名股东）并占公司股权的1/3；(2)诉讼费用由被告承担。事实和理由：陈某发与第三人钟某喜、黎某强作为实际出资人、第三人钟某荣（钟某喜长子）作为出名股东，于2010年9月14日注册成立惠州市合×投资有限公司（以下简称合×公司）。公司登记股东为黎某强（持股30%）和出名股东钟某荣（持股70%）。2014年6月24日，合×公司的注册股东变更为钟某荣、钟某顺。2014年7月22日，合×公司的注册股东变更为钟某超、钟某清。2020年9月18日，合×投资更名为敏×公司。公司成立后，钟某荣、钟某顺、钟某超、钟某清均是不同时期的出名股东，公司由钟某喜全权进行操作，公司股权一直属于陈某发、钟某喜和黎某强三人所有，每人占1/3的股权。合×公司成立后，曾向他人借款：(1)2010年10月31日，向黄某萍借款10万元（借款人签名为实际出资人钟某喜，公司盖章）；(2)2011年1月7日，向杨某能借款50万元（借款人签名为实际出资人陈某发、钟某喜，公司盖章）；(3)2011年6月3日，向董某武借款10万元（借款人签名为实际出资人钟某喜，公司盖章）；(4)2011年7月11日，向冯某红150万元（借款人签名为实际出资人陈某发，公司盖章）；(5)2011年8月30日，向杨某能借款20万元（借款人签名为实际出资人钟某喜，公司盖章）；(6)2011年11月11日，向董某武借款25万元（借款人签名为实际出资人钟某喜，公司盖章）；(7)2012年11月1日，向罗某借款110万元（借款人签名为实际出资人陈某发，保证人为实际出资人钟某喜、黎某强；至2019年6月10日该笔借款本息为210万元，陈某发与罗某签订《以物抵债协议》，以陈某发的位于惠东县××北路边的土地使用权抵押给罗某）。以上七笔借款共计本金365万元、利息100万元，用于公司资金周转，购买地皮等；后来由陈某发出售个人房屋、土地使用权的所得款代为公司偿还。2011年8月，陈某发与钟某喜、黎某强及案外人黎某文、陈某文、戴某共同出资650万元，以合×公司名义于2011年8月19日与戴某签订《征收山地合同书》，受让取得位于惠东县××边（光明村阿公龙婆田长排岭）一块山地的长期使用权，面积46.37亩。公司出资400万元，占60%权益；陈某发于2011年8月7日通过陈某栋账户转入黎某强账户40万元。对该地的权益分配事宜，各方于2011年8月19日签订《股东分成协议》，合×公司占60%（钟某喜签名标注股东为钟某喜、黎某强、陈某发）、黎某文占20%、戴某占10%、陈某文占10%。陈某文证明证实陈某发、钟某喜、黎某强为合×公司股东。2015年7月25日，戴某将其10%的权益转让5%给黎某文、陈某文将其10%转让给黎某文。为此，前述土地使用权权益，合×公司占60%，戴某占5%,黎某文占35%。钟某喜作为合×公司代表在前述《征收山地合同书》、《股东分成协议》及2015年7月25日的转让协议上签名。合×公司在经营过程中,曾出借款项给钟某碧、钟某财、钟某明等人。前述借款人将本金、利息偿还到实际出资人钟某喜、黎某强和陈某发账户中。钟某喜将多年的公司《资金流水表》《个人资金投资表》交由陈某发审核。《个人资金投资表》的左下角"股东确认(签名):"一栏由钟某喜、黎某强、陈某发签名确认。2019年冬,陈某发接到惠东县黄排居委会书记朱某富电话,要求协调公司位于惠东县××边(光明村阿公龙婆田长排岭)面积46.37亩的山地的征地补偿款事宜及股东权益分配事宜。陈某发共三次参加居委主持的补偿款协调会议并签名。后来陈某发要求分配征地款项时,第三人钟某荣却称"合×公司股东没有陈某发的名字";后来朱某富告知陈某发合×公司于2014年6月2日经公司召开会议并形成会议决议《合×投资会议决议》,将公司所占的60%权益转让给了郭某明,并复印相关材料给陈某发。因此,黄排居委会一直没有发放该补偿款给陈某发,并告知陈某发通过法律程序解决。综上,陈某发认为陈某发与钟某喜、黎某强属于合×公司的实际出资人(隐名股东),公司不同时期登记在册的股东钟某荣、钟某顺、钟某超、钟某清均是出名股东,并没有实际经营公司业务。公司的债权、债务属于实际出资人享有和承担,陈某发代为公司偿还的债务,应当由公司的实际出资人钟某喜、黎某强共同承担;前述陈某发代为公司偿还的债务465万元应当由公司的实际出资人即钟某喜、黎某强和陈某发共同承担,钟某喜、黎某强应当承担2/3即310万元,并连带偿还给陈某发。同时,2014年6月2日的《合×投资会议决议》,将公司所占的60%权益转让给郭某明,只有钟某喜和黎某强作为股东签名,并没有陈某发的签名,严重损害陈某发的合法权益,属于无效的会议决议。该征地款420万元应当归公司实际出资人共同享有和进行分配;出名股东钟某荣、钟某顺、钟某超、钟某清均不享有该征地款权益;按比例分配,陈某发可分得140万元。向银行调取的钟某喜卡号6227××××××××中国建设银行流水显示,从2011年5月8日至2013年8月9日陈某发共向钟某喜转账140.08万元,从2010年11月12日至2012年8月3日向黎某强共转款141.21万元。两项转款共281.29万元,该款属于陈某发作为实际出资人向合×公司的投资款。此外,黎某强从银行转向共64.1万元给陈某发,该款属于合×公司对陈某发的公司的利润分红。为此,陈某发特提起诉讼,请求人民法院依法判决,并支持陈某发的诉讼请求。

钟某超、钟某清、敏×公司未到庭应诉,未做答辩,亦未向法院提交相关证据。

钟某喜、钟某荣、钟某顺、黎某强未到庭,未做陈述,亦未向法院提交相关证据。

庭审中,陈某发称:"我与黎某强、钟某喜系合×公司实际出资人,各占1/3的股权,但三方并未分清楚谁代持了我×少的股权份额。合×公司主要的业务就是放贷,三人都没有拿钱转到合×公司的账号,我只把钱转给了黎某强和钟某喜;合×公司未召开过股东会，分红×少是钟某喜说了算。”陈某发提交的《2011年资金流水表》《2012年资金流水表》《个人资金投资表》均无敏×公司的盖章，其中一份《个人资金投资表》复印件的“股东确认（签名处）”可见“钟某喜、黎某强、陈某发”的签名字样，其他表格均无陈某发的个人签名。

法院查明事实如下：敏×公司曾用名称为称合×公司，于2010年9月15日注册登记成立。敏×公司成立时，发起人股东为钟某荣（占股70%）、黎某强（占股30%），注册资本为100万元，钟某荣任公司执行董事及法定代表人，黎某强任公司监事。2010年9月14日，惠州市立×会计师事务所有限公司经合×公司委托出具惠立会验字〔2010〕第130号《惠州市HS投资有限公司2010年度验资报告》，载明截至2010年9月10日，股东钟某荣、黎某强已足额缴纳公司注册资本，其中钟某荣于2010年9月9日将70万元存至合×公司尾号为2218的建设银行账户，黎某强于2010年9月10日将30万元存至合×公司的上述银行账户。

2014年6月23日，钟某顺与黎某强签订《股权转让合同》，约定黎某强将其持有的合×公司30%的股权以30万元的价格转让给钟某顺。同日，钟某荣、黎某强及钟某顺召开合×公司股东会议并形成决议如下：(1)同意公司经营范围变更；(2)同意黎某强将占公司注册资本30%的股权共30万元的出资以30万元转让给钟某顺；(3)钟某荣以货币出资70万元占注册资本70%，钟某顺以货币出资30万元占注册资本30%；(4)同意就上述事项变更重新制定公司章程相关条款。同日，合×公司股东变更为钟某荣、钟某顺。

2014年7月21日，钟某荣与钟某超签订《股权转让合同》，约定钟某荣将其持有的合×公司70%的股权以70万元的价格转让给钟某超。钟某顺与钟某清签订《股权转让合同》，约定钟某顺将其持有的合×公司30%的股权以30万元的价格转让给钟某清。2014年7月22日，钟某荣、钟某顺、钟某超、钟某清召开合×公司股东会并形成决议如下：(1)同意公司名称变更为敏×公司；(2)同意变更公司经营范围；(3)选举钟某超担任公司执行董事（法定代表人），同时免去钟某荣的职务；(4)选举钟某清为公司监事，同时免去黎某强职务；(5)同意钟某荣将占公司注册资本70%的股权共70万元的出资以70万元转让给钟某超；(6)同意钟某顺将占公司注册资本30%的股权共30万元的出资以30万元转让给钟某清；(7)同意变更公司股东、股权后，各股东的出资额、出资方式和所占比例为：钟某超占70%，钟某清占30%；(8)同意就上述变更事项重新制定公司章程相关条款。2014年7月22日，敏×公司股东变更为钟某超、钟某清。

另查一：2011年8月19日，敏×公司与案外人戴某签订《征收山地合同书》，约定案外人戴某将位于惠东县××边的一片山地共46.37亩以650万元的价格转让给敏×公司长期使用，款项于签订合同当日付清。同日，合×公司与案外人戴某、黎某文、陈某文签订《股东分成协议》,载明:股东在惠东县××边的一片山地共46.37亩,共款650万元,股东分成:合×公司占60%、黎某文占20%、戴某占10%、陈某文占10%。该《股东分成协议》下方有手写字体为"(合×股东60%钟某喜、黎某强、陈某发)"。陈某发未提供上述《征收山地合同书》及《股东分成协议》的原件。后因该地块被征收,陈某发向惠东县平山街道黄排居委会申报确认土地征收款权益未果。

另查二:陈某发提交的第三人黎某强的建设银行账户(尾号为0809)流水明细载明:自2010年11月12日至2012年8月3日,陈某发转账至第三人黎某强的上述账户款项共计101.21万元,其中2010年的转账金额为10万元(2010年11月12日)。陈某发提交的第三人钟某喜的建设银行账户(尾号为3706)流水明细载明:自2011年5月8日至2013年8月9日,陈某发转账至第三人钟某喜的上述账户款项共计135.88万元。陈某发自认2011年9月30日至2011年12月16日收到第三人黎某强的转账64.1万元,2011年4月27日至2012年12月29日收到第三人钟某喜的转账42万元。

另查三:陈某发主张敏×公司成立后曾×次对外借款,借款本金为365万元,利息为100万元,上述本息共465万元均系由其通过出售个人房屋、土地使用权抵债等方式代敏×公司偿还借款,提供了七份借据、借条及以物抵债协议等证据,上述证据均无原件。

一审法院依据陈某发代理律师的申请,分别向中国建设银行惠州惠东华侨城支行、中国建设银行惠州金山湖支行发出(2021)粤1323民调令19号、20号律师调查令,调取钟某喜、黎某强名下银行账户相关流水。从中国建设银行惠州惠东华侨城支行、中国建设银行惠州金山湖支行向一审法院提供的银行流水中,未发现可以支持陈某发主张的证据。

陈某发在一审法院于2021年7月20日组织的庭审中,承认"当时是通过银行流水转账给钟某喜和黎某强的账下。流水账里面看不出是具体哪一个",也承认合×公司没有独立的账户。二审中,陈某发的代理律师向二审法院申请开具调查令,以便其能持调查令前往中国建设银行调查收集合×公司名下的银行账户自开办以来至今的银行业务明细。二审法院在2022年7月5日组织的庭审中,当庭告知:因陈某发在原审中承认钱都是打到钟某喜和黎某强的个人名下,合×公司没有独立的账户,二审再调取合×公司名下的银行账户,没有实际意义。

法院审理后认定:(1)诉辩双方并没有订立相关的书面代持股权合同来明确约定谁是实际出资人,谁是名义股东,谁为谁代持了多少股权。本案现有证据无法证明陈某发与第三人黎某强或钟某喜之间存在代持股关系。(2)陈某发提供的证据无法证实其在敏×公司成立时曾实际出资,陈某发转账给第三人黎某强或是第三人钟某喜的款项,均是在敏×公司成立后发生的,所涉往来款无法证实与敏×公司发起成立存在法律上的关联。(3)虽然陈某发在其提供的一份《个人资金投资表》的“股东确认(签名)”处签名,但陈某发未提供其他有效证据证明该《个人资金投资表》与敏×公司存在关联或是与其主张的出资存在关联。(4)陈某发主张第三人黎某强向其银行账户的转款系敏×公司的股东分红款,无其他有效证据予以佐证。

【裁判结果】

一审法院判决:驳回陈某发的全部诉讼请求。

二审法院判决:驳回上诉,维持原判。

【案件解析】

本案争议焦点为陈某发是否为敏×公司(合×公司)的实际出资人。

根据《最高人民法院关于适用〈中华人民共和国公司法〉若干问题的规定(三)》的规定,有限责任公司的实际出资人与名义出资人订立合同,约定由实际出资人出资并享有投资权益,以名义出资人为名义股东,实际出资人与名义股东对该合同效力发生争议的,如无法律规定的无效情形,人民法院应当认定该合同有效。前款规定的实际出资人与名义股东因投资权益的归属发生争议,实际出资人以其实际履行了出资义务为由向名义股东主张权利的,人民法院应予支持。名义股东以公司股东名册记载、公司登记机关登记为由否认实际出资人权利的,人民法院不予支持。

首先,本案中争议的目标公司敏×公司为有限责任公司,该公司最近的登记股东为钟某超、钟某清,原始登记股东为钟某荣、黎某强,但诉辩双方并没有订立相关的书面代持股权合同来明确约定谁是实际出资人,谁是名义股东,谁为谁代持了多少股权。其次,陈某发提供的证据亦无法证实其在敏×公司成立时曾实际出资,无论是陈某发转账给第三人黎某强或是第三人钟某喜的款项,均是在敏×公司成立后发生的,所涉往来款无法证实与敏×公司发起成立存在法律上的关联。再次,虽然陈某发在其提供的一份《个人资金投资表》的“股东确认(签名)”处签名,但陈某发未提供其他有效证据证明该《个人资金投资表》与敏×公司存在关联或是与其主张的出资存在关联。最后,陈某发主张第三人黎某强向其银行账户的转款系敏×公司的股东分红款,无其他有效证据予以佐证。根据《最高人民法院关于适用〈中华人民共和国民事诉讼法〉的解释》第九十条“当事人对自己提出的诉讼请求所依据的事实或者反驳对方诉讼请求所依据的事实,应当提供证据加以证明,但法律另有规定的除外。在作出判决前,当事人未能提供证据或者证据不足以证明其事实主张的,由负有举证证明责任的当事人承担不利的后果”的规定,本案现有证据无法证明陈某发与第三人黎某强或钟某喜之间存在代持股关系,其诉请确认其系敏×公司(合×公司)的实际出资人并占有敏×公司1/3的股权,证据不足,法院不应支持。至于陈某发主张其代为偿还敏×公司的借款,系另一法律关系,在本案中不应进行处理。另外,陈某发与第三人黎某强、钟某喜之间的债权债务关系也非本案审理范畴,陈某发可另循合法途径解决。

综上所述，陈某发诉请确认自己为敏×公司的实际出资人（隐名股东），却既无法提供代持合同，也无法提供其已实际出资的关联证据，应承担举证不能的不利后果，其诉讼请求不能得到法院支持。

案例24　《备忘录》无"隐名股东与名义股东"的签字且"名义股东"对《备忘录》内容未追认的，《备忘录》不能对"名义股东"产生法律效力，不能证明双方成立股权代持的合意

——史某玲等与北京诺×新洲资产管理有限公司股东资格确认纠纷案

【基本案情】

上诉人（原审原告）：史某玲

被上诉人（原审被告）：北京诺×新洲资产管理有限公司（以下简称诺×公司）

被上诉人（原审第三人）：焦某爱

被上诉人（原审第三人）：北京冠×房地产开发有限责任公司（以下简称冠×公司）

一审法院：北京市朝阳区人民法院

案号：(2020)京0105民初37677号

二审法院：北京市第三中级人民法院

案号：(2022)京03民终5291号

诺×公司成立于2004年12月29日，企业类型为有限责任公司，注册资本1000万元，法定代表人为史某玲。公司设立时股东及持股比例为史某玲持股70%，认缴700万元出资额；焦某爱持股30%，认缴300万元出资额。另外，史某玲被选举为执行董事，焦某爱被选举为经理，徐某被选举为监事。2014年2月28日，公司股东变更为史某玲一人。在诺×公司的工商档案中，有一份落款日期为2011年3月25日的《出资转让协议书》，内容为：(1)焦某爱自愿将其在诺×公司的全部出资300万元转让给史某玲。(2)史某玲自愿接受焦某爱在诺×公司的出资300万元。(3)于2011年3月25日正式转让。自转让之日起，转让方不再享有股东的权利和承担股东的义务，受让方以其出资额在公司内享有股东的权利和承担股东的义务。依据上述协议书，工商部门将焦某爱名下30%的股权（对应300万元出资额）变更登记至史某玲名下。自此，史某玲成为诺×公司持股100%的股东。

2016年5月，焦某爱作为原告，将史某玲起诉至北京市海淀区人民法院，主张诺×公司工商档案中，2011年3月25日的《出资转让协议书》系由史某玲冒名签署，要求确认该协议书不成立。北京市海淀区人民法院经审理，于2019年5月17日作出(2016)京0108民初17610号民事判决书，确认焦某爱与史某玲于2011年3月25日签订的《出

资转让协议书》不成立。该判决书现已生效。

诉讼中,史某玲提交了一份加盖冠×公司公章的《备忘录》,载明:“史某玲个人于2001年1月5日与我司协商合作开发白堆子项目,本人并陆续投入现金300万元人民币,由我司主导开发销售,约定项目建设完成后按固定回报率结算,投资期限不能超过5年,史某玲负责协调白堆子项目前期规划、拆迁和验收工作,双方协商的投资回报金额为税后1000万元(含本金300万元)。2004年12月30日,诺×公司和我司就‘三山新新家园’三期项目签署了《合作开发意向协议书》,约定投资前期费用950万元,我司要求史某玲把白堆子项目投资回报款到期直接转入该项目,但史某玲要求成立自己的新公司,以新公司名义再投出去。基于投资回报款约定的期限未到,虽项目建设完成但财务结算并未终结,账目难以处理。因成立新公司需要1000万元的注册资本金,鉴于双方×年友好合作及信任,故史某玲先签署一份700万元的借款协议,到期后折抵投资回报款,另外300万元由我司委托焦某爱暂时持有诺×公司30%股权质押,到期后双方700万元借款协议自动作废,焦某爱撤出,白堆子项目1000万元的投资收益款财务抵扣完毕。”该《备忘录》落款日期为手写2005年1月5日。

史某玲另提交了一份出卖人为冠×公司,买受人为诺×公司,落款日期为2006年3月10日的《账目清理确认协议》,载明:“鉴于双方于2006年3月10日就诺×公司购买冠×公司开发的位于北京市朝阳区酒仙桥南路9号院亮马水晶1号楼整栋房屋事宜签署了《销售合约书》,总价款为23,128,092元,由于双方历史上存在×笔账目往来,经双方财务核对,现就账目清理折抵首付款的问题进行如下书面确认:(1)2004年12月30日,双方就顺义后沙峪‘三山新新家园’,项目期合作开发事宜签署了《合作开发意向协议书》,约定诺×公司投入950万元前期费用,协议签订后,诺×公司分别在2005年1月21日投入550万元、2005年1月25日投入400万元,诺×公司参与了项目的前期筹备和审批协调等工作,现冠×公司提出要求诺×公司退出该项目,给予补偿,诺×公司表示同意。经协商,双方同意对于诺×公司已投入的950万元合作开发款折抵为本次亮马水晶项目的首付款。关于诺×公司退出该项目的补偿,双方另行签署协议。(2)根据2005年2月24日,双方签订的《借款协议》,冠×公司向诺×公司提供往来借款400万元,该笔款项已于2005年4月2日偿还。(3)冠×公司于2005年6月24日向史某玲借款300万元,后又于2005年7月6日向史某玲借款200万元,合计借款500万元。经双方协商,同意将其中的100万元抵销2003年12月2日双方之间的一笔100万元债务,剩余的400万元,史某玲同意折抵为双方之间本次亮马水晶项目的首付款(视为冠×公司已向史总偿还)。(4)在本协议签署前,双方之间存在×笔现金往来,包括诺×公司代为偿还部分银行按揭贷款,经双方财务核对后确认,冠×公司尚欠诺×公司704,942.49元。(5)2006年3月9日,诺×公司向冠×公司转账支付36万元。(6)经双方核算后确认,上述1、3、4、5项冠×公司累计欠款 14,564,942.49 元,现金部分折抵为双方本次亮马水晶 1 号楼项目首付款,剩余购房款 8,563,151 元于完成全部房屋产权登记后一次性支付。(7)除本协议确认的上述各项外,冠×公司与诺×公司及史总之间不存在其他任何债权债务,以前所有协议、合同、欠条、借据等全部作废,与本协议不一致的均以本协议为准。"

史某玲提交上述《备忘录》及《账目清理确认协议》以证明诺×公司设立时的注册资金 1000 万元系冠×公司对其的欠款,其中 300 万元的出资只是暂时登记在焦某爱名下,待《账目清理确认协议》中约定的项目结算完毕后,焦某爱应将其名下登记的诺×公司 30% 的股权返还给史某玲。冠×公司及焦某爱对《备忘录》《账目清理确认协议》的证明目的均不认可,主张《备忘录》上无焦某爱的签字,冠×公司无权处分焦某爱名下的股权。并且《账目清理确认协议》已经载明之前形成的协议、合同均作废,故《备忘录》应属于已经作废的材料,史某玲无权依据《备忘录》主张相应权利。

2020 年 4 月 20 日,诺×公司以合同纠纷,将冠×公司、第三人矿×科技集团有限公司、史某章起诉至北京市海淀区人民法院。在该案审理过程中,北京市海淀区人民法院委托北京盛×司法鉴定所对《备忘录》的印章真实性等内容进行鉴定。2021 年 6 月 30 日,北京盛×司法鉴定所分别作出"京盛×司鉴所[2021]文鉴字第 127 -1 号"及"京盛×司鉴所[2021]文鉴字第 127 -2 号"司法鉴定意见书,下鉴定意见:《备忘录》中"冠×公司"的印章印文与样本中的"冠×公司"印章印文均是同一枚印章盖印,但无法确定《备忘录》中的打印字迹与"冠×公司"印章印文之间形成的先后顺序。史某玲提交上述鉴定意见书,以主张《备忘录》确系由冠×公司做出。冠×公司及焦某爱主张史某玲在本案中提交的《备忘录》落款处有手填的"2005 年 1 月 5 日",但在北京市海淀区人民法院诉讼中鉴定的《备忘录》落款处仅有打印的"年　月　日",并未填写日期。史某玲解释原《备忘录》落款处确实仅有打印的"年　月　日"字样,在向一审法院提交《备忘录》时没有找到原件,仅凭自己的回忆将《备忘录》的形成日期填写在了复印件的落款处。在北京市海淀区人民法院鉴定时找到了未填写日期的原件,主张本案中的《备忘录》与北京市海淀区人民法院鉴定的《备忘录》是同一份。经一审法院核查,史某玲在本案中提交的《备忘录》与北京市海淀区人民法院经过鉴定的《备忘录》内容一致。

2004 年 12 月 20 日,焦某爱与冠×公司签订《借款协议》,约定焦某爱向冠×公司借款 300 万元。借款期限自 2004 年 12 月 20 日冠×公司将借款交付焦某爱起,至 2005 年 1 月 5 日焦某爱将借款本金还给冠×公司止。2004 年 12 月 27 日,焦某爱在中国建设银行北京良乡昊天支行开立账户缴存 300 万元,用于对诺×公司的出资。史某玲主张上述 300 万元的来源系冠×公司,并非焦某爱的真实出资,并以此否认焦某爱的股东身份。焦某爱及冠×公司均主张双方系真实的借贷关系,焦某爱亦主张其已经实际出资,即具有诺×公司的股东身份。

针对史某玲与焦某爱之间的法律关系，史某玲主张双方系让与担保及股权代持的双重法律关系。

史某玲向北京市朝阳区人民法院起诉请求：(1)请求确认原登记于焦某爱名下的诺×公司的30%的股权(对应出资额300万元)归史某玲所有；(2)诉讼费由诺×公司承担。

一审期间，诺×公司未出庭参与诉讼，但在一审法院组织的庭前证据交换过程中，辩称同意史某玲的诉讼请求及事实理由。

焦某爱述称：不同意史某玲的诉讼请求。诺×公司设立时登记在焦某爱名下的30%的股权对应的300万元出资款都是焦某爱的真实出资，是诺×公司的实际股东。史某玲曾伪造转让协议，将焦某爱名下30%的股权变更至其个人名下，经过诉讼，法院已经作出生效判决确认股权转让协议无效，史某玲应该将30%的股权变更回焦某爱名下。

冠×公司述称：不同意史某玲的诉讼请求。焦某爱用于出资的300万元系从冠×公司的借款，其如何支配款项与冠×公司无关。并且现在史某玲已经是诺×公司登记的100%股权的持有人，其起诉本案没有请求权基础。

二审期间，史某玲向法院提交其与焦某爱电话录音一份，上述证据用以证明：(1)焦某爱与冠×公司实控人具有亲戚关系，在本案事实发生期间，焦某爱担任冠×公司出纳、会计；(2)焦某爱此前也被冠×公司实控人借名登记为北京德×物业管理有限责任公司股东；(3)焦某爱承认自己被暂时具名登记为诺×公司股东是接受冠×公司的安排，其本身没有出资成为股东并和史某玲共同设立诺×公司的真实意思，300万元出资款也实际属于史某玲所有，此后将股权转给史某玲，焦某爱知情且无异议，相关诉讼均是冠×公司主导的行为。诺×公司当庭发表质证意见称，认可上述证据的真实性及证明目的。焦某爱发表质证意见称，对该证据的真实性、关联性、证明目的均不认可，且认为不属于二审新证据。冠×公司的质证意见同焦某爱一致。

法院查明，史某玲在诉讼中提交的证据既不能证明其与焦某爱存在股权代持的合意，也不能证明焦某爱向诺×公司的出资款系来自史某玲。

【裁判结果】

一审法院判决：驳回史某玲的诉讼请求。

二审法院判决：驳回上诉，维持原判。

【案件解析】

本案争议的焦点为焦某爱持有的诺×公司300万元出资是否属于史某玲所有。根据《最高人民法院关于适用〈中华人民共和国公司法〉若干问题的规定(三)》第二十四条的规定，实际出资人请求确认其对争议的投资权益享有权利的，应当举证证明其与名义出资人存在股权代持合同，并且其已经实际履行了出资义务。

本案中，史某玲以《备忘录》为据，称其与冠×公司达成合意，由其应从“白堆子项目”中所应分得的投资收益款1000万元出资设立诺×公司，其中300万元出资由焦某爱代持。其主张能否得到法律支持，可从以下两方面分析：

1.《备忘录》中仅有冠×公司的盖章，并无史某玲和焦某爱的签字，即便史某玲在事后追认《备忘录》的内容，但焦某爱自始至终对《备忘录》内容不予认可，而且史某玲也没有证据证明焦某爱以其他形式同意《备忘录》内容，故《备忘录》不能对焦某爱产生法律效力，自然也就不能证明史某玲与焦某爱成立股权代持的合意。

2.从焦某爱在诺×公司的出资账户和焦某爱与冠×公司的《借款协议》来看，焦某爱对诺×公司的300万元出资系来自冠×公司向焦某爱出借的借款，冠×公司与焦某爱在诉讼中亦确认双方存在真实的借贷关系，故史某玲主张焦某爱的300万元出资来自史某玲，缺乏证据支持。

综上，史某玲在诉讼中提交的证据既不能证明其与焦某爱存在股权代持的合意，也不能证明焦某爱向诺×公司的出资款系来自史某玲，故史某玲主张焦某爱持有的诺×公司300万元出资由其所有，证据不足，法院不应支持。

案例25　间接持有股权不等同于代为持有股权，在无其他证据佐证的情况下，有限合伙企业作为公司股东，该有限合伙企业的合伙人不被认定为该公司的实际出资人

——郭某梓等与北京亿×医科技发展有限公司股东资格确认纠纷案

【基本案情】

上诉人(原审原告)：郭某梓

被上诉人(原审被告)：北京亿×医科技发展有限公司(以下简称亿×医公司)

原审第三人：北京亿×网盟科技有限公司(以下简称亿×网盟公司)

原审第三人：广饶亿×未来企业管理咨询中心(有限合伙)(以下简称亿×咨询中心)

原审第三人：苏州景×医疗投资合伙企业(有限合伙)(以下简称景×合伙企业)

原审第三人：湖州璟×股权投资合伙企业(有限合伙)(以下简称璟×合伙企业)

原审第三人：北京征×惠通基金管理有限公司(以下简称征×惠通公司)

一审法院：北京市怀柔区人民法院

案号：(2021)京0116民初2716号

二审法院：北京市第三中级人民法院

案号：(2022)京03民终6297号

亿×医公司在登记机关的档案资料显示，亿×医公司成立于2019年7月31日，注册资本为100万元，亿×咨询中心认缴出资40.7407万元、亿×网盟公司认缴出资59.2593万元。2019年10月23日，公司注册资本变更为114.7541万元，亿×咨询中心和亿×网盟公司的认缴出资数额不变；新增三个股东，景×合伙企业认缴出资6.5574万元，璟×合伙企业认缴出资4.9180万元，征×惠通公司认缴出资3.2787万元。

郭某梓提举了一份未经各方签名确认的《增资协议》，载明："本增资协议签订于2019年7月16日。本增资协议由亿×医公司及原有股东亿×网盟公司和亿×咨询中心、本轮投资方或投资方景×合伙企业、征×惠通公司、璟×合伙企业、创始股东高某和郭某梓和梁某某，鉴于公司是一家依据中国法律注册设立并有效存续的有限责任公司；原有股东实际合计持有公司100%股权；本轮投资方拟向公司增资，公司、原有股东同意按照本协议的条款和条件接受该等增资；创始股东郭某梓通过原有股东亿×咨询中心间接持有公司5.74%股权，创始股东高某通过原有股东亿×咨询中心间接持有公司3.44%股权，创始股东梁某某通过原有股东亿×咨询中心间接持有公司2.3%股权。经各方认可，投资方以公司投后整体估值7000万元向公司增资共计900万元，持有本次增资后公司12.86%的股权。其中景×合伙企业投资400万元，其中6.5574万元计入注册资本，剩余部分计入资本公积，投资完成后占公司5.71%股权；征×惠通公司投资200万元，其中3.2787万元计入注册资本，剩余部分计入资本公积，投资完成后占公司2.86%股权；璟×合伙企业投资300万元，其中4.918万元计入注册资本，剩余部分计入资本公积，投资完成后占公司4.29%股权。即本次增资完成后，投资方投资总额中的14.7541万元计入公司注册资本，剩余885.2459万元计入公司资本公积金。本次增资前，公司股东的股权比例为亿×网盟公司的注册资本为59.2593万元，持股比例为59.26%；亿×咨询中心的注册资本为40.7404万元，持股比例为40.74%；合计注册资本100万元，合计股权比例100%。本次增资后，公司股东的股权比例为亿×咨询中心的注册资本为40.7404万元，持股比例为35.5%；亿×网盟公司的注册资本为59.2593万元，持股比例为51.64%；景×合伙企业的注册资本为6.5574万元，持股比例为5.71%；征×惠通公司的注册资本为3.2787万元，持股比例为2.86%；璟×合伙企业的注册资本为4.918万元，持股比例为4.29%；合计注册资本114.7541万元，合计股权比例100%。"《增资协议》还约定了其他内容。

郭某梓主张上述《增资协议》签订后，其曾要求亿×网盟公司的财务总监朱某某向其提供各方签名确认后的合同文本，但朱某某仅向其提供了上述未经签名确认的电子版《增资协议》。为证明其主张，郭某梓提举了其与朱某某的微信聊天记录。经质证，亿×医公司主张各方确实曾签订过《增资协议》，但不确定郭某梓提交的《增资协议》是否与实际签订的合同文本一致。

郭某梓主张其履行了股东的出资义务。为证明其主张,其提举了相应的转账记录,显示其于2019年8月23日向亿×咨询中心转账5万元、7377元,并附言“入资”。郭某梓主张其通过亿×咨询中心向亿×医公司出资57,337元,由亿×咨询中心为其代持股权,但亿×咨询中心和亿×医公司曾要求郭某梓退出亿×咨询中心以达到侵害郭某梓股东权利之目的,亿×咨询中心已不具备继续代持的条件,故郭某梓有权要求解除其与亿×咨询中心的股权代持协议并且显名;《增资协议》表明亿×医公司的全体股东均知晓并认可郭某梓系亿×医公司的股东。亿×医公司对郭某梓的上述主张不予认可。

郭某梓向北京市怀柔区人民法院起诉请求:(1)判令确认郭某梓具有亿×医公司的股东资格,持股比例5.74%;(2)判令亿×医公司将郭某梓记载于股东名册,将5.74%的股权登记至郭某梓名下,亿×网盟公司、亿×咨询中心、景×合伙企业、璟×合伙企业、征×惠通公司配合完成股权变更登记手续;(3)本案全部诉讼费用由亿×医公司承担。

亿×医公司辩称,不同意郭某梓的全部诉讼请求。理由如下:

1.郭某梓与亿×医公司之间无直接出资或持股关系,亿×医公司的工商档案、公司章程等文件均未将郭某梓记载为股东,郭某梓也未以亿×医公司股东名义行使权利或履行义务,在实质及形式方面郭某梓没有取得亿×医公司的股权、亦未成为亿×医公司的股东,其请求确认股东身份无事实和法律依据。股权取得的实质要件,即向公司认购出资或股份而取得股权,包括原始取得(通过公司设立时或成立后的增资途径)和继受取得(通过受让、受赠、继承、公司合并等途径)。股权取得的形式要件为股东完成出资后在公司章程上的记载、股东名册(如有)上的记载和工商登记机关的登记。(1)郭某梓从未有向亿×医公司出资的意思表示,亦从未向亿×医公司直接出资或认缴出资且未以继受方式取得公司股权,二者之间不存在直接出资或持股关系;亿×医公司自设立以来并无将郭某梓作为股东要求认缴或实缴出资的意思表示,郭某梓亦无向亿×医公司出资的意思表示,未向亿×医公司直接出资或认缴出资,郭某梓并未以原始取得或继受取得方式取得亿×医公司的股权。(2)亿×医公司工商档案资料显示,郭某梓从未被登记为亿×医公司的股东。根据亿×医公司向北京市怀柔区市场监督管理局调取的工商档案材料,亿×医公司设立至今的工商档案材料从未将郭某梓列为亿×医公司的股东;2019年7月公司设立档案,在《登记基本信息表》中记载股东(发起人)仅为亿×咨询中心和亿×网盟公司并未显示郭某梓。2019年10月,公司股东变更档案显示,变更前股东为亿×咨询中心和亿×网盟公司,变更后新增加景×合伙企业、璟×合伙企业、征×惠通公司三个股东,无论变更前后均未将郭某梓列为股东。(3)亿×医公司章程未将郭某梓列为股东。2019年7月,亿×

医公司设立时制定的公司章程,第一条规定出资方为亿×咨询中心、亿×网盟公司,第七条股东列表中所列股东也为前述出资方;由此可见,亿×医公司设立时,郭某梓并无向亿×医公司出资的意思表示,亦未向亿×医公司出资或认缴出资,亿×医公司也无将其列为股东的意思表示。2019 年 10 月,亿×医公司增资扩股时和 2020 年 9 月变更法定代表人、董事时修改的公司章程,均规定出资方/股东为亿×咨询中心、亿×网盟公司、景×合伙企业、璟×合伙企业、征×惠通公司五方,进一步表明,郭某梓在亿×医公司设立后至今从未向亿×医公司出过资或认缴出资,并且未被亿×医公司和股东认可列为股东。(4)从亿×医公司历次股东会决议看,郭某梓从未以亿×医公司的股东身份行使权利或履行义务。从亿×医公司历次股东会决议看,签字的股东均为公司章程和工商档案登记的股东,郭某梓从未以亿×医公司的股东身份列席股东会会议、签署股东会决议或以其他方式行使股东权利。

2. 郭某梓作为第三人亿×咨询中心的有限合伙人以实现间接对亿×医公司持股,并非亿×医公司的股东。亿×医公司于 2019 年 7 月 31 日设立,亿×咨询中心对亿×医公司认缴出资 40.7407 万元、对应持股比例为 40.7407%,彼时郭某梓作为亿×咨询中心的有限合伙人对亿×咨询中心直接持有出资 5.5556 万元、对应出资比例为 13.6365%,进而郭某梓通过亿×咨询中心间接持有亿×医公司 5.5556% 股权。2019 年 10 月 23 日亿×医公司增资扩股、从外部引入新的三个股东,郭某梓通过亿×咨询中心间接持有亿×医公司的股权比例被稀释为 4.8413%。郭某梓提供的证据二《新增协议》"鉴于条款"第 2、4 款以及第一条第 3、4 款,更是直接证明了:(1)在该《增资协议》项下的增资事项完成之前亿×医公司的股东为亿×网盟公司和亿×咨询中心,并在该增资事项完成后增加 3 个股东,包括景×合伙企业、璟×合伙企业、征×惠通公司;(2)郭某梓系通过亿×咨询中心间接持有亿×医公司的股权,而非亿×医公司的直接股东。此外需要说明的是,亿×医公司自设立以来,其股东均是企业法人,从未有过自然人作为直接股东。

3. 考虑有限责任公司人合性属性,亿×医公司的设立时股东以及前股东均未同意将郭某梓列为亿×医公司的股东之一,郭某梓诉讼请求不应获得支持。有限责任公司具有人合性属性,在当事一方为实际出资人的情况,确认股东资格尚且需要其他半数以上股东认可;而本案中,郭某梓从未向亿×医公司直接出过资,并非亿×医公司的实际出资人,而且亿×医公司成立及后续增资时,公司股东均不具有将郭某梓作为亿×医公司股东之一的意思表示。因此,郭某梓要求确认其为亿×医公司股东、记载于股东名册、进行工商变更登记的诉讼请求不应获得支持。

4. 关于郭某梓在起诉状中陈述的 2020 年 9 月 27 日亿×医公司的法定代表人变更事宜与本案争议焦点无关,陈述的亿×医公司法定代表人高某操纵亿×咨询中心以迫使郭某梓放弃对亿×医公司的所有权利,无任何事实和法律依据。综上所述,根据相关法司法解释的规定，并结合亿×医公司的出资情况、工商档案资料、公司章程及股东会决议等文件看，郭某梓从未有向亿×医公司出资的意思表示，从未向亿×医公司直接出资或认缴出资且未以继受方式取得公司股权，也未以股东身份行使过权利、履行过义务，而亿×医公司从未将郭某梓列为股东，公司股东也不具有将郭某梓作为亿×医公司股东之一的意思表示，郭某梓要求确认其为亿×医公司股东、记载于股东名册、进行工商变更登记的诉讼请求无任何事实与法律依据，应驳回原告的全部诉讼请求。

二审中，亿×医公司认可郭某梓提交的《增资协议》与各方签字盖章的版本一致。

【裁判结果】

一审法院判决：驳回郭某梓的全部诉讼请求。

二审法院判决：驳回上诉，维持原判。

【案件解析】

本案争议焦点为郭某梓是否系亿×医公司的实际出资人。

亿×医公司未将郭某梓登记为公司股东，亦未将郭某梓记载于股东名册，郭某梓以亿×咨询中心代持股权为由主张其系亿×医公司实际出资人，郭某梓应当承担举证证明责任。本案中，首先，郭某梓与亿×咨询中心并未签订股权代持协议，郭某梓上诉主张《增资协议》显示双方有股权代持的意思表示，但《增资协议》表述为"创始股东郭某梓通过原有股东亿×咨询中心间接持有公司5.74%股权"，从文义分析，间接持有与代为持有含义并不相同，在无其他证据佐证的情况下，仅凭《增资协议》不能认定郭某梓与亿×咨询中心存在股权代持关系。其次，有限合伙企业与其合伙人的财产相互独立，郭某梓向亿×咨询中心支付投资款后登记为亿×咨询中心的合伙人之一，其已经丧失对投资款的所有权，仅享有基于合伙份额派生出的权益，亿×咨询中心投资成为亿×医公司的股东，系亿×咨询中心处分自身财产的交易行为，不能认为是郭某梓向亿×医公司进行出资。最后，郭某梓虽曾系亿×医公司的法定代表人并参与公司经营，但仅凭该事实不足以认定郭某梓系行使股东权利并得到其他股东认可，《增资协议》中有关创始股东的表述亦不足以作为认定郭某梓实际出资人身份的依据。

综上所述，郭某梓就其关于亿×咨询中心代为持股、其系亿×医公司实际出资人的主张未能尽到举证证明责任，郭某梓系作为亿×咨询中心的合伙人、通过亿×咨询中心间接持有亿×医公司的股权，现郭某梓要求确认其系亿×医公司股东并办理变更登记，缺乏事实和法律依据，法院不应支持。

第四章

股东名册记载纠纷

一、实务要点

股东名册,是指由公司置备的,记载股东个人信息和股权信息的法定簿册。

股东名册记载纠纷,是指股权转让后,股东名册未及时进行变更登记或因其他某种原因导致股东名册记载错误,进而导致股东无法依据股东名册上的记载主张权利而产生的纠纷。主要有两种类型:(1)因转让方股东怠于履行变更登记义务产生的纠纷。一般来讲,股东名册变更登记应当由转让方股东向公司提出申请,由公司进行变更登记;如果转让方股东懈怠或者因为过失甚至故意而未向公司申请变更登记,此时即可能产生股东名册记载纠纷。(2)因公司不履行记载义务产生的纠纷。股东名册由公司备有和保管,并由公司负责办理登记事宜。因此,当公司因懈怠或者过失甚至故意而未变更股东名册时,就可能产生股东名册记载纠纷。

《公司法》第八十六条规定:"股东转让股权的,应当书面通知公司,请求变更股东名册;需要办理变更登记的,并请求公司向公司登记机关办理变更登记。公司拒绝或者在合理期限内不予答复的,转让人、受让人可以依法向人民法院提起诉讼。股权转让的,受让人自记载于股东名册时起可以向公司主张行使股东权利。"该规定新增了股权转让后的登记与救济规则,增强了实操性:其一,明确股东转让股权的,应当书面通知公司,请求变更股东名册;需要办理变更登记的,并请求公司向公司登记机关办理变更登记。其二,明确公司拒绝或者在合理期限内不予答复的,转让人、受让人可以依法向人民法院提起诉讼,即请求变更公司登记之诉。其三,明确股权转让的,受让人自记载于股东名册时起可以向公司主张行使股东权利,以此明确了受让人对公司主张权利的时点。

根据《公司法》第五十六条的规定,有限责任公司应当置备股东名册,记载下列事项:股东的姓名或者名称及住所;股东认缴和实缴的出资额、出资方式和出资日期;出资证明书编号;取得和丧失股东资格的日期。记载于股东名册的股东,可以依股东名册主张行使股东权利。《最高人民法院关于适用〈中华人民共和国公司法〉若干问题的规定(三)》第二十三条规定,当事人依法履行出资义务或者依法继受取得股权后,公司未根据《公司法》(2018年)第三十一条①、第三十二条②的规定签发出资证明书、记载于股东名册并办理公司登记机关登记,当事人请求公司履行上述义务的,人民法院应予支持。

二、风险防范建议

置备股东名册作为公司法定义务,具有法律效力上的"权利推定力",并非登记机关登记可完全取代。在通常情况下,股东名册上记载的股东可以被推定为具备公司股东资格,欲否定股东名册所载股东权益者需承担举证责任,因此,完善的股东名册登记制度对于公司和股东的免责均具有重要意义。如何防范股东名册记载纠纷的风险,建议如下:

1. 公司应当依法置备股东名册,且确保股东名册与出资证明书记载内容不发生冲突。

2. 股东转让股权后,公司应当对股权转让协议等相关文件认真审核,并将新股东记载于公司股东名册并办理变更登记手续。就股权受让方而言,应当重视股东名册的登记和工商登记,因为这些是主张股东权利的直接证据;在签订股权转让协议后,应尽快要求股权转让方与公司办理变更股东名册与变更工商登记手续,避免产生纠纷。

3. 当事人依法继受取得股权后,公司应根据《公司法》的规定将新股东记载于股东名册并向公司登记机关申请办理变更登记。

4. 投资者通过增资取得公司股东身份时,应关注在相关协议和内部决议中明确公司修改股东名册和签发出资证明书的义务,并在基础法律文件生效后,及时要求公司履行上述义务。

5. 实务中,股权代持下股东名册记载之诉时有发生。因此,如果存在必须隐名投资的情况,实际出资人务必与显名股东签订股权代持协议,明确权利义务关系。

---

① 对应《公司法》(2023年)第五十五条。

② 对应《公司法》(2023年)第五十六条。

三、典型案例解析

案例26 公司不按规定签发出资证明书、记载于股东名册并办理公司登记机关登记，实际投资人请求公司履行该等义务，获得法院支持

——广东名×新材料科技有限公司、贺某波等股东名册记载纠纷案

【基本案情】

上诉人（原审被告）：广东名×新材料科技有限公司（以下简称名×公司）

被上诉人（原审原告）：贺某波

原审第三人：阮某峰

原审第三人：阮某辉

原审第三人：杨某军

原审第三人：吕某游

一审法院：广东省英德市人民法院

案号：（2021）粤1881民初4879号

二审法院：广东省清远市中级人民法院

案号：（2022）粤18民终589号

2018年4月9日，阮某峰（甲方）、贺某波（乙方）、吕某游（丙方）、杨某军（丁方）、阮某辉（戊方）五人签订《成立公司合作协议书》，该协议书约定："经上述股东充分协商，就投资成立名×公司事宜，达成如下协议：第一条 1.注册资本：壹仟零伍拾伍万元；2.法定代表人：贺某某。第二条 公司成立后，以阮某峰为总负责人全权负责公司所有事务，股东间亦可协商另请其他股东或者招聘外来人员负责。第三条 出资比例、方式、期限：1.出资方式及占股比例：甲方以现金作为出资，占公司股份的百分之五十三；乙方以现金作为出资，占公司股份的百分之十五；丙方以现金作为出资，占公司股份的百分之五；丁方以现金作为出资，占公司股份的百分之十五；戊方以现金作为出资，占公司股份的百分之十二。2.第一期出资金额共计人民币150万元（分四次到位），各股东按上述比例分别投入，资金到位的时间要求为：第一次50万元2018年4月10日；第二次50万元2018年5月10日；第三次25万元2018年6月20日；第四次25万元2018年8月1日。3.第二期出资金额与时间由股东协商决定……第六条 五位股东一致同意二年内不出现在工商登记中，工商登记中阮某峰占公司48%的股份，贺某波占公司15%的股份，吕某游占公司5%的股份，杨某军占公司15%的股份，阮某辉占公司12%股份，合计占公司95%的股份委托贺某某代持，

即贺某某为95%股份兼法人，另阮某峰占公司5%股份由成某代持，即成某5%股份，监事为徐某兰……”该协议由五位股东签名并加盖名×公司的公章。

签订上述协议后，贺某波的妻子贺某某于2018年4月10日在广州农村商业银行繁华支行办理了一张账号为6224××××××××银行卡，并存入100元现金。贺某波与阮某峰微信聊天记录中，阮某峰确认该账户为名×公司的开户账户，之后阮某峰、杨某军、吕某游、贺某波等人多次向该账户汇入投资款。其中贺某某于2018年4月11日向该账户转账5万元，贺某波于2018年4月11日向该账户转账2.49万元、2018年7月24日转账5万元、2018年8月7日转账2.5万元、2018年10月23日转账2.5万元、2018年10月30日转账3万元，上述款项合计20.5万元（100元+5万元+2.49万元+5万元+2.5万元+2.5万元+3万元）。2019年4月16日，贺某波与阮某峰微信聊天中，阮某峰表示“可以报销的部分可以冲抵”，贺某波主张用2万元的业务报销费用抵缴了投资款。

2020年10月21日，贺某波（甲方）与名×公司的法定代表人刘某文（乙方）签订了《股权信托确认协议》，约定：“鉴于甲方出资人民币贰拾贰万伍仟元整（￥225000元）但委托乙方代持有名×公司（简称‘公司’）股权，甲乙双方确认，以乙方名义持有的公司15%股权，该全部股权实际属于甲方所有，是甲方以信托方式放置在乙方名义下的股权。乙方确认从未向公司进行过任何出资行为，公司或相关文件所记载的以乙方名义对公司上述股权份额的出资行为实际均系甲方出资行为，乙方仅仅是公司名义股东而不是实际股东。”

另外，名×公司的公司章程多次发生变更。

2018年4月16日，名×公司章程订立，章程规定：公司名称为名×公司。公司经营范围：制造业；科学研究和技术服务业；公共设施管理业；建筑业；零售和批发业（依法须经批准的项目，经相关部门批准后方可开展经营活动）。公司注册资本为人民币1055万元，公司股东共2个，贺某某和成某，股东权利包括要求公司为其签发出资证明书，并将姓名、住所、出资额及出资证明书编号记载于股东名册上。上述章程有贺某某和成某签名。

2019年4月23日，名×公司章程修订，公司经营范围：制造业；科学研究和技术服务业；公共设施管理业；建筑业；批发和零售业（依法须经批准的项目，经相关部门批准后方可开展经营活动）。公司注册资本为人民币1055万元，公司可以增加注册资本和减少注册资本。公司增加注册资本时，股东有权优先按照实缴的出资比例认缴新增资本的出资。公司股东共2个：刘某燕和成某。公司成立后，应当向已缴纳出资的股东签发出资证明书，出资证明书的记载事项应当符合《公司法》的规定。股东享有下列权利：要求公司为其签发出资证明书。上述章程有刘某燕和成某的签名。

2020年4月20日，名×公司章程修订，公司经营范围：制造业；科学研究和技术服务业;公共设施管理业;建筑业;批发和零售业(依法须经批准的项目,经相关部门批准后方可开展经营活动)。公司注册资本为人民币5914万元,公司可以增加注册资本和减少注册资本。公司增加注册资本时,股东有权优先按照实缴的出资比例认缴新增资本的出资。全体股东另有约定的除外。公司股东共2个:刘某燕和成某。公司成立后,应当向已缴纳出资的股东签发出资证明书,出资证明书的记载事项应当符合《公司法》的规定。股东享有下列权利:要求公司为其签发出资证明书。上述章程有刘某燕和成某的签名。

2020年6月30日,名×公司再次修订章程,公司经营范围:制造业;科学研究和技术服务业;公共设施管理业;建筑业;批发和零售业(依法须经批准的项目,经相关部门批准后方可开展经营活动)。公司股东共2个,分别是刘某文和成某。刘某文以货币认缴出资5618.3万元,占公司注册资本95%,其中380.7699万元出资已于2020年6月12日前缴足,剩余5237.5301万元出资于2038年12月31日前缴足。成某以货币认缴出资295.7万元,占公司注册资本5%,于2038年12月31日前缴足。上述章程有成某和刘某文签名。

贺某波向广东省英德市人民法院提起诉讼,请求:(1)判决将贺某波的出资比例15%记载在名×公司股东名册上,并签发相应出资的证明;(2)判决名×公司将贺某波出资额及出资比例15%向工商登记机关办理变更登记;(3)本案诉讼费由名×公司承担。

一审判决后,名×公司不服,向广东省清远市中级人民法院提起上诉,请求:(1)撤销一审判决,改判驳回贺某波的诉讼请求;(2)诉讼费用由贺某波承担。事实与理由:(1)一审法院认定贺某波出资22.5万元错误。①贺某波并未按约实际履行出资义务,其所提供的与其妻子贺某某的转账记录,并非入股投资款,公司以贺某某名义开立账户,不能排除贺某波转账支付的款项属于货款,亦不能排除其双方之间因其他事由产生转账交易。②贺某波与刘某文签订的《股权信托确认协议》实质性是股权代持协议,合同上写明"甲方出资人民币贰拾贰万伍仟元整",是表示甲方即贺某波应出资22.5万元,而不代表已出资,公司在上面加盖公章也仅代表如贺某波出资22.5万元,则同意其由刘某文代持股权,并非公司确认贺某波出资的意思表示。③即使认定贺某波向贺某某转账支付的款项属于入股投资款,也只可认定贺某波向名×公司出资了20.5万元,而并非22.5万元。贺某波提出其出资额2万元以业务费冲抵,但其提交的与阮某峰的聊天记录上显示阮某峰仅表示"可以报销的部分可以冲抵",而并非表示贺某波的出资额2万元已用业务费冲抵,贺某波并无提交证据证实其业务费冲抵了投资款,也不能证实公司已确认了该冲抵。(2)一审法院认定"贺某波占股比例为15%",是事实认定错误。①贺某波与阮某峰等人签订《成立公司合作协议书》约定贺某波占公司股份15%,后名×公司注册资本由1055万元增加到

5914 万元,而其间贺某波未向名×公司增加出资,也未与名×公司签订任何认缴增资协议,贺某波的股权已被稀释。②根据贺某波与刘某文签订的《股权信托确认协议》证实即使认定贺某波是名×公司的实际出资人,其约定的持有的股权比例仅是刘某文股权的 95% 中的 15%,即贺某波仅占公司股份比例 14.25%。③一审法院认定"贺某波的两项请求已经其他股东半数以上同意"错误。成某虽是名×公司的登记股东,但实际上成某也仅是代持股东,实际出资人阮某峰已直接参与公司的经营决策,具有真实的股东资格,成某并没有行使股东表决的权利。另外,阮某峰已向英德市人民法院起诉要求确认成某所持有公司 5% 的股权为代阮某峰所持,并要求公司将成某的股东身份变更为阮某峰,成某的股东身份存在异议且仍未经生效判决确认,不应以成某的个人同意就认定贺某波符合显名登记的条件。

贺某波答辩称:同意一审判决,请求维持一审判决。

杨某军答辩称:同意贺某波意见,请求维持原判。

二审期间,名×公司提交如下证据:英德市人民法院(2021)粤 1881 民初 6082 号民事判决书、清远市中级人民法院(2021)粤 18 民终 5300 号民事裁定书,拟证明由杨某军提起诉讼的另一股东名册记载纠纷一案已发回重审,由阮某峰提出的股东资格确认纠纷中,一审判决已经支持阮某峰的请求。

本案其他相关事实:(1)名×公司在二审期间向法院提交股东会决议,显示增资部分也是以当时登记的股东刘某燕和成某的名义认缴,并未体现实际出资人认缴的比例。(2)《成立公司合作协议书》仅约定 2 年内不办理显名登记。

【裁判结果】

一审法院判决:名×公司在本判决生效之日起 10 日内将贺某波出资比例 15% 签发出资证明书、记载于股东名册并办理公司登记机关登记。

二审法院判决:驳回上诉,维持原判。

【案件解析】

名×公司目前登记的股东为刘某文和成某,贺某波起诉要求确认登记在刘某文名下 15% 的股权归其所有,根据《最高人民法院关于适用〈中华人民共和国公司法〉若干问题的规定(三)》第二十二条"当事人之间对股权归属发生争议,一方请求人民法院确认其享有股权的,应当证明以下事实之一:(一)已经依法向公司出资或者认缴出资,且不违反法律法规强制性规定;(二)已经受让或者以其他形式继受公司股权,且不违反法律法规强制性规定"的规定,应当由贺某波举证证明其通过出资、认缴出资原始取得股权或通过受让等方式继受取得。贺某波为证明其主张,提供了与阮某峰等人签订的《成立公司合作协议书》及与登记股东刘某文签订的《股权信托确认协议》,两份书证可以充分证明贺某波在公司成立时认缴了公司 15% 的出资,符合原始取得股权的条件。名×公司针对该节事实提出的主要抗辩理由包括对贺某波实际出资数额的异议及对公司增资后贺某波所持股权比例的争议。关于贺某波的实际出资数额，根据贺某波提交的证据，其已经向名×公司的账户汇入20.5万元，名×公司上诉提出“不能排除该笔款项属于货款”，但并未对款项的具体的来源作出说明，也未提供任何证据证明该笔款项属于货款，故法院对名×公司该节抗辩理由不应采纳。更为重要的是，根据前述规定，贺某波只需证明其认缴出资份额，并非实缴出资份额，故名×公司以此为由提出抗辩法院不应支持。关于名×公司提出增资后贺某波股权比例被稀释的问题，根据名×公司在二审提交的股东会决议，增资部分也是以当时登记的股东刘某燕和成某的名义认缴，并未体现实际出资人认缴的比例，无法证明贺某波放弃认购增资部分及相应的股权比例变更，故法院对名×公司的该节抗辩理由不应采纳。至于名×公司提出贺某波所占股权比例为刘某文所持股权的15%一节，根据《股权信托确认协议》，明确约定贺某波所持股权为公司股权的15%，并非刘某文所持股权的15%，故法院对名×公司的该节上诉理由不应支持。

贺某波要求确认其股权比例，并同时要求记载于股东名册并变更工商登记，根据《最高人民法院关于适用〈中华人民共和国公司法〉若干问题的规定（三）》第二十四条的规定，其该节请求应当经其他股东半数以上同意。名×公司虽然登记的股东为刘某文和成某，但刘某文与成某的股权均为代持，名×公司实际由阮某峰、贺某波等人出资成立，而根据贺某波提交的《成立公司合作协议书》，各出资人对贺某波的身份是明知的，且《成立公司合作协议书》仅约定2年内不办理显名登记，现2年期限已经届满，名×公司又以贺某波的请求未经其他股东半数以上同意为由提出抗辩，法院不予采纳。

综上，贺某波请求名×公司签发出资证明书、记载于股东名册并办理公司登记机关登记有法律依据，应予支持。

案例27　转让股权后，公司应当将新股东记载于公司股东名册并配合办理股权变更登记

——张某东、陈某坚等股东名册记载纠纷案

【基本案情】

原告：张某东

被告：陈某坚

被告：南通德×生物化工有限公司（以下简称德×公司）

审理法院：江苏省如东县人民法院

案号：（2021）苏0623民初6604号

德×公司系有限责任公司,设立于2003年11月28日,注册资本4666万元,股东为:陈某坚、徐某薇、张某义、宜兴市黎×进出口有限公司、安某哲,认缴出资分别为1435万元、1008万元、368万元、1255万元、600万元。

2017年9月1日,陈某坚名下的郑某生、金某程、翁某丰三人因工作关系退出德×公司隐名股东而邀原告张某东参股,陈某坚与张某东签订协议书一份,约定:(1)陈某坚确认张某东参股的金额为420万元,张某东占股比例待陈某坚在公司章程修改后工商登记成为正式股东按投资金额股权比例再行确定。(2)在双方未成为德×公司登记股东前,张某东协议第一条约定的资金性质为借款,该款于本协议订立之日即行支付。(3)陈某坚承诺在德×公司股权不能变更到张某东名下前,该借款利率按最高人民法院颁布的最高上限利息计息,计算期限自出借之日至实际还款之日的8个月止,若陈某坚在8个月内通过股权转让方式将张某东变更登记为德×公司工商登记实名股东,该420万元则转让为股东出资,张某东放弃计息。但陈某坚应按照其在德×公司投资款的股权比例与张某东出资的420万元比例,计算自420万元到账之日起至股权变更止时间段的股金分红及风险担当。(4)若陈某坚在8个月内,既不能按约定将张某东变更登记为德×公司股东,又不能如期还本付息引发诉讼的,陈某坚应承担张某东的诉讼代理、交通、误工等实际发生的损失。同日,张某东之妻徐某向陈某坚转账420万元。德×公司于同日出具收条称,收到徐某投资德×公司的入股基金420万元。

2018年5月18日,张某东与陈某坚签订协议书一份,载明双方于2017年9月21日订立协议书,约定张某东出资420万元收购郑某生、金某程、翁某丰隐名于陈某坚名下的股权。协议订立之前同年9月18日,郑某生、金某程、翁某丰三人在征询陈某坚放弃收购的基础上出具了承诺书,承诺将隐名的股权原价转让给张某东(承诺书中的受让人徐某为张某东的妻子)。其后张某东通过陈某坚将郑某生、金某程、翁某丰三人的股权转让款共计420万元进行了交割。2018年1月4日,陈某坚登记成为德×公司股东,注册资金为1450万元,占该公司全部股权的31.0759%。现经双方友好协商,就张某东受让郑某生等三人在陈某坚处隐名股权后的相关事宜,订立如下协议:(1)双方确认2017年8月18日,郑某生、金某程、翁某丰三人通过陈某坚转交给张某东的股权转让承诺书及2017年9月21日双方订立的协议书效力依然存在。(2)依照上述承诺书和协议书内容,鉴于陈某坚已于2018年1月4日注册资金1450万元和取得德×公司股东身份,双方商定:张某东收购的郑某生、金某程、翁某丰等420万元隐名股权继续由陈某坚代持。(3)双方一致认可,陈某坚所持德×公司1450万元股权比31.0759%中,其中420万元股权比9.0013%自2017年9月21日起属张某东所有,但张某东同意上述股权依然暂隐名于陈某坚名下,待时机成熟时,甲乙双方再进行公开股权转让。(4)陈某坚代持张某东股权期间、张某东享有与陈某坚一致的股东权利和义务，陈某坚应根据公司年报情况，及时完整向张某东披露公司经营、收益状况，重大事宜应立即沟通并征询张某东的意见，公司的投资收益，陈某坚应立即转交，不得截留挪作他用，未经张某东书面许可，陈某坚不得滥用股东权利将属于张某东股权份额予以转让、质押、对外担保。

2021年10月22日，张某东与陈某坚签订协议书一份，主要内容为：(1)双方一致同意将张某东的股权显名，根据张某东出资确定其股权显名仍占公司全部股权的9.0013%。(2)张某东股权显名方式：由陈某坚在本协议签订后3日内通知德×公司的其他股东，陈某坚将其名下的占公司全部股权的9.0013%以420万元转让给张某东，要求公司的其他股东在接到通知后30日内作出是否同意以及是否行使优先购买权。如若其他股东同意，则至主管部门办理股权变更手续；如若其他股东不同意，则按法律规定，由不同意的股东应当购买该转让的股权；其他股东自接到书面通知之日起满30日未答复的，视为同意转让，不同意转让又不购买的，视为同意转让。如其他股东行使优先购买权的，则由其他股东购买，购买款归属张某东所有。(3)陈某坚应按主管部门的要求配合办理股权变更手续，如因陈某坚原因不配合办理股权变更手续以及通知其他股东，则张某东的投资款420万元由陈某坚无条件地返还，并自投资之日按年息6%计算利息至实际返还之日。

2021年11月2日，陈某坚制作《股权转让优先购买权通知》，内容为：(1)其决定于2021年12月15日前将其持有的占德×公司股权的9.013%的股份转让给张某东，转让价格420万元。(2)请德×公司的其他各位股东在接到本通知后30日内决定是否同意转让以及是否行使优先购买权。如若其他股东同意本次转让，则至主管部办理股权变更手续；如若其他股东不同意，则按法律规定，由不同意转让的股东购买该转让的股权，转让价格420万元；其他股东自接到本书面通知之日起满30日未答复的，视为同意转让，不同意转让又不购买的，视为同意转让。如其他股东行使优先购买权，则由其他股东购买，转让价格仍为420万元。(3)其他股东在接到本通知后30日内同意转让又不行使优先购买权的，则其与张某东至主管部门办理股权转让变更手续，张某东为公司的股东，股权比例9.0013%，出资420万元。同日，陈某坚通过德×公司股东微信向安某哲、张某义以及宜兴市黎×进出口有限公司股东管某华、葛某生等人发送了上述《股权转让优先购买权通知》。2021年11月27日，张某东向宜兴市黎×进出口有限公司邮寄了上述《股权转让优先购买权通知》，安某哲、张某义、宜兴市黎×进出口有限公司等收到该通知30日内均作答复。

由于陈某坚、德×公司未能协助张某东办理工商变更登记，也未将张某东登记记载于公司股东名册，为维护自身合法权益，张某东向江苏省如东县人民法院提起诉讼，请求：(1)请求德×公司将张某东登记记载于公司股东名册。(2)陈某坚、德×公司协助张某东办理受让德×公司股权的工商变更登记。

陈某坚、德×公司共同辩称，其承认张某东的股东身份，但因公司已经被收购，不好变更登记。

法院查明，陈某坚、德×公司提出公司被收购不好变更，但未提供证据佐证，现德×公司的工商登记亦处于正常的存续状态。

【裁判结果】

1. 德×公司于判决发生法律效力之日起10日内将张某东登记记载于公司股东名册。

2. 德×公司、陈某坚于判决发生法律效力之日起10日内协助张某东办理股权变更登记。

【案件解析】

本案的争议焦点为张某东要求德×公司将其记载于公司股东名册有无事实和法律依据，陈某坚与德×公司有无义务协助其办理受让变更登记。

根据《公司法》的规定，股东向股东以外的人转让股权的，应当将股权转让的数量、价格、支付方式和期限等事项书面通知其他股东，其他股东在同等条件下有优先购买权。股东自接到书面通知之日起30日内未答复的，视为放弃优先购买权。两个以上股东行使优先购买权的，协商确定各自的购买比例；协商不成的，按照转让时各自的出资比例行使优先购买权。

本案中，张某东与陈某坚签订协议，约定张某东以420万元收购的郑某生、金某程、翁某丰所持德×公司的股权仍由陈某坚代持，如张某东不能实名，则该款作为借款。后双方于2018年5月18日通过协议确认了股权比例为9.0013%。2021年10月22日，双方签订协议约定以通知的形式征求其他股东是否同意将陈某坚所持的德×公司9.0013%股权以420万元价格转让给张某东以及是否行使优先购买权以便张某东进行显名。陈某坚依约向德×公司的其他股东发出是否同意转让以及是否行使优先购买权的通知，德×公司的其他股东在接收通知后30日内均未答复，德×公司的其他股东在接到书面通知之日起30日内未答复的，视为放弃优先购买权。根据《公司法》(2018年)第七十三条①的规定，依照本法转让股权后，公司应当注销原股东的出资证明书，向新股东签发出资证明书，并相应修改公司章程和股东名册中有关股东及其出资额的记载。对公司章程的该项修改不需再由股东会表决。至于陈某坚、德×公司提出的公司被收购不好变更，其亦未提供证据佐证，现德×公司的工商登记亦处于正常的存续状态，故对张某东要求德×公司将其记载于公司股东名册的诉讼请求，法院应予支持。

---

① 对应《公司法》(2023年)第八十七条。

案例 28　生效判决认定当事人系公司的股东，公司应当根据法院确定的股份比例签发股东出资证明书，并对公司章程、股东名册作出相应的修改

——于某明、徐某英与好×公司股东名册变更纠纷案

【基本案情】

原告：于某明

原告：徐某英

被告：上海好×物资回收利用有限公司（以下简称好×公司）

审理法院：上海市松江区人民法院

案号：(2010)松民二(商)初字第 1820 号

2003 年 10 月 22 日，好×公司注册成立，现经工商登记管理部门登记的注册资本为 800 万元；股东为于某忠、王某林，其认缴的出资额分别为 790 万元、10 万元。2009 年 4 月 6 日，于某忠因病死亡。后经法院判决认定：于某玉（于某忠之父）、范某珍（于某忠之母）共占好×公司 24.6875% 的股份，于某（于某忠之子）占好×公司 12.34375% 的股份，王某银（于某忠之妻）占好×公司 61.71875% 的股份。法院判决生效后，好×公司未办理相应的工商变更登记。

2009 年 11 月，于某玉、范某珍与于某明、徐某英签订《股权转让协议》，约定：于某玉、范某珍将两人所有的股权转让给于某明、徐某英。因好×公司拒绝办理相关的工商变更登记，于某明、徐某英起诉至法院，要求确认其股东身份及所持有的股权比例。经法院审理后，确认于某明占有好×公司 18% 的股份，徐某英占有好×公司 6.6875% 的股份。判决后，双方均未上诉，现该判决已经生效。

判决生效后，两原告一直要求好×公司签发新股东出资证明书，修改公司章程等，但均未果。因此，两原告向上海市松江区人民法院提起诉讼，要求判令好×公司：(1)签发新股东出资证明书；(2)修改公司章程、股东名册；(3)办理相应的工商变更登记手续。

好×公司辩称：不同意两原告的诉讼请求，两原告没有支付相应的股权转让款，两原告与案外人于某玉、范某珍之间的股权转让款的金额背离了好×公司真实的资产金额。

【裁判结果】

1. 好×公司于判决生效之日起 30 日内向于某明签发载明其占有好×公司 18% 的股份的股东出资证明书，向徐某英签发载明其占有好×公司 6.6875% 的股份的股东出资证明书；

2. 好×公司于判决生效之日起30日内根据上述第1项判决内容对公司章程和股东名册中有关股东及其出资额的记载进行相应修改；

3. 好×公司于判决生效之日起30日内至上海市工商行政管理局松江分局办理相应的股权变更登记手续。

【案件解析】

有限责任公司应当将股东的姓名或者名称及其出资额向公司登记机关登记；登记事项发生变更的，应当办理变更登记。股权转让后，公司应当注销原股东的出资证明书，向新股东签发出资证明书，并相应地修改公司章程和股东名册中有关股东及其出资额的记载。

本案中，法院生效判决认定于某明、徐某英系好×公司的股东，其中于某明占有被告18%的股份，徐某英占有被告6.6875%的股份。好×公司应当根据法院确定的股份比例，向于某明、徐某英签发相应的股东出资证明书，并对公司章程、股东名册作出相应的修改，并进行工商变更登记。因此，于某明、徐某英的诉讼请求，于法有据，法院应予支持。

案例29 虽然股东会决议确定股权内部转让，但股权未实际转让，原股东仍具备股东资格，其请求办理股东名册变更不能获得法院支持

——北京刚×吉尔科技发展有限公司与王某强与公司有关的纠纷案

【基本案情】

上诉人（原审被告）：北京刚×吉尔科技发展有限公司（以下简称刚×吉尔公司）

被上诉人（原审原告）：王某强

一审法院：北京市通州区人民法院

案号：（2009）通民初字第921号

二审法院：北京市第二中级人民法院

案号：（2009）二中民终字第10500号

王某强诉称：其系刚×吉尔公司股东、原法定代表人。2008年7月10日，刚×吉尔公司召开董事会，全体股东一致决定，其将自己的股份全部转让，并撤销其法定代表人资格，同时任命了新的法定代表人。但是时至今日，刚×吉尔公司未按公司法及原公司登记管理条例的规定办理股东名册变更及法定代表人的变更手续，故其诉至法院。

刚×吉尔公司辩称：不同意王某强的诉讼请求。

一审法院查明，刚×吉尔公司于2001年11月27日注册成立，公司现任股东包

括李某勇、王某强、王某胜、乔某柱、何某1、柳某闻、何某2、尹某丽、李某、张某峰，王某强为法定代表人。2008年7月10日，刚×吉尔公司召开股东会，全体股东一致同意王某强、王某胜、乔某柱、何某1、柳某闻、何某2、尹某丽、李某、张某峰将所持有的刚×吉尔公司股份转出，归李某勇所有，并由李某勇重新分配；撤销王某强法定代表人资格，由李某勇担任法定代表人。后王某强要求刚×吉尔公司变更股东名册及法定代表人工商登记未果，遂诉至法院，请求：判令刚×吉尔公司依照董事会决议变更股东名册及法定代表人工商登记并承担本案诉讼费用。

另查明，李某勇并未实际收购王某强等刚×吉尔公司其他股东的股份，王某强仍然具备刚×吉尔公司股东资格。

一审判决后，刚×吉尔公司不服一审法院判决，提出上诉称：(1)王某强的主体不合格，王某强的起诉未经《公司法》规定的前置程序；(2)该决议作出应当在30天内即进行变更，早已超过变更的有效期限了；(3)公司现有经营状况不好，不具备继续经营的可能，变更法定代表人无实际意义；(4)李某勇因刑事经济犯罪已经被判处刑罚，按照《公司法》的规定其已经不具备担任公司法定代表人的资格，故一审法院判决刚×吉尔公司将法定代表人的工商登记变更为李某勇已经不具备条件，请求撤销一审法院判决，依法改判驳回王某强的诉讼主张。

王某强服从一审法院判决，要求维持原判。

二审法院查明：李某勇因挪用公款罪于2009年5月15日被北京市延庆县人民法院(2009)延刑初字第48号刑事判决书判处有期徒刑1年，缓刑1年。一审判决后，李某勇未提出上诉，该判决已生效。

【裁判结果】

一审法院判决：

1. 刚×吉尔公司于判决生效之日起10日内到工商登记管理部门办理公司法定代表人变更登记，将刚×吉尔公司法定代表人由王某强变更为李某勇。

2. 驳回王某强其他诉讼请求。

二审法院判决：

1. 撤销北京市通州区人民法院(2009)通民初字第921号民事判决。

2. 驳回王某强的诉讼请求。

【案件解析】

根据《公司法》的规定，公司登记事项发生变更的，应当依法办理变更登记。根据刚×吉尔公司2008年7月10日召开的股东会所通过的股东会决议，刚×吉尔公司的法定代表人由王某强变更为李某勇，刚×吉尔公司理应按照上述股东会决议的内容变更登记事项。因李某勇并未实际收购王某强等刚×吉尔公司其他股东的股份，王某强仍然具备刚×吉尔公司股东资格，其要求刚×吉尔公司变更股东名册的诉讼请求于法无据，法院不应支持。

我国《公司法》(2018年)第一百四十六条第一款第(二)项①的规定，因贪污、贿赂、侵占财产、挪用财产或者破坏社会主义市场经济秩序，被判处刑罚，执行期满未逾5年，或者因犯罪被剥夺政治权利，执行期满未逾5年的，不得担任公司的董事、监事、高级管理人员。李某勇现因挪用公款罪已被判处刑罚，按照《公司法》的规定，李某勇已不具备担任公司法定代表人的资格和条件，故刚×吉尔公司提出的一审法院判决刚×吉尔公司将法定代表人的工商登记变更为李某勇已经不具备条件的上诉主张，于法有据，法院应予支持。

案例30 通过公开拍卖取得股权，当事人可请求公司签发出资证明书、记载于股东名册并办理变更登记手续

——何某珊、辽宁海×融资担保有限责任公司股东名册记载纠纷案

【基本案情】

原告：何某珊

被告：辽宁海×融资担保有限责任公司(以下简称海×公司)

审理法院：辽宁省法库县人民法院

案号：(2021)辽0124民初3174号

海×公司于2013年5月3日成立，股东有：沈阳金×达陶瓷有限公司(以下简称金×达公司)，认缴出资4000万元人民币，占比80%；沈阳华×资产经营有限公司，认缴出资1000万元人民币，占比20%。2018年7月17日，辽宁省法库县人民法院作出(2018)辽0124破申3号、4号民事裁定书，裁定受理金×达公司的破产清算申请并随机指定辽宁同×律师事务所担任金×达公司管理人。2018年12月20日，辽宁省法库县人民法院作出(2018)辽0124破3号、4号民事裁定书，裁定宣告金×达公司破产。金×达公司管理人处置金×达公司资产时通过淘宝网公开拍卖金×达公司持有的海×公司80%股权，2020年12月1日，何某珊通过公开竞价以140,600.00元竞得上述股权，并与金×达公司管理人签订《拍卖成交确认书》，何某珊按照《拍卖成交确认书》约定向金×达公司管理人支付上述股权拍卖价款。

何某珊取得股权后，多次联系海×公司未果，无法在公司登记机关办理股权变更登记，也无法行使股东的任何权利。无奈之下，为维护自身合法权益，特向辽宁省法库县人民法院提起诉讼，请求：(1)判令海×公司依法立即将何某珊的姓名、出资额及

---

① 对应《公司法》(2023年)第一百七十八条第一款第(二)项。

出资比例记载于海×公司股东名册和公司章程上,并签发相应的出资证明书;(2)判令被告依法立即将何某珊的姓名、出资额及出资比例向公司登记机关办理变更登记;(3)本案全部诉讼费用由海×公司负担。

2021年11月16日,辽宁省法库县人民法院调取自法库县市场监督管理局企业机读档案登记资料显示海×公司投资者仍记载为金×达公司占比80%。

海×公司未出庭,未做答辩。

【裁判结果】

1.海×公司于判决生效之日起20日内向何某珊签发出资证明书,将何某珊的姓名、出资额及出资比例记载于股东名册及公司章程上;

2.海×公司于判决生效之日起20日内将何某珊的姓名、出资额及出资比例向公司登记机关办理变更登记手续;

3.驳回何某珊的其他诉讼请求。

【案件解析】

何某珊在海×公司股东金×达公司破产清算期间,经拍卖继受取得金×达公司所持有的海×公司80%股权,何某珊应依法享有海×公司股东资格。根据《公司法》的规定,有限责任公司成立后,应当向股东签发出资证明书;公司登记事项发生变更的,应当依法办理变更登记;依照本法转让股权后,公司应当及时注销原股东的出资证明书,向新股东签发出资证明书,并相应修改公司章程和股东名册中有关股东及其出资额的记载。对公司章程的该项修改不需再由股东会表决。根据《最高人民法院关于适用〈中华人民共和国公司法〉若干问题的规定(三)》第二十三条的规定,当事人依法履行出资义务或者依法继受取得股权后,公司未根据《公司法》的规定签发出资证明书、记载于股东名册并办理公司登记机关登记,当事人请求公司履行上述义务的,人民法院应予支持。可见,何某珊有权要求海×公司向其签发出资证明书、记载公司股东名册、记载公司章程并办理股权变更登记。

综上所述,何某珊要求海×公司将何某珊的姓名、出资额及出资比例记载于公司股东名册和公司章程,并签发相应的出资证明书,向公司登记机关办理变更登记的诉讼请求符合法律规定,法院应予支持。

第五章

股东知情权纠纷

一、实务要点

股东知情权纠纷,是指公司限制或者剥夺股东知晓公司营运情况的相关权利而产生的纠纷。股东知情权是一个权利体系,由查阅公司章程权、查阅股东会会议记录权、查阅公司会计报告权、查阅董事会会议决议权等一系列权利构成。公司主体的所有权与控制权分离,所有权属于股东,控制权属于高管等,如股东无法行使知情权,就不可能对公司进行有效监管。所以,股东只有在获悉公司经营信息的基础上,才有可能行使对公司的监督权和在重大经营决策上维护自己的利益,从而达到维护股东利益的目的。我国《公司法》第五十七条规定:"股东有权查阅、复制公司章程、股东名册、股东会会议记录、董事会会议决议、监事会会议决议和财务会计报告。股东可以要求查阅公司会计账簿、会计凭证。股东要求查阅公司会计账簿、会计凭证的,应当向公司提出书面请求,说明目的。公司有合理根据认为股东查阅会计账簿、会计凭证有不正当目的,可能损害公司合法利益的,可以拒绝提供查阅,并应当自股东提出书面请求之日起十五日内书面答复股东并说明理由。公司拒绝提供查阅的,股东可以向人民法院提起诉讼。股东查阅前款规定的材料,可以委托会计师事务所、律师事务所等中介机构进行。股东及其委托的会计师事务所、律师事务所等中介机构查阅、复制有关材料,应当遵守有关保护国家秘密、商业秘密、个人隐私、个人信息等法律、行政法规的规定。股东要求查阅、复制公司全资子公司相关材料的,适用前四款的规定。"该法第一百一十条规定:"股东有权查阅、复制公司章程、股东名册、股东会会议记录、董事会会议决议、监事会会议决议、财务会计报告,对公司的经营提出建议或者质询。连续一百八十日以上单独或者合计持有公司百分之三以上股份的股东要求查阅公司的会计账簿、会计凭证的,适用本法第五十七条第二款、第三款、第四款的规定。公司章程对持股比例有较低规定的,从其规定。股东要求查阅、复制公司全资子公司相关材料的,适用前两款的规定。上市公司股东查阅、复制相关材料的,应当遵守《中华人民共和国证券法》等法律、行政法规的规定。"

《最高人民法院关于适用〈中华人民共和国公司法〉若干问题的规定(四)》第七条规定:"股东依据公司法第三十三条[①]、第九十七条[②]或者公司章程的规定,起诉请求查阅或者复制公司特定文件材料的,人民法院应当依法予以受理。公司有证据证明前款规定的原告在起诉时不具有公司股东资格的,人民法院应当驳回起诉,但原告有初步证据证明在持股期间其合法权益受到损害,请求依法查阅或者复制其持股期间的公司特定文件材料的除外。"

该解释第八条规定:"有限责任公司有证据证明股东存在下列情形之一的,人民法院应当认定股东有公司法第三十三条第二款规定的'不正当目的':(一)股东自营或者为他人经营与公司主营业务有实质性竞争关系业务的,但公司章程另有规定或者全体股东另有约定的除外;(二)股东为了向他人通报有关信息查阅公司会计账簿,可能损害公司合法利益的;(三)股东在向公司提出查阅请求之日前的三年内,曾通过查阅公司会计账簿,向他人通报有关信息损害公司合法利益的;(四)股东有不正当目的的其他情形。"

该解释第九条规定:"公司章程、股东之间的协议等实质性剥夺股东依据公司法第三十三条、第九十七条规定查阅或者复制公司文件材料的权利,公司以此为由拒绝股东查阅或者复制的,人民法院不予支持。"

该解释第十条规定:"人民法院审理股东请求查阅或者复制公司特定文件材料的案件,对原告诉讼请求予以支持的,应当在判决中明确查阅或者复制公司特定文件材料的时间、地点和特定文件材料的名录。股东依据人民法院生效判决查阅公司文件材料的,在该股东在场的情况下,可以由会计师、律师等依法或者依据执业行为规范负有保密义务的中介机构执业人员辅助进行。"

该解释第十一条规定:"股东行使知情权后泄露公司商业秘密导致公司合法利益受到损害,公司请求该股东赔偿相关损失的,人民法院应当予以支持。根据本规定第十条辅助股东查阅公司文件材料的会计师、律师等泄露公司商业秘密导致公司合法利益受到损害,公司请求其赔偿相关损失的,人民法院应当予以支持。"

司法实践中,股东知情权纠纷主要包括以下四种情形:

1. 与知情权行使主体有关的争议。如瑕疵出资的股东是否享有知情权,隐名股东是否享有知情权,监事是否有权提起股东知情权纠纷诉讼,已转让股权的股东可否查阅转让之前公司的信息,新股东可否查阅其受让前公司的信息,公司破产期间股东可否行使知情权,等等。

2. 与知情权查阅范围有关的争议。例如,股东能否查阅《公司法》第五十七条、第

---

① 对应《公司法》(2023 年)第五十七条。

② 对应《公司法》(2023 年)第一百一十条。

一百一十条明文列举之外的文件,如董事会会议记录、会计凭证、审计报告、银行对账单、业务往来发票,等等。在《公司法》于2023年12月29日修订之前,关于股东可否查询公司的会计凭证,司法实践中有两种观点:一种观点认为,公司股东行使知情权,依法不能查阅会计凭证,因为根据《会计法》的规定,会计账簿应当理解为不包括会计凭证。另一种观点认为,公司法上的股东知情权,应当包括查阅会计凭证。因为,会计凭证是会计账簿形成的基础,如果不让股东行使查阅会计凭证的权利,那么无法真正达到行使知情权的立法目的,这是从法律解释方面入手形成的观点。2023年修订后的《公司法》第五十七条明确规定,股东可以要求查阅公司会计凭证。

3. 与知情权行使方式有关的争议。如股东可否复制查阅文件,股东可否聘请会计师事务所对公司的财务进行审计。

4. 与限制知情权行使相关的问题,包括查阅程序的限制与查阅目的限制。

二、风险防范建议

为避免股东知情权纠纷的产生,股东在行使知情权时,应注意以下几点:

1. 对于有限责任公司的章程、股东会记录、董事会决议、监事会决议及财务会计报告,股东有权查阅并复制,但对于会计账簿、会计凭证,一般认为股东仅有权查阅,并不当然有权复制。

2. 需查阅公司会计账簿、会计凭证的股东,应当向公司提出书面请求及说明目的,这是法定的前置程序。股东只有在公司拒绝其请求后,才可以向法院起诉,如果直接起诉,法院可能会裁定驳回起诉。

3. 公司认定股东查阅具有不正当目的的,可拒绝提供查阅。一般而言,不正当目的指股东存在损害公司合法利益的情形,如股东存在竞业禁止的情形(公司章程、股东约定除外)或股东泄露公司商业秘密、恶意竞争等。

公司在股东行使知情权时,应注意以下几点:

1. 公司章程、股东之间的协议等实质性剥夺股东知情权的条款无效。因此,公司不得以上述条款为由,拒绝股东查阅公司文件。

2. 公司没有合理根据认为股东查阅会计账簿、会计凭证有不正当目的,不能拒绝提供查阅。为证明股东查阅会计账簿、会计凭证具有"不正当目的",可以从以下几点入手:(1)公司可以通过举证证明股东同时经营或者参与了与本公司主营业务、客户群体存在实质上的竞争关系的业务,证明该事实可以通过证明股东同时担任两个公司的股东或者高管,而两公司在经营范围、客户范围、客户群体、主营产品或服务等方面存在实质性竞争;或者证明股东的家庭成员和近亲属或其他与股东共享财产利益的人经营或者参与公司同业竞争业务的事实。(2)证明股东查阅公司账簿是为了向别人通报公司的经营信息，损害公司利益。(3)证明股东近3年存在查阅公司账簿后有向他人提供过公司相关信息的行为。

3. 股东查询会计账簿、会计凭证的起止时间，不限于其加入公司成为股东之后的公司财务会计资料。对于其成为股东之前的公司财会资料，只要符合正当目的，也有权查阅。

4. 股东可以委托具有专业知识的会计师、律师等第三人在签署保密协议的前提下协助、辅助其查阅会计账簿。

5. 认缴出资的股东享有出资期限利益，其有权查阅公司材料。

6. 出资瑕疵股东在股东会作出除名决议之前，仍具有股东资格，不影响其行使股东权利，其有权查阅公司资料。

7. 股权被法院冻结，不影响股东行使知情权。

8. 公司破产期间，股东可以行使知情权。

9. 隐名股东一般不能直接主张行使股东知情权，但公司其他股东均已知道并认可隐名股东的股东资格的，其可以行使知情权。

10.《公司法》没有规定股东行使知情权查阅公司资料可以或应当在何种场所进行，双方可以协商约定选择在公司现场进行查阅。

11. 股东有权要求查阅、复制公司全资子公司相关材料。

三、典型案例解析

案例31　公司没有合理根据认为股东查阅会计账簿有不正当目的，不能拒绝提供查阅

——湖北东×绿源木业有限公司、尉某梅股东知情权纠纷案

【基本案情】

上诉人(原审被告):湖北东×绿源木业有限公司(以下简称东×绿源公司)

被上诉人(原审原告):尉某梅

一审法院:黄冈市英山县人民法院

案号:(2022)鄂1124民初769号

二审法院:湖北省黄冈市中级人民法院

案号:(2022)鄂11民终3603号

东×绿源公司于2007年11月20日成立，注册资本为218万元，法定代表人为邓

某军，工商登记股东为尉某梅、邓某军、程某祥、余某、蔡某容、万某东、舒某七人。尉某梅于2022年3月11日通过短信向东×绿源公司法定代表人邓某军发送申请书以及在东×绿源公司股东均在内的“湖北东×木业家具群”微信群发送申请书的方式，向东×绿源公司提出查阅或复制公司的所有资料（含公司所有的会计账簿、原始凭证、契约、租赁合同、通信、传票、通知等）。但东×绿源公司未在法定期限内回复，也未提供一份财务资料、账簿、凭证。据此，尉某梅认为东×绿源公司的行为损害了其权益，为了维护其合法权益，故向黄冈市英山县人民法院提起诉讼，请求：（1）判令东×绿源公司完整提供公司自2016年邓某军当选董事长起的财务账簿（会计账目）、财务会计报告供尉某梅和尉某梅委托的注册会计师查阅；（2）本案诉讼费用由东×绿源公司承担。

2016年8月2日，东×绿源公司法定代表人由尉某梅变更为邓某军。

东×绿源公司不服一审判决，向黄冈市中级人民法院提起上诉，请求：撤销一审判决，改判驳回尉新梅的诉讼请求。事实和理由：（1）东×绿源公司自2017年起至今停止经营，没有经营就没有经营收入，只有少数支出。为此，公司在相关部门申报歇业，也就没有建立财务账目。（2）东×绿源公司自2017年歇业后，只有少量的支出，这些账目都是公开的，从没有对股东进行任何隐瞒和向相关部门虚报。（3）尉某梅要求查阅公司财务账目，起诉前向公司提出了书面请求，但没有说明要求查阅的理由，最重要的是近两年，尉某梅的所有行为都是损害公司和股东的利益，否则，东×绿源公司会对此作出书面答复并将现有的相关凭证提供给尉某梅，因此，尉某梅的起诉程序违法。（4）东×绿源公司当庭提供公司现有的财务情况，这些情况就是公司近几年来的真实财务状况。

在庭审过程中，东×绿源公司未向法院提供尉某梅损害公司和股东利益的证据。

【裁判结果】

一审法院判决：

1. 东×绿源公司于判决生效之日起15日内向尉某梅提供自邓某军当选董事长起至判决生效之日止的财务会计报告供其查阅；

2. 东×绿源公司于判决生效之日起15日内向尉某梅提供自邓某军当选董事长起至判决生效之日止的公司会计账簿（会计账目）供其查阅；

3. 东×绿源公司应允许尉某梅委托专业会计人员协助查阅会计账簿。

二审法院判决：驳回上诉，维持原判。

【案件解析】

股东知情权是公司股东享有的一项知晓和了解公司经营状况相关信息的重要权利，享有和行使知情权是股东监督公司经营管理的重要手段，也是股东重大决策权、收益权等其他核心权利得以实现的前提和基础。尉某梅作为东×绿源公司的股东，依法享有法律赋予的股东知情权利，其行使股东知情权的范围，应以法定为准。

我国《公司法》(2018 年)第三十三条第一款规定，股东有权查阅、复制公司章程、股东会会议记录、董事会会议决议、监事会会议决议和财务会计报告。故对尉某梅要求查阅东×绿源公司自邓某军当选董事长起的财务会计报告的诉讼请求，法院应予支持。第三十三条第二款规定，股东可以要求查阅公司会计账簿。股东要求查阅公司会计账簿的，应当向公司提出书面请求，说明目的。公司有合理根据认为股东查阅会计账簿有不正当目的，可能损害公司合法利益的，可以拒绝提供查阅，并应当自股东提出书面请求之日起 15 日内书面答复股东并说明理由。公司拒绝提供查阅的，股东可以请求人民法院要求公司提供查阅。

本案中，尉某梅已经通过短信及微信的方式向东×绿源公司提出了书面申请，要求查阅自邓某军当选董事长起的财务账簿(会计账目)，说明查阅的目的，已履行了法律规定的前置程序，但东×绿源公司未能安排尉某梅查阅，损害了尉某梅的知情权。现尉某梅要求查阅东×绿源公司自邓某军担任董事长起的公司财务账簿(会计账目)，于法有据，法院应予支持。

尉某梅在诉请中主张由会计师辅助其查阅，根据《最高人民法院关于适用〈中华人民共和国公司法〉若干问题的规定(四)》第十条第二款的规定："股东依据人民法院生效判决查阅公司文件材料的，在该股东在场的情况下，可以由会计师、律师等依法或者依据执业行为规范负有保密义务的中介机构执业人员辅助进行。"因此，在尉某梅在场的情况下，可以由会计师辅助进行，但不得单独由上述人员查阅，尉某梅的该项诉讼请求亦应予支持。

东×绿源公司既未在法定期限内向尉某梅回复拒绝查询的理由，亦未提供尉某梅损害公司和股东利益的证据，故东×绿源公司不予查询的理由不能成立。东×绿源公司的其他上诉理由均非阻却股东尉某梅查阅公司章程、股东会会议记录、董事会会议决议、监事会会议决议和财务会计报告的法定事由，法院不应支持。

案例 32 公司有合理根据认为股东查阅会计账簿有不正当目的，可以拒绝提供查阅

——北京京×东方光电技术有限公司与沈某军股东知情权纠纷案

【基本案情】

上诉人(原审被告)：北京京×东方光电技术有限公司(以下简称京×东方公司)

被上诉人(原审原告)：沈某军

一审法院：北京市大兴区人民法院

案号：(2021)京 0115 民初 25565 号

二审法院：北京市第二中级人民法院

案号：(2022)京02民终8865号

京×东方公司成立于2003年12月11日，公司注册资本为50万元。京×东方公司现法定代表人为赵某元，经营范围为科技产品的技术开发，销售文化办公用品、电子计算机、仪器仪表、组装加工数字智能仪表。

2016年9月21日，沈某军通过受让京×东方公司股东（赵某元、郭某桓、徐某光）的股权成为京×东方公司的股东，持股比例为40%；2019年10月20日，京×东方公司的法定代表人由沈某军变更登记为赵某元。京×东方公司章程记载，公司设执行董事一人，设监事一人。

沈某军提交落款日期为2020年1月16日、2020年12月14日的《查阅公司经营状况及财务状况请求函》两份及照片打印件两页，证明其于2020年1月17日、2020年12月14日在邮政局给京×东方公司的法定代表人赵某元邮寄了上述请求函。上述两份请求函内容一致，记载的查阅理由是全面了解公司运营及财务状况，维护股东知情权，查阅范围是2016年1月至2019年12月公司每年的会议记录、财务报告及会计账簿。京×东方公司不认可该证据的真实性和证明目的，称未收到该两份请求函。

沈某军提交落款日期为2022年5月6日的《查阅公司经营状况及财务状况请求函》及顺丰速运凭证、短信截图，证明其于2022年5月6日通过顺丰快递向京×东方公司的住所地发送了上述请求函。上述请求函记载的查阅理由是全面了解公司运营及财务状况，维护股东知情权，查阅范围是2016年1月至2022年4月公司每年的会议记录、财务报告及会计账簿。京×东方公司拒收了该《查阅公司经营状况及财务状况请求函》。

本案审理中，京×东方公司称，公司拒收沈某军上述请求函的理由是，沈某军应在诉讼前提起申请。

北京金×葵电器有限公司（以下简称金×葵公司）成立于2015年5月13日，注册资本为100万元，法定代表人是沈某军，经营范围为：销售电气设备、机械设备、通讯设备、电子产品；技术开发、技术转让、技术咨询、技术服务；货物进出口、代理进出口。沈某军担任金×葵公司的执行董事及经理，持有金×葵公司90%股权。

京×东方公司提交的金×葵公司网站截图上，在产品系列处有逆变电源、数字显示表、电源控制器等产品，并且在成功案例处有“军用逆变电源被用于泰×军工集团”的文章。京×东方公司主张该证据可以证明金×葵公司在其网站上展示的设备产品与京×东方公司所销售的设备产品相同，即均为“逆变电源”“数字显示表”。沈某军认可该网站及照片的真实性，但不认可证明目的，称该网页是沈某军在进入京×东方公司之前设计的，2016年至2019年，沈某军在京×东方公司处经营，其间，金×葵公司没有经营，金×葵公司仅是在网站上宣传“逆变电源”“数字显示表”，但没有进行销售，金×葵公司与京×东方公司不存在利益冲突。

京×东方公司提交了与江西泰×军工集团有限公司签订的采购合同、江西泰×军工集团有限公司作为购买方的增值税专用发票以及其他公司作为购买方的发票，以证明金×葵公司与京×东方公司存在竞争关系。沈某军对该证据的真实性和证明目的均不认可，沈某军认可京×东方公司销售的产品确实有逆变电源及数字显示表，但认为逆变电源及数字显示表均是通用产品。

京×东方公司提交了ICP备案查询网截图，以证明金×葵公司网站备案时间是2018年7月23日，截图显示，金×葵公司网站审核通过时间是2018年7月23日。沈某军称，金×葵公司网站建立时间是2015年，因阿里云平台要求在其平台注册的网站在2018年7月都要更新，所以显示审核通过时间是2018年7月。

自2019年沈某军离开公司，沈某军多次向京×东方公司申请查阅公司财务会计报告，了解公司经营情况，均被京×东方公司工作人员反复推诿与不予理会。为维护自身合法权益，沈某军向北京市大兴区人民法院提起诉讼，请求：(1)判令京×东方公司完整提供公司2003年12月11日至2022年3月2日的公司财务会计报告、股东会会议记录、董事会会议决议、监事会会议决议供沈某军查阅、复制；(2)判令京×东方公司提供2003年12月11日成立至2022年3月2日的会计账簿以供沈某军查阅、复制；(3)诉讼费由京×东方公司承担。

京×东方公司辩称，不同意沈某军的全部诉讼请求。(1)2003年12月11日至2016年11月22日，沈某军不是京×东方公司的股东，其间公司的盈利和亏损与沈某军无关，并且沈某军入股该公司时已经对京×东方公司的财务状况进行了详细了解，因此沈某军无权要求查阅、复制该期间的公司财务资料。2016年11月23日至2019年10月23日，沈某军是公司执行董事、经理及法定代表人，对公司财务了如指掌，故没有查阅、复制该期间的财务资料的必要。(2)沈某军未向京×东方公司书面申请查阅会计账簿而直接向法院提起本次诉讼，未经《公司法》(2018年)第三十三条第二款规定的前置程序，沈某军无权直接起诉要求京×东方公司向其提供会计账簿查阅。(3)京×东方公司未设董事会与监事会，沈某军请求查阅、复制的董事会会议决议以及监事会会议决议不存在。(4)沈某军自营与京×东方公司主营业务有实质性竞争关系业务，京×东方公司认为沈某军查阅会计账簿有不正当目的，会损害公司合法利益，京×东方公司可以拒绝提供查阅和复制。金×葵公司成立于2015年5月13日，法定代表人为沈某军，且沈某军持股比例为90%，沈某军是该公司的实际控制人以及最终受益人。该公司的经营范围为：销售电气设备、机械设备、通讯设备、电子产品；技术开发、技术转让、技术咨询、技术服务；货物进出口、代理进出口。目前金×葵公司尚在存续期间，处于正常经营状态。而京×东方公司的经营范围为：科技产品的技术开发；销售文化办公用品、电子计算机、仪器仪表；组装加工数字智能仪表。从两家公司的经营范围对比可知，金×葵公司与京×东方公司的经营范围存在高度重合。金×葵公司成立时的注册地址为北京经济技术开发区永昌北路3号1号楼N30室，其在2020年时才将注册地址变更为北京市大兴区金星路24号2幢2层213，由此可知，金×葵公司和京×东方公司属于同一个区，并且相距不远。从金×葵公司的官方网站可以看到，金×葵公司目前的大部分产品与京×东方公司生产销售的产品相同，如“逆变器”“逆变电源”“数字显示表”“电源控制器”“直流取力发电控制器”。京×东方公司在2003年就已经成立，而金×葵公司于2015年5月13日成立。京×东方公司于2014年就出售“逆变电源”“数字显示表”，而且金×葵公司的官网上的成功案例中提到的“江西泰豪军工集团有限公司”早于2014年就是京×东方公司的客户，并且截至目前，双方还在合作。京×东方公司的经营范围中有“仪器仪表；组装加工数字智能仪表”，可以出售上述产品设备。自沈某军进入京×东方公司后，沈某军将京×东方公司产品拿到金×葵公司销售，由此可以证明，沈某军自营与京×东方公司主营业务有实质性竞争关系业务。综上，京×东方公司认为，沈某军自营与京×东方公司主营业务有实质性竞争关系业务，可能损害公司合法利益，因此，不同意沈某军查阅和复制公司的财务资料。

【裁判结果】

一审法院判决：

1. 京×东方公司于判决生效之日起10日内置备该公司自2003年12月11日至2022年3月2日的股东会会议记录和财务会计报告（含会计报表、会计报表附注和财务情况说明书）于京×东方公司的注册地址供沈某军查阅、复制，查阅的时间为自查阅之日起不超过7个工作日；

2. 驳回沈某军的其他诉讼请求。

二审法院判决：驳回上诉，维持原判。

【案件解析】

本案主要争议焦点为沈某军是否有权行使股东知情权、京×东方公司关于沈某军查阅会计账簿有可能损害公司合法利益的抗辩意见能否成立。

关于沈某军是否有权行使股东知情权。根据《公司法》(2018年)第三十三条的规定，股东有权查阅、复制公司章程、股东会会议记录、董事会会议决议、监事会会议决议和财务会计报告。股东可以要求查阅公司账簿。本案中，沈某军是京×东方公司的股东，享有股东知情权。故沈某军关于查阅、复制股东会会议记录、财务会计报告的诉讼请求，符合法律规定。京×东方公司关于沈某军无权查阅、复制其担任公司股东之前的财务资料的抗辩意见以及其担任公司法定代表人、执行董事、经理期间对公司财务了如指掌故没有查阅复制该期间财务资料的必要的抗辩意见，均于法无据，法院不应支持。因京×东方公司未设立董事会及监事会,故对沈某军关于查阅、复制董事会会议决议及监事会会议决议的诉讼请求,法院不应支持。

关于京×东方公司对沈某军查阅公司会计账簿可能损害公司合法利益的抗辩意见。《公司法》(2018 年)第三十三条第二款规定:"股东可以要求查阅公司会计账簿。股东要求查阅公司会计账簿的,应当向公司提出书面请求,说明目的。公司有合理根据认为股东查阅会计账簿有不正当目的,可能损害公司合法利益的,可以拒绝提供查阅,并应当自股东提出书面请求之日起十五日内书面答复股东并说明理由。公司拒绝提供查阅的,股东可以请求人民法院要求公司提供查阅。"《最高人民法院关于适用〈中华人民共和国公司法〉若干问题的规定(四)》第八条规定:"有限责任公司有证据证明股东存在下列情形之一的,人民法院应当认定股东有公司法第三十三条第二款规定的'不正当目的':(一)股东自营或者为他人经营与公司主营业务有实质性竞争关系业务的,但公司章程另有规定或者全体股东另有约定的除外……"本案中,沈某军持有金×葵公司 90% 的股权,且金×葵公司销售的产品与京×东方公司销售的产品有同类型的产品,故金×葵公司与京×东方公司在业务方面存在实质性竞争关系,符合上述条款规定的情形。因此,对沈某军关于查阅公司会计账簿的诉讼请求,法院不应支持。

案例 33　股东对于会计账簿仅有查阅权,没有复制权

——南通邦×投资有限公司、杭州智×能源科技有限公司股东知情权纠纷案

【基本案情】

原告:南通邦×投资有限公司(以下简称邦×公司)

被告:杭州智×能源科技有限公司(以下简称智×公司)

审理法院:杭州市滨江区人民法院

案号:(2022)浙 0108 民初 4058 号

智×公司成立于 2009 年 2 月 11 日,注册资本为 625 万元,股东为李某、邦×公司、浙江舟×投资有限公司、尹某,监事为尹某。其中邦×公司于 2012 年 9 月 18 日实缴出资 125 万元,于 2012 年 9 月 24 日登记为股东。

2022 年 4 月 18 日,智×公司签收邦×公司寄送的律师函,律师函载明邦×公司为了解智×公司经营情况要求履行股东查账权、按时召开股东会定期会议以及将 2021 年度财务会计报告送交邦×公司等。智×公司于 2022 年 4 月 29 日回复邦×公司,同意邦×公司根据《公司法》行使权利,股东会决议待浙江舟×投资有限公司具备

参与条件后召开,并附上2021年12月利润表与资产负债表。后智×公司与邦×公司邮件沟通股东可查阅复制材料范围,未能达成一致,智×公司主张邦×公司有两名股东均从事风电行业,邦×公司要求提供的材料涉及营业机密和竞业竞争,且邦×公司未能于约定时间到达智×公司行使股东知情权,态度傲慢,故拒绝提供相应材料。为此,邦×公司向杭州市滨江区人民法院提起诉讼,请求:(1)智×公司向邦×公司提供自成立之日起至判决生效之日止的公司章程、财务会计报告、股东会决议及会议记录,监事会或监事决议及会议记录,供原告查阅、复制;(2)智×公司提供公司成立之日起至判决生效之日的会计账簿(含记账凭证、相关原始凭证以及作为原始凭证附件入账的有关资料),供邦×公司查阅、复制;(3)本案诉讼费由智×公司承担。

智×公司答辩如下:(1)智×公司同意按照《公司法》提供公司有关资料供邦×公司查阅。邦×公司作为智×公司股东,依法享有股东知情权,智×公司对此知晓而且自从邦×公司提出要求行使股东知情权后,智×公司一直表示欢迎也告知了邦×公司同意提供资料供邦×公司查阅。早在2021年7月2日,智×公司收到了邦×公司关于履行股东知情权的申请函,智×公司工作人员邱某文于2021年7月16日邮件回复邦×公司指定的联系人也就是邦×公司股东周某的儿子周某伟,同意向邦×公司提供查阅。之后邦×公司很长一段时间没有联系智×公司关于查阅资料的事情。直到2022年4月19日,智×公司收到邦×公司代理人江苏融×律师事务所的陈女士(经了解,非律师)寄发的律师函,2022年4月29日,智×公司工作人员分别通过邮件和彩信回复给周某伟和陈女士,同意邦×公司根据《公司法》行使权利,并以邮件附件形式提供了智×公司2021年12月财务报表。到了2022年7月,智×公司得知邦×公司起诉要求查阅公司资料之事后,智×公司工作人员将配合邦×公司查阅资料的时间、地点等有关安排及时通过邮件告知周某伟和陈女士,邦×公司依然如以往一样对智×公司的安排置若罔闻,只是一味地向智×公司主张行使股东知情权又不理会智×公司尊重其股东权利所给予的积极回应。(2)邦×公司诉请查阅、复制的资料超出了《公司法》规定的股东知情权行使范围,且存在不正当目的。根据《公司法》(2018年)的第三十三条规定,股东可以查阅的公司资料分为两类,第一类是查阅不加限制的档案材料,包括公司章程、股东会会议记录、董事会会议决议、监事会会议决议和财务会计报告;第二类是股东需要说明正当理由才可以查阅的文件材料,主要是指会计账簿这类涉及公司商业秘密的资料。本案中,邦×公司诉请查阅、复制的自成立之日起至判决生效之日止的公司章程、财务会计报告、股东会决议及会议记录、监事会或监事决议及会议记录属于《公司法》(2018年)第三十三条规定的第一类资料,智×公司同意提供。关于邦×公司诉请查阅、复制的公司成立之日起至判决生效之日的会计账簿(含记账凭证、相关原始凭证以及作为原始凭证入账的有关资料),虽然会计账簿属于《公司法》(2018年)第三十三条规定的第二类资料,但是,根据《会计法》第十五条的规定，会计账簿包括总账、明细账、日记账和其他辅助性账簿，并非包含记账凭证、相关原始凭证以及作为原始凭证入账的有关资料。根据《会计法》第十四条的规定，记账凭证、相关原始凭证以及作为原始凭证入账的有关资料应属于会计凭证。会计凭证是会计账簿的记录依据和登记依据，但是，会计账簿并不包含会计凭证，《公司法》（2018 年）第三十三条并未规定股东可以要求查阅会计凭证，所以，关于邦×公司查阅、复制记账凭证、相关原始凭证以及作为原始凭证入账的有关资料之诉请，智×公司依法应予以拒绝。况且，根据《公司法》（2018 年）第三十三条的规定，邦×公司虽可要求查阅会计账簿，但不能进行复制，加之智×公司有合理根据认为邦×公司查阅会计账簿有不正当目的，可能损害智×公司合法利益，智×公司依法可以拒绝提供查阅。相关根据如下：邦×公司股东任某国、马某某、周某三人此前共同投资经营虹×风电设备大丰有限公司，这家公司属于风电行业，而且，目前任某国和马某某二人投资并控股经营智×公司的子公司江苏新×海装科技有限公司，并通过江苏新×海装科技有限公司间接投资另一家智×公司子公司江苏欧×能源科技有限公司，智×公司的这两家子公司与智×公司均属于风电行业，即便江苏新×海装科技有限公司和江苏欧×能源科技有限公司是智×公司子公司，三家公司之间也存在激烈的商业竞争，且江苏新×海装科技有限公司与智×公司有相同客户（哈电风能有限公司）及相同业务内容（风力发电机组消防），对智×公司明显构成商业竞争威胁。可见，邦×公司的股东实际从事与智×公司有商业竞争关系的风电行业，若邦×公司查阅智×公司会计账簿，可能会让智×公司商业秘密遭受泄密和陷入不正当竞争风险。综上所述，关于邦×公司行使股东知情权的主张，智×公司一直表示欢迎且一再告知邦×公司同意按照公司法规定提供相关资料，邦×公司可到智×公司所在地查阅、复制公司章程、财务会计报告、股东会决议及会议记录、监事会或监事决议及会议记录。但因公司会计账簿涉及智×公司商业秘密且恐邦×公司有不正当目的，智×公司拒绝提供符合法律规定，故邦×公司查阅、复制会计账簿之诉请应予以驳回。另因邦×公司查阅、复制记账凭证、相关原始凭证以及作为原始凭证入账的有关资料之诉请于法无据，亦应予以驳回。

法院另查明：（1）邦×公司经营范围为实业投资，股东为任某国、周某、马某某，对外投资企业仅有智×公司。任某国、马某某、智×公司均为江苏新×海装科技有限公司股东。江苏新×海装科技有限公司于 2015 年 4 月 24 日，智×公司于 2016 年 8 月均为案外人湘×风能有限公司提供自动灭火系统。（2）智×公司主张邦×公司与其存在竞业竞争，邦×公司查阅会计账簿有不正当目的，但其提供证据不足以证明邦×公司自营或者为他人经营与智×公司主营业务有实质性竞争关系业务。

【裁判结果】

1. 智×公司于判决生效之日起 10 日内配置自 2012 年 9 月 24 日至 2022 年 12 月

2 日的公司章程、财务会计报告、股东会会议记录，监事会或监事决议，供邦×公司查阅、复制；

2. 智×公司于判决生效之日起 10 日内配置自 2012 年 9 月 24 日至 2022 年 12 月 2 日的公司会计账簿供邦×公司查阅；

3. 上述第 1、2 项由邦×公司在智×公司正常营业时间内行使权利，地点为公司办公区域内，时间不得超过 10 个工作日；

4. 驳回邦×公司的其他诉讼请求。

【案件解析】

我国《公司法》(2018 年)第三十三条第一款规定，股东有权查阅、复制公司章程、股东会会议记录、董事会会议决议、监事会会议决议和财务会计报告。本案中，邦×公司系智×公司的合法股东，依法享有知情权。邦×公司要求查阅、复制公司章程、财务会计报告、股东会会议记录，监事会或监事决议，法院应予支持。邦×公司要求查阅、复制股东会决议及监事会或监事记录不符合上述法律规定，法院不应支持。

我国《公司法》(2018 年)第三十三条第二款规定："股东可以要求查阅公司会计账簿。股东要求查阅公司会计账簿的，应当向公司提出书面请求，说明目的。公司有合理根据认为股东查阅会计账簿有不正当目的，可能损害公司合法利益的，可以拒绝提供查阅，并应当自股东提出书面请求之日起十五日内书面答复股东并说明理由。公司拒绝提供查阅的，股东可以请求人民法院要求公司提供查阅。"由此可见，查阅会计账簿，涉及公司商业秘密，在查阅时需要有正当理由。本案中，邦×公司书面表明此次查阅的目的是了解智×公司经营情况，其理由并非不当。智×公司主张邦×公司与其存在竞业竞争，邦×公司查阅会计账簿有不正当目的，但其提供证据不足以证明邦×公司自营或者为他人经营与智×公司主营业务有实质性竞争关系业务，故对该主张不能得到法院支持。因此，对邦×公司要求查阅会计账簿的诉请，法院应予支持。但根据上述法律规定，邦×公司对于会计账簿仅有查阅权，没有复制权，邦×公司要求复制会计账簿的诉求不应支持。

案例 34 法定代表人以自己非公司实际控制人为由表示不能配合股东行使知情权，不能获得法院支持

——西安艾×悠文化传媒有限公司、呼某股东知情权纠纷案

【基本案情】

原告：呼某

被告：西安艾×悠文化传媒有限公司(以下简称艾×悠公司)

审理法院：西安市莲湖区人民法院

案号:(2022)陕0104民初2363号

呼某在艾×悠公司关联公司西安鼓×打击乐文化传播有限公司(以下简称鼓×公司)培训学习时,萌生加盟想法,经与负责人沟通后,形成出资合作意向。2021年7月10日,呼某(乙方)与鼓×公司(甲方)签订股东合作协议书一份,约定:双方以各自认缴的出资额为限对艾×悠公司的债权债务承担责任,按出资比例分享利润。协议载明,艾×悠公司注册资金为20万元,总投资100万元,其中甲方以现金支付或运营管理方式出资75万元、乙方以现金形式出资25万元。第四条约定,乙方不直接参与公司的正常经营管理……公司支出、收入等财务状况每季由甲方负责人组织召开股东大会……协议还约定了其他权利、义务。协议签订当天,呼某向艾×悠公司财务房某账户转账支付20万元、次日又向该账户转账支付5万元。

2021年7月19日,艾×悠公司作出股东会决议,决议公司新的出资结构为:鼓×公司认缴75万元,出资方式为货币。出资时间为2051年3月16日。呼某认缴25万元,出资方式为货币。出资时间为2051年3月16日。同月23日,登记管理部门将艾×悠公司原为鼓×公司占比100%法人独资股东变更登记为呼某出资额占比25%、鼓×公司出资额占比75%。

因呼某未直接参与艾×悠公司日常经营管理,且公司从未向股东公开公司账簿,故呼某为了解艾×悠公司经营状况,于2022年1月26日向艾×悠公司发函要求查阅公司章程、股东会会议记录、财务会计报告和会计账簿,但至今艾×悠公司未提供上述材料供原告查阅,故诉至西安市莲湖区人民法院,请求:(1)依法判令艾×悠公司提供公司成立至今的公司章程、股东会会议记录和财务会计报告(包括资产负债表、利润表、现金流量表、所有者权益股东权益变动表、会计报表附注和财务情况说明)供原告查阅、复制;(2)判令艾×悠公司提供公司成立至今的会计账簿(包括总账、明细账、日记账、其他辅助性记账、记账凭证、相关原始凭证及作为原始凭证附件入账备查的相关资料)供原告查阅;(3)诉讼费由艾×悠公司承担。

艾×悠公司法定代表人朱某豪辩称,呼某所述属实,同意呼某诉讼请求,但因其并非公司实际控制人,无法左右公司工作人员向呼某提供所述资料,况且自身亦与公司存在纠纷,故爱莫能助。

法院另查明:(1)艾×悠公司成立于2019年11月11日,注册资本20万元。2021年7月23日,艾×悠公司变更股东登记后,注册资本由20万元变更为100万元。(2)现有证据无法证明呼某申请查阅被告会计账簿有不正当目的,可能损害艾×悠公司合法利益。

【裁判结果】

1. 艾×悠公司于判决生效之日起7日内,为呼某查阅、复制艾×悠公司自2019

年11月11日起至判决生效之日的公司章程、股东会会议记录、财务会计报告提供必要条件，原告呼某查阅、复制时，在呼某在场的情况下，可以由会计师、律师辅助进行，以上查阅、复制在艾×悠公司的住所地、正常营业时间内进行，查阅、复制的时间不超过10个工作日；

2. 艾×悠公司于判决生效之日起7日内，为呼某查阅艾×悠公司自2019年11月11日起至判决生效之日的会计账簿提供必要条件，呼某查阅时，在呼某在场的情况下，可以由会计师、律师辅助进行，以上查阅在艾×悠公司的住所地、正常营业时间内进行，查阅时间不超过10个工作日；

3. 驳回原告呼某其余的诉讼请求。

【案件解析】

呼某通过出资形式，经工商行政管理机构登记为艾×悠公司股东，虽其不参与公司日常经营，但出资协议上明确有此约定，且是否参与日常经营并非股东身份的确定要件，故呼某系艾×悠公司合法股东，依法享有股东权利。我国《公司法》(2018年)第三十三条第一款规定“股东有权查阅、复制公司章程、股东会会议记录、董事会会议决议、监事会会议决议和财务会计报告”，即呼某有权了解公司的经营、财务状况，对于呼某要求查阅、复制艾×悠公司的公司章程、股东会会议记录、财务会计报告的诉讼请求，法院应予支持。

我国《公司法》(2018年)第三十三条第二款规定，“股东可以要求查阅公司会计账簿。股东要求查阅公司会计账簿的，应当向公司提出书面请求，说明目的。公司有合理根据认为股东查阅会计账簿有不正当目的，可能损害公司合法利益的，可以拒绝提供查阅，并应当自股东提出书面请求之日起十五日内书面答复股东并说明理由。公司拒绝提供查阅的，股东可以请求人民法院要求公司提供查阅”。呼某履行了书面申请查阅会计账簿的前置程序，且现有证据无法证明呼某申请查阅艾×悠公司会计账簿有不正当目的，可能损害公司合法利益，故对呼某要求查阅2019年11月11日艾×悠公司成立时起的会计账簿之诉请，法院应予支持。关于呼某要求查阅艾×悠公司记账凭证、原始凭证及作为原始凭证附件入账备查的相关资料之请求，因该项请求内容不属于股东知情权的范围，故对于呼某该项诉请，法院不应支持。

根据《最高人民法院关于适用〈中华人民共和国公司法〉若干问题的规定(四)》第十条第二款的规定，关于呼某查阅的时间和地点，公司法赋予股东知情权的目的和价值在于保障股东权利的充分行使，但这一权利的行使也应在权利平衡的机制下进行，即对于经营效率、经营秩序等公司权益未形成不利影响。因此，呼某查阅相关资料应当在艾×悠公司正常的业务时间内进行且不超过10个工作日，查阅地点应在被告住所地。

综上，艾×悠公司法定代表人朱某豪以自己非公司实际控制人为由不能配合股东行使知情权,不能获得法院支持。

案例35　股东的工商登记的经营范围不能等同于实际经营业务,不能以此主张股东具有不正当目的而拒绝股东查阅公司会计账簿

——北京市周×店资产经营公司与北京龙×兴达投资发展有限公司股东知情权纠纷案

【基本案情】

上诉人(原审原告):北京市周×店资产经营公司(以下简称周×店公司)

被上诉人(原审被告):北京龙×兴达投资发展有限公司(以下简称龙×兴达公司)

一审法院:北京市房山区人民法院

案号:(2022)京0111民初4272号

二审法院:北京市第二中级人民法院

案号:(2022)京02民终11294号

龙×兴达公司成立于2007年3月7日。原股东为周×店公司、永×达公司、乾×公司。其中,周×店公司出资数额为1900万元,永×达公司出资数额为50万元,乾×公司出资数额为50万元。龙×兴达公司2010年8月27日的章程显示,公司股东为周×店公司、天×卓新公司。其中,周×店公司出资数额为1950万元,天×卓新公司出资数额为50万元。该章程规定,股东会会议由股东按照以下方式行使表决权:天×卓新公司占70%的表决权,周×店公司占30%的表决权;全体股东同意按照以下方式分取红利:周×店公司每年获得固定红利20万元,剩余利润由天×卓新公司获得。现龙×兴达公司章程对有关股东查阅公司材料未做规定。

2022年4月22日,周×店公司通过邮政快递向龙×兴达公司发送了《要求查阅公司账簿申请书》。该申请书中载明:申请人周×店公司作为公司股东,公司一直未对申请人披露经营状况,最近几年亦未向申请人提供股东会会议记录、董事会会议决议、监事会会议决议,申请人作为股东的知情权未能得到保障。申请人为了解公司实际情况,维护自己的合法权益,现依据《公司法》(2018年)第三十三条之规定,要求查阅公司自2010年8月27日以来的会计账簿、会计凭证(含记账凭证、相关作为原始凭证附件入账备查的有关资料及原始凭证),以及股东会会议记录、董事会会议决议、监事会会议决议。

周×店公司多次请求龙×兴达公司负责人提供公司运营信息和通报公司运营状况,但龙×兴达公司拒不提供,致使周×店公司的股东权益得不到保证。因此,周×

店公司向北京市房山区人民法院提起诉讼，请求：(1)判令龙×兴达公司向周×店公司提供自2010年8月27日以来的股东会会议记录、董事会会议记录、监事会会议决议和公司会计账簿(含总账、明细账、日记账、其他辅助性账簿)和会计凭证(含记账凭证、相关作为原始凭证附件入账备查的有关资料及原始凭证)以供周×店公司查阅、复印；(2)本案的诉讼费用由龙×兴达公司承担。

龙×兴达公司辩称：根据《公司法》(2018年)第三十三条的规定，股东可以要求查阅公司会计账簿，但没有规定可以复印会计账簿，故周×店公司要求复印公司会计账簿没有法律依据。同时法律还规定，如果公司有合理根据认为股东查阅账簿有不正当目的，可能损害公司合法利益的，公司可以拒绝查阅。因周×店公司自营公司(北京周×店投资有限公司，以下简称周×店投资公司)与龙×兴达公司主营业务范围高度重合，具有竞争关系和实际的、严重的利益冲突，且周×店公司知情权习惯上由周口店镇政府代位行使，龙×兴达公司也已全面保障了周×店公司的知情权，周×店公司的股东权利并未受到侵害，现龙×兴达公司仅同意周×店公司查阅、复印公司章程、股东会会议记录、董事会会议决议、监事会会议决议和财务会计报告。

法院查明，周×店投资公司成立于2014年10月10日，类型为有限责任公司(法人独资)，股东为周×店公司，经营范围包括：投资、投资管理、房地产开发、专业承包、销售商品房、组织文化艺术交流活动(演出除外)、承办展览展示、企业形象策划、市场调查、经济信息咨询、会议服务、企业征信服务、经济贸易咨询(中介除外)、数据处理(不含银行卡中心及PUE值在1.5以上的云计算数据中心)、计算机系统服务、基础软件服务、应用软件服务。[(1)未经有关部门批准，不得以公开方式募集资金；(2)不得公开开展证券类产品和金融衍生品交易活动；(3)不得发放贷款；(4)不得对所投资企业以外的其他企业提供担保；(5)不得向投资者承诺投资本金不受损失或者承诺最低收益；企业依法自主选择经营项目，开展经营活动；依法须经批准的项目，经相关部门批准后依批准的内容开展经营活动；不得从事本市产业政策禁止和限制类项目的经营活动。]龙×兴达公司经营范围包括：投资管理、房地产开发、专业承包。[(1)未经有关部门批准，不得以公开方式募集资金；(2)不得公开开展证券类产品和金融衍生品交易活动；(3)不得发放贷款；(4)不得对所投资企业以外的其他企业提供担保；(5)不得向投资者承诺投资本金不受损失或者承诺最低收益；企业依法自主选择经营项目，开展经营活动；依法须经批准的项目，经相关部门批准后依批准的内容开展经营活动；不得从事本市产业政策禁止和限制类项目的经营活动。]

在二审中，龙×兴达公司表示其系依据《最高人民法院关于适用〈中华人民共和国公司法〉若干问题的规定(四)》第八条第(一)项、第(二)项主张周×店公司具有不正当目的。

在庭审中，龙×兴达公司提出以下观点：(1)龙×兴达公司与周×店投资公司在相近土地区域内曾经均从事过房地产开发业务，但龙×兴达公司未提供证据证明在周×店公司要求行使股东知情权的现在时点，龙×兴达公司与周×店投资公司之间就某特定区域的房地产开发业务存在竞争关系。(2)龙×兴达公司曾就小区物业管理或工程施工与周×店投资公司存在纠纷。(3)龙×兴达公司与周×店公司围绕公司股权问题存在纠纷诉讼。(4)龙×兴达公司怀疑周×店公司取得会计账簿后会提交给周口店镇政府，导致自己被周口店镇政府起诉，进而损害其合法权益。

法院查明，龙×兴达公司提供的证据不能证明其主营业务与周×店投资公司具有实质性竞争关系。龙×兴达公司未就周×店公司查阅会计账簿会损害其合法权益提供证据证明。

【裁判结果】

一审法院判决：

1. 龙×兴达公司于判决生效之日起10日内在公司住所地提供自2010年8月27日以来的股东会会议记录、监事会会议决议供周×店公司查阅并复制；

2. 驳回周×店公司其他诉讼请求。

二审法院判决：

1. 维持北京市房山区人民法院(2022)京0111民初4272号民事判决第1项；

2. 撤销北京市房山区人民法院(2022)京0111民初4272号民事判决第2项；

3. 龙×兴达公司于本判决生效之日起10日内在公司住所地提供自2010年8月27日以来的会计账簿(包括总账、明细账、日记账和其他辅助性账簿)供周×店公司查阅；

4. 驳回周×店公司的其他诉讼请求。

【案件解析】

我国《公司法》(2018年)第三十三条第一款规定，股东有权查阅、复制公司章程、股东会会议记录、董事会会议决议、监事会会议决议和财务会计报告。因此，对周×店公司要求查阅并复制龙×兴达公司自2010年8月27日以来的股东会会议记录、监事会会议决议，法院应予支持。上述法律只规定股东有权查阅、复制董事会会议决议，并未规定股东有权查阅、复制董事会会议记录，故周×店公司的该项诉讼请求缺乏事实及法律依据，法院不应支持。

关于周×店公司要求查阅、复印龙×兴达公司会计账簿的诉讼请求。根据《公司法》(2018年)第三十三条第二款的规定，股东可以要求查阅公司会计账簿。股东要求查阅公司会计账簿的，应当向公司提出书面请求，说明目的。公司有合理根据认为股东查阅会计账簿有不正当目的，可能损害公司合法利益的，可以拒绝提供查阅，并应当自股东提出书面请求之日起15日内书面答复股东并说明理由。公司拒绝提供查阅的，股东可以请求人民法院要求公司提供查阅。《最高人民法院关于适用〈中华人民共和国公司法〉若干问题的规定(四)》第八条规定:“有限责任公司有证据证明股东存在下列情形之一的,人民法院应当认定股东有公司法第三十三条第二款规定的‘不正当目的’:(一)股东自营或者为他人经营与公司主营业务有实质性竞争关系业务的,但公司章程另有规定或者全体股东另有约定的除外;(二)股东为了向他人通报有关信息查阅公司会计账簿,可能损害公司合法利益的;(三)股东在向公司提出查阅请求之日前的三年内,曾通过查阅公司会计账簿,向他人通报有关信息损害公司合法利益的;(四)股东有不正当目的的其他情形。”

本案中,周×店公司已向龙×兴达公司提出书面请求。龙×兴达公司拒绝提供查阅会计账簿,其应当举证证明周×店公司查阅会计账簿有不正当目的。龙×兴达公司在二审中表示其系依据《最高人民法院关于适用〈中华人民共和国公司法〉若干问题的规定(四)》第八条第(一)项、第(二)项主张周×店公司具有不正当目的。关于《最高人民法院关于适用〈中华人民共和国公司法〉若干问题的规定(四)》第八条第(一)项,虽然龙×兴达公司与周×店公司独资经营的周×店投资公司工商登记的经营范围部分相同,但登记的经营范围不能等同于实际经营业务。虽然龙×兴达公司与周×店投资公司在相近土地区域内曾经均从事过房地产开发业务,但龙×兴达公司并未提供证据证明在其股东周×店公司要求行使股东知情权的现在时点,龙×兴达公司与周×店投资公司之间就某特定区域的房地产开发业务存在竞争关系。龙×兴达公司称之前其曾就小区物业管理或工程施工与周×店投资公司存在纠纷,但之前发生的纠纷不能等同于当前其与周×店投资公司在物业服务或工程施工等相关市场中存在竞争关系。龙×兴达公司还称其与周×店公司围绕公司股权问题存在纠纷诉讼,但存在纠纷诉讼与《最高人民法院关于适用〈中华人民共和国公司法〉若干问题的规定(四)》第八条第(一)项规定的主营业务有实质性竞争关系不是同一概念。知情权是股东的固有权利,龙×兴达公司以公司与股东存在另案纠纷为由要求排除股东行使股东知情权,不具有法律依据。龙×兴达公司提供的证据不能证明其主营业务与周×店投资公司具有实质性竞争关系,故本案事实不符合《最高人民法院关于适用〈中华人民共和国公司法〉若干问题的规定(四)》第八条第(一)项规定的情形。龙×兴达公司还主张本案具有《最高人民法院关于适用〈中华人民共和国公司法〉若干问题的规定(四)》第八条第(二)项规定的情形。对此,其解释称怀疑周×店公司取得会计账簿后会提交给周口店镇政府,导致自己被周口店镇政府起诉,进而损害其合法权益。起诉本身不是违法行为,起诉之后的诉讼结果由人民法院依据事实和法律依法作出裁判,并不必然损害龙×兴达公司的合法权益。龙×兴达公司未就周×店公司查阅会计账簿会损害其合法权益提供证据证明,故不能认定本案具有《最高人民法院关于适用〈中华人民共和国公司法〉若干问题的规定(四)》第八条第(二)项规定的情形。因此,龙×兴达公司主张周×店公司查阅会计账簿具有不正当目的,缺乏事实及法律依据,法院不应支持。龙×兴达公司应当提供会计账簿(含总账、明细账、日记账、其他辅助性账簿)供周×店公司查阅。我国《公司法》(2018年)第三十三条第二款仅规定股东有权查阅会计账簿,并未规定股东有权进行复印,故周×店公司要求复印会计账簿的诉讼请求于法无据,法院不应支持。

案例36 其他股东对隐名股东身份是知情的,隐名股东有权行使股东知情权

——黎某、杭州临×交通联运有限公司股东知情权纠纷案

【基本案情】

原告:黎某

被告:杭州临×交通联运有限公司(以下简称临×公司)

审理法院:杭州市临安区人民法院

案号:(2022)浙0112民初2928号

2001年3月29日,岑某1与黎某签订股权转让协议,约定岑某1将临×公司18%的股权转让给黎某,约定股权转让款为10.8万元。2001年4月1日,岑某1收到黎某支付的10.8万元股权转让款。但双方至今未办理股权变更登记。临×公司目前的股东为岑某1和岑某2,各持有80%和20%的股权,临×公司的经营范围为道路货物运输(不含危险货物)等。2001年11月18日,临×公司召开股东会,黎某以股东的身份参加了该次股东会。2022年5月12日,黎某向临×公司邮寄了《要求行使股东知情权的通知》,认为其自成为股东以来,临×公司始终没有向其提供财务报表和经营情况,也没有进行分红,特别是临×公司名下的不动产已于2020年被政府征收拆除,临×公司没有向股东通报拆迁补偿款的金额和去向,要求临×公司提供2001年4月1日至今的公司章程、股东会会议记录、股东会会议、董事会会议决议、监事会会议决议和财务会计报告、对外投资文件、对外出租的合同和拆迁补偿协议等资料、会计账簿供黎某查阅。临×公司于2022年5月14日收到该《要求行使股东知情权的通知》后,未向黎某作出回复。黎某为了维护自身的合法权益,向杭州市临安区人民法院提起诉讼,请求判令:(1)临×公司提供2001年4月1日起至判决生效之日止的公司章程、股东会会议记录、董事会决议、监事会决议和每年度的会计报告(包括资产负债表、损益表、现金流量表、财务情况说明书和利润分配表)供黎某及黎某委托的专业会计人员查阅、复制;(2)临×公司提供自2001年4月1日起至判决生效之日止的公司会计账簿(含总账、明细账、日记账、其他辅助性账簿)和会计凭证(含记账凭证、相关原始凭证及作为原始凭证附件入账备查的有关资料)供黎某及其委托的专业会计人员查阅;(3)本案诉讼费由临×公司承担。

临×公司辩称:(1)虽然黎某与临×公司股东岑某1在2001年3月29日签订股权转让协议,但双方又在2004年12月11日、2007年9月19日有过二次黎某退股的情况。(2)黎某自认从2002年6月1日开始就自营与临×公司主营业务有实质性竞争关系的业务,根据2002年6月1日的考核责任书的约定,黎某应当每年向临×公司缴纳不少于5万元的考核基金款,黎某已累计100万元左右未付,临×公司将保留另行起诉的权利。(3)黎某自己不愿意参加临×公司的日常经营管理,是其自己违反2002年6月1日的考核责任书的规定,擅自自营与临×公司主营业务相关的业务活动。(4)黎某知道临×公司的经营情况是亏损的,转制过来时就欠债156万余元,而且每年基本上是负债经营,且临×公司也有相应的贷款。(5)虽然2020年有关土地被政府征收后获得了补偿款,但这些补偿款都用于清偿公司的债务或其他开支。(6)临×公司从未收到过黎某邮寄过来的要求行使股东知情权的通知,黎某未履行公司法规定的行使股东知情权的前置程序。(7)黎某作为临×公司的股东,从事与临×公司的主营业务有实质性竞争关系的业务,对于黎某要求行使股东知情权属于有不正当目的的行为,法院应不予支持。

法院查明:(1)黎某系杭州欣×物流有限公司的法定代表人,并持有该公司90%的股权。杭州欣×物流有限公司的经营范围为道路货物运输、货运代理(凭证经营),物流信息咨询,人力装卸与搬运。(2)临×公司和杭州欣×物流有限公司的主营范围均包含货物运输,两家公司的主营业务有实质性竞争关系。

【裁判结果】

1. 临×公司应于判决生效之日起15日内备置该公司2001年4月1日起至判决生效之日的公司章程、股东会会议记录、董事会决议、监事会决议和财务会计报告供黎某查阅、复制;黎某委托的专业会计人员在黎某查阅上述资料时可以予以协助;黎某应在正常工作时间内完成查阅、复制,合计查阅、复制时间不超过3个工作日。

2. 驳回黎某的其他诉讼请求。

如果临×公司未按本判决指定的期间履行给付金钱义务,应当依照《民事诉讼法》(2021年)第二百六十条之规定,加倍支付迟延履行期间的债务利息。

【案件解析】

黎某虽未显名登记为临×公司的股东,但临×公司的其他股东对于黎某的隐名股东身份是知情的,且从黎某提供的2001年11月18日的股东会记录来看,黎某也曾以股东身份参加股东会,由于股东知情权系股东对公司内部行使的权利,故黎某有权以临×公司股东身份行使股东知情权。根据《公司法》(2018年)第三十三条第一款的规定,黎某有权查阅、复制临×公司的公司章程、股东会会议记录、董事会决议、监事会决议和财务会计报告,故法院对于黎某的第1项诉讼请求应予支持。

黎某除持有临×公司18%的股权外,同时亦是杭州欣×物流有限公司的法定代表人和股东,临×公司和杭州欣×物流有限公司的主营范围均包含货物运输,两家公司的主营业务有实质性竞争关系。根据《最高人民法院关于适用〈中华人民共和国公司法〉若干问题的规定(四)》第八条第(一)项的规定,股东为他人经营与公司主营业务有实质性竞争关系业务的,应当认定股东有《公司法》(2018 年)第三十三条第二款规定的"不正当目的",黎某查阅临×公司的会计账簿可能导致临×公司商业机密泄露,从而损害临×公司的合法利益,故对于黎某要求查阅临×公司会计账簿及会计凭证的诉讼请求,法院不应支持。

案例 37　股东可委托会计师辅助查阅公司文件材料

——广东盈×融资担保有限公司、佛山市顺德区瑞×典当有限公司股东知情权纠纷案

【基本案情】

原告:广东盈×融资担保有限公司(以下简称盈×公司)

被告:佛山市顺德区瑞×典当有限公司(以下简称瑞×公司)

审理法院:广东省佛山市中级人民法院

案号:(2022)粤 06 民初 75 号

瑞×公司是 2011 年 5 月 19 日成立的有限责任公司,注册资本为 3000 万元,法定代表人为徐某林。现登记股东为盈×公司、广东斯×尔投资有限公司、佛山市顺德区瑞×商贸有限公司。徐某华为瑞×公司的监事,徐某林担任执行董事、经理。

瑞×公司章程(2015 年 11 月 30 日)约定,法人股东盈×公司出资额为 1470 万元,占总投资额的 49%,出资时间:2011 年 3 月 11 日缴足;法人股东佛山市顺德区瑞×商贸有限公司出资额为 630 万元,占总投资额的 21%,其中 120 万元应于 2011 年 3 月 11 日前缴足,其余 510 万元出资时间以转让协议出资时间为准;法人股东广东斯×尔投资有限公司出资额为 900 万元,占总投资额 30%,以转让协议出资时间为准。

2020 年 10 月 28 日,申请人佛山市顺德区北滘青×壹投资有限公司以被申请人盈×公司不能清偿到期债务且明显缺乏清偿能力为由,向广东省佛山市中级人民法院提出对盈×公司进行破产清算的申请。该院经审查于 2020 年 11 月 19 日作出(2020)粤 06 破申 56-2 号民事裁定书,裁定受理佛山市顺德区北滘青×壹投资有限公司对盈×公司提出的破产清算申请,并于 2020 年 11 月 25 日作出(2020)粤 06 破申 56-3 号指定管理人决定书,指定广东南×明律师事务所为盈×公司管理人。

盈×公司于 2021 年 4 月 25 日、2021 年 6 月 3 日通过邮寄方式分别向瑞×公司、徐某林、广东斯×尔投资有限公司、佛山市顺德区瑞×商贸有限公司、徐某文、盈×公

司股东(广东斯×尔投资有限公司、佛山市顺德区北滘青×壹投资有限公司、欧阳某霞、张某清、徐某田)发出《限期说明通知函》,明确要求相关单位及人员在收到函件之日起7日内书面向管理人详细说明瑞×公司目前的经营情况、资质情况及财产情况,并提交相关的财务资料。

盈×公司分别于2022年4月6日、2022年5月11日、2022年6月6日向瑞×公司、徐某林、徐某华分别邮寄《限期说明函》,函件明确要求相关单位及人员在收到函件之日起7日内书面向管理人详细说明瑞×公司历年的经营情况、资质情况、财务情况、财产情况、分红情况、利润情况,并提交公司自成立至今的全部公司章程、股东会会议记录、董事会会议决议、监事会会议决议、财务会计报告、会计账簿、会计凭证、业务合同以及瑞×公司的营业执照、金融许可证、融资性担保业务经营许可证等证照供管理人查阅、复制,以便管理人查清相关情况、评估股权价值,从而处置相关股权。上述九份邮件均因拒收而退回。

前述主体至今均未向管理人进行说明或提交相关资料,导致管理人至今无法查清瑞×公司的相关情况,无法对瑞×公司进行审计,也无法对瑞×公司的股权价值进行评估。因此,瑞×公司的股权至今仍无法进行处置。综上,为处置盈×公司持有的瑞×公司49%的股权,维护盈×公司债权人的合法权益,盈×公司向广东省佛山市中级人民法院提起诉讼,请求:(1)判令瑞×公司提供其自成立(2011年5月19日)至今的全部公司章程、股东会会议记录、董事会会议决议、监事会会议决议、财务会计报告、会计账簿、会计凭证、业务合同供盈×公司和盈×公司委托的会计师查阅、复制;(2)判令瑞×公司提供营业执照、金融许可证、融资性担保业务经营许可证等证照供盈×公司和盈×公司委托的会计师查阅、复制;(3)判令瑞×公司承担本案全部诉讼费。

【裁判结果】

1. 瑞×公司于判决发生法律效力之日起10日内将该公司自2011年5月19日至判决生效之日的该公司章程、股东会会议记录、董事会会议决议、监事会会议决议和财务会计报告置于该公司,提供给盈×公司及其委托的会计师查阅、复制,盈×公司及其委托的会计师应在15日内完成查阅、复制工作;

2. 瑞×公司于判决发生法律效力之日起10日内将该公司自2011年5月19日至判决生效之日的会计账簿(包括总账、明细账、日记账和其他辅助性账簿)、会计凭证(包括记账凭证和原始凭证)、业务合同置于该公司,提供给盈×公司及其委托的会计师查阅,盈×公司应在15日内完成查阅工作;

3. 驳回盈×公司的其他诉讼请求。

【案件解析】

盈×公司为瑞×公司的股东,出资1470万元,占总投资额的49%,其依法享有知

情权。针对盈×公司的诉讼请求,具体分析如下:

第一,关于盈×公司诉请查阅、复制瑞×公司的章程、股东会会议记录、董事会会议决议、监事会会议决议和财务会计报告的问题。我国《公司法》(2018 年)第三十三条第一款规定:“股东有权查阅、复制公司章程、股东会会议记录、董事会会议决议、监事会会议决议和财务会计报告。”本案中,盈×公司作为瑞×公司的股东,有权根据上述法律规定,向瑞×公司主张行使知情权,盈×公司有权查阅、复制上述材料。故盈×公司要求瑞×公司提供其自 2011 年 5 月 19 日成立至今的公司章程、股东会决议、董事会会议决议、监事会会议决议和财务会计报告给盈×公司查阅、复制,合法有理,法院应予支持。

第二,关于盈×公司诉请查阅、复制公司会计账簿和业务合同的问题。我国《公司法》(2018 年)第三十三条第二款规定:“股东可以要求查阅公司会计账簿。股东要求查阅公司会计账簿的,应当向公司提出书面请求,说明目的。公司有合理根据认为股东查阅会计账簿有不正当目的,可能损害公司合法利益的,可以拒绝提供查阅,并应当自股东提出书面请求之日起十五日内书面答复股东并说明理由。公司拒绝提供查阅的,股东可以请求人民法院要求公司提供查阅。”本案中,盈×公司作为瑞×公司的股东,在其已向公司通过邮寄方式提出查阅的书面请求并说明查阅目的没有得到答复后,请求法院要求查阅瑞×公司的会计账簿,有充分的法律依据。因《公司法》(2018 年)第三十三条第二款未规定股东有权复制会计账簿,故盈×公司请求复制上述材料,依据不足,法院不应支持。

第三,关于盈×公司诉请查阅、复制瑞×公司的营业执照、金融许可证、融资性担保业务经营许可证的问题。上述证照均属于企业对外公示的信息,若企业具有上述相关的证照,盈×公司可自行进行查询。

第四,关于查阅、复制时间和地点的问题。公司法赋予股东知情权的目的和价值在于保障股东权利的充分行使,但该权利的行使应在权利平衡的机制下进行,对公司的经营效率和经营秩序不应造成不利影响。因此,查阅和复制应当在瑞×公司正常的业务时间内且不超过 15 个工作日,查阅和复制的方便地点应在瑞×公司的注册住所地。

第五,关于盈×公司可否委托会计师提供协助的问题。根据《最高人民法院关于适用〈中华人民共和国公司法〉若干问题的规定(四)》第十条第二款“股东依据人民法院生效判决查阅公司文件材料的,在该股东在场的情况下,可以由会计师、律师等依法或者依据执业行为规范负有保密义务的中介机构执业人员辅助进行”的规定,在盈×公司在场的情况下,可以允许其委托的会计师对瑞×公司的章程、股东会决议、董事会会议决议、监事会会议决议和财务会计报告进行查阅和复制,对会计账簿、会计凭证、业务合同进行查阅。因此,盈×公司提出由具有资格的会计师辅助查阅的请求,符合上述规定,法院应予支持。

另外,根据《最高人民法院关于适用〈中华人民共和国公司法〉若干问题的规定(四)》第十一条"股东行使知情权后泄露公司商业秘密导致公司合法利益受到损害,公司请求该股东赔偿相关损失的,人民法院应当予以支持。根据本规定第十条辅助股东查阅公司文件材料的会计师、律师等泄露公司商业秘密导致公司合法利益受到损害,公司请求其赔偿相关损失的,人民法院应当予以支持"的规定,盈×公司及其委托的会计师在行使知情权时应当保守瑞×公司的商业秘密,不得损害瑞×公司的合法权益。

案例38 股东在起诉前未向公司提出查阅会计账簿的书面要求并说明目的,因未履行该前置程序不能获得法院支持

——黑龙江优×楼宇服务有限公司、广东科×特种设备工程有限公司等股东知情权纠纷案

【基本案情】

原告:黑龙江优×楼宇服务有限公司(以下简称优×公司)

被告:广东科×特种设备工程有限公司(以下简称科×工程公司)

被告:科×控股集团有限公司(以下简称科×集团公司)

被告:广州全×智科技有限公司(以下简称全×智公司)

审理法院:广州市黄埔区人民法院

案号:(2022)粤0112民初6120号

科×工程公司原名广州青×投资有限公司,于2018年4月23日登记成立,企业类型为其他有限责任公司,注册资本1000万元。科×工程公司成立时的股东为科×集团公司、青×唯创(北京)科技有限公司(以下简称青×公司),持股比例分别为40%、60%。2018年11月19日,青×公司将其所持有的科×工程公司60%股份全部转让给科×集团公司。2019年6月11日,科×集团公司将其持有的科×工程公司60%股份转让给优×公司。2021年3月22日,科×集团公司与全×智公司签订股权转让合同,科×集团公司将其持有的科×工程公司40%的股权转让给全×智公司,并办理了工商变更登记。

2020年5月28日,科×工程公司召开会议,并形成会议纪要,要求财务报表每月发送到股东指定邮箱,优×公司的实际控制人吕某麟参加了会议。之后,科×工程公司向优×公司的指定邮箱发送了2020年1月至2022年1月的财务报表(包括利润表、负债表)电子版,于2020年10月20日发送了2020年1月至9月的余额表电子

版。优×公司确认收到上述财务报表，但认为报表没有具体的支出项，报表内容不完整且未加盖科×工程公司的公章，不符合报表的形式要件，其无法核实该些财务报表的真实性。科×工程公司陈述，上述财务报表系其聘请第三方机构制作，仅有利润表、负债表、余额表；其于2019年6月将业务全部转型，之前的业务全部停止，主营业务变更为电梯安装、维保和销售业务，该业务属于特种行业，根据市场监督管理局的要求，必须取得相关许可证后才能展开经营，2019年6月至2019年12月其均在展开办证工作，在2019年12月6日其取得《中华人民共和国特种设备生产许可证》之前，其无资金投入和业务盈利，财务状况无变动，聘请的第三方财务公司做账均为零申报，故没有财务报告。

2020年10月27日，优×公司向科×工程公司出具《工作联系函》《授权书》。《工作联系函》载明：因工作需要，优×公司委派贾某达、张某前往科×工程公司联系处理相关工作。《授权书》显示：吕某麟代表优×公司授权贾某达、张某查询科×工程公司相关账目及处理有关事宜，吕某麟在授权书上签名，优×公司亦在授权书上加盖了公章。2020年10月31日，优×公司向科×集团公司发出《告知函》，表示其授权贾某达、张某于2020年10月29日、30日前往科×工程公司查账，但科×工程公司不予配合，故其决定暂停对科×工程公司的投资。2020年11月3日，科×集团公司函复优×公司，表示优×公司致函主体有误，其为科×工程公司的股东，未干涉科×工程公司的经营管理，优×公司派人查账与其无关。

2020年9月14日，科×集团公司向优×公司发函，告知因其子公司的业务发展，需将其所持科×工程公司的股权转让给优×公司或其他第三方，或者由科×集团公司收购优×公司在科×工程公司的全部股权后，由其子公司收购科×工程公司的全部股权。2020年10月15日，优×公司向科×集团公司回函，表示现阶段其不同意科×工程公司股权占比的变更。同日，优×公司向科×集团公司发函，建议解除胡某荣作为科×工程公司的总经理及法定代表人的职务。2020年10月23日，科×集团公司向优×公司发出《关于召开公司股东会的通知函》，告知根据科×工程公司的章程，将于2020年12月15日召开临时股东会，议题为科×集团公司将其持有的科×工程公司40%股权转让给全×智公司、选举和更换科×工程公司的执行董事及监事等事项。2020年10月30日，科×集团公司发函询问优×公司是否同意其对外转让其持有的科×工程公司40%股权，是否行使优先购买权，要求优×公司在法定期限30日内函复。

2021年6月3日，科×工程公司向优×公司、全×智公司发函，告知因优×公司缺席股东会，拒绝协商解决公司经营等事项，并拒收相关文件，致使公司无法正常经营，根据相关规定，公司按现状已不具备继续持有《特种设备生产许可证》[电梯安装（含修理）A2]的资格，科×工程公司将依法办理该许可证的撤销手续。2021年6月28日，广东省市场监督管理局决定注销科×工程公司的特种设备许可证。

为了行使股东知情权，优×公司向广州市黄埔区人民法院提起诉讼，请求：(1)依法判令三被告提供科×工程公司经营地址内自2019年6月11日至起诉日2022年1月21日的公司财务会计报告供原告查阅、复制；(2)依法判令三被告提供科×工程公司经营地址内自2019年6月11日至起诉日2022年1月21日的公司会计账簿（含总账、明细账、日记账、其他辅助性账簿）和会计凭证（含记账凭证、原始凭证、企业账户银行资金流明细及作为原始凭证附件入账备查的有关资料）供原告查询、复制；(3)依法判令本案诉讼费由三被告承担。

科×工程公司辩称，请求驳回优×公司的全部诉讼请求。2019年6月11日，科×集团公司将持有的60%股权转让给优×公司，优×公司变成了科×工程公司的大股东。穗埔劳人仲案[2021]3706号裁决书已认定了吕某麟作为优×公司股东代表的身份。根据2020年5月28日科×工程公司的股东会议纪要，每月财务报表发送到股东指定邮箱。根据会议指示，科×工程公司的工作人员定期将公司财务报表发送到吕某麟的邮箱，不存在侵害股东知情权的情况。根据《公司法》(2018年)第三十三条的规定，科×工程公司每月均有提供财务报表，故优×公司的第1项诉讼请求应予以驳回。科×工程公司认为优×公司的第2项诉讼请求已经超过法律赋予股东的权利，股东无权利要求复制会计账簿、也没有权利要求查阅和复制会计凭证，即使要求查阅会计账簿，也应该提书面的申请说明理由。如果损害了科×工程公司的权利，科×工程公司可以拒绝。科×工程公司不曾侵害股东的知情权，优×公司曾在2020年10月27日向科×工程公司发送工作联系函，但该函件没有明确其行使的股东权利，也未提供有效的授权委托文件，该授权书中的授权人是吕某麟，科×工程公司认为不符合法律规定。吕某麟没有在优×公司担任职务，且被授权的人身份不明，科×工程公司了解到被授权人是电梯维修工，不具备查询账务的能力，因此科×工程公司告知优×公司应该提供完整的手续和符合要求的人员。关于科×集团公司股份转让的事情，已经告知优×公司有优先购买的权利，根据《公司法》(2018年)第七十一条的规定，优×公司30天没有答复，或者以其实际行动不同意转让的，均应该视为同意转让股份。科×集团公司有权向全×智公司转让股份，且科×集团公司已经变更了工商登记。关于注销特种设备许可证，2021年5月和2021年6月，科×工程公司不具备取证的资格，有主动申请注销法定许可证的义务，行政许可的取得依法依规，不需要优×公司的同意。

科×集团公司、全×智公司共同辩称，请求驳回优×公司关于两被告的诉讼请求。两被告不是本案适格被告，科×集团公司不是科×工程公司的股东，全×智公司只是科×工程公司的股东，本案与两被告没有直接的关联性。

庭审中，优×公司确认其未向科×工程公司发出要求查阅会计账簿的书面申请并说明目的。

【裁判结果】

1. 科×工程公司自判决发生法律效力之日起 10 日内向优×公司提供 2019 年 6 月 11 日起至 2022 年 1 月 21 日的财务会计报告供优×公司复制、查阅。

2. 优×公司应在科×工程公司正常营业时间、公司住所地内查阅、复制上述文件,查阅、复制的时间不得超过 5 个工作日。优×公司查阅、复制上述文件材料时,在本人在场的情况下,可以由会计师、律师等依法或者依据执业行为规范负有保密义务的中介机构执业人员辅助进行,科×工程公司应提供必要的场所和条件。

3. 驳回优×公司的其他诉讼请求。

【案件解析】

本案系股东知情权纠纷,关于股东是否享有知情权,分析如下:

首先,关于查阅和复制财务会计报告的问题。我国《公司法》(2018 年)第三十三条第一款规定:"股东有权查阅、复制公司章程、股东会会议记录、董事会会议决议、监事会会议决议和财务会计报告。"因此,优×公司要求查阅、复制科×工程公司 2019 年 6 月 11 日至 2022 年 1 月 21 日的财务会计报告,具有事实与法律依据,法院应予支持。但优×公司要求科×集团公司、全×智公司提供科×工程公司的财务会计报告于法无据,法院不应支持。

其次,关于查阅、复制会计账簿、会计凭证的问题。我国《公司法》(2018 年)第三十三条第二款规定:"股东可以要求查阅公司会计账簿。股东要求查阅公司会计账簿的,应当向公司提出书面请求,说明目的。公司有合理根据认为股东查阅会计账簿有不正当目的,可能损害公司合法利益的,可以拒绝提供查阅,并应当自股东提出书面请求之日起十五日内书面答复股东并说明理由。公司拒绝提供查阅的,股东可以请求人民法院要求公司提供查阅。"根据上述法律规定,优×公司仅能查阅科×工程公司的会计账簿,且需要先履行向科×工程公司提出书面要求并说明目的的前置程序,但优×公司并未履行该前置程序,故法院对于优×公司的该项诉讼请求不应支持。

案例 39　认缴出资的股东享有出资期限利益,依法享有股东知情权

——青岛路×市政工程有限公司、姜某琪股东知情权纠纷案

【基本案情】

上诉人(原审被告):青岛路×市政工程有限公司(以下简称路×公司)

被上诉人(原审原告):姜某琪

一审法院:青岛市城阳区人民法院

案号:(2022)鲁 0214 民初 4841 号

二审法院:青岛市中级人民法院

案号:(2022)鲁02民终7718号

路×公司的工商登记信息显示,路×公司于2018年6月27日注册成立,目前状态在营。姜某琪系该公司股东,持股比例为20%,认缴出资额为200万元,认缴出资期限为2048年12月31日。路×公司另外一个大股东为周某森持股比例为80%,认缴出资额为800万元,认缴出资期限为2048年12月31日。周某森系该公司法定代表人。姜某琪于2022年3月11日通过特快专递向路×公司邮寄送达查阅公司会计账簿申请书,在该申请书中说明了查阅范围和查阅目的,路×公司于2022年3月12日签收了该申请书。之后,路×公司一直未向姜某琪提供所申请查阅的资料,也未在法定期限内向姜某琪说明不予提供的理由。

姜某琪认为,作为公司股东,对公司的资产、债权债务、财务活动等依法享有全部知情权。路×公司拒绝提供上述资料的行为,严重侵害了自己的股东知情权。为此,姜某琪向青岛市城阳区人民法院起诉请求:(1)依法判令路×公司向姜某琪提供自2018年6月27日公司成立以来的公司章程、股东会会议记录、董事会会议决议、监事会会议决议和每年的财务会计报告(包括资产负债表、损益表、财务状况变动表、现金流量表、利润分配表、财务状况说明书),供姜某琪查阅、复制;(2)依法判令路×公司向姜某琪提供自2018年6月27日公司成立以来每年的会计账簿(包括记账凭证、原始凭证),供姜某琪查阅;(3)依法判令路×公司许可姜某琪聘请会计师、律师等中介机构执业人员依法辅助对上述第1、2项诉请中的材料进行协助查阅、复制;(4)本案的诉讼费由路×公司承担。

路×公司辩称,股东知情权行使的前提是具备股东资格、享有股东权利。实际股东周某臣基于对姜某琪的充分信任,在办理路×公司工商登记时借用姜某琪身份信息,并让其在相关工商登记及变更材料上签字,姜某琪和其他挂名股东并没有成立公司以及成为公司股东的意思表示及合意。同时,姜某琪从未对公司履行过任何出资、投资等股东义务,也没有参与公司的经营管理,其并非实际股东,仅是为实际股东挂名。《公司法》(2018年)第三十三条规定,股东有权查阅、复制公司章程、股东会会议记录、董事会会议决议、监事会会议决议和财务会计报告。股东可以要求查阅公司会计账簿。股东要求查阅公司会计账簿的,应当向公司提出书面请求,说明目的。《会计法》第九条第一款规定,各单位必须根据实际发生的经济业务事项进行会计核算,填制会计凭证,登记会计账簿,编制财务会计报告。第十三条第一款规定,会计凭证、会计账簿、财务会计报告和其他会计资料,必须符合国家统一的会计制度的规定。第十四条第一款规定,会计凭证包括原始凭证和记账凭证。第十五条第一款规定,会计账簿包括总账、明细账、日记账和其他辅助性账簿。根据以上规定,即便姜某琪具备股东资格,其仅有权查阅会计账簿,不包含会计凭证即记账凭证和原始凭证,且仅限于查阅而没有复制的权利。综上,姜某琪不是公司实际股东,不享有股东权利义务,其不是适格的原告,更没有资格要求享有股东知情权,应依法驳回其全部诉讼请求。

另查明:(1)周某森系周某臣之子,姜某琪系周某臣之女婿。(2)路×公司抗辩主张姜某琪系挂名股东,但并未向法院提供证据证明。

【裁判结果】

一审法院判决:

1. 路×公司于判决生效之日起10日内向姜某琪提供自2018年6月27日路×公司成立以来的公司章程、股东会会议记录、董事会会议决议、监事会会议决议和每年的财务会计报告(包括资产负债表、损益表、财务状况变动表、现金流量表、利润分配表、财务状况说明书),以供姜某琪进行查阅、复制。

2. 路×公司于判决生效之日起10日内向姜某琪提供自2018年6月27日路×公司成立以来每年的会计账簿、会计凭证,以供姜某琪进行查阅。

3. 对于上述1、2项材料,在姜某琪在场的情况下,可由姜某琪聘请的会计师、律师等执业人员辅助查阅或复制,查阅或复制的地点为路×公司的办公区域内,查阅或复制的期限为5个工作日。

二审法院判决:驳回上诉,维持原判。

【案件解析】

本案争议焦点是姜某琪是否享有股东知情权。

《最高人民法院关于适用〈中华人民共和国民事诉讼法〉的解释》第九十条规定,当事人对自己提出的诉讼请求所依据的事实或者反驳对方诉讼请求所依据的事实,应当提供证据加以证明,但法律另有规定的除外。在作出判决前,当事人未能提供证据或者证据不足以证明其事实主张的,由负有举证证明责任的当事人承担不利的后果。本案中,路×公司抗辩主张姜某琪系挂名股东,但并未提供证据证明,应承担举证不能的不利后果,法院对路×公司的该抗辩主张依法不应采纳。

根据路×公司的工商登记信息显示,路×公司于2018年6月27日注册成立,目前状态在营。姜某琪系该公司股东,持股比例为20%,认缴出资额为200万元,认缴出资期限为2048年12月31日。在出资期限届满前,姜某琪享有出资期限利益,姜某琪具有路×公司股东资格,因此依法享有法律赋予的股东知情权。《公司法》(2018年)第三十三条第一款规定:"股东有权查阅、复制公司章程、股东会会议记录、董事会会议决议、监事会会议决议和财务会计报告。"因此,姜某琪作为路×公司股东要求查阅、复制路×公司自2018年6月27日成立以来的公司章程、股东会会议记录、董事会会议决议、监事会会议决议和每年的财务会计报告,符合法律规定,法院应予支持。

《公司法》(2018年)第三十三条第二款规定:"股东可以要求查阅公司会计账簿。

股东要求查阅公司会计账簿的,应当向公司提出书面请求,说明目的。公司有合理根据认为股东查阅会计账簿有不正当目的,可能损害公司合法利益的,可以拒绝提供查阅,并应当自股东提出书面请求之日起十五日内书面答复股东并说明理由。公司拒绝提供查阅的,股东可以请求人民法院要求公司提供查阅。"姜某琪于本案诉讼前的2022年3月12日已向路×公司提出查阅会计账簿书面申请,路×公司未在15日内予以答复,亦未举证证明姜某琪查阅会计账簿具有不正当目的。《最高人民法院关于适用〈中华人民共和国公司法〉若干问题的规定(四)》第十条第二款规定:"股东依据人民法院生效判决查阅公司文件材料的,在该股东在场的情况下,可以由会计师、律师等依法或者依据执业行为规范负有保密义务的中介机构执业人员辅助进行。"因此,法院对姜某琪要求由会计师、律师等执业人员辅助查阅或复制的诉讼请求依法应予支持。

案例40 股东知情权在性质上不属于债权请求权,其权利的行使依法不受诉讼时效的限制

——广州市建×船务有限公司、田某钧股东知情权纠纷案

【基本案情】

上诉人(原审被告):广州市建×船务有限公司(以下简称建×公司)

被上诉人(原审原告):田某钧

一审法院:广州市黄埔区人民法院

案号:(2021)粤0112民初563号

二审法院:广东省广州市中级人民法院

案号:(2022)粤01民终13472号

建×公司设立于2003年11月27日,股东为李某忠、田某钧;注册资本550万元,其中李某忠、田某钧各出资275万元。经营范围为国内沿海、长江中下游及珠江三角洲普通货船运输、港澳航线水路货物运输。

2017年8月9日,广东伟×律师事务所受田某钧的委托,向建×公司发出《律师函》,载明田某钧了解到近几年登记在公司名下船舶达到50余艘,但公司一直未能提供与上述船舶规模相匹配的相关收入情况明细供田某钧审阅,且自2014年以来也一直未能按照公司章程提供各年度财务会计报表和分配利润;要求建×公司及李某忠向田某钧提供2014年至今的所有财务会计报告,并配合田某钧或其委派代表对公司财务资料的进一步审阅、检查;根据章程的规定进行利润分配等。该律师函于2017年8月10日向建×公司邮寄送达。

2017 年 8 月 23 日，田某钧委托上述律师事务所向李某忠发函要求召开建×公司股东会临时会议，其提出的会议议题包括提供 2014 年至今所有财务会计报告及会计账簿，并配合田某钧或其委派的代表对公司财务资料及会计账簿的进一步审阅、检查，提供 2014 年至今公司的年度财务预决算执行情况、经营状况报告等。

2017 年 9 月 6 日，田某钧再次委托上述律师事务所向李某忠发函要求将前述内容等列入临时股东会会议日程讨论。

2017 年 9 月 16 日，建×公司召开临时股东会并作出《股东会议决议》，载明经调查得知田某钧的妻子马某在 2014 年与公司客户张某成立与公司具有竞争关系的广州市成×水上运输有限公司(以下简称成×公司)，田某钧存在严重违反勤勉忠诚义务的行为；公司于 2017 年 8 月 28 日函告其若主张股东权益，应首先履行出资义务等。该《股东会议决议》最后决议将田某钧从建×公司股东名册中除名。

经多次催问，建×公司反复推诿，未提供一份财务资料、账簿、凭证。为维护自身的合法权益，田某钧向广州市黄埔区人民法院提起诉讼，请求：(1)判令建×公司提供自 2014 年 1 月 1 日起至 2017 年 9 月 16 日止的财务会计报告、公司会计账簿(含总账、明细账、日记账、其他辅助性账簿)和会计凭证(含记账凭证、相关原始凭证及作为原始凭证附件入账备查的有关材料)供田某钧及其委托的专业会计人员查阅、复制。(2)建×公司承担本案诉讼费。

建×公司答辩称：(1)在审查田某钧知情权的诉讼前应优先解决田某钧是否有公司股东资格的确认问题，享有股东权利应以股东实际出资作为基础，作为股东只有实际履行了出资义务才具有股东资格，才能享有股东权利，因此田某钧应举证证明自己作为股东已履行的实际出资义务。在股东资格不能确认的情况下，田某钧要求行使股东知情权无法律依据。(2)田某钧不是建×公司的真正股东，只是在 2003 年公司成立时特定历史条件下，注册公司需要两名股东，当时真正的股东注册资本的全部出资人是李某忠，就拉田某钧做名义上的股东，因此田某钧不具有股东资格，不享有对公司的股东知情权。人民法院应驳回田某钧的诉讼请求。(3)田某钧在 2017 年 8～9 月要求查阅公司会计账目，但没说明目的，且公司有合理的根据认为田某钧查阅会计账簿有不正当目的，可能损害公司合法利益，已明确予以拒绝。田某钧自营或为他人经营与建×公司主营业务有实际性竞争关系的业务，成立了成×公司，该公司的两名股东是田某钧的配偶及建×公司的客户。(4)田某钧提起本案诉讼已超过了诉讼时效。股东知情权的诉讼时效应从公司对股东的请求明确表示拒绝之日起计算，2017 年 9 月 16 日公司已明确拒绝了田某钧提出的查阅公司账簿的请求，认为田某钧自始至终无股东资格。本案的诉讼时效应从公司表示拒绝之日起算。(5)目前公司已经陷入僵局，2016 年 5 月起田某钧已经不来公司上班，公司以股东会决议形式解除了田某钧的股东资格，穷尽了公司内部救济，且田某钧有损害公司利益的行为，特别是近年来公司大量需要两个工商登记在册的股东签名的管理、融资、贷款等业务，因田某钧拒绝签名已经严重影响公司的正常经营和发展，公司已经陷入僵局，无法正常运转。田某钧号称是股东，但从没履行股东义务，却要行使股东权利，不应得到法律支持。(6)自2017年公司对田某钧除名以来，田某钧以公司涉嫌违法为由，四处告状，投诉控告公司及公司唯一股东李某忠，最终查无依据。最终田某钧以行使权利为由妄图取得公司账目材料，并不是为了公司利益或者个人的合法权利，而是为了损害公司利益。综上，请驳回原告的所有诉讼请求。

法院查明，建×公司另案向广州市黄埔区人民法院提起对田某钧的股东资格确认纠纷诉讼，诉请解除田某钧作为建×公司股东的资格并请求确认田某钧2017年9月16日起不具有建×公司股东资格。广州市黄埔区人民法院于2020年9月15日立案审理该案，并于2021年4月25日作出(2020)粤0112民初13017号民事判决，判定驳回建×公司的全部诉讼请求。建×公司不服提起上诉后，广州市中级人民法院于2021年9月24日作出(2021)粤01民终15251号民事判决书，判定驳回上诉，维持原判。

另查，成×公司设立于2014年3月24日，法定代表人为张某，股东为张某、马某；经营范围为国内船舶管理、内贸普通货物运输、船舶通信服务、船舶代理、货物运输代理、货物检验代理服务、货物报关代理服务、联合运输代理服务、物流代理服务。

庭审中，建×公司在质证时表示已对田某钧提出查阅账簿的要求明确拒绝；其实际经营船舶管理和水路货物运输，成×公司也是从事水路货物运输。田某钧述称建×公司与成×公司的主营业务范围并不相同，建×公司经营船舶代管业务，并无自有船舶，而成×公司经营的是自有船舶；成×公司股东马某系田某钧妻子。关于查阅账簿的目的，田某钧陈述称系为了解公司的实际情况。除工商登记信息材料外，双方并未就成×公司与建×公司主营业务情况提供其他证据。

庭审后，田某钧提出变更诉讼请求申请，将查阅、复制的资料范围变更为自2014年1月1日起至实际提供之日止。

【裁判结果】

一审法院判决：

1. 建×公司于判决生效之日起15日内向田某钧提供2014年1月1日起至2017年9月16日建×公司的财务会计报告供田某钧查阅、复制；查阅、复制地点在建×公司办公室；田某钧查阅、复制时，在其本人在场的情况下，可以由会计师、律师等依法或者依据执业行为规范负有保密义务的中介机构执业人员一名辅助进行。

2. 驳回田某钧的其他诉讼请求。

二审法院判决：驳回上诉，维持原判。

【案件解析】

股东知情权是股东享有的对公司经营管理等重要情况或信息真实了解和掌握的

权利，是股东依法行使资产收益、参与重大决策和选择管理者等权利的基础性权利。田某钧作为建×公司登记在册的股东，依法享有该项权利。建×公司以田某钧不是建×公司的真正股东，不能行使股东知情权为由进行反驳，但其另案提起的解除田某钧股东资格并确认其自2017年9月16日起不具有公司股东资格的诉讼已经生效判决判定驳回全部诉请，故建×公司的该抗辩意见不能成立。

关于查阅、复制公司财务会计报告。《公司法》（2018年）第三十三条第一款规定："股东有权查阅、复制公司章程、股东会会议记录、董事会会议决议、监事会会议决议和财务会计报告。"由此可知，股东对财务会计报告，享有绝对知情权，公司不得以任何理由拒绝股东查阅、复制。因此，田某钧诉请查阅、复制建×公司2014年1月1日至2017年9月16日的财务会计报告，于法有据，法院应予支持。建×公司提供查阅的地点可为建×公司办公室。田某钧查阅、复制时，在其本人在场的情况下，可以由会计师、律师等依法或者依据执业行为规范负有保密义务的中介机构执业人员一名辅助进行。

关于查阅、复制公司会计账簿及会计凭证。《公司法》（2018年）第三十三条第二款规定："股东可以要求查阅公司会计账簿。股东要求查阅公司会计账簿的，应当向公司提出书面请求，说明目的。公司有合理根据认为股东查阅会计账簿有不正当目的，可能损害公司合法利益的，可以拒绝提供查阅，并应当自股东提出书面请求之日起十五日内书面答复股东并说明理由。公司拒绝提供查阅的，股东可以请求人民法院要求公司提供查阅。"《最高人民法院关于适用〈中华人民共和国公司法〉若干问题的规定（四）》第八条规定："有限责任公司有证据证明股东存在下列情形之一的，人民法院应当认定股东有公司法第三十三条第二款规定的'不正当目的'：（一）股东自营或者为他人经营与公司主营业务有实质性竞争关系业务的，但公司章程另有规定或者全体股东另有约定的除外……"本案中，根据工商登记资料，建×公司与成×公司的经营范围均包含水上普通货物运输，二者在主营业务上有实质性竞争关系。田某钧的妻子马某持有成×公司50%股权，以常理来判断，田某钧查阅建×公司会计账簿损害公司合法利益已达到较大可能性的程度，建×公司认为田某钧查阅会计账簿有不正当目的有合理根据，故法院应驳回田某钧查阅建×公司会计账簿的诉请。

关于建×公司主张的诉讼时效抗辩。建×公司认为，田某钧的股东知情权应从建×公司明确拒绝查账请求之日起算，田某钧的请求已超过诉讼时效。但我国法律只赋予当事人就债权请求权提出诉讼时效抗辩的权利，并非所有的诉讼请求均适用诉讼时效制度，如物权请求权等即不适用诉讼时效制度。股东知情权系基于股东资格所享有的一种法定权利，具有明显的身份属性，原则上只要股东身份存续，股东知情权就不归于消灭。股东知情权在性质上不属于债权请求权，其权利的行使依法不受诉讼时效的限制。故建×公司提出的诉讼时效抗辩，于法无据，法院不应支持。

案例41　股东要求查阅代理商名单，不能获得法院支持

——彭某玲、广州泰×隆商贸有限公司股东知情权纠纷案

【基本案情】

上诉人(原审原告)：彭某玲

被上诉人(原审被告)：广州泰×隆商贸有限公司(以下简称泰×公司)

一审法院：广州市番禺区人民法院

案号：(2021)粤0113民初3733号

二审法院：广东省广州市中级人民法院

案号：(2022)粤01民终12613号

泰×公司是成立于2019年1月2日的有限责任公司。彭某玲是该公司股东。

2020年11月11日，彭某玲向泰×公司送达《律师函》，申请查阅、复制会计账簿(包括总账、明细账、日记账和其他辅助性账簿)和会计凭证(含记账凭证、相关原始凭证及作为原始凭证附件入账备查的有关资料)。2020年11月26日，泰×公司向彭某玲发出《回函》，回复如下：鉴于本次申请查阅会计账簿的股东有如下行为：(1)拒不归还公司所有的"QUEENWORLD"商标。(2)上述股东利用公司的商标经营有实质性竞争关系业务。公司认为上述股东违反了《公司法》，查账目的是"不正当目的"，公司根据《公司法》的有关规定，有权拒绝查阅账簿。

因泰×公司不同意彭某玲的查阅、复印申请，彭某玲为维护自身合法权益，向广州市番禺区人民法院提起诉讼，请求：(1)查阅、复制泰×公司2019年1月2日至本案判决之日的公司章程、股东会会议记录、董事会会议决议、财务会计报告、财务会计报表、会计账簿、会计凭证、天然乳胶内衣品牌"QUEENWORLD"代理商名单；(2)本案诉讼费、律师费5万元、执行费等费用由泰×公司承担。

泰×公司辩称，不同意彭某玲的诉讼请求。(1)代理商数据不是《公司法》规定可以查阅的；(2)彭某玲作为公司股东但同时经营同类产品；(3)彭某玲作为实际控制人，其哥哥彭某敏经营的产品与泰×公司有商标纠纷，已另外开庭。

庭审中，泰×公司称因彭某玲不配合将其代持的商标转入泰×公司，导致公司不能正常经营，所以终止招商和退代理。泰×公司费用支出在股东群里通知，所有股东都知情。因彭某玲存在经营同类竞品的事实，因此拒绝提供代理商名单进行查阅。彭某玲陈述：商标转让与本案无关，是彭某玲的哥哥彭某敏与泰×公司的纠纷，确认其本人在青岛泰×好贸易有限公司担任品牌运营，主要经营乳胶女性内衣，品牌为新时代女王。但泰×公司在成立时对其经营同类竞品的情况是知情的，且其并非担任董事及高管人员，不属于竞业禁止的范围。

二审查明如下事实：一审中，彭某玲提交了《民事专项法律服务委托代理合同》及《中国工商银行网上银行电子回单》各一份，拟证实彭某玲通过案外人慧×新健康服饰有限公司账户向广东华×律师事务所支付律师费5万元。其中，《中国工商银行网上银行电子回单》上备注：彭某玲知情权律师费。

另查明，青岛泰×好贸易有限公司于2020年11月17日成立。

【裁判结果】

一审法院判决：

1. 泰×公司于判决发生法律效力之日起5日内提供自2019年1月2日起的股东会会议记录、董事会会议决议、财务会计报告（包括会计报表、会计报表附注和财务情况说明书）供彭某玲及其授权的不超过两名的会计师、律师查阅、复制；查阅地点为泰×公司的经营场所，泰×公司应提供复印设备供彭某玲使用，查阅期限为45日。

2. 驳回彭某玲其余诉讼请求。

二审法院判决：

1. 维持广东省广州市番禺区人民法院（2021）粤0113民初3733号民事判决第1项；

2. 撤销广东省广州市番禺区人民法院（2021）粤0113民初3733号民事判决第2项；

3. 泰×公司在判决发生法律效力之日起5日内向上诉人彭某玲支付1万元；

4. 驳回彭某玲的其他诉讼请求。

【案件解析】

本案主要焦点问题为彭某玲主张查阅、复制泰×公司会计账簿以及代理商名单是否能得到支持。

第一，本案系股东知情权纠纷，彭某玲作为泰×公司股东，享有法律赋予的股东知情权利。根据《公司法》（2018年）第三十三条第一款的规定，股东有权查阅、复制公司章程、股东会会议记录、董事会会议决议、监事会会议决议和财务会计报告。因此，泰×公司应提供自2019年1月2日起的股东会会议记录、董事会会议决议、财务会计报告供彭某玲查阅、复制。

第二，关于彭某玲查阅会计账簿和会计凭证是否存在不正当目的问题，根据《最高人民法院关于适用〈中华人民共和国公司法〉若干问题的规定（四）》第八条的规定，不正当目的的情形之一，就是股东自营或者为他人经营与公司主营业务有实质性竞争关系业务的。本案中，彭某玲自认在青岛泰×好贸易公司担任品牌运营的负责人，主要经营乳胶女性内衣。青岛泰×好贸易有限公司成立于泰×公司之后，彭某玲作为泰×公司的股东，在与泰×公司经营同类产品的青岛泰×好贸易有限公司担任品牌运营负责人，两公司在产品经营上的相同性必然会导致两公司之间产生实质性的竞争关系。而会计账簿、会计凭证包括原料价格、销售金额等商业信息,若允许彭某玲查阅,将导致股东知情权和公司商业秘密保护之间的失衡。彭某玲请求查阅会计账簿和会计凭证存在不正当性,对其相关请求法院不应支持。同理,彭某玲主张查阅代理商名单,缺乏充分依据,法院亦不应支持。

案例 42　股权被法院冻结,不影响股东行使知情权

——天津天×平安出行科技有限公司、杨某想股东知情权纠纷案

【基本案情】

上诉人(原审被告):天津天×平安出行科技有限公司(以下简称天×公司)

被上诉人(原审原告):杨某想

一审法院:天津自由贸易试验区人民法院

案号:(2022)津 0319 民初 9246 号

二审法院:天津市第三中级人民法院

案号:(2022)津 03 民终 4222 号

天×公司是一家成立于 2020 年 9 月 28 日的有限责任公司,注册资本为 1000 万元,杨某想为天×公司的登记股东,持股 13.75%。杨某想向天×公司的法定代表人及董事长发送过要求查阅公司会计账簿,行使股东知情权的主张,但消息均被拒收。为此,杨某想向天津自由贸易试验区人民法院提起诉讼,请求:判令天×公司向杨某想公布 2020 年 10 月至 2022 年 5 月的财务报表和账目。

另查,2021 年 11 月 3 日,天津自由贸易试验区人民法院作出(2021)津 0319 执 1398 号之一协助执行通知书,请天×公司协助执行以下事项:冻结被执行人杨某想持有天×公司的 13.75% 股份、股权分红及投资收益,期限为 2021 年 11 月 3 日至 2024 年 11 月 2 日,为期 3 年。天×公司以杨某想的股权被法院冻结为由不同意杨某想行使知情权。

【裁判结果】

一审法院判决:天×公司自判决生效之日起 10 日内将 2020 年 10 月 1 日至 2022 年 5 月 31 日的财务会计报告备置于公司供杨某想查阅,时间不得超过 10 个工作日。

二审法院判决:驳回上诉,维持原判。

【案件解析】

股东知情权是股东享有对公司经营管理等重要情况或信息真实了解和掌握的权利,是股东依法行使资产收益、参与重大决策和选择管理者等权利的基础性权利。本案中,杨某想具有天×公司的股东身份,虽然杨某想股权被法院冻结,但仅是司法机

关限制其转让等相关权利，并没有否认其股东身份，更没有限制其行使股东知情权。因此天×公司以此为由不同意杨某想行使知情权，依据不足，法院不应支持。根据《公司法》(2018 年)第三十三条第一款的规定，股东有权查阅、复制公司章程、股东会会议记录、董事会会议决议、监事会会议决议和财务会计报告，故杨某想依法享有查阅公司财务会计报告的权利，对杨某想查阅天×公司财务会计报告的诉讼请求，法院应予支持。

案例 43 出资瑕疵股东在股东会作出除名决议之前，仍具有股东资格，不影响其行使股东权利

——石某勇诉宜昌钰×人力资源服务有限公司股东知情权纠纷案

【基本案情】

原告：石某勇

被告：宜昌钰×人力资源服务有限公司(以下简称钰×公司)

审理法院：宜昌市夷陵区人民法院

案号：(2019)鄂 0506 民初 155 号

2016 年 6 月，石某娇、李某波、屈某经协商拟以各自父或母的名义共同出资成立人力资源服务公司，从事人力资源管理咨询服务，设计、制作、代理、发布国内各类广告业务。后石某娇、李某波、屈某三人拟定了钰×公司章程，公司股东为舒某银(李某波之父)、石某勇(石某娇之父)、柳某凤(屈某之母)；注册资本为 200 万元，舒某银出资 80 万元、石某勇出资 60 万元、柳某凤出资 60 万元，三人分别占股 40%、30%、30%；舒某银任公司法定代表人，柳某凤任公司监事；石某娇、李某波、屈某三人代舒某银、石某勇、柳某凤在公司章程上签字。公司章程第三十四条规定："公司应当依照法律、行政法规和国务院财政部门的规定建立本公司的财务、会计制度。公司应当在每一会计年度终了时编制财务会计报告，应依法经会计师事务所审计。财务会计报告应当依照法律法规、行政法规和国务院财政部门的规定制作。公司应予第二年三月三十一日前将财务会计报告送交各股东。"公司章程签订后，钰×公司向李某萍借款 200 万元分别向舒某银、石某勇、柳某凤湖北三峡农村商业银行股份有限公司营业部账户转款 80 万元、60 万元、60 万元，在湖北大地会计师事务有限公司出具验资报告书后，又将上述 200 万元转回李某萍账户。随后，钰×公司办理了工商登记，并开始营业。石某娇、李某波、屈某三人均在钰×公司从事经营活动，后在经营过程中，发生矛盾。2018 年 8 月底，石某娇之母饶某鸣与他人成立湖北易×人力资源服务有限责任公司，从事劳务派遣、职业中介服务、劳务服务(不含建筑劳务、涉外劳务)、互联

网信息服务等业务,石某娇遂从钰×公司转至湖北易×人力资源服务有限责任公司工作。后石某勇与钰×公司发生纠纷,石某勇口头向钰×公司提出申请要求查阅其会计账目及相关决议资料。2018年12月14日,钰×公司向石某勇回复称“因实际股东石某娇于2018年9月以其母亲名义注册湖北易×人力资源服务有限责任公司(其母饶某鸣为易招人才的股东,占股31%)与我公司在同一区域开展同类型业务,属于业务竞争关系,且公司已经获取相关信息和资料,证实湖北易×人力资源服务有限责任公司与我公司现有业务单位进行业务衔接和恶性竞争,严重损害公司合法权益。基于以上情况,根据《公司法》(2018年)第三十三条之规定,公司决定拒绝实际股东石某娇(挂名股东石某勇)查询公司账目的要求”。因协商未果,2019年1月7日,石某勇诉至宜昌市夷陵区人民法院,请求:(1)依法判令钰×公司提供自公司成立之日起的会计账簿供石某勇查阅,并由钰×公司提供相应的财务报告和相应的股东决议凭证;(2)本案诉讼费由钰×公司承担。

钰×公司辩称,(1)石某勇系代其女儿石某娇持有该公司股份,石某勇为挂名股东未参与公司经营,石某勇诉称开设公司的事实与客观事实不符;(2)本案争议发生的原因是石某勇女儿石某娇利用获知的该公司经营信息,恶意开展与该公司竞争性的经营业务,损害公司利益。石某勇为协助石某娇开展竞争性业务,配合石某娇滥用股东知情权,以所谓查阅公司账簿名义索要公司经营信息;(3)石某勇不是公司实际股东,其要求查询公司会计账簿也具有不正当目的,依法不应支持。本案石某勇作为石某娇所持股份的代持股东,而非公司实际股东,石某勇知道或应当知道其妻饶某鸣及其女石某娇另行设立、经营与该公司相同业务范围的公司,石某勇要求提供会计账簿、财务报告及决议凭证,属于滥用股东权利,该公司有合理根据认为石某勇诉称的查询要求不具有正当性目的。故请求法院依法驳回石某勇的诉讼请求。

另查明,石某勇与饶某鸣已于2017年7月27日办理离婚登记。另外,钰×公司认为石某勇出资存在瑕疵不能行使股东知情权。

【裁判结果】

驳回石某勇的全部诉讼请求。

【案件解析】

石某勇作为钰×公司的股东,行使股东知情权是其了解公司运营状况、参与公司决策、运营的重要手段。石某勇为了解公司的实际经营情况,根据《公司法》(2018年)第三十三条的规定,向钰×公司提出申请要求查阅会计账簿、财务报告和相应的股东决议凭证系依法行使股东知情权。钰×公司辩称,石某勇出资存在瑕疵不能行使权利,但《公司法》(2018年)第三十三条并未对出资瑕疵股东的知情权作出任何限制性规定,因此出资瑕疵股东在股东会作出除名决议之前,仍具有股东资格,不影响其行使股东权利。石某勇向钰×公司提出申请后,钰×公司认为石某勇查阅公司会计账簿、财务报告等具有不正当目的。《最高人民法院关于适用〈中华人民共和国公司法〉若干问题的规定(四)》第八条对不正当目的的认定有四种情形:(1)股东自营或者为他人经营与公司主营业务有实质性竞争关系业务的,但公司章程另有规定或者全体股东另有约定的除外;(2)股东为了向他人通报有关信息查阅公司会计账簿,可能损害公司合法利益的;(3)股东在向公司提出查阅请求之日前的3年内,曾通过查阅公司会计账簿,向他人通报有关信息损害公司合法利益的;(4)股东有不正当目的的其他情形。本案中,石某勇之女石某娇曾在钰×公司工作,后因经营问题发生纠纷后,到其母亲饶某鸣成立的湖北易×人力资源服务有限责任公司工作,而湖北易×人力资源服务有限责任公司与钰×公司从事相同的业务,存在竞争关系,虽然石某勇与饶某鸣已经离婚,但其系石某娇的父亲,石某娇先后在钰×公司及湖北易×人力资源服务有限责任公司工作,在这两个公司存在同业竞争关系的情况下,石某勇在查阅钰×公司的会计账簿、财务报告和相应的股东决议凭证后,可能损害钰×公司合法权益。故钰×公司拒绝其相关申请理由成立,法院应予支持。

案例44　新股东有权查阅其加入公司之前的会计账簿等公司资料

——吴某华与金×控股集团有限公司股东知情权纠纷案

【基本案情】

上诉人(原审原告):吴某华

被上诉人(原审被告):金×控股集团有限公司(以下简称金×公司)

一审法院:浙江省乐清市人民法院

案号:(2013)温乐柳商初字第722号

二审法院:浙江省温州市中级人民法院

案号:(2014)浙温商终字第664号

金×公司由温州金×机电有限公司更名而来,于2001年1月18日开始经营,注册资本为1.8亿元;公司章程及工商登记在册的股东有12人,其中吴某华及黄某安、金某华、吴某敏4人于2013年3月22日成为金×公司新股东。吴某华、吴某敏、金某华认缴的出资额均为600万元,持股比例均为3.33%;黄某安认缴的出资额为350万元,持股比例为1.94%。2013年7月16日,包括吴某华在内的4位新股东以为了全面系统地了解公司的经营及财务状况为由,委托代理人向金×公司寄送《查阅、复制公司相关资料的请求函》,请求:(1)查阅并复制金×公司2001年1月18日至2013年5月30日的所有股东会会议记录、董事会会议决议、监事会会议决议以及历年的全部财务会计报告;(2)查阅金×公司2001年1月18日至2013年5月30日的全部会计账簿（含总账、明细账、日记账和其他辅助性账簿）和会计凭证（含记账凭证、相关原始凭证及作为原始凭证附件入账备查的有关资料）；(3)查阅时间不少于7个工作日。金×公司于同年7月18日签收上述请求函。15日答复期届满后，金×公司并未提供相关资料供吴某华等人查阅、复制，也未书面答复不同意查阅、复制的理由。

2013年8月19日，吴某华向浙江省乐清市人民法院提起诉讼，要求判令：(1)金×公司提供其2001年1月18日起至2013年5月30日的所有股东会会议记录、董事会会议决议、监事会会议决议以及历年的全部财务会计报告供吴某华查阅、复制；查阅、复制时间为15个工作日；(2)金×公司提供其2001年1月18日起至2013年5月30日的全部会计凭证（含记账凭证、相关原始凭证及作为原始凭证附件入账备查的有关资料）供吴某华查阅；查阅时间为15个工作日；(3)金×公司承担吴某华为保全证据所花费的公证费1020元；(4)金×公司承担本案诉讼费。在案件审理过程中，吴某华又于2013年10月25日申请增加诉讼请求，并变更上述第二项请求为：金×公司提供其2001年1月18日起至2013年5月30日的全部会计账簿（含总账、明细账、日记账和其他辅助性账簿）和会计凭证（含记账凭证、相关原始凭证及作为原始凭证附件入账备查的有关资料）供吴某华查阅；查阅时间为15个工作日。

在审理过程中，金×公司先后两次分别于2013年9月22日、2013年10月24日以本案诉讼会对其上市子公司金×机电股份有限公司产生不利影响，要求与吴某华进行庭前协调为由申请延期审理，但双方最终无法达成一致调解意见。

金×公司一审期间辩称：(1)吴某华成为金×公司股东时已承诺与金×公司无任何纠纷，对金×公司之前的经营状况也已确认，无权也无须查阅，更没有复制的必要；且吴某华承诺在金×公司进行融资贷款时会无条件予以配合，现金×公司为了正常经营周转需要融资贷款，但吴某华却故意不予配合，反而毫无缘由地要求查阅公司的相关资料，其目的显然不正当。(2)吴某华利用其股东身份一度在金×公司制造矛盾，造成一定损失，其成为股东仅几个月时间，就委托律师发函要求查账直至提起诉讼，结合其成为股东前后的表现，金×公司有理由认为其目的不正当，企图损害公司的形象和利益。(3)即使吴某华可以查阅公司相关资料，因其在2013年3月22日才成为公司股东，其可以查阅的时间范围也应是成为公司股东开始，即自2013年3月22日起至2013年5月30日止。(4)公司章程没有规定股东有权查阅、复制董事会决议和监事会决议；会计账簿属公司机密，仅由股东本人查阅，但必须理由正当；无论公司章程还是法律都没有规定股东有权查阅会计凭证；公司每年的工商年检都有提供审计报告，吴某华可以通过工商行政管理部门查阅相关信息。(5)无论是公司章程还是法律都没有规定吴某华行使股东知情权必须要进行公证，因此吴某华诉请的公证费不应得到支持。另外，吴某华要求15天的查阅、复制期，缺乏事实依据。综上，在没有任何证据证明金×公司存在侵害股东利益、长达几年没有告知股东公司经营状况或不给分红的情况下，吴某华等人互相串通要求查阅、复制公司相关资料，是违背公司法精神的，其查阅目的不正当，请求法院驳回吴某华的诉讼请求。

吴某华不服一审判决，向温州市中级人民法院提起上诉称：(1)一审法院判决吴某华只能查阅或复制2013年3月22日之后(吴某华成为金×公司股东后)的公司相关资料明显缺乏法律依据且适用法律错误。①《公司法》(2018年)第三十三条并未对股东查阅公司资料的时间范围进行任何限制，只要属于规定的资料范围，公司股东即有权要求查阅或复制。至于该资料形成于股东加入公司之前还是之后，并不影响股东知情权的行使。吴某华主张行使股东知情权的时间范围问题实际上不应成为本案的争议焦点。②吴某华行使知情权的理由是，全面系统地了解公司经营及财务状况。若仅允许股东查阅其成为股东之后的公司相关资料，则公司股东不可能全面系统地了解公司的经营及财务状况。③最高人民法院公报2011年第8期公布的股东知情权纠纷案例也支持了股东要求查阅其成为公司股东之前的公司账册等资料的诉请。(2)一审法院判决吴某华无权委托专业会计人员行使查阅权属于适用法律错误。①根据最高人民法院公报2011年第8期公布的股东知情权纠纷案例，股东知情权包含了查阅权、检查人选任请求权和质询权。股东委托专业会计人员查阅公司会计账簿，本质上属于股东查阅权的辅助性权利，是查阅权行使的具体方式，也是股东知情权完整实现的保障。在执行阶段，通常由享有查阅权的股东通过委托专业会计师事务所进行查阅的方式实现。②退一步讲，若公司章程的相关内容确属限制股东委托专业会计人员查账的约定，但此种限制构成对《公司法》(2018年)第三十三条所规定的股东知情权完整性的侵犯，应属无效。股东知情权是股东享有对公司经营管理等重要情况或信息真实了解和掌握的权利，是股东依法行使资产收益、参与重大决策和选择管理者等权利的基础性权利，不应被无端地限制和剥夺。综上，请求二审法院撤销一审判决，改判支持吴某华一审提出的全部诉讼请求。

金×公司辩称：(1)一审法院在准许吴某华行使股东知情权的同时加入时间范围限制，合法合理。①《最高人民法院关于在审判执行工作中切实规范自由裁量权行使保障法律统一适用的指导意见》第七条规定就是一审法院对吴某华股东知情权加以时间限制的法律依据。②如果以法律没有明确限制股东行使知情权的时间范围为由即支持吴某华的诉讼请求，则明显与最高人民法院上述指导意见中强调的"利益最大化、损害最小化"的精神相悖，也绝不是法律应当保护和提倡的行为。③吴某华在入股前曾出具承诺书，承诺其与金×公司及其他股东不存在任何法律纠纷以及潜在的法律风险，亦不存在任何权益争议。④《公司法》(2018年)第三十三条规定的股东查阅权是指成为股东后的股东权利。2013年3月22日前，吴某华还不是金×公司股东，依法不享有知情权。(2)吴某华对最高人民法院公报的相关股东知情权案例存在误读。(3)审理股东知情权纠纷，一要考虑权利平衡，二要注意欲知内容与行权股东的关联性。①股东加入时间、持股比例、是否现任高管、与公司间是否存在矛盾等均应是衡平股东知情权与保护公司权益的重要因素。②股东欲知事项应当有明确具体的目的，且与股东知情权存在关联性。综上，请求二审法院驳回吴某华的全部上诉请求，维持原判。

另查明：(1)金×公司的章程第十条第（八）项约定股东可以要求查阅公司会计账簿，但仅能由公司股东本人查阅。(2)金×公司以吴某华查阅会计账簿有不正当目的为由予以拒绝，但其提供的证据并不足以证明吴某华查阅会计账簿有不正当目的。

【裁判结果】

一审法院判决：

1. 金×公司于判决生效之日起10日内提供2013年3月22日至2013年5月30日的股东会会议记录、董事会会议决议、监事会会议决议以及财务会计报告供吴某华查阅和复制。

2. 金×公司于判决生效之日起10日内提供2013年3月22日至2013年5月30日的会计账簿（含总账、明细账、日记账和其他辅助性账簿）和会计凭证（含记账凭证、相关原始凭证及作为原始凭证附件入账备查的有关资料）供吴某华查阅。

3. 上述材料由吴某华本人在金×公司的正常营业时间内查阅，查阅时间自查阅之日起不得超过5个工作日。

4. 驳回吴某华的其他诉讼请求。

二审法院判决：

1. 撤销乐清市人民法院(2013)温乐柳商初字第722号民事判决；

2. 金×公司于判决生效之日起10日内提供金×公司2001年1月18日至2013年5月30日的股东会会议记录、董事会会议决议、监事会会议决议以及财务会计报告供吴某华查阅、复制，吴某华查阅、复制的期间自查阅、复制之日起不得超过5个工作日；

3. 金×公司于判决生效之日起10日内提供金×公司2001年1月18日至2013年5月30日的会计账簿（含总账、明细账、日记账和其他辅助性账簿）供吴某华本人查阅；吴某华本人查阅的期间自查阅之日起不得超过15个工作日；

4. 驳回吴某华的其他诉讼请求。

【案件解析】

我国《公司法》(2018年)第三十三条规定："股东有权查阅、复制公司章程、股东会会议记录、董事会会议决议、监事会会议决议和财务会计报告。股东可以要求查阅公司会计账簿。股东要求查阅公司会计账簿的，应当向公司提出书面请求，说明目的。公司有合理根据认为股东查阅会计账簿有不正当目的，可能损害公司合法利益的，可以拒绝提供查阅，并应当自股东提出书面请求之日起十五日内书面答复股东并说明理由。公司拒绝提供查阅的,股东可以请求人民法院要求公司提供查阅。”由此可知,股东知情权实际上包括两个方面的内容:第一个方面的内容是股东对公司章程、股东会会议记录、董事会会议决议、监事会会议决议和财务会计报告的查阅、复制权。第二个方面的内容是股东对公司会计账簿的查阅权。现结合《公司法》有关股东知情权两个方面内容的不同构成要件对双方的诉辩意见评析如下:

1. 关于股东知情权中股东对公司章程、股东会会议记录、董事会会议决议、监事会会议决议和财务会计报告的查阅、复制权。《公司法》(2018 年)第三十三条第一款对股东知情权该方面的权能没有设置特别的限制性条件和前置程序,只要请求人具备公司的股东资格即可依法行使股东知情权该方面的权能。吴某华提出要求查阅、复制金×公司 2001 年 1 月 18 日起至 2013 年 5 月 30 日的股东会会议记录、董事会会议决议、监事会会议决议以及相关财务会计报告的诉讼请求有事实和法律依据,法院应予支持。

2. 关于股东知情权中的会计账簿查阅权。《公司法》(2018 年)第三十三条第二款对股东行使股东知情权中的会计账簿查阅权设置了目的正当性这个限制性条件和相应的前置程序要求。

(1)关于吴某华行使会计账簿查阅权的目的正当性问题。根据《公司法》(2018 年)第三十三条第二款之规定,股东对其要求查阅会计账簿的正当性目的仅负有说明义务。“说明”通常为解释清楚的意思,与证据法或诉讼法上的提供证据加以证明的举证责任应属不同概念。从文义上理解,《公司法》并没有要求股东对其查阅会计账簿的目的正当性负担证明责任。相反,《公司法》规定,公司以原告股东查阅会计账簿有不正当目的为由予以拒绝的,必须要有合理根据。“合理根据”通常理解为合乎事理地把某种事物作为结论的前提的意思,应该具有提供相应证据证明结论正确的含义。因此,公司应对原告股东查阅会计账簿有不正当目的承担举证责任。现吴某华已就其查阅会计账簿的目的做了一般性的说明,即为了全面了解金×公司的经营、财务状况。金×公司以吴某华查阅会计账簿有不正当目的为由予以拒绝,但其提供的证据并不足以证明吴某华查阅会计账簿有不正当目的。同时,金×公司辩称的吴某华在成为其股东时已确认与公司无争议,对金×公司之前的经营状况也已确认,并且在吴某华成为金×公司股东到其提起知情权诉讼期间,金×公司未有侵害股东利益、拒不告知公司经营状况或不给分红等情形,在吴某华相关权利未受到任何侵犯的前提下,无权亦无须查阅会计账簿等,均不属于否定股东查阅会计账簿目的正当性的合理根据。因此,法院对金×公司提出的目的正当性异议不应支持。在金×公司没有合理根据拒绝吴某华查阅公司会计账簿的情况下,吴某华作为股东有权请求法院判令公司提供查阅。

(2)关于吴某华是否有权查阅其成为股东之前的公司会计账簿的争议。公司股东有权了解公司经营状况、财务状况以及其他与股东利益存在密切关系的公司相关情况。由于公司的经营、发展是一个动态的、连续的过程,公司现在的情况不可能与之前的经营、财务状况完全脱节或毫无关联。如果不允许股东查阅其成为股东之前的公司会计账簿,则明显不利于对股东权益的保护。同时,《公司法》(2018 年)第三十三条第二款亦没有禁止股东查阅其成为股东之前的公司会计账簿。股东知情权中的会计账簿查阅权的对象不仅应包括吴某华成为公司股东之后的会计账簿,还应包括吴某华成为公司股东之前的会计账簿。

案例 45　公司进入破产清算程序后,股东仍然享有股东知情权

——安徽大×置业有限公司、汪某卫股东知情权纠纷案

【基本案情】

上诉人(一审被告):安徽大×置业有限公司(以下简称大×公司)

被上诉人(一审原告):汪某卫

一审法院:六安市中级人民法院

案号:(2018)皖 15 民初 113 号

二审法院:安徽省高级人民法院

案号:(2019)皖民终 291 号

大×公司为自然人投资或控股的有限责任公司,成立于 2009 年 8 月 4 日。2013 年 8 月 9 日,登记注册股东变更为王某慧、汪某卫。2014 年 4 月 8 日,六安市中级人民法院作出(2014)六民破字第 00001－1 号民事裁定书,受理六安市经济技术开发区管委会、郝某田、郝某勇对大×公司的破产清算申请,并指定安徽某律师事务所担任大×公司的管理人。2018 年 8 月 28 日,股东汪某卫向安徽某律师事务所公证邮寄《股东查账申请函》,被拒收退回。对汪某卫要求查阅、复制相关的财务账簿和债权审核、表决资料的请求,大×公司未予以任何书面回复。为此,汪某卫向六安市中级人民法院提起诉讼,请求:(1)判令大×公司提供 2014 年 4 月 8 日至今的债权申报材料、债权审核结果及依据材料供汪某卫查阅和复制;(2)判令大×公司提供 2014 年 4 月 8 日至今四次债权人会议对大×公司债权的表决记录供汪某卫查阅和复制;(3)判令大×公司提供自成立至今的会计账簿(包括总账、明细账、日记账和其他辅助性账簿)和会计凭证(含记账凭证、相关原始凭证及作为原始凭证附件入账备查的相关资料)供汪某卫查阅和复制;(4)判令本案诉讼费用由大×公司承担。

二审法院查明:2018 年 8 月 28 日,股东汪某卫向大×公司破产管理人安徽某律师事务所公证邮寄《股东查账申请函》,该函载明:“本人汪某卫,系大×公司股东,持

有大×公司51%股份。2014年4月8日，六安市中级人民法院宣布受理大×公司破产申请，同时指定贵所为安徽大×公司破产管理人。为充分了解大×公司的债权情况、公司破产后运营和财务状况，维护本人的股东权益，特请求依法行使股东对公司的知情权。请求查阅、复制材料范围：(1)2014年4月8日至今，大×公司债权人申报债权的金额和依据材料、贵所审核债权的结果和依据材料、前后共计四次债权人会议对公司债权的表决材料；(2)公司成立之日至今，大×公司的会计账簿(包括总账、明细账、日记账和其他辅助性账簿)和会计凭证(含记账凭证、相关原始凭证及作为原始凭证附件入账备查的相关资料)。对上述请求，望贵所收到本函后15日内书面回复本人(汪某卫)，并准备好相关材料供申请人(汪某卫)查阅、复制，查阅材料时间不少于7个工作日。如贵所未依法给予书面回复或不依法提供查阅、复制材料的，申请人(汪某卫)将通过诉讼途径维护自己的权利。"

大×公司辩称，(1)汪某卫仅为大×公司进入破产程序前的股东，不享有查阅、复制大×公司债权申报资料、审核结果以及依据、债权人会议决议的权利。2014年4月8日，六安市中级人民法院裁定受理了大×公司的破产清算一案，大×公司进入破产程序。根据《企业破产法》第五十九条、第六十一条、第六十四条的规定，依法向管理人申报债权的债权人才享有参加债权人会议的权利，系债权人会议的组成人员。在债权人会议中，对参会债权人的权限也充分明确地进行了规定，如可核查债权，形成债权人会议决议。汪某卫作为大×公司股东，从主体上来说，并不具备查阅债权审核及债权人会议决议的权利。故汪某卫的第1项、第2项诉讼请求因其主体不适格，无法律依据，应当不予支持。(2)汪某卫虽作为大×公司进入破产程序之前的股东，并不能仅依据《公司法》相关规定，要求查阅、复制大×公司自成立至今的所有会计账簿等资料，请求人民法院依法驳回其第3项诉讼请求。根据《企业破产法》第十五条的规定，自人民法院裁定受理破产申请后，债务人有关人员应当"妥善保管其占有和管理的财产、印章和账簿、文书等资料"(这里有关人员统指法定代表人)管理人受法院指定后，要求大×公司原法定代表人移交会计账簿。目前大×公司处于破产程序中，且依法宣告了破产，应当优先适用《企业破产法》的规定，管理人已召开了四次债权人会议，送达给大×公司原法定代表人及相关人员会议资料，保障了汪某卫股东知情权。另外，大×公司原法定代表人曾某飞系汪某卫的女婿，其妻子朱某红系大×公司的主要债权人之一，自2014年破产以来，四次债权人会议均参加，他们享有了法律规定的知情权，他们也从未提出过异议。即使根据《公司法》(2018年)第三十三条，股东可以查阅有限公司会计账簿，但按照该条规定也要写清目的。但汪某卫的申请没有写明查阅账簿的详细目的，大×公司有理由认为汪某卫查阅账册目的不具有正当性。据大×公司了解，汪某卫自身及其配偶经营多家企业，包括与大×公司经营范围相同行业的其他房地产开发公司，股东知情权是法律规定的股东享有的一项重要的、独立的权利,但为了对公司商业秘密进行保护和避免恶意干扰公司经营的行为,对于公司知情权的行使同样应当给予适当的限制。原公司财务账簿系汪某卫女婿移交给管理人的,其账目自己清楚。汪某卫要求查阅管理人接手后账簿没有法律依据。现在大×公司经法院许可,仍在继续营业,对于未完工程进行努力建设完工,进行综合验收,大×公司资产尚未变现完毕,在财务账册中记载了大量客户信息以及成本等要素,这些信息如果被同行掌握,可能会对大×公司的下一步不论是变现工作还是清算工作都将带来一系列的阻力,从而影响大×公司破产进度,影响整体债权人的合法权益。为了保障大×公司所有工作顺利推进,大×公司有理由相信其为了查阅会计账簿具有不正当目的,不符合公司法赋予其可以查账的相关条件。综上,股东请求权的设立主要系为了保障公司经营期间股东合法权益得到保障,本案大×公司已被宣告破产,股东实体权益名存实亡,再结合汪某卫现从事的相关行业和本案实际情况,大×公司有理由相信其本次诉讼夹带不正当目的,请法庭驳回其诉讼请求。

【裁判结果】

一审法院判决:

1. 大×公司于判决生效之日起10日内提供自公司成立以来的公司会计账簿(包括总账、明细账、日记账和其他辅助性账簿)及会计凭证(含记账凭证、相关原始凭证及作为原始凭证附件入账备查的相关资料)供汪某卫查阅。

2. 大×公司于判决生效之日起10日内提供自2014年4月8日至今债权申报材料、债权审核结果及依据资料、四次债权人会议表决记录供汪某卫查阅、复制。

3. 查阅、复制的地点在破产管理人办公地点或双方协商确定的地点;时间为在破产管理人正常工作时间内查阅,不得超过30个工作日。

4. 驳回汪某卫其他诉讼请求。

二审法院判决:驳回上诉,维持原判。

【案件解析】

股东知情权,是指股东享有了解和掌握公司经营管理等重要信息的权利,是股东依法行使资产收益、参与重大决策和选择管理者等权利的重要基础。一般而言,公司存续且股东资格存续的,股东即享有股东权。当公司进入破产清算程序后,公司及股东资格继续存续;我国现行有效的法律法规中,并无明文规定公司进入破产清算程序后股东不再享有全部或部分股东权利。因此,大×公司在进入破产程序后,汪某卫仍然享有股东知情权。查阅公司会计账簿及公司破产期间形成的相关资料,是股东知情权具体表现之一。《公司法》(2018年)第三十三条规定,股东可以要求查阅公司会计账簿。股东要求查阅公司会计账簿的,应当向公司提出书面请求,说明目的。公司有合理根据认为股东查阅会计账簿有不正当目的,可能损害公司合法利益的,可以拒绝提供查阅,并应当自股东提出书面请求之日起15日内书面答复股东并说明理由。

公司拒绝提供查阅的，股东可以请求人民法院要求公司提供查阅。本案中，汪某卫在向大×公司书面提出查阅会计账簿后，未得到大×公司的准许，汪某卫依法提起诉讼，符合法律规定。

根据《最高人民法院关于审理企业破产案件若干问题的规定》第四十一条的规定，第一次债权人会议应当向股东会议代表发出通知，要求其派员列席会议；第九十九条规定，破产程序终结后，破产企业的账册、文书等卷宗材料由清算组移交破产企业上级主管机关保存；无上级主管机关的，由破产企业的开办人或者股东保存。因此，股东在公司进入破产程序后，股东依然享有列席债权人会议，保管破产企业账册、文书等材料的权利，据此推断股东当然享有对破产程序中的相关债权申报等相关信息的知情权。在破产程序终结前，汪某卫要求查阅、复制破产债权申报材料、债权审核结果及依据资料、四次债权人会议表决记录，并不违背法律的规定，法院应予支持。

第六章

请求公司收购股权纠纷

一、实务要点

异议股东回购请求权，是指当股东会作出对股东利益有重大影响的决议时，对该决议表明异议的股东，享有请求公司以合理的价格收购其所享有的股权，从而退出公司的权利。请求公司收购股权纠纷，是指在特定的情形下，股东对公司重大决议事项持反对态度，股东要求公司以合理价格将自己持有的股权予以回购，股东与公司就是否符合回购条件、回购价款、回购期限等发生的纠纷。需要注意的是，该纠纷与股权转让纠纷不同，股权转让纠纷的股权受让方是公司之外的其他主体，而股权收购请求权的股权受让方是公司。我国《公司法》第八十九条规定："有下列情形之一的，对股东会该项决议投反对票的股东可以请求公司按照合理的价格收购其股权：(一)公司连续五年不向股东分配利润，而公司该五年连续盈利，并且符合本法规定的分配利润条件；(二)公司合并、分立、转让主要财产；(三)公司章程规定的营业期限届满或者章程规定的其他解散事由出现，股东会通过决议修改章程使公司存续。自股东会决议作出之日起六十日内，股东与公司不能达成股权收购协议的，股东可以自股东会决议作出之日起九十日内向人民法院提起诉讼。公司的控股股东滥用股东权利，严重损害公司或者其他股东利益的，其他股东有权请求公司按照合理的价格收购其股权。公司因本条第一款、第三款规定的情形收购的本公司股权，应当在六个月内依法转让或者注销。"该法第一百六十一条规定："有下列情形之一的，对股东会该项决议投反对票的股东可以请求公司按照合理的价格收购其股份，公开发行股份的公司除外：(一)公司连续五年不向股东分配利润，而公司该五年连续盈利，并且符合本法规定的分配利润条件；(二)公司转让主要财产；(三)公司章程规定的营业期限届满或者章程规定的其他解散事由出现，股东会通过决议修改章程使公司存续。自股东会决议作出之日起六十日内，股东与公司不能达成股份收购协议的，股东可以自股东会决议作出之日起九十日内向人民法院提起诉讼。公司因本条第一款规定的情形收购的本公司股份，应当在六个月内依法转让或者注销。"

司法实践中,异议股东股权回购之诉的争议焦点主要包括:协议回购是否是诉讼回购的必要前置程序;异议股东在不知情情况下未参加股东会决议,未提出反对意见,还能否拥有异议股东股权回购请求权;异议股东是否可以请求公司只回购其部分股权;股权回购的价格应如何确定;隐名股东是否有权行使异议股东股权回购请求权;股东未补足出资之前,能否主张异议股东股权回购请求权;公司发放给股东的利润,如何确定是分红还是奖金;公司章程、营业执照和股东会会议纪要有关营业期限的表述冲突时,应如何确定营业期限。

二、风险防范建议

为避免请求公司收购股权纠纷的产生,就公司而言,应注意以下几点:

1. 公司给股东分配利润时,应当作出利润分配的股东会决议。在没有股东会有效决议的情况下给股东"分红",款项性质有可能被认定为奖金,以避免持续多年后,可能符合《公司法》规定的"公司连续五年不向股东分配利润,而公司该五年连续盈利,并且符合本法规定的分配利润条件"。

2. 为避免争议,公司应当保证章程、营业执照和股东会会议纪要记载的营业期限一致。

3. 非因自身过错未能参加股东会的股东,虽未对股东会决议投反对票,但对公司合并、分立、转让主要财产或修改章程使公司存续的决议明确提出反对意见的,拥有异议股东股权回购请求权。

就股东或实际投资人而言,应注意以下几点:

1. 我国《公司法》第五十六条第二款规定,"记载于股东名册的股东,可以依股东名册主张行使股东权利"。由此可知,即便是实际出资人,只要无法证明其股东身份,也不可能享有该权利。

2. 基于《公司法》的"资本维持"基本原则,公司回购股权理应受到严格限制,否则将可能异化为股东恶意逃避债务、损害债权人利益的利器。《公司法》第八十九条、第一百六十一条出于保护公司中小股东利益目的而设定了股权、股份退出机制,但囿于其适用情形有限、权利行使需遵循严格程序,且合理价格的认定存在一定的难度,股东以公司回购股权这一方式退出公司、收回投资存在诸多障碍。因此,为防范大股东滥用股东权利损害中小股东利益,中小股东在合资设立公司前可提出在出资协议与章程中与大股东约定,在特定情形下由大股东作为回购主体按照一定的价格收购其股权,从而实现退出公司的目的。

3. 公司的控股股东不得滥用股东权利损害公司或者其他股东利益,否则应当承担赔偿责任,且其他股东有权请求公司按照合理的价格收购其股权。

4. 目前异议股东回购权在《公司法》及司法解释中的规定还比较粗放，在司法实践中还存在一些问题需要解决。为避免争议，股东(发起人)在制定章程时，可以针对异议股东回购权做细致规定，例如：(1)对"转移主要财产"进行约定。公司转让的财产是否为主要财产，取决于公司转让该财产是否影响了公司的正常经营和盈利，导致公司发生根本性变化。建议股东在公司章程中事先规定对主要财产的界定方式，可从转移的财产占公司总资产的比例、转移财产的金额及转移财产是否影响公司的主营业务的运营等进行综合考虑。(2)明确"股权回购价格"的认定方式。司法实践中，各地法院对于股权收购请求权纠纷中"合理价格"认定方法存在差异：如以净资产进行认定、以公司其他股东的转让价格上浮一定比例认定、以委托第三方机构进行评估来认定。由于法律并未对"股权回购价格"的认定方式进行明确规定，待出现纠纷后再寻找认定合理价格的方法可能会增加纠纷解决的时间及费用成本，带来不必要的讼累。建议可在公司章程中约定：股权回购价格先由股东协商决定，协商不成的，按照异议股东请求回购日作为基准日，经审计的总资产账面价值，按股权比例计算的份额计算。

三、典型案例解析

案例46 公司连续5年盈利不分配利润，股东有权请求公司收购其持有的股权

——谈某生、江苏东×农贸市场发展有限公司请求公司收购股权纠纷案

【基本案情】

上诉人(原审原告)：谈某生

被上诉人(原审被告)：江苏东×农贸市场发展有限公司(以下简称东×公司)

一审法院：江苏省溧阳市人民法院

案号：(2020)苏0481民初4369号

二审法院：江苏省常州市中级人民法院

案号：(2022)苏04民终960号

东×公司于2002年1月8日成立，公司类型为有限责任公司，注册资本为899.95万元，现工商登记股东为谈某生、潘某香、谈某霏，其中潘某香为公司法定代表人、执行董事兼总经理，谈某霏为公司监事。除上述已进行工商登记的股东外，根据

有关生效法律文书的认定,东×公司的股东还有陈某妹、谈某林、夏某荣、谈某富、谈某财、谈某国。上述股东持有东×公司的股权比例分别为:谈某生 49.285%、潘某香 49.885%、谈某霏 0.23%、陈某妹 0.1%、谈某林 0.1%、夏某荣 0.1%、谈某富 0.1%、谈某财 0.1%、谈某国 0.1%。另外,东×公司章程第十二条第一款第(7)项载明:股东会由全体股东组成,是公司的权力机构,行使下列职权……审议批准公司的利润分配方案和弥补亏损的方案……第十五条载明:股东会会议分为定期会议和临时会议,并应当于会议召开 7 日以前通知全体股东。定期会议为每年 3 月 1 日上午9 时,9 月 1 日上午 9 时召开会议各一次,临时会议由代表 1/10 以上表决权的股东或者监事提议方可召开。股东出席股东会议也可书面委托他人参加股东会议,行使委托书中载明的权利。股东会会议书面通知股东的方式为:根据工商行政管理局股东登记的地址及股东身份证地址寄送 EMS 邮件,如股东另行指定收件地点,则必须将新的收件地址在公司备案。按照以上方式寄送 EMS 邮件,邮件自发出 10 日后即视股东收到公司发出的股东会通知。第十六条载明:股东会会议由执行董事召集并主持,执行董事不能履行或者不履行召集股东会会议职责时,由公司监事召集和主持,监事不召集和主持的,代表 1/10 以上表决权的股东可以自行召集和主持。第十七条载明:股东会会议应当所议事项作出决议,出席会议的股东应当在会议记录上签名。

2020 年 1 月 1 日,谈某生通过 EMS 邮件向潘某香、谈某霏发送了《关于请求召开股东会对公司利润进行分配的函》,并于 1 月 2 日又以短信、微信方式告知潘某香、谈某霏上述函件。该函件内容为:"因公司经营状况尚可,具有可供分配的利润,现发函人依据《公司章程》和《公司法》的规定向公司请求召开股东会,对公司利润进行分红。因潘某香为本公司的执行董事、谈某霏为本公司的监事,根据《公司法》的相关规定,请潘某香、谈某霏履行职责,在 2020 年 3 月 10 日前召开公司股东大会。"

2020 年 3 月 11 日、12 日,谈某生又以上述方式向潘某香、谈某霏发送了《东×公司关于召开临时股东会的通知》。该通知内容为:"致:潘某香、谈某霏。鉴于公司执行董事及监事未履行召开股东会的义务,本股东根据《公司法》规定,行使召开股东会的股东权利,现定将于 2020 年 4 月 1 日召开临时股东会,现将本次会议议题及基本情况通知如下:一、本次会议基本情况:1. 会议时间:2020 年 4 月 1 日上午 9 时 50 分。2. 会议地点:西城市场四楼会议室。3. 召集人:谈某生。4. 主持人:谈某生。5. 召开方式:现场会议。6. 表决方式:现场记名投票表决。二、会议议题:关于审议公司的利润分配方案。公司利润分配方案如下:将公司截至 2019 年 12 月 31 日的税后净利润,在提取法定公积金及预留适当的公司发展金后,按照公司股东占股比例进行分配。三、出席会议的人员:公司全体股东,前述股东有权委托他人持本人授权委托书参加会议。委托书须载明:委托事项;委托权限(包括对具体事项持肯定或否定的意见);委托有限期限……”

2020 年 4 月 6 日、9 日,谈某生再次通过上述方式向潘某香、谈某霏发送了《东 × 公司关于召开临时股东会的通知》。该通知内容除会议时间为 2020 年 5 月 2 日上午 9 时 50 分、会议地点为西城市场三楼西城市场检测室内外,其他内容同上述通知。

2020 年 5 月 2 日,谈某生及陈某妹、谈某林、夏某荣、谈某富、谈某财、谈某国参加了股东会,并在“同意向股东分配公司利润”处签字,但潘某香、谈某霏未参加股东会。

2020 年 6 月 2 日、4 日,谈某生通过 EMS 快递、短信方式向东 × 公司法定代表人潘某香发送了《关于要求东 × 公司收购股东谈某生所持有股权的函》。该函件内容为:“东 × 公司(以下简称为“贵公司”)成立于 2002 年 1 月 8 日,注册资本为 899.95 万元。本人谈某生(以下简称“本人”)为贵公司的股东。现贵公司经营状况良好,具有向股东分配利润的条件,至今已连续五年未向股东分配利润。本人于 2020 年 1 月 1 日,向贵公司的执行董事潘某香(占股比例:49.885%)、监事谈某霏(占股比例:0.23%)发送《关于请求召开股东会对公司利润进行分配的函》,要求贵公司的执行董事和监事于 2020 年 3 月 10 日之前召开股东会;贵公司的执行董事和监事并未如期召开股东会。后本人根据《公司法》(2018 年)第四十条①的规定,自行召集和主持股东会,审议关于公司的利润分配方案,虽然本人投票赞成将贵公司截至 2019 年 12 月 31 日的税后净利润,在提取法定公积金及预留适当公司发展金后,按照公司股东占股比例进行分配。但由于贵公司的执行董事和监事未出席股东会,导致向股东分配公司利润的分配方案未能通过。根据《公司法》(2018 年)第七十四条②的规定,现要求贵公司收购本人所持有的东 × 公司股权。若贵公司于 2020 年 7 月 10 日前未通过以下列明的答复通知方式向本人进行答复,视为贵公司拒绝收购本人所持有的东 × 公司股权。特此函告!”

为维护自身合法权益,谈某生向江苏省溧阳市人民法院提起诉讼,请求:(1)判决东 × 公司收购谈某生持有的东 × 公司全部股权,暂定收购价为 400 万元,实际收购价格以人民法院委托的第三方评估结果为准;(2)判决案件诉讼费、评估费由东 × 公司承担。审理中,谈某生将第 1 项诉请变更为判决东 × 公司以 57,311,950.40 元的价格收购谈某生持有的东 × 公司全部股权,并以 57,311,950.40 元为基数按照一年期贷款市场报价利率标准的 4 倍向谈某生支付自起诉之日起至实际给付之日止的损失。

一审审理中,依据谈某生的申请,法院曾委托江苏象 × 土地房地产资产评估有限

---

① 对应《公司法》(2023 年)第六十三条。

② 对应《公司法》(2023 年)第八十九条。

公司对东×公司股权价值进行评估,但因双方当事人资料提供不齐全,导致评估公司无法评估,退还本次鉴定。后根据双方当事人达成的意见,该院再次委托江苏象×土地房地产资产评估有限公司对东×公司及其全资子公司恒×公司名下的不动产、车辆价值进行评估。2021 年 8 月 12 日,江苏象×土地房地产资产评估有限公司出具资产评估报告一份,认为房屋建筑物评估价值为 101,475,300 元(东×公司 95,855,700 元、恒×公司 5,619,600 元)、土地使用权评估价值为 10,425,400 元(东×公司)、车辆 626,700 元(东×公司 585,800 元、恒×公司 40,900 元)。为此,谈某生支付评估费 106,300 元。

在庭审过程中,东×公司除了向法院提交了 2019 年、2020 年度的资产负债表、利润及利润分配表外,并未提交其他年份的有关财务凭证证明公司的经营情况。在此情况下,谈某生依据从税务机关调取的税务报表来证明东×公司连续 5 年(2015 ~ 2019 年)盈利。

【裁判结果】

一审法院判决:

1. 东×公司于判决生效之日起 60 日内以 55,826,130.83 元的价格收购谈某生持有的 49.285% 股权并承担以 55,826,130.83 元为基数,自 2020 年 7 月 13 日起至实际给付之日止按照全国银行间同业拆借中心公布的 1 年期贷款市场报价利率计算的利息;

2. 驳回谈某生的其他诉讼请求。

如果未按判决指定的期间履行给付金钱义务,应当依照《民事诉讼法》(2017 年)第二百五十三条的规定,加倍支付迟延履行期间的债务利息。

二审法院判决:驳回上诉,维持原判。

【案件解析】

本案主要争议焦点为谈某生请求东×公司收购股权是否符合《公司法》的规定。我国《公司法》(2018 年)第七十四条规定:“有下列情形之一的,对股东会该项决议投反对票的股东可以请求公司按照合理的价格收购其股权:(一)公司连续五年不向股东分配利润,而公司该五年连续盈利,并且符合本法规定的分配利润条件的;(二)公司合并、分立、转让主要财产的;(三)公司章程规定的营业期限届满或者章程规定的其他解散事由出现,股东会会议通过决议修改章程使公司存续的。自股东会会议决议通过之日起六十日内,股东与公司不能达成股权收购协议的,股东可以自股东会会议决议通过之日起九十日内向人民法院提起诉讼。”

首先,根据上述第一款第(一)项的规定,异议股东请求公司收购股权的要件为三个,一是公司连续 5 年盈利;二是公司符合向股东分配利润的条件;三是公司连续 5 年未向股东分配利润。本案中,东×公司系公司财务账目和会计凭证的法定拥有者,并且负有每年编制财务报表审计报告的义务，但是东×公司除了向法院提交了2019年度、2020年度的资产负债表、利润及利润分配表外，并未提交其他年份的有关财务凭证证明公司的经营情况。在此情况下，结合东×公司的经营模式，谈某生依据从税务机关调取的税务报表来证明东×公司连续5年（2015～2019年）盈利，并无不当。如前所述，东×公司自2015～2019年每年均具备分配利润的条件，但没有一年向股东分配利润，东×公司长期不向股东分配利润的行为，损害了中小股东的权益。

其次，关于分配利润的股东会决议。根据东×公司章程第十五条载明的内容，股东会会议分定期会议和临时会议，而临时会议由代表1/10以上表决权的股东或者监事提议方可召开，并应当于召开7日前通知全体股东。本案中，谈某生持有公司股权为49.285%，其先是通过EMS快递、短信、微信方式请求公司执行董事潘某香、监事谈某霏召开临时会议讨论公司利润分配。在未果的情况下，谈某生自行召集和主持股东会临时会议，讨论公司利润分配的重大事项并将会议的时间、地点、内容通过EMS快递、短信、微信方式告知了潘某香、谈某霏，符合公司章程的规定，亦不违反法律规定。但因东×公司股东潘某香、谈某霏未出席，从而导致该临时股东会未能形成同意谈某生提出的利润分配方案的决议，而谈某生在该临时股东会上对利润分配方案投票赞成，即谈某生实质上为对不分配利润决议投反对票的股东。此后，谈某生在股东会决议之后的60日内向东×公司发出要求回购股权的函件，但东×公司并未与之协商达成一致意见。

最后，有限责任公司具有较强的封闭性与人合性，这些特性决定了其股东无法通过公开市场自由转让其股权，而从《公司法》（2018年）第七十四条的立法目的看，是在“资本多数决”的情况下，赋予中小股东或少数股东维护自身权益的救济措施的制度设计，畅通股东退出渠道。具体到本案，东×公司每年均具备分配利润的条件，但均未向股东分配利润，谈某生作为异议股东，有权请求东×公司收购其持有的股权。

案例47　公司在诉讼期间取消公司合并事宜，股东请求公司收购股权的诉求被驳回

——胡某保与重庆亿×瑞联实业有限公司请求公司收购股份纠纷案

【基本案情】

原告：胡某保

被告：重庆亿×瑞联实业有限公司（以下简称亿×瑞联公司）

审理法院：重庆市巫山县人民法院

案号：（2022）渝0237民初2088号

亿×瑞联公司于2017年6月5日登记成立;注册资本为1000万元;经营范围为房地产开发经营,许可经营范围:物业管理、企业管理咨询、利用互联网销售建材。

2018年6月16日,亿×瑞联公司章程载明"第十五条　股东享有如下权利:(一)按照其实缴的出资比例分红;公司新增资本时,优先按照其实缴的出资比例认缴出资;(二)参加或委托代理人参加股东会,按照认缴出资比例行使表决权;(三)优先购买其他股东转让的股权;(四)对公司的经营行为进行监督,提出建议或者质询;(五)选举和被选举为公司执行董事或监事;(六)查阅公司会计账簿,查阅、复制公司章程、股东会议记录、执行董事的决定、监事的决定和财务会计报告;(七)公司终止后,按其实缴的出资比例分得公司的剩余财产;(八)法律、行政法规或公司章程规定的其他权利……第二十九条股东会会议对所议事项作出决议,须经代表过半数以上表决权的股东通过,但是对公司修改章程、增加或者减少注册资本以及公司合并、分立、解散或者变更公司形式作出决议,须经代表三分之二以上表决权的股东通过……第三十六条公司有下列情形之一的,可以解散:(一)公司章程规定的营业期限届满;(二)股东会决议解散;(三)因公司合并或者分立需要解散;(四)依法被吊销营业执照、责令关闭或者被撤销;(五)人民法院依据《公司法》(2018年)第一百八十三条的规定予以解散。公司有前款第(一)项情形的,可以通过修改公司章程而存续……"2018年7月9日工商登记核准时,亿×瑞联公司出资者(股东)情况为:胡某保出资154万元,出资比例为15.4%;姜某弟出资439.2万元,出资比例为43.92%;杨某国出资36.2万元,出资比例为3.62%;谭某辉出资23.9万元,出资比例为2.39%;蔡某培出资47.7万元,出资比例为4.77%;谭某友出资100万元,出资比例为10%;罗某均出资45万元,出资比例为4.5%;唐某祥出资154万元,出资比例为15.4%。

亿×瑞联公司成立后至2019年10月,胡某保在公司担任总经理职务,参与了公司各项管理。2019年10月至2021年3月,胡某保担任公司监事,行使了监事权利。2021年3月左右,胡某保在公司因故与保安发生冲突,胡某保认为系姜某弟安排所致,此后没有再参与公司管理。

2021年7月12日,亿×瑞联公司召开股东会议,姜某弟、唐某祥、胡某保、谭某友、蔡某培、杨某国出席,会议决议由居×乐公司吸收合并,合并后由居×乐公司管理,亿×瑞联公司进行注销;后续具体合并程序与方案,按我国《公司法》及《公司章程》规定实施,并另行报股东会议讨论决议。会议表决时,胡某保不同意公司合并重组,要求解散公司;其余股东均同意合并。同日,胡某保向亿×瑞联公司提交《关于公司合并的意见》,称自己在公司受到欺辱,股东权利受到侵害,公司高管有3000余万元交不出账,公司内部矛盾突出,要求解散公司,各股东按出资比例分配剩余财产。同月15日,胡某保向亿×瑞联公司提交《请求公司收购股权申请书》,主要内容为"要求收购的股权:本人现持有的本公司15.4%的股权;拟出让价格:各方协商一致的合理价格;理由:2021 年 7 月 12 日,公司决议与居×乐公司合并,本人不同意;以及符合《公司法》规定的其他事由。请公司各股东在 2021 年 9 月 10 日内给予书面答复,确定是否购买本人出让的股权,逾期未答复的,视为不同意收购。逾期未答复或未达成一致的,本人将依据《公司法》规定向法院提起诉讼,要求公司收购本人持有的股权……”次日,亿×瑞联公司向胡某保发出《关于胡某保申请公司收购股权的告知》,载明:“胡某保:你送来的《要求公司收购股权申请书》已收悉,依据《公司法》(2018 年)第七十四条规定,你提出请求公司收购股权的同时,应当明确提出请求公司收购股权的合理价格,以使公司讨论决定后作出答复。请你于收到本告知后 5 日内,向公司书面回复你请求公司收购股权的合理价格。逾期不作书面回复的,视为你请求公司收购股权的申请不明确,因此所产生的一切后果与公司无关。”同月 21 日,胡某保向亿×瑞联公司及各股东递交《退股意见书》,载明:“亿×瑞联实业有限公司、姜某弟及各股东:2021 年 7 月 19 日本人从 QQ 邮件中收到贵司发送的《关于胡某保申请公司收购股权的告知》,要求本人明确提出公司收购股权的合理价格,结合公司的实际情况作如下回复:1. 按巫山亿丰(2020)2 号会议决议和巫山亿丰股东第五次还款情况表,退还胡某保的款项 280 万元,并按决议意见支付利息。2. 因胡某保的初始股权比例为 20%,根据纪要第三条的规定,多余资金将补齐原始股东资金后,多余部分 800 万元(4000 万×20%)应由公司予以退还。3. 公司现有净资产价值约为 4 亿元,胡某保自愿以 3.5 亿元的总值按 15.4% 的持股比例进行分配,应退还金额 5390 万元。若有异议,也可委托专业的评估机构对公司净资产市场价值作出评估,以评估机构的结论为依据。4. 胡某保承诺,自愿退股,不参与公司有关的任何事宜,若违约,可承担违约责任。”

2021 年 8 月 13 日,亿×瑞联公司召开股东会议,姜某弟、唐某祥、蔡某培、杨某国、谭某友、胡某保及其代理人唐某林参会,会议主要议题为表决亿×瑞联公司与居×乐公司合并及合并的主要内容,《亿×瑞联公司股东会议记录》载明,主持人姜某弟介绍亿×瑞联公司目前剩余资产净值约 2000 万元,如合并要求支付对价 1500 万元,而居×乐公司只同意支付的对价为 1200 万元。会议最终决定公司合并要求支付对价 1500 万元,5 个股东同意合并方案,胡某保不同意合并。2021 年 12 月 15 日,亿×瑞联公司召开股东会议,姜某弟、唐某祥、蔡某培、杨某国、谭某友、胡某保参会,讨论表决公司合并事宜,因与居×乐公司合并价格存在分歧,会议就继续合并还是取消合并进行表决,5 个股东同意取消合并方案,胡某保认为同意和不同意暂不表决,因为两公司涉嫌关联交易,侵犯了其权益。

胡某保要求亿×瑞联公司回购名下全部股份,但经多次协商,并发送收购文书,至今未能达成协议。为此,胡某保向重庆市巫山县人民法院提起诉讼,请求:(1)判令亿×瑞联公司以 2500 万元的价格(暂定,具体数额以鉴定的股权价值为准)回购胡某保持有的亿×瑞联公司15.4%的股份。(2)本案诉讼费、保全费、担保费、鉴定(评估)费由亿×瑞联公司承担。重庆市巫山县人民法院于2021年9月15日立案。

亿×瑞联公司辩称,2021年7月12日、8月13日,亿×瑞联公司分别召开公司股东会,决议亿×瑞联公司拟与居×乐公司采取吸收合并的方式进行合并,决议拟定合并对价为1500万元。决议作出后,亿×瑞联公司一直在与居×乐公司洽谈合并协议签订事宜,但经双方多次磋商,未能就合并对价形成一致意见,故一直未签订《合并协议》。2021年12月6日,居×乐公司向亿×瑞联公司发来《告知函》,因不同意亿×瑞联公司提出的合并对价,决定放弃吸收合并。为此,亿×瑞联公司于2021年12月15日再次召开股东会,最终决议放弃公司合并,终止亿×瑞联公司与居×乐公司之间的合并事宜。因此认为,亿×瑞联公司与居×乐公司之间并未发生合并,亿×瑞联公司股东会原决议拟进行公司合并的意向已经股东会再次决议放弃,故胡某保诉讼请求公司收购其股份,不符合《公司法》(2018年)第七十四条规定的法定情形,胡某保的请求没有事实和法律依据,亿×瑞联公司不同意胡某保要求公司回购其股份的请求,请求依法判决驳回胡某保的诉讼请求。

【裁判结果】

驳回胡某保的诉讼请求。

【案件解析】

本案争议焦点为胡某保要求公司收购股权的请求应否得到支持。

我国《公司法》(2018年)第七十四条规定:"有下列情形之一的,对股东会该项决议投反对票的股东可以请求公司按照合理的价格收购其股权:(一)公司连续五年不向股东分配利润,而公司该五年连续盈利,并且符合本法规定的分配利润条件的;(二)公司合并、分立、转让主要财产的;(三)公司章程规定的营业期限届满或者章程规定的其他解散事由出现,股东会会议通过决议修改章程使公司存续的。自股东会会议决议通过之日起六十日内,股东与公司不能达成股权收购协议的,股东可以自股东会会议决议通过之日起九十日内向人民法院提起诉讼。"该法条系对异议股东股权收购请求权的规定。有限责任公司是兼具资合性与人合性的公司,它不仅依靠股东的出资来保证公司的设立和运营,同时也需要依靠股东的共同努力,来经营管理公司。因此,有限责任公司设立以后,其股东不得随意退出公司。但在现实生活中,有些有限责任公司的大股东利用其对公司的控制权,长期不向股东分配利润,并通过其他方式严重损害中小股东的权益。针对这种情况,《公司法》规定股东在法定的条件下,通过法定的程序,可以退出公司。即股东退出公司必须具备该法条规定的三种情形之一,同时对股东会上述事项的决议投了反对票。

本案中,胡某保要求亿×瑞联公司收购股权的主要理由是不同意2021年8月13日公司股东会议作出的公司由居×乐公司进行吸收合并的决议,如该决议继续实施,那么胡某保起诉要求公司以合理的价格收购其股权,符合《公司法》(2018 年)第七十四条的规定。但是,2021 年 12 月 15 日,亿×瑞联公司再次召开股东会议,作出决议取消了公司合并事宜,故胡某保请求亿×瑞联公司收购股份的法定事由已消除,故胡某保要求亿×瑞联公司收购股权的诉讼请求因不符合法律规定,法院不应支持。

案例 48 公司转让主要财产,投反对票的股东可以请求公司按照合理的价格收购其股权

——中国华×资产管理股份有限公司与重庆南×矿业有限责任公司请求公司收购股份纠纷案

【基本案情】

原告:中国华×资产管理股份有限公司(以下简称华×公司)

被告:重庆南×矿业有限责任公司(以下简称南×公司)

审理法院:重庆市高级人民法院

案号:(2018)渝民初 146 号

南×公司成立于 1980 年 7 月 24 日,其股东现为能×集团(持股 95.34%)和华×公司(持股 4.66%)。经营范围为煤炭销售、汽车货运、自备铁路货运、销售建筑材料、销售润滑油(脂)类项目,房屋出租等。分支机构经营煤炭开采、洗选及销售等。分支机构有选煤厂、矿山安全计量站、迎宾楼宾馆、通讯器材综合经营部、新闻服务中心以及机械制造厂。

2000 年 5 月 18 日,华×公司(甲方)、信×公司(乙方)及南×矿务局(丙方)签订《债权转股权协议》,确认甲方债权为 7310 万元,乙方债权为 1786 万元,甲方、乙方分别以折合 7310 万元、1786 万元的债转股资产向三方共同设立的新公司出资,占新公司注册资本的 20.36% 和 4.97%。新公司名称暂定为南×矿产(集团)有限责任公司。三方还就债权转股权的实施、其他债务处理、股权退出、生效条件、违约责任等方面进行了约定。其中第九章第一条约定股权退出方式包括新公司回购、丙方购买以及债权方(甲方、乙方)转让等三种方式;第二条对债权方股权退出计划进行了约定:2001 年度至 2006 年度各年退出股权比例分别为 10%、10%、15%、20%、20% 及 25%,退出价款分别为 910 万元、910 万元、1364 万元、1819 万元、1819 万元、2274 万元,6 年合计退出股权 100%,退出价款 9096 万元。

2000 年 6 月 12 日,华×公司(甲方)、信×公司(乙方)及南×矿务局(丙方)签订《债权转股权补充协议》,就三方签订的《债权转股权协议》达成补充和修改意见。其中,第二条约定:债权方(甲方、乙方)的股权通过回购方式退出时,股权退出价格为债

权方转股债权原值,不采取溢价方式计算。即在《补充协议》约定的回购期限内,债权方通过企业回购股权所得金额等于转股债权原值。非经财政部审核同意,任何单位、部门和个人不得决定债权方持有的股权“缩水”(回购股权的价格低于转股债权原值)。

2011 年 9 月 30 日,能×集团(甲方)与华×公司(乙方)签订《关于三户煤炭企业股权的置换协议》,约定乙方将其持有的重庆松×煤电有限责任公司 2100 万元、占比 2.5% 股权和重庆天×矿业有限责任公司 5000 万元、占比 13.62% 的股权,两户合计 7100 万元股权,与甲方持有的南×公司 7100 万元股权按一比一进行置换。自股权转换协议生效,双方完成过户和登记手续后,甲方享有该协议项下重庆松×煤电有限责任公司和重庆天×矿业有限责任公司股权的所有权利,并承担相应的义务。乙方享有该协议项下南×公司股权的所有权利并承担相应的义务。

2018 年 5 月 24 日,南×公司召开第二届股东会 2018 年度第三次会议,形成《股东会决议》,编号:第二届股东会[2018]3 号(二),载明:会议由公司党委书记、董事长、总经理涂某东主持。出席本次股东会的股东有能×集团(拥有 95.34% 的表决权)、华×公司(拥有 4.66% 的表决权),参会股东持股比例占公司总股本的 100%,符合《公司章程》的规定。会议审议了《关于转让南×煤矿等单位资产的议案》,会议采取票决方式批准此议案。票决结果:能×集团赞成,华×公司反对,赞成的股东拥有 95.34% 的表决权。根据《公司章程》的规定,本决议获得通过。会议决议如下:同意公司将南×煤矿、红×煤矿、东×煤矿、选煤厂、救护队资产(包括存货、固定资产、在建工程、土地使用权及矿业权)账面价值 218,181.17 万元,按照评估结果 153,541.09 万元作为转让价格转让给渝×公司。以下决议经参会股东代表签字和加盖公章如下,自作出之日起即时生效。能×集团和华×公司均在该股东会决议上签字并盖章。

2018 年 6 月 6 日,华×公司经理曾某与能×集团产权管理部员工黎某成通过微信联系双方将于 6 月 8 日上午在能×集团九楼 907 会议室召开会议事宜,华×公司有曾某、刘某东等 3 人参会。2018 年 6 月 13 日,曾某向其上级李某、毛某洁发送邮件,汇报此次会议情况。2018 年 6 月 14 日,曾某在回复毛某洁的邮件中提到“李某鹏对南×矿业情况进行了介绍,对我方提出退出南桐进行了回复,一是南×矿业潜亏巨大……南×矿业股权价值可能归零”。2018 年 7 月 12 日,黎某成通过微信向曾某发送了《重庆能投渝×能源有限公司组建及增资扩股方案》,该方案就渝×公司组建思路、方式、工作目标、组织架构、重组范围、资产重组方式、引入战略投资者以及上市等内容进行了安排。

2018 年 8 月 1 日,华×公司重庆市分公司向南×公司邮寄送达了《关于要求回购股权的函》,要求南×公司根据《公司法》(2018 年)第七十四条的规定,以 14,400 万元回购华×公司持有南×公司的全部股权。华×公司员工曾某证实,华×公司在发函前就南×公司回购股权事宜一直与南×公司的控股股东能×集团进行协商,在发函前没有与南×公司法定代表人协商过回购事宜。

因华×公司与南×公司不能达成股权收购协议,故华×公司向重庆市高级人民法院提起诉讼,请求:(1)判令南×公司以1.44亿元的价格(暂定,按鉴定或法院审理查明的股权价值与华×公司出资额1.44亿元两者孰高原则确定)回购华×公司持有的南×公司4.66%的股权;(2)判令南×公司向华×公司支付利息(以7300万元为基数,自2007年1月1日起,按中国人民银行同期贷款基准利率计算利息至付清之日止),暂计至起诉之日为4136万元;(3)本案诉讼费由南×公司承担。重庆市高级人民法院于2018年8月22日立案。

南×公司辩称,(1)华×公司要求南×公司收购股权属滥用股东权利,不应准许。①南×公司连续亏损多年,有大量对外债务,现阶段收购华×公司股权,将导致南×公司资产减损,削弱偿债能力,损害南×公司及其债权人的利益,是逃避股东责任,滥用股东权利的行为。②华×公司于2018年8月1日才向南×公司送达《关于要求收购股权的函》,超出了法定的60日期限,其诉请应予驳回。(2)华×公司主张的股权收购价混淆了公司法律关系和合同法律关系,不应得到支持。①《债权转股权协议》及其补充协议中约定的股权收购定价方式条款,不仅已超出约定的回购期,而且已超出诉讼时效,不应当适用该条款确定收购价。②《公司法》(2018年)第七十四条规定了"合理价格"收购,应当通过司法鉴定程序评估南×公司净资产的市场价值,确定股权回购的合理价格。(3)本案是公司股权回购纠纷,华×公司主张利息没有事实和法律依据,不应得到支持。请求依法驳回华×公司诉讼请求。

2020年10月28日,重庆海×土地房地产估价资产评估有限责任公司出具《资产评估报告书》(渝海特[2020]评鉴字第163号),载明:经评定估算,评估基准日为2018年4月30日,南×公司资产总额评估值为967,402.44万元,负债总额评估值为920,196.74万元,净资产(100%股东权益价值)评估值为47,205.70万元;华×公司持有的南×公司4.66%的股权价值为2199.79万元。

2020年12月15日,重庆海×土地房地产估价资产评估有限责任公司出具《股权价值变化情况说明》,载明:截至2018年5月31日,华×公司持有的南×公司4.66%的股权价值为0万元。特别事项说明:(1)委托书列明为2018年5月1日至5月24日的股权变化情况进行说明,企业一般在月末才会结账并出具会计报表,本股权价值变化情况说明变化截止日期为2018年5月31日,提请说明使用人注意。(2)南×公司于2018年5月31日账务处理中有4家公司转出其核心资产,具体包括:南×煤矿、东×煤矿、红×煤矿、选煤厂,累计出现账面亏损79,206.12万元,系本次股权价值变化的主要原因。(3)本说明作为《资产评估报告书》(渝海特[2020]评鉴字第163号)之附件,应与资产评估报告书结合使用。《股权价值变化情况说明》的附表《股权价值变化情况表》显示：南×公司2018年4月30日净资产（100%股东权益价值）评估值为47,205.70万元，2018年5月31日调整评估值为-79,125.95万元，其中处置核心资产出现账面亏损分别为：南×煤矿-52,737.19万元、东×煤矿-13,786.89万元、红×煤矿-11,827.66万元、选煤厂-854.38万元。庭审中，南×公司认可前述核心资产处置均发生在2018年5月24日南×公司召开股东会审议通过了转让南×煤矿等单位资产并形成了股东会决议之后。

法院查明：《南×公司审计报告》（大信渝审字[2018]00468号）显示，2017年12月31日，南×公司存货为105,949,290.20元，固定资产净额为2,215,529,895.14元，在建工程为4,967,323,637.18元，所有者权益为2,493,411,729.39元。

南×公司2018年度1~9月每月《会计报表》显示，南×公司1~4月各月营业收入分别为17,078万元、6739万元、16,322万元、23,953万元，各月煤炭收入分别为7436万元、2962万元、9519万元、13,281万元；2018年5月，营业收入为-16,385万元，与同期15,455万元比减少31,840万元，"本月收入同比减幅较大，主要是归属于渝×公司'三矿一厂'的业务即本年1~5月累计收入在5月进行了账务分离。'三矿一厂'的煤炭收入不再计入在南×矿业公司账套中"，资产负债率达85.61%，较年初80.75%增加4.86个百分点，所有者权益17.69亿元，较年初24.94亿元减少7.25亿元；2018年6~9月累计营业收入同比降幅较多，主要原因是"三矿一厂"的煤炭收入不再计入南×公司合并账套中。

另查明：渝×公司成立于2017年12月28日，其股东为能×集团。

南×公司2018年5月24日股东会决议通过之日起第60日为2018年7月23日，第90日为2018年8月22日。

诉讼中，华×公司于2019年8月3日提交了《鉴定申请书》，申请以南×公司形成股东会决议之日，即2018年5月24日为基准日，对华×公司持有的南×公司4.66%的股权价值进行评估。重庆市高级人民法院同意其申请，并组织华×公司、南×公司共同选定了评估机构。法院出具委托书，委托评估机构重庆海×土地房地产估价资产评估有限责任公司对华×公司持有的南×公司4.66%的股权在2018年5月24日的股权价值进行评估。重庆海×土地房地产估价资产评估有限责任公司对华×公司持有的南×公司4.66%股权在2018年4月30日的股权价值出具《资产评估报告书》（渝海特[2020]评鉴字第163号），并对股权价值在2018年5月1日至5月31日的变化情况出具了《股权价值变化情况说明》。

华×公司对《资产评估报告书》无异议，对《股权价值变化情况说明》有异议，认为该说明不能作为确定案涉股权价值的依据。南×公司对《资产评估报告书》及《股权价值变化情况说明》均无异议。

【裁判结果】

1. 南×公司于判决生效之日起 10 日内支付华×公司 4.66% 股权的收购价款 2202.68 万元;

2. 驳回华×公司的其他诉讼请求。

如果未按本判决指定的期间履行给付金钱义务,应当依照《民事诉讼法》(2017 年)第二百五十三条规定,加倍支付迟延履行期间的债务利息。

【案件解析】

本案主要争议焦点为:(1)南×公司是否转让了公司的主要资产;(2)华×公司要求南×公司收购股权是否符合法定的程序条件。

1. 关于南×公司是否转让了公司主要财产的问题。我国《公司法》(2018 年)第七十四条第一款规定:"有下列情形之一的,对股东会该项决议投反对票的股东可以请求公司按照合理的价格收购其股权:(一)公司连续五年不向股东分配利润,而公司该五年连续盈利,并且符合本法规定的分配利润条件的;(二)公司合并、分立、转让主要财产的;(三)公司章程规定的营业期限届满或者章程规定的其他解散事由出现,股东会会议通过决议修改章程使公司存续的。"华×公司认为南×公司于 2018 年 5 月 24 日通过的股东会决议决定转让的资产符合前述规定第二项"公司转让主要财产"的情形。根据相关法律规定,公司主营业务涉及的财产且运营该财产所得收益构成公司主要收入来源,转让该财产将改变公司经营方向的,该财产可以被认定为公司主要财产。本案中,南×公司的主营业务包括煤炭的生产和销售,且根据南×公司 2018 年度 1~4 月《会计报表》显示,2018 年 1~4 月南×公司煤炭收入分别占到月总营业收入的 43.5%、44%、58.3% 和 55.4%,可见,经营煤炭的收入是南×公司营业收入的主要部分。同时,根据南×公司 2018 年度 5~9 月《会计报表》显示,南×公司 2018 年 5 月 24 日《股东会决议》涉及的财产转让后,南×公司不再有煤炭收入,因此,该《股东会决议》决定转让的南×煤矿、红×煤矿、东×煤矿、选煤厂及救护队资产(包括存货、固定资产、在建工程、土地使用权及矿业权)是南×公司的主要财产。华×公司对该项《股东会决议》投反对票,依据前述规定,享有请求南×公司按照合理的价格收购其股权的权利。

2. 关于华×公司要求南×公司收购股权是否符合法定程序条件的问题。根据《公司法》(2018 年)第七十四条第二款的规定:"自股东会会议决议通过之日起六十日内,股东与公司不能达成股权收购协议的,股东可以自股东会会议决议通过之日起九十日内向人民法院提起诉讼",异议股东在股东会决议形成后的 60 日内,应当首先在公司内部寻求救济,如果没有向公司申请,视为放弃权利,不能与公司达成股权收购协议是股东提起收购诉讼的前提。法律规定 60 日,是为了促使异议股东尽快行使权利,避免不确定状态持续存在。如果股东未在 60 日内向公司提出收购申请,即丧失向法院提出诉讼的权利。本案中，华×公司于2018年8月22日提起本案诉讼要求南×公司收购股权，符合该款关于“九十日内提起诉讼”的规定，但前提是华×公司在股东会决议形成后的60日内，即2018年7月23日前向南×公司提出了收购申请且未能与其达成股权收购协议。华×公司于2018年8月1日向南×公司发送的《关于要求回购股权的函》，虽已超出股东会决议通过之日起60日的期限，但在股东会会议决议通过之日起60日内，华×公司曾与南×公司的控股股东能×集团召开会议，结合会后华×公司员工曾某与其上级的往来邮件“李某鹏对南×矿业情况进行了介绍，对我方提出退出南桐进行了回复”的内容、能×集团黎某成会后向曾某发送了《重庆能投渝×能源有限公司组建及增资扩股方案》以及证人曾某的证言，华×公司在股东会会议决议通过之日起60日内与南×公司控股股东能×集团协商了退出南×公司事宜。故华×公司提起本案诉讼符合《公司法》（2018年）第七十四条第二款关于要求公司收购股权的法定程序的规定。

案例49　是否属于“转让公司主要财产”，应从“量”与“质”上多方面判断，转让公司1%的股权不属于“转让公司主要财产”，股东无权要求公司收购股权

——杨某逸与上海磐×投资管理有限公司请求公司收购股份纠纷案

【基本案情】

上诉人（原审原告）：杨某逸

被上诉人（原审被告）：上海磐×投资管理有限公司（以下简称磐×公司）

一审法院：上海市青浦区人民法院

案号：（2019）沪0118民初19602号

二审法院：上海市第二中级人民法院

案号：（2021）沪02民终7883号

磐×公司于2015年9月9日成立，成立时注册资本为100万元，股东为案外人顾某和杨某逸，分别持股60%和40%，法定代表人为顾某；2016年3月18日，磐×公司股权结构变更为案外人王某160%、杨某逸持股40%，法定代表人变更为王某；2016年7月12日，磐×公司注册资本从100万元变更为1,428,571元，股权结构变更为王某142%（认缴60万元，实缴30万元）、杨某逸持股28%（认缴40万元，实缴20万元）、北京B公司持股20%（认缴285,714元，实缴285,714元）、广东××集团公司持股10%（认缴142,857元，实缴142,857元），法定代表人为王某。

磐×公司于2016年6月24日制定的公司章程第二十八条规定，“有下列情形之

一的,对股东会该项决议投反对票的股东可以请求公司按照合理价格收购其股权:(一)公司连续五年不向股东分配利润,而公司该五年连续盈利,并且符合本法规定的分配利润条件的;(二)公司合并、分立、转让主要财产的;(三)公司章程规定的营业期限届满或者章程规定的其他解散事由出现,股东会会议通过决议修改章程使公司存续的。自股东会决议通过之日起六十日内,股东与公司不能达成股权收购协议的,股东可以自股东会会议决议通过之日起九十日内向人民法院提起诉讼”。公司章程对股东会职权范围及异议股东股份回购请求权等事项的规定均与《公司法》相关规定吻合,未作出特殊规定。

2019 年 8 月 13 日,在磐×公司会议室召开临时股东会,由王某 2 主持,磐×公司全体股东参加。临时股东会针对“(一)《关于磐×公司中止投资湖州磐×实业投资合伙企业(有限合伙)的议案》、(二)《关于磐×公司转让深圳 A 有限公司股份的议案》、(三)《关于获取北京 B 有限公司和广东××集团公司集团有限公司所持有的磐×公司股份的议案》、(四)《关于磐×公司股份重新分配的议案》、(五)《关于磐×公司印鉴和资质证书等公司物品的管理问题的议案》”五项议案进行决议和表决。对于上述五项议案,王某、北京 B 公司、广东××集团公司对每项议案均表示同意,杨某逸对每项议案均表示反对,最终五项议案均因赞成股东合计持股比例达 72% 审议通过,并于 2019 年 8 月 14 日印发《磐×公司临时股东会决议》(以下简称临时股东会决议)一份。

临时股东会决议所涉五项议案中,与本案有关的为:《关于磐×公司转让深圳 D 有限公司股份的议案》《关于获取北京 B 有限公司和广东××集团公司所持有的磐×公司股份的议案》《关于磐×公司股份重新分配的议案》三项议案,主要内容如下:(1)同意将磐×公司所持有的 1% 的 A 集团公司股份,以 1000 万元的价格转让给北京 B 公司。(2)同意磐×公司向北京 B 公司支付现金 1300 万元以获取其所持有的磐×公司 20% 股权。基于北京 B 公司需向磐×公司支付 1000 万元来获得磐×公司所持有的 1% 的 A 集团公司股份,以及考虑到北京 B 公司与 A 集团公司是同一实际控制人名下的企业,两相抵扣,磐×公司获得北京 B 公司所持有的 20% 股权的最终代价为:①支付现金 300 万元给北京 B 公司;②把磐×公司所持有的 1% 的 A 集团公司股份免费转让或以现金 1 元的价格转让给北京 B 公司;在磐×公司配合北京 B 公司完成 A 集团公司股份转让的工商变更手续以及磐×公司支付 300 万元之后一周内,北京 B 公司配合磐×公司完成股权转让的工商变更手续。(3)同意磐×公司向广东××集团公司支付现金 650 万元以获取其持有磐×公司 10% 的股份,广东××集团公司在收到磐×公司支付的 650 万元之后一周内,配合完成工商变更。上述三项议案内容进行关联审议通过、合并执行。(4)同意北京 B 公司和广东××集团公司出让的合计 30% 磐×公司股份,按 6:4 的比例分配给王某和杨某逸,即王某获得 18%、杨某逸获得 12%。四位股东相互配合,在北京 B 公司和广东××集团公司分别收到300万元和650万元一周内，完成工商变更。

A公司系有限责任公司，原注册资本为1000万元，于2018年8月6日变更为8000万元。2019年12月16日，磐×公司将其持有的1%股权转让给北京B公司，并进行工商变更登记。

因杨某逸申请对磐×公司截至2019年9月30日的净资产进行审计，审理中，一审法院委托上海市高级人民法院摇号后，确定审计机构为××事务所。××事务所于2020年12月28日出具专项审计报告，审计意见为：磐×公司2019年9月30日净资产账面金额为13,845,003.81元，其中，实收资本928,571元，资本公积14,571,429元，未分配利润-1,654,996.19元。经审计调减862,749.73元，审定净资产为12,982,254.08元。审计报告载明，资产审计情况包括货币资金、其他应收款、其他流动资产、固定资产、长期股权投资、长期待摊费用六个部分。对于长期股权投资，截至2019年9月30日，磐×公司账面长期股权投资2,953,000元，经审计未调整，审定金额为2,953,000元。根据《小企业会计准则》的规定，长期股权投资应当采用成本法进行会计处理，在磐×公司长期股权投资里，深圳A有限公司投资成本为80万元，投资比例为1%。审计报告还载明，杨某逸为展示磐×公司在被投资企业享有的权益价值提供了被投资企业会计报表，审计机构认为，该价值不能作为调整长期股权投资账面价值的依据。

杨某逸为本次审计预付审计费用13万元。

2019年9月2日，杨某逸向磐×公司法定代表人王某发送回购函，要求磐×公司以不低于1820万元的价格回购杨某逸持有的磐×公司28%股权。因杨某逸与磐×公司对回购股权意见不一，杨某逸遂向上海市青浦区人民法院提起诉讼，请求：(1)磐×公司以人民币1820万元的价格回购杨某逸持有的磐×公司28%股权并向杨某逸支付股权回购价款；(2)诉讼费及财产保全费由磐×公司承担。审理中，杨某逸表示，审计费用需在本案中一并处理。

磐×公司磐×公司辩称：不同意杨某逸诉请，杨某逸请求回购股权依据不成立。首先，根据审计报告，磐×公司持有的深圳市A有限公司股权价格为80万元，并不构成磐×公司的主要资产。其次，股东会决议中，支付北京B公司和广东××集团有限公司款项用于回购磐×公司股权，不属于转让公司资产范围，且未实际支付。再次，系争股东会决议表决事项仅属于公司债务，并非转移公司资产，且由于杨某逸阻挠和不予配合至今未实施。最后，杨某逸的出资仅仅系认缴，并未实缴。

庭审中，杨某逸认为对于深圳A公司的股权价值应按照其转让价格甚至于类比其他上市公司的价值进行计算。

【裁判结果】

一审法院判决：驳回杨某逸的全部诉讼请求。

二审法院判决：驳回上诉，维持原判。

【案件解析】

公司转让主要财产涉及公司存在和发展的主要物质基础是否继续存在的问题。公司转让主要财产会使公司的存在与发展发生重大转折，股东的权利也会发生根本性的改变。因此，公司转让主要财产，股东会作出有关决议，持有异议的股东可以请求公司按照合理的价格收购其股权，以退出公司，避免异议股东的权益受到控股股东的侵害。

本案中，判断异议股东是否已享有回购请求权，应当审查临时股东会决议确定的资产转让是否构成转让主要财产。按照文义解释，"主要财产"应当指对公司"起决定作用的"或者"影响公司存续基础的"财产。"主要财产"的认定标准可以从量和质两方面进行判断：在量上，以转让财产的价值占公司资产总额的比例为标准；在质上，以该财产转让对公司生产经营是否产生重大影响，如公司因财产转让而无法维持营业或者不得不大幅度地减小营业规模等。具体到系争临时股东会决议内容，其中关于磐×公司转让深圳 A 公司 1% 股权的决议，从股权投资额来看，该项投资成本为 80 万元，占磐×公司账面长期股权投资总额 2,953,000 元的 27%，磐×公司共持有 5 家公司股权，深圳 A 公司只是其中的 1 家，故从量上并不能认定为是公司主要财产；从质上看，磐×公司的经营范围包括投资管理、实业投资、资产管理等，磐×公司转让深圳 A 公司股权，不足以认定对公司生产经营产生重大影响。杨某逸认为对于深圳 A 公司的股权价值应按照其转让价格甚至于类比其他上市公司的价值进行计算，对此，因××事务所对磐×公司的长期对外投资均采用了一致的成本法，现杨某逸仅对深圳 A 公司采用市场价值来计算深圳 A 公司在全部投资中的占比，该方法并不可取；杨某逸参照上市公司估算深圳 A 公司的股权价格更是没有法律依据。对于临时股东会决议中磐×公司收购北京 B 公司及广东××集团公司持有的磐×公司股权，以及重新分配磐×公司股权的决议均不属于公司法意义上转让财产范畴，不在是否触发股权回购条件之列。

综上，对于杨某逸要求磐×公司收购其股权的主张，法院不应支持。

案例 50 公司营业期限届满，股东会决议修改章程中的经营期限为长期，投反对票的股东可要求公司收购其股权

——北京首×旅游集团有限责任公司与民×旅行社请求公司收购股份纠纷案

【基本案情】

原告：北京首×旅游集团有限责任公司（以下简称首×公司）

被告：民×旅行社

一审法院:北京市海淀区人民法院
案号:(2020)京0108民初10775号
二审法院:北京市第一中级人民法院
案号:(2022)京01民终3484号

民×旅行社于2000年11月30日经工商核准设立,设立时的股东及持股比例为首×公司持股25.93%(对应注册资本210万元)、恒×基业公司持股74.07%(对应注册资本600万元),至今未有变化。设立时章程第二十九条记载的公司营业期限为20年,从企业法人营业执照签发之日起计算。

2019年9月5日,民×旅行社召开股东会并作出决议,该决议内容包括:同意将经营期限变更为长期;同意修改公司章程或章程修正案。首×公司对上述议案投反对票,不同意将经营期限变更为长期,亦不同意修改公司章程第二十九条。

2019年9月24日,首×公司向民×旅行社、恒×基业公司寄送《关于提请召开民×旅行社临时股东会的议案》,以其对前述延长经营期限的股东会决议投了反对票为由,提请民×旅行社于2019年10月11日召开临时股东会,就民×旅行社收购首×公司持有的全部股权议题进行表决。

2019年11月1日,首×公司向民×旅行社、恒×基业公司寄送《关于要求民×旅行社回购首×公司持有的公司股权的函》,称民×旅行社、恒×基业公司在收到2019年9月24日提请召开临时股东会的议案后,表示因公司领导出差,会议时间须延期,故重新商定会议时间为2019年10月21日。2019年10月17日,民×旅行社及恒×基业公司又表示,因领导出差无法于重新商定的时间召开会议。截至2019年11月1日,因民×旅行社及恒×基业公司原因,未就收购事项达成协议。鉴于上述情况,请民×旅行社及恒×基业公司在收到函件后2日内,就上述股权收购事项与首×公司达成股权收购协议;如未在前述期限内回应,视为不同意与首×公司达成股权收购协议,首×公司将采取法律途径解决此事。

2019年11月5日,民×旅行社向首×公司寄送《关于召开临时股东会的通知》,通知于2019年12月5日召开关于首×公司提议要求回购首×公司股权相关议题的股东会。

2019年12月2日,首×公司向北京市海淀区人民法院提起诉讼,请求:(1)判令民×旅行社收购首×公司持有的民×旅行社全部股权,收购价格为61.58万元;(2)民×旅行社承担本案诉讼费、评估费用、审计费用及相应审计评估的差旅费。

2019年12月5日,民×旅行社召开2019年第2次临时股东会,相应议案为首×公司要求民×旅行社依据《公司法》(2018年)第七十四条回购其持有的民×旅行社全部25.93%股权。因恒×基业公司不同意该议案,故该议案未通过。

另外,首×公司系北京市人民政府100%持股的国有独资企业。

民×旅行社辩称,民×旅行社由首×公司持股25.93%,恒×基业公司持股74.07%。首×公司系国有股份公司,股权转让需审计、评估并按照国有产权转让的有关规定到北京产权交易所进行挂牌转让,并非首×公司与民×旅行社可协商决定。就首×公司有意向转让股权事宜,首×公司与恒×基业公司曾于2018年4月26日签署《股权转让意向书》,其中明确约定首×公司与恒×基业公司将尽最大努力,配合推进标的股权转让相关事宜。2019年12月5日,民×旅行社就首×公司要求民×旅行社回购其持有的股权召开了2019年第二次临时股东会。该次股东会根据公司相关章程的规定未通过该回购议案。首×公司作为民×旅行社的股东之一,如不想持有股权可通过股权转让方式退出公司,而并非只有退股一种选择。股东退股会损害公司债权人利益,股东的投资构成公司资本,公司资本是保护债权人利益的重要物质保证。民×旅行社近些年一直处于亏损状态,并且现在因疫情原因,公司已无力回购首×公司的股权。首×公司如需对外转让股权,民×旅行社及恒×基业公司会尽全力配合其完成相关手续。另外,就首×公司主张的审计费用、评估费用及相应审计评估的差旅费的问题,因上述费用系首×公司要求退股以及首×公司系国有企业而产生,并不属于民×旅行社正常经营而产生的费用。民×旅行社认为该项费用应由首×公司自行承担,民×旅行社没有流动资金可负担该项费用。

审理中,民×旅行社称首×公司与恒×基业公司曾于2018年4月26日就转让首×公司持有的民×旅行社25.93%股权事宜达成《股权转让意向书》,并提交该意向书予以佐证。该意向书载明:“本意向书签订后,首×公司将对标的股权进行审计、评估,并按照国有产权转让的有关规定到北京产权交易所进行挂牌转让;首×公司应在挂牌后两个工作日内将标的股权挂牌转让事项通知恒×基业公司。恒×基业公司在北京产权交易所规定的时间内,按照规定的程序对标的股权参与摘牌。股权转让价格以标的股权评估价格为参考基础,转让价格经在北京产权交易所通过挂牌摘牌程序确定。”首×公司对签署该意向书的情况予以认可,但表示因民×旅行社的账目等资料均由恒×基业公司控制,其未能成功开展评估工作,双方未能就价格达成一致意见,故双方未签署正式的《股权转让协议》。

诉讼中,民×旅行社称虽然旅行社近些年经营不好,但因其系带“中”字头的公司,其名号本身具有相应的市场价值,且其认为此后企业经营仍有发展的机会,故决议将经营期限延长为长期。

诉讼中,首×公司与民×旅行社均同意以评估价格确定本案股权收购的对价。就此,首×公司申请对其持有的民×旅行社25.9259%的股权在评估基准日2019年10月31日的市场价格进行评估。北京市海淀区人民法院经摇号确定具有国有资产评估资质的中同华资产评估有限公司作为本案股权价值的评估机构。2021年11月

12 日,该评估机构就此出具中同华评报字(2021)第 011463 号资产评估报告,评估结论为民×旅行社于评估基准日 2019 年 10 月 31 日的股东全部权益价值评估值为 237.54 万元,对应 25.9259% 股权的市场价值为 61.58 万元。首×公司与民×旅行社均认可该评估结论。

首×公司主张其为本案评估事宜预交评估费 35,100 元、审计费 115,000 元、评估及审计人员的差旅费 9875.18 元,上述费用共计 159,975.18 元应由民×旅行社负担,并提交了发票、银行电子回单予以佐证。民×旅行社对费用的数额予以认可,但称因首×公司系国有企业,相应的评估程序比较严格,继而导致上述大额的评估费用及审计费用的支出,其认为该费用不应由其负担。

【裁判结果】

民×旅行社于判决生效之日起 10 日内向首×公司支付其所持民×旅行社 25.9259% 股权(对应注册资本 210 万元)所对应的股权收购款 61.58 万元。

如果未按本判决指定的期间履行给付金钱义务,应当依照《民事诉讼法》(2017 年)第二百五十三条之规定,加倍支付迟延履行期间的债务利息。

评估及审计费用 159,975.18 元首×公司已预交,由民×旅行社负担,于判决生效之日起 7 日内交纳。

【案件解析】

根据《公司法》(2018 年)第七十四条的规定:"有下列情形之一的,对股东会该项决议投反对票的股东可以请求公司按照合理的价格收购其股权:(一)公司连续五年不向股东分配利润,而公司该五年连续盈利,并且符合本法规定的分配利润条件的;(二)公司合并、分立、转让主要财产的;(三)公司章程规定的营业期限届满或者章程规定的其他解散事由出现,股东会会议通过决议修改章程使公司存续的。自股东会会议决议通过之日起六十日内,股东与公司不能达成股权收购协议的,股东可以自股东会会议决议通过之日起九十日内向人民法院提起诉讼。"

本案中,民×旅行社章程规定的营业期限至 2020 年 11 月 29 日届满,民×旅行社股东会于 2019 年 9 月 5 日通过决议修改章程中的经营期限为长期的方式使公司存续,首×公司对该项决议投反对票。因首×公司与民×旅行社在前述股东会决议作出后 60 日内未能达成股权收购协议,现首×公司作为公司股东在延长经营期限的股东会决议作出后 90 日内提起诉讼,要求民×旅行社收购其所持股权,系依法行使公司异议股东的法定权利,法院应予支持。民×旅行社以股东退股将损害公司债权人利益及公司经营困难无力回购股权的抗辩理由,均不是阻碍异议股东行使上述权利的法定抗辩事由。

关于股权收购的对价,首×公司与民×旅行社均同意以评估价格确定该对价。依首×公司申请,法院委托评估机构对首×公司所持的民×旅行社股权在评估基准日的市场价值予以了评估。首×公司与民×旅行社均认可评估价格,现首×公司要求民×旅行社以评估价格61.58万元收购其所持的民×旅行社全部股权(对应注册资本210万元),有事实及法律依据,法院应予支持。

就首×公司为本案确定股权价值而预交的评估及审计费用合计为159,975.18元的负担问题,鉴于首×公司退股的法定情形系由民×旅行社的单方行为所导致的,并且民×旅行社亦表示其决定延长经营期限系出于公司经营发展之需要,故首×公司对于退股情形的发生并无过错。基于公平原则,该评估及审计费用159,975.18元应由民×旅行社负担。

案例51 公司营业期限届满后,对股东会决议持反对意见的股东,不能只请求公司回购部分股权

——深圳市康×数码科技有限公司与钟某成请求公司收购股份纠纷案

【基本案情】

上诉人(一审被告):深圳市康×数码科技有限公司(以下简称康×公司)

被上诉人(一审原告):钟某成

原审第三人:深圳市圣×元数字科技有限公司(以下简称圣×公司)

一审法院:深圳市南山区人民法院

案号:(2013)深南法民二初字第472号

二审法院:广东省深圳市中级人民法院

案号:(2016)粤03民终8891号

钟某成诉称,2005年12月13日,钟某成与康×公司法定代表人等五人成立康×公司,注册资本210万元,公司性质为有限责任公司。公司章程中约定经营期限为8年,营业期限截止日期为2013年12月13日。钟某成系康×公司的股东之一,股权为14%,并一直担任康×公司的技术总监至今。2009年9月24日,康×公司与蒋某予成立圣×公司,注册资本950万元,康×公司持有圣×公司40%的法人股。

康×公司于2013年6月25日召开了临时股东会,就是否延长公司营业期限进行了表决,钟某成投了反对票,其他股东投了赞同票。由于赞成延期的股东超过2/3,因此决议向深圳市市场监督管理局提交延期经营的申请。2013年9月6日,市场监督管理局核准了康×公司的延期申请,使其经营期限延长至2021年12月13日。由于钟某成在是否延长公司经营期限的表决中投了反对票,且钟某成认为康×公司在公司经营期间存在损害钟某成作为股东权益的情形,故钟某成根据《公司法》(2018

年)第七十四条的规定,于2013年8月12日向康×公司提出了收购部分股权的书面申请,其中包括康×公司须向钟某成提供财务及经营数据(特别是圣×公司的经营数据),以便准确评估收购价格,但康×公司一直未予答复,也未提供相关经营数据。

钟某成对康×公司当前的整体价值评估应超过3000万元,其中圣×公司中归属于康×公司的资产价值约2800万元,占康×公司整体价值的90%以上。圣×公司自2009年9月成立以来承接的工程合同总额达16,800万元。圣×公司属于典型的轻资产公司,提供的产品主要是集成度很高的高科技游乐产品,其核心价值在于软件集成和特种影视技术。圣×公司所在行业利润率在30%~40%,由此可知圣×公司中归属于康×公司的资产价值约2800万元(含无形资产)。若康×公司的整体价值按3000万元计,则康×公司应以390万元收购钟某成13%的股权。

另因康×公司持有圣×公司40%法人股,钟某成认为康×公司的绝大部分资产(约90%以上)是其在圣×公司的40%的股权价值,且康×公司的总经理余某恭同时也是圣×公司的实际控制人,因此,圣×公司与本案有法律上的利害关系。为此,钟某向深圳市南山区人民法院提起诉讼,请求判令:(1)康×公司以390万元的价格收购钟某成13%的股权,或以审计、评估价值计算收购价格;(2)康×公司承担诉讼费用。

康×公司辩称,(1)康×公司同意回购钟某成持有康×公司的全部股权。有限责任公司是有人合性的公司,股东间的相互信任对公司至关重要,由于钟某成在康×公司是否存续的问题上提出反对意见,并要求康×公司回购其持有的股权,显然已经丧失了与其他股东合作的基础,如果不完全回购其股权,必将阻碍康×公司以后的经营和发展,甚至造成公司僵局,损害公司利益,引发更多的纠纷出现。《公司法》(2018年)第七十四条的规定是为了避免上述情况的发生,因此康×公司要求回购钟某成持有的全部股权,而不是其中的一部分。(2)钟某成实际持有康×公司的股权为6%。康×公司股东于2005年12月签订合资经营协议约定,钟某成出资12.6万元,实际持有康×公司6%的股权,康×公司所包含的技术股28%折合投资款为58.8万元,由余某平、杨某毅及张某民三位股东按照持股比例出资,只是以钟某成的名义代持其中的8%。技术股的设定是为确保合作的紧密性及防止技术人员出走损害康×公司的商业秘密,而对相关技术人员给予一定的分红福利,实际持股人和名义持股人是不一致的,合资经营协议还明确拥有技术股的股东在公司存续期间主动离开公司就不享有技术股的拥有权。在公司存续期间主动申请退股的股东,自然不再享有技术股的分红权。根据股权以实际出资确定的原则,康×公司的注册资本为210万元,钟某成出资额一直为12.6万元,折合股权为6%,所以钟某成实际享有的股权为6%,而非钟某成主张的14%。(3)股权回购的价格应以康×公司截至2013年12月13日的净资产为基数,并依据钟某成实际出资6%的份额确定回购价格。回购款应当以康×

公司税后利润进行支付,没有盈利的需等待公司有利润产生时方能支付。

圣×公司未做答辩,亦未举证。

法院审理后认定钟某成拥有康×公司14%的股份。钟某成要求康×公司回购其13%的股份,保留1%的股份,法院向其释明后仍坚持要求公司回购13%的股份。

【裁判结果】

一审法院判决:驳回原告钟某成的全部诉讼请求。

二审法院判决:驳回上诉,维持原判。

【案件解析】

我国《公司法》(2018年)第七十四条规定,有下列情形之一的,对股东会该项决议投反对票的股东可以请求公司按照合理的价格收购其股权:……公司章程规定的营业期限届满或者章程规定的其他解散事由出现,股东会会议通过决议修改章程使公司存续的。自股东会会议决议通过之日起60日内,股东与公司不能达成股权收购协议的,股东可以自股东会会议决议通过之日起90日内向人民法院提起诉讼。结合当事人的事实主张及诉讼请求,本案主要争议焦点是钟某成是否能够请求康×公司收购其部分而非全部股份。

康×公司系有限责任公司,具有资合性和人合性。《公司法》(2018年)第七十四条之所以规定在一定条件下,持反对意见的股东有权请求公司按照合理的价格收购其股权,系基于对持反对意见的股东财产权利的保护。在上述《公司法》规定的情况下,持有反对意见的股东与公司其他股东之间存在观念上的冲突,即公司的人合性出现分裂和不可调和,持有反对意见的股东以退出公司的方式,由公司回购其拥有的公司股权,以保障其股权的资产价值。本案中,钟某成拥有康×公司14%的股份,却要求康×公司回购其13%的股份,保留了1%的股份,在法院向其释明后仍坚持要求公司回购13%的股份。钟某成保留1%的股份表明其同意康×公司继续存续,并愿意继续保持作为康×公司股东的身份,这与钟某成反对康×公司继续经营的意见相互矛盾,也与上述立法精神相悖。故对钟某成主张康×公司收购其拥有的康×公司13%股份的诉讼请求,法院不应支持。

案例52 在缺乏协商条件的特殊情形下,公司主张协议回购是诉讼回购的前置程序,法院不予支持

——烟台市三×果品批发市场有限责任公司、柳某玲合同纠纷案

【基本案情】

上诉人(原审被告):烟台市三×果品批发市场有限责任公司(以下简称三×公司)

被上诉人(原审原告):柳某玲
一审法院:山东省烟台市芝罘区人民法院
案号:(2018)鲁0602民初3197号
二审法院:山东省烟台市中级人民法院
案号:(2020)鲁06民终142号

三×公司于1999年8月31日注册成立,注册资本为1,568,000元,企业类型为有限责任公司,成立时营业期限自1999年8月31日至2009年8月30日。2007年8月20日,公司通过股东会决议,将营业期限变更为20年,至2019年8月30日。

柳某玲之夫范某国系三×公司股东,认缴出资额为18万元,持股比例为11.48%。2013年11月19日,范某国因病去世。2014年5月29日,三×公司召开公司股东会并形成股东会决议,因范某国之子范某正、其父范某山均放弃其股份,由柳某玲继承范某国名下的全部股份,并在工商登记部门办理了股份变更登记;股东名录中载明柳某玲作为自然人股东,认缴出资额为18万元,认缴出资比例为11.48%。

2016年5月18日,三×公司在未通知柳某玲的情况下召开股东大会,形成股东大会决议,将营业期限变更为长期,并办理了工商变更登记,柳某玲亦未在股东会决议中签字。为维护自身合法权益,柳某玲于2018年3月27日向烟台市芝罘区人民法院起诉请求:判令三×公司以合理价格回购柳某玲所持有的三×公司股份(回购价格暂估为600万元,柳某玲申请法院依法委托评估机构对柳某玲持有的股份价值进行评估,并以评估报告确定的金额作为最终回购价格)。诉讼中,柳某玲变更诉讼请求:要求三×公司以1012.84万元回购所持股份。

三×公司章程规定,股东会会议由股东按照出资比例行使表决权。股东会定期会议每半年召开一次,代表1/4表决权的股东,1/3以上董事或者监事,可以提议召开临时会议。召开股东会议,应当于会议召开15日以前通知全体股东。股东会应当对所议事项的决定制成会议记录,出席会议的股东应当在会议记录上签字。

2016年3月,本案柳某玲曾将本案三×公司及相关股东起诉至烟台市芝罘区人民法院请求解散公司,即(2016)鲁0602民初1994号案。

2018年2月7日,柳某玲至工商部门查阅档案得知2016年5月18日股东会决议内容。

诉讼中,柳某玲认为,《公司法》(2018年)第七十四条规定的“六十日”和“九十日”的前提条件是股东参加了股东会,而本案柳某玲根本未参加股东会,更不可能得知股东会的召开内容。故柳某玲起诉不超过法定期限,也不存在协议回购的前置程序。

三×公司则认为,法律并未规定“六十日”和“九十日”的法定期限是否需通知股东参加股东会,仅是规定了自股东会决议作出之日起计算法定期限。营业期限变更为长期且已经工商机关变更登记,进行了公示,自工商变更之日柳某玲对此就应当知晓。

经柳某玲申请,烟台市芝罘区人民法院依法委托山东乾×资产评估有限公司对柳某玲持有三×公司股份的价值进行评估,评估结论为:根据有关法律、法规和资产评估准则、资产评估原则,按照必要的评估程序,在评估基准日 2018 年 3 月 22 日,三×公司资产账面值 7043.04 万元,负债账面值 6987.94 万元,所有者权益账面值 55.10 万元;资产调整后账面值 7264.07 万元,负债调整后账面值 6987.94 万元,所有者权益调整后账面值 276.13 万元;资产评估值 15,552.84 万元,负债评估值 6947.94 万元,所有者权益评估值 8604.90 万元,评估增值 8328.77 万元,增值率为 3016.25%。评估增值的原因:固定资产中的房屋建筑物资产账面价值为其建设成本,由于建设时间较早,且为自建房,入账价值较低,由于房产大部分位于烟台市区中心地段,加之房地产近年来增值较大,本次评估按市场价值评估,导致评估增值较大。无形资产中的土地使用权,账面价值为其改制时补交的出让金和历年借款利息成本,由于企业出让金缴纳时间较早,取得成本较低,受土地市场因素影响,近年来土地逐年增值,本次评估按土地实际价值评估,导致评估增值较大。申请人柳某玲持有的被申请人烟台市三站果品批发市有限责任公司 11.48% 股份,则委估股份的评估价值为 8604.90 × 11.48% =987.84 万元。柳某玲为此交纳评估费 25 万元。

诉讼中,烟台市芝罘区人民法院根据柳某玲财产保全的申请,依法制发了(2018)鲁 0602 民初 3197 号民事裁定书。

【裁判结果】

一审法院判决:

1. 限三×公司于判决生效之日起 10 日内经本院支付给柳某玲股份回购款人民币 987.84 万元;

2. 驳回柳某玲的其他诉讼请求。

如果未按判决指定的期间履行给付金钱义务,应当依照《民事诉讼法》(2017 年)第二百五十三条之规定,加倍支付迟延履行期间的债务利息。

三×公司负担 80,533 元及评估费 250,000 元、财产保全费 5000 元。

二审法院判决:驳回上诉,维持原判。

【案件解析】

我国《公司法》(2018 年)第七十四条规定:"有下列情形之一的,对股东会该项决议投反对票的股东可以请求公司按照合理的价格收购其股权:(一)公司连续五年不向股东分配利润,而公司该五年连续盈利,并且符合本法规定的分配利润条件的;(二)公司合并、分立、转让主要财产的;(三)公司章程规定的营业期限届满或者章程规定的其他解散事由出现，股东会会议通过决议修改章程使公司存续的。自股东会会议决议通过之日起六十日内，股东与公司不能达成股权收购协议的，股东可以自股东会会议决议通过之日起九十日内向人民法院提起诉讼。”该法条适用的主体是“对股东会该项决议投反对票的股东”。本案中，三×公司并未通知柳某玲参加2016年5月18日的股东会，导致柳某玲未依法行使表决权，更未对该股东会决议投反对票，不属于“对股东会决议投反对票”的股东，因此，上述除斥期间的规定对柳某玲不适用。在柳某玲未参加股东会的情况下，应以柳某玲知晓其权利被侵害时起计算除斥期间。柳某玲于2018年2月7日到工商部门查阅档案后得知2016年5月18日股东会决议内容，且不同意决议内容，此时柳某玲知晓其权利受到侵害，其于2018年3月27日起诉主张权利并未超过90日除斥期间的规定。

《公司法》(2018年)第七十四条规定了协议回购和诉讼回购两种模式。但并未明确协议回购是诉讼回购的前置程序，并且三×公司既不通知柳某玲参加股东会，又不告知柳某玲股东会决议内容，主观恶意明显，双方缺乏协商的条件。《公司法》(2018年)第七十四条的本意是允许双方通过协商手段解决争议，如果双方能够通过协商在60日内达成一致意见，则纠纷解决；如果60日内双方协商不成，或者根本无法协商，则并不影响一方通过诉讼解决纠纷。三×公司一方面不依据《公司法》的规定履行通知义务，另一方面却要求柳某玲“依法”进行维权，其行为缺乏诚信。综上，三×公司主张协议回购是诉讼回购的前置程序，应当驳回柳某玲起诉没有法律依据，法院不应支持。

案例53 公司不是按照出资比例向股东进行分钱，已发款项法院不认定为分红，股东以“公司连续五年盈利且连续五年未分配利润”为由请求公司回购股权获得法院支持

——济南东×管道设备有限公司与李某滨请求公司收购股份纠纷案

【基本案情】

上诉人(原审被告)：济南东×管道设备有限公司(以下简称东×公司)

被上诉人(原审原告)：李某滨

一审法院：济南市章丘区人民法院

案号：(2012)章商初字第1801号

二审法院：山东省济南市中级人民法院

案号：(2014)济商终字第57号

东×公司成立于2002年12月18日，注册资本为1500万元。公司董事会由5名

股东组成,分别是:李某滨持股4.33%、刘某滨持股11.33%、李某朴持股11.33%、张某真持股11.33%、李某钧持股61.67%。李某钧担任公司董事长,为公司法定代表人。该公司自2008年度至2012年度,连续5年盈利。其中,该公司2011年的净资产为3933万元。

李某滨诉称,2002年12月18日,李某滨与股东李某钧、张某真、李某朴、刘某滨5人共同出资成立东×公司,其中李某滨以货币出资26万元,持有公司4.33%的股权。2008年6月24日,公司增资至注册资本1500万元,李某滨又以货币出资39万元,持有公司股权的比例不变。公司经过多年的良好经营,截至2011年5月31日,经审计,公司净资产已达50,656,956.94元,未分配利润高达3800多万元。公司成立以来企业管理存在严重问题,董事会从不按公司章程召开股东会,财务账目不公开,利润不分配。李某滨作为公司小股东,多次要求公司召开股东会分配利润,但均未得到实现。李某滨根据《公司法》之规定与公司多次协商,要求公司回购李某滨股权,但公司回避李某滨的请求,拒不研究与答复,严重侵犯了李某滨合法的股东权利。李某滨为维护自己的合法权益,特向济南市章丘区人民法院提起诉讼,请求:(1)判令东×公司按照2,165,000元收购李某滨持有的东×公司4.33%的股权;(2)判令东×公司承担本案诉讼费用及其他费用。

东×公司辩称,李某滨以所谓东×公司不召开股东会、财务账目不公开、利润不分配为由,主张请求公司收购股份之诉缺因少果;依照"谁主张,谁举证"之法定原则,李某滨没有证据支持其诉求;根据《公司法》关于资本确定、资本不变和资本维持的立法原则,对有限责任公司之股权回购做了明确的法律界定,非符合法定之要件而不可为,故请求驳回李某滨的全部诉讼请求,本案的诉讼费用由李某滨承担。

法院查明,双方当事人有争议的焦点问题是:李某滨请求公司收购股份的条件是否成立。针对该争议焦点问题,李某滨称东×公司自2008年至2012年度连续5年盈利,且连续5年未向股东分配利润,该公司所称的分配利润实际是给李某滨的奖金,符合《公司法》(2005年)第七十五条[①]第一款第(一)项的规定,根据《山东省高级人民法院关于审理公司纠纷案件若干问题的意见(试行)》第81条"具有《公司法》第七十五条第一款(一)项之情形,如果公司连续五年未召开股东会对分配利润进行决议的,持有公司不足十分之一表决权的股东可以请求公司按照合理的价格收购其股权"之规定,作为持股仅4.33%的李某滨,可以请求东×公司收购其股份。东×公司认为,李某滨的请求不符合《公司法》(2005年)第七十五条之规定,该公司连续5年盈利且连续5年向股东分配利润,但是该公司未就原《公司法》(2005年)第七十五条第一款第(一)项内容召开过股东会,而李某滨也未投反对票,不构成法律规定的异议股东。

① 对应《公司法》(2023年)第八十九条。

由此,针对该争议焦点要解决如下问题:(1)2008~2012年度东×公司是否连续5年未向股东分配利润。该公司主张2010年向股东分配过利润,股东张某真、李某朴作为证人出庭作证证实于2010年2月和2010年5月均分别收到该公司分配利润款20万元和5万元。同时东×公司称在上述同一时间向李某滨分配利润20万元和5万元,2012年12月16日向李某滨定向分红10万元,该款项由东×公司董事长李某钧代付。李某滨称,确实收到了上述款项,但该35万元不是向股东的分红,而是作为奖金发放的。济南市章丘区人民法院认为,依据《公司法》(2005年)第三十五条之规定,股东按照实缴的出资比例分取红利,但全体股东约定不按照出资比例分取红利的除外。本案中,双方所提供的公司章程第十六条规定"公司依法纳税和提取各项基金后的利润,按照股东各自的投资比例进行分配"。由此,由于东×公司在2010年2月、2010年5月向李某滨、张某真、李某朴支付的25万元并非按照出资比例进行分配,故东×公司称上述款项系向股东的分红,法院不予采信。而东×公司于2012年12月16日作出的决议中明确记载"李某滨同志身为公司股东,分管公司销售工作,为公司的发展做了一定贡献,公司决定对其奖励壹拾万元"。济南市章丘区人民法院认为,该10万元系东×公司支付给李某滨的奖金,而非依据出资比例进行的分配利润。综上,东×公司在过去5年中曾向李某滨三次分配利润的主张不成立,济南市章丘区人民法院对东×公司所称2008~2012年度曾向股东分配利润的辩解不予采信。

(2)李某滨是否是提起股权回购请求之诉的权利主体。根据《山东省高级人民法院关于审理公司纠纷案件若干问题的意见(试行)》第81条的规定:"具有《公司法》第七十五条第一款(一)项之情形,如果公司连续五年未召开股东会对分配利润进行决议的,持有公司不足十分之一表决权的股东可以请求公司按照合理的价格收购其股权。"《公司法》(2005年)第七十五条第一款第(一)项规定"公司连续五年不向股东分配利润,而公司该五年连续盈利,并且符合本法规定的分配利润条件的",对股东会该项决议投反对票的股东可以请求公司按照合理的价格收购其股权。可见,有限责任公司中如果公司连续5年盈利、连续5年未分配利润,且连续5年未召开股东会对分配利润进行决议,持股比例不足1/10的股东是可以请求公司按照合理价格收购其股权的。本案经审理查明,李某滨持有东×公司4.33%的股权,不足1/10,东×公司连续5年盈利、连续5年未分配利润,且连续5年未召开股东会对分配利润进行决议,所以李某滨符合请求东×公司按照合理价格收购其股权的主体条件。

另查明:(1)东×公司的公司章程第十条规定:股东会会议每年召开一次,代表1/4以上表决权的股东,可以提议召开临时会议;第十一条规定:召开股东会会议,应当于会议召开15日前通知全体股东。股东会应当对所议事项的决定做成会议记录,出席会议的股东应当在会议记录上签名;第十六条规定:公司依法纳税和提取各项基金后的利润,按照股东各自的投资比例进行分配。

(2)一审期间,东×公司的股东李某钧、张某真、刘某滨、李某朴均出具了书面证言,且李某钧、张某真、李某朴三人均作为证人出庭作证。李某钧当庭陈述:其于2010年2月11日受东×公司委托,代公司向全体股东支付了2009年度利润分配计80万元,其中分配给张某真、刘某滨、李某滨各20万元,其本人20万元;2010年5月15日代公司向全体股东支付了2010年上半年度利润分配25万元,分配给张某真、刘某滨、李某滨、李某朴各5万元,其本人5万元;因公司现金周转吃紧,上述款项全部由李某钧垫付,利润分配款全部由其个人账户划至各股东账户,其自己的25万元也已收到。另外,根据公司2012年11月16日作出的《股东会决议》和《董事会决议》,李某钧代公司支付李某滨股东定向分红款10万元和解除劳动合同的经济补偿款6.3万元。

张某真当庭陈述:其于2010年2月11日收到东×公司分配的2009年度利润20万元,2010年5月15日收到2010年上半年利润分配5万元。上述款项由李某钧先生代公司划款至本人账号。2007年至2011年,老板开过会,没有专门研究分红的事,只是分过钱,也没有文字性记录,无所谓什么性质的会,老板感觉今年不孬,分两个钱。参加会议的人记不清了,股东都应该参加。

李某朴当庭陈述:2010年5月15日收到2010年上半年利润分配5万元,该款项由李某钧先生代公司划款至本人账户;该5万元没有文字性的分配规定,是否开过董事会记不清了。

刘某滨书面证言载明:其于2010年2月11日收到东×公司分配的2009年度利润20万元,2010年5月15日收到2010年上半年利润分配5万元。上述款项由李某钧先生代公司划款至本人账号。

(3)2012年11月16日,东×公司董事长李某钧组织公司经理办公会,就公司具体事项决议如下:李某滨同志身为公司股东,分管公司销售工作,为公司的发展作出了一定贡献,公司决定对其奖励10万元。李某钧、刘某滨、张某真、刘虎、李某滨均签字确认。同日,公司召开董事会,决定:李某滨自愿退出公司工作,解除劳动合同;依据《劳动合同法》给予经济补偿,李某滨每月6300元,按10年计算共计6.3万元。解除劳动合同后,只保留股东关系。

二审期间,东×公司称其公司曾召开过多次分配利润的股东会,但股东会决议保管不善,除一审提交的2012年11月16日东×公司决议外,无法提交其他股东会决议。

二审期间,东×公司提交了公司相关的原始记账凭证、借据、财务明细账及东×公司出具的给员工支付工资奖金的书面说明一份。但给李某滨发放的涉案3笔款项在公司账目上没有体现,账目中仅记载了东×公司向董事长李某钧借款80万元,东×公司主张该借款就是因为分红而向李某钧先生的借款。经质证,李某滨对两份证据的真实性均不认可,认为均不能证明涉案3笔款项的性质。

在庭审中,东×公司依据公司其他持股95.67%的股东在一审期间出庭证言认为,上述35万元均为公司给李某滨的利润分红。

【裁判结果】

一审法院判决:东×公司于判决生效之日起10日内按照1,702,989元的价格收购原告李某滨持有的东×公司4.33%的股权。

二审法院判决:驳回上诉,维持原判。

【案件解析】

关于李某滨收到涉案35万元款项的性质是否为分红的问题。双方当事人均认可李某滨于2010年2月、2010年5月、2012年12月共计收到自公司董事长李某钧账户转账的35万元,但对该35万元的性质说法不一。东×公司依据公司其他持股95.67%的股东在一审期间出庭证言认为该35万元均为公司给李某滨的利润分红。而李某滨以2012年12月发放的10万元奖金已在公司经理办公会决议中载明为奖金,且其他两笔钱的数额不符合公司章程中约定的股东分红比例为由,主张该35万元均为公司向其发放的奖金。对此,应当认定东×公司向李某滨发放的10万元款项系在2012年11月16日东×公司经理办公会决议而非股东会决议中确定的事项,且载明该10万元系公司对李某滨的奖励。另外25万元的发放,没有任何公司文件和分红的股东会决议,发放的数额亦与股东出资比例不符。而根据证人张某真和李某朴一审出庭时的陈述,亦不能明确上述款项性质就是分红,且东×公司账目中没有上述款项的记载,故东×公司主张该35万元款项性质系分红的证据不足,法院认定上述35万元不是分红并无不当。

关于李某滨是否符合《公司法》(2005年)第七十五条规定的提出股权回购的异议股东主体身份及回购价格问题。在案件审理过程中,东×公司未能向法院提交公司任何一份决定分红或其他重大事项的书面股东会决议,而根据东×公司的公司章程规定,股东会会议每年召开一次,股东会应当对所议事项的决定做成会议记录,出席会议的股东应当在会议记录上签名。故东×公司所称其公司连续5年内曾召开过多次分配利润的股东会,仅系口头陈述,无证据证实,法院不应支持。李某滨作为持股仅4.33%即不足1/10的小股东,在公司其他股东不提议召开临时股东会,公司又不按照法律的规定及公司章程召开股东会的情况下,其无权提议召开临时股东会,亦没有机会在股东会上对公司分红问题提出异议,但其在本案诉讼前,已以书面函件的形式向公司表达了自己对分红及退股问题的意愿。济南市章丘区人民法院依据东×公司自认的2011年其公司净资产价值3933万元计算李某滨的股权收购价格,不违背法律规定,且双方当事人对该收购数额均未提起上诉。综上,东×公司连续5年盈利且连续5年未分配利润,亦未召开股东会对分配利润问题进行决议,李某滨作为持有公司不足1/10表决权的小股东,可以要求公司回购其股权。

第七章

公司盈余分配纠纷

一、实务要点

股权分红也称公司盈余分配，是指投资者基于公司股东的资格和身份，依据法律法规、出资协议的约定和章程的规定从公司分配和取得利润。股东可以事先通过协议约定或者章程规定，确定公司的盈余分配方法和比例，股东可以定期从公司取得固定比例的投资收益。

公司是以营利为目的的企业法人，营利性是公司的本质属性。公司的营利性不仅包括公司自身的盈利，而且还包括向投资者分配红利。股东通过投资获得股权，目的在于取得投资回报。在公司法制度体系下，股东将资金、实物等资产投资入股，丧失了对所投入资产的所有权，相应取得了出资后形成的股东权益。实践中，根据股权的内容和行使的目的，股东权益分为自益权和共益权。自益权主要体现为股东自身的财产权，是以股东自身利益为目的而行使的权利，包括股权转让、股权分红、公司剩余财产分配等权益。作为自益权之一的股东分红权，是最能够体现股东投资价值的重要权益。

公司的本质是趋利的，股东投资的目的也是追求投资收益。近年来，股东与股东之间、股东与公司之间因为股权分红而引发的纠纷层出不穷。在“资本多数决”的常态下，公司的决策权往往掌握在控股股东或者大股东们手中，持股较少的中小股东很难对公司决策起到实质性的影响，也很难决定和影响公司的红利分配。现行公司法制度体系下，股东股权分红的实现主要包括以下障碍：

1. 公司出于节约税负成本考虑，不进行股权分红。根据《公司法》的规定，公司利润在缴纳企业所得税后才能在股东间进行分配，依据《企业所得税法》以及《个人所得税法》的相关规定，无论自然人股东还是法人股东，其对所分得的红利还需缴纳个人所得税或企业所得税。我国在税收征管上采取双重征税管理标准，即公司本身需要缴纳企业所得税，在股权分红时，接受公司分红的股东还需要缴纳个人所得税。实践中，许多小型公司的股东通过参与公司的日常经营管理，直接从公司获取劳动报酬，而公司支付的劳动报酬可以在计算公司应纳企业所得税总额时进行扣减，从而一定程度上减少公司的税负。此外，控股股东可以通过内部操作，将公司的税后利润通过高薪酬、奖金以及福利等形式向控制股东流转，是否分红对控制股东而言并无实质意义。因此，股东关系比较稳固的企业常常连续多年不分配盈余。

2. 公司僵局，无法形成有效的股权分红决议。股东会长期不对公司利润分配进行决议的情形主要包括：(1)公司长期亏损，不具备利润分配的条件。(2)公司在经营过程中处于连续盈利的状态并且符合利润分配的实质要件，但股东在公司治理方面存在矛盾和分歧，以至于公司长时间无法形成有效的分红决议。显然，上述第一种情形不构成对股东获得股权分红权益的侵害，而第二种情形侵害了股东获得股权分红的权益。对此，《公司法》第八十九条、第一百六十一条规定，公司连续 5 年不向股东分配利润，而公司该 5 年连续盈利，并且符合《公司法》规定的分配利润条件的，投反对票的股东可以请求公司收购其股权。但即便如此，股东需要耗费大量的时间成本，且请求公司回购股权也面临许多诉讼难题，由此客观上导致公司股东在很长的一段时间内无法实现分红权益。

3. 控股股东滥用股东权利，导致公司不能进行股权分红。"资本多数决"的后果是"一家独大"或者"数家多大"。公司股权过于集中在一个或者少数几个股东手中，在公司治理时，经常会发生大股东排斥或限制中小股东参与公司管理的情况。大股东参与公司管理，通常会担任重要的管理岗位，取得可观的薪资报酬，或者可以通过关联交易变相获取"投资收益"，从而导致公司利润流向控股股东。一些公司还采用持续提取公积金的方式，来达到不向中小股东分红的目的，让中小企业股东的投资得不到合理的回报。

公司盈余分配纠纷也就是我们通常所说的分红权纠纷，是指股东认为公司违反法律或约定未向股东分配盈余，或分配行为违反公平原则，因此主张要求公司以出资比例或章程约定的比例分配盈余而产生的纠纷。公司要有实际可供分配的利润，这是公司盈余分配的实质要件，也是公司进行盈余分配的基础。司法实践中，发生的与盈余分配有关的纠纷主要有以下四种：

1. 公司有可供分配的盈余，但采取过分提取公积金、不合理地发放公司董事、高管奖金等各种不正当方式减少可分配利润，拒绝向股东派发盈余而引起的纠纷。

2. 股东对盈余分配决议的金额、发放方式等内容有异议引起的纠纷。

3. 盈余分配决议作出后，公司不向股东实际发放而引发的纠纷。

4. 公司长期不分配红利，股东请求法院强制公司分配红利。

我国《公司法》第二百一十条规定，公司分配当年税后利润时，应当提取利润的 10% 列入公司法定公积金。公司法定公积金累计额为公司注册资本的 50% 以上的，可以不再提取。公司的法定公积金不足以弥补以前年度亏损的，在依照前款规定提取法定公积金之前，应当先用当年利润弥补亏损。公司从税后利润中提取法定公积金后,经股东会决议,还可以从税后利润中提取任意公积金。公司弥补亏损和提取公积金后所余税后利润,有限责任公司按照股东实缴的出资比例分配利润,全体股东约定不按照出资比例分配利润的除外;股份有限公司按照股东所持有的股份比例分配利润,公司章程另有规定的除外。公司持有的本公司股份不得分配利润。

根据《公司法》第五十九条、第六十七条的规定,公司的利润分配方案由董事会制订,由股东会审议批准。

根据《最高人民法院关于适用〈中华人民共和国公司法〉若干问题的规定(四)》第十四条的规定,股东提交载明具体分配方案的股东会或者股东大会的有效决议,请求公司分配利润,公司拒绝分配利润且其关于无法执行决议的抗辩理由不成立的,人民法院应当判决公司按照决议载明的具体分配方案向股东分配利润。第十五条规定,股东未提交载明具体分配方案的股东会或者股东大会决议,请求公司分配利润的,人民法院应当驳回其诉讼请求,但违反法律规定滥用股东权利导致公司不分配利润,给其他股东造成损失的除外。可见,公司的利润分配必须经股东会决议通过,但有证据证明公司股东滥用股东权利侵犯其他股东权益的,法院可以进行司法强制分配。

根据《最高人民法院关于适用〈中华人民共和国公司法〉若干问题的规定(五)》第四条的规定,"分配利润的股东会或者股东大会决议作出后,公司应当在决议载明的时间内完成利润分配。决议没有载明时间的,以公司章程规定的为准。决议、章程中均未规定时间或者时间超过一年的,公司应当自决议作出之日起一年内完成利润分配。决议中载明的利润分配完成时间超过公司章程规定时间的,股东可以依据民法典第八十五条、公司法第二十二条[①]第二款规定请求人民法院撤销决议中关于该时间的规定"。

二、风险防范建议

为避免公司盈余分配纠纷的产生,就公司而言,应注意以下几点:

1. 公司给股东分配利润时,应当作出利润分配的股东会决议。在没有股东会有效决议的情况下给股东"分红",该款项的性质有可能被认定为股东在公司任职而公司向其发放工资或奖金。

2. 公司应当严格按章程规定向股东分配利润,不得采取过分提取公积金、不合理地发放公司董事、高管奖金等各种不正当方式减少可分配利润。当股东会违反章程的规定过分提取公积金,而不分配股利或很少分配股利并以其作为压榨小股东手段时,受害股东可以申请法院对该决议予以撤销。

---

① 对应《公司法》(2023 年)第二十六条。

3. 分配利润的股东会决议作出后,公司应当在决议载明的时间内完成利润分配。

就股东而言,应注意以下几点:

1. 大股东不得滥用股东权利不给中小股东分配利润。

2. 股东分红权属于期待权,司法实践中在没有提交股东会决议的情况下,原告股东败诉可能性极大。因此,中小股东在公司设立或选择入股时,就应当具备相应的风险意识,理性考虑期待权是否能得到正常行使,避免投资获利的期望落空而被迫陷入繁杂的诉讼程序中。

3. 公司要有实际可供分配的利润,这是公司盈余分配的前提。因此,当公司没有盈利或出现亏损时,股东不得要求公司分配利润。

4. 股东若约定不按出资比例分红,应在出资协议与章程中明确写清楚。

5. 股东要及时、全面按约定履行出资义务,否则可能被公司限制股东权利,如限制盈利分配请求权,甚至不能获得盈余分红。

6. 出资协议或章程约定每年度按照固定数额向股东分配红利的条款无效。

7. 为避免股权转让过程中的价款、收益等争议,股权转让时有关股权利润分配应注意以下几点:(1)股权转让协议中应就股权转让收益权的转移时间,转移前后的相关收益作出明确约定。未明确约定的,按照相关法律法规和交易习惯,收益权在股权登记日后再转移,收益权转移时,股权项下的全部财产权益(转让的股权包含股息、红利以及其他衍生孳息)一并转移。(2)在双方进行股权转让交易时,可以在股权价格上进行处理,按照每股净资产等量化标准进行协商,将未分配利润或股东分红的收益折算或直接累加进入对价中,或者在股权转让协议中明确股权转让前公司未分配盈余归原股东所有。(3)作为公司股权的转让方、受让方对转让标的股权要有充分的了解,应当充分了解公司的经营情况、财务报表和未分配利润等基础信息,特别是受让方应当委托专业的会计师、律师对受让标的股权进行尽职调查,根据专业的尽职调查报告,与对方就股权价格及未分配盈余作出合理的安排,以便在交易环节充分保障自身利益,避免日后发生诉争。

三、典型案例解析

案例54　公司未作出利润分配的股东会决议,股东主张公司盈余分配的诉求被驳回

——王某艳、车某伟等公司盈余分配纠纷案

【基本案情】

上诉人(原审原告):王某艳

被上诉人(原审被告):车某伟
被上诉人(原审被告):荣成市天×房产经纪有限公司(以下简称天×公司)
一审法院:荣成市人民法院
案号:(2022)鲁1082民初687号
二审法院:威海市中级人民法院
案号:(2022)鲁10民终2148号

2018年9月3日,王某艳与车某伟共同注册成立天×公司,王某艳持股40%,车某伟持股60%。公司成立后,因从未向王某艳进行分红,王某艳多次找到车某伟协商分红事宜未果,遂向荣成市人民法院提起诉讼,请求:(1)判决二被告支付原告分红款(以实际核算为准,暂估1万元);(2)本案诉讼费用由被告承担。

车某伟辩称,王某艳作为天×公司的股东,并未实际缴纳股本,且天×公司没有产生利润,无法向王某艳分红。请求驳回王某艳的诉讼请求。

天×公司未做答辩。

审理中,王某艳称:"我和车某伟没有实际出资,是认缴成立的公司,公司共中介买卖了30套房屋,利润在30万元左右。"王某艳提交定金协议四份,该四份协议中分别载明房主朱某娟、陈某波,购买方宋某志、张某,证明天×公司进行了房屋中介经营。车某伟称:"天×公司没有实际经营、成交业务,没有交易,没有开立对公账户,成交的房屋均为荣成市鑫×装饰有限公司的业务,荣成市鑫×装饰有限公司的部分业务是通过车某伟的个人建设银行的银行卡进行交易,除此之外还有个人生活,包括双方恋爱期间的巨额支出,都是通过该银行卡支出的。天×公司公章一直在王某艳手中。定金协议的公章系王某艳在经手交易时自行盖的,并不能证明交易是由天×公司进行的,王某艳可以将双方在其他公司合作出卖的房产加盖天×公司公章。"审理中,王某艳申请调查天×公司的账号,法庭未查到天×公司的账号。王某艳亦没有证据证实天×公司的业务收入及产生的利润。

另查,在(2021)鲁10民终273号案中,法院认定王某艳、车某伟在恋爱期间共同经营天×公司、荣成市宇×装饰工程有限公司。王某艳另案提起与车某伟、荣成市宇×装饰工程有限公司的诉讼一案尚在审理过程中。

二审期间,威海市中级人民法院组织当事人进行了质证。王某艳提交天×公司作为房产中介成交的四份房屋买卖合同对应的银行交易记录,车某伟向朱某娟、陈某波、朱某霞汇款的银行流水,证明天×公司有经营行为,有盈利。宋某志作为购买方向车某伟支付购房款的银行流水,证明售房的价格。证明天×公司有盈利,且仅在该四份合同中就盈利7万元,该流水上面标记天×公司全部收入支出,有具体明细,王某艳仅掌握这四份合同,天×公司还有其他的盈利,但是其他具体的交易信息王某艳不掌握，要求车某伟及天×公司提供经营期间的房产成交记录以证实公司的盈利情况。

经质证，车某伟认为上述证据与本案无关，天×公司没有实际经营成交业务，没有开立对公账户。上述房产交易即使真实存在，也是荣成市宇×装饰工程有限公司的业务，与本案无关，王某艳已另案提起诉讼，尚未审结。

天×公司未到庭发表质证意见。

二审法院经审查认为，王某艳提供的证据系一审法院调取的车某伟银行交易流水，二审法院对证据的真实性予以确认。

二审中，王某艳认可未曾向天×公司实缴注册资本，认可天×公司章程中没有对的股权分红特别约定，认可天×公司成立后未召开过股东会，未进行分红。王某艳向法院申请对天×公司2018年4月1日至2022年8月30日的经营情况及利润数额进行司法审计。

在庭审中，王某艳不能证明本案发生争议及诉讼期间另一股东车某伟存在违反法律规定滥用股东权利导致公司不分配利润给其他股东造成损失的情形。

【裁判结果】

一审法院判决：驳回王某艳要求车某伟、天×公司支付分红款的诉讼请求。

二审法院判决：驳回上诉，维持原判。

【案件解析】

本案争议焦点为王某艳是否有权要求车某伟及天×公司进行利润分配。

我国《公司法》（2018年）第三十四条①规定："股东按照实缴的出资比例分取红利；公司新增资本时，股东有权优先按照实缴的出资比例认缴出资。但是，全体股东约定不按照出资比例分取红利或者不按照出资比例优先认缴出资的除外。"由此可见，公司股东依法享有资产收益的权利，除另有约定外，股东应按照实缴的出资比例分取红利。但股东享有的分红权属于股东自益权，系股东为自己利益而行使的权利，如果全体股东约定不按出资比例分取红利，公司可以约定其他的利润分配方案。《公司法》（2018年）第三十七条②规定："股东会行使下列职权：……（六）审议批准公司的利润分配方案和弥补亏损方案……对前款所列事项股东以书面形式一致表示同意的，可以不召开股东会会议，直接作出决定，并由全体股东在决定文件上签名、盖章。"依据该条规定可知，公司股利分配属于公司股东大会决策事项。若全体股东约定不按出资比例分取红利，应当在公司章程中作出特别规定，或者经过股东会决议表决。根据《最高人民法院关于适用〈中华人民共和国公司法〉若干问题的规定（四）》第十

---

① 对应《公司法》（2023年）第二百二十七条。

② 对应《公司法》（2023年）第五十九条。

四条的规定,股东提交载明具体分配方案的股东会的有效决议,请求公司分配利润,公司拒绝分配利润且其关于无法执行决议的抗辩理由不成立的,人民法院应当判决公司按照决议载明的具体分配方案向股东分配利润。因此,公司分配利润必须符合以下条件:有可分配的利润,已制定利润分配方案,该方案已经股东会审议批准并形成了公司分配利润的有效决议。公司盈余分配与否原则上属于公司自治范畴,是否进行公司盈余分配及分配数额,应当由股东会作出公司盈余分配的具体方案。但是,当部分股东尤其是控股股东隐瞒或转移公司利润时,则会损害其他股东的实体利益,已非公司自治所能解决,此时若《公司法》不加以适度干预则不能制止权利滥用,亦有违司法正义。为此,根据《最高人民法院关于适用〈中华人民共和国公司法〉若干问题的规定(四)》第十五条的规定,股东未提交载明具体分配方案的股东会或者股东大会决议,请求公司分配利润的,人民法院应当驳回其诉讼请求,但违反法律规定滥用股东权利导致公司不分配利润,给其他股东造成损失的除外。该条规定进一步明确了股东利润分配请求权的理论基础,即分配权源于股东平等原则的要求。因此,股东向法院请求公司分配利润的,原则上需要提交载明具体分配方案的股东会决议;未提交载明具体分配方案的股东会决议的,法院应驳回其诉讼请求。但书部分规定了特定情形下对股东关于分红的诉讼请求可予支持。具体到本案中,根据天×公司章程记载,王某艳与车某伟均系认缴出资,王某艳亦认可现其出资尚未实缴到位。王某艳曾提交天×公司内容不完整的公司章程,但其认可在公司章程中并无对分红比例的特殊约定。因此作为天×公司股东的车某伟、王某艳,未就认缴出资情形下公司分红与否作出特别约定。且王某艳在提起本案诉讼时,天×公司并未作出利润分配方案,王某艳亦未提交载明具体分配方案的股东会决议。王某艳亦不能证明本案发生争议及诉讼期间另一股东车某伟存在违反法律规定滥用股东权利导致公司不分配利润给其他股东造成损失的情形,故其请求分配天×公司利润缺乏法律依据。

案例55 滥用股东权利导致公司不分配利润,其他股东要求分配利润的请求得到法院支持

——王某与宋某鹤、石某岩公司盈余分配纠纷案

【基本案情】

原告:王某

被告:宋某鹤

被告:石某岩

被告:石某阳

被告:淄博岩×耐火材料有限公司(以下简称岩×公司)

被告:淄博联×耐火材料有限公司(以下简称联×公司)

审理法院:淄博市淄川区人民法院

案号:(2019)鲁0302民初2354号

王某向淄博市淄川区人民法院提起诉讼,请求:(1)要求解除王某与石某岩、宋某鹤签订的《设立有限责任公司出资协议补充条款》;(2)要求被告返还投资款280万元;(3)要求被告向王某分配利润398.8万元;(4)诉讼费用由被告承担。事实和理由:2014年5月16日,王某与石某岩、宋某鹤签订合伙协议,约定王某以现金方式出资280万元,石某岩以实物出资折价280万元,宋某鹤以现金方式出资140万元,合伙经营耐火材料的生产与销售业务。联×公司于2014年11月3日成立后,王某与石某岩、宋某鹤作为股东以该公司的名义进行经营。自2014年下半年至2018年年底,合伙利润为1122万元。扣除2018年5月13日被告向王某分配的利润50万元,被告还应向王某分配利润398.8万元。2017年7月20日,石某岩成立关联公司岩×公司,将合伙出资私自转出,岩×公司及石某阳侵占合伙资产、手续及业务进行经营,严重侵犯了其与合伙人的合法权益。因此,王某现依法提起诉讼,请人民法院依法判决。

宋某鹤辩称,同意王某的诉讼请求。

石某岩辩称,王某的起诉无事实和法律依据,根据公司法相关规定,符合《公司法》(2018年)第七十一条[①]第一、二、四款的规定,方才具备公司法规定的退股要件,而且股东申请退股必须符合《公司法》(2018年)第七十四条规定的法定情形之一,而王某在不符合规定的情况下,既要求退股又请求解除出资协议补充条款,并要求分配利润的主张于法无据,况且本公司在经营期间系王某按照补充协议约定一直负责经营管理和聘用财务营销等管理人员,所有财务账目和经营账目均由王某聘用的人员负责管理,王某在没有公布经营账目和财务账目的前提下既主张分配利润,没有事实依据。综上事实,王某主张既无事实依据也不符合法律规定,亦不符合联×公司的章程规定,因此,王某所诉纯属事实不清,证据不足,且于法无据,请求依法驳回起诉。

石某阳辩称,本案王某之诉为合伙纠纷,而答辩人既不是联×公司的合伙人也不是该公司的股东,而且王某没有证据证明答辩人侵占的该公司的合法财产,故王某以合伙纠纷及侵权等理由向答辩人主张权利于法无据,答辩人不具备该案诉讼主体资格,因此王某诉讼主体不适格,况且合伙协议纠纷和侵权纠纷不是一个法律关系,所以王某的主张不成立,其主张无事实依据也无法律依据,请求法院依法驳回。

岩×公司辩称,本公司系独资成立的有限公司,自主经营自主盈亏,与王某主张的联×公司合伙人之间的合伙纠纷没有任何关联,且王某没有证据证明该公司侵占

---

① 对应《公司法》(2023)第八十四条。

了联×公司的合法财产,根据法律规定,王某以侵权为名向岩×公司主张权利主体不适格,况且王某个人并不是被侵权的主体,据此王某向岩×公司主张权利无事实依据和法律依据,请求依法驳回。

联×公司辩称,首先王某要求解除与石某岩、宋某鹤签订的设立有限公司出资协议补充条款没有事实和法律依据,应依法驳回。本案中王某与石某岩、宋某鹤签订的出资协议补充条款的合同目的是设立有限公司,该合同已经实现,在2014年11月3日联×公司登记成立,该合同的目的已经实现,在合同目的实现以后三方以联×公司的名义对外进行了经营。虽然存在王某、宋某鹤未按照补充条款规定履行出资义务的情况,但不影响该补充条款已经合法生效的事实。根据合同法律规定,依法成立的合同对当事人具有约束力,当事人应按照约定履行自己的义务,不得擅自变更和解除合同;依法成立的合同受法律保护,解除合同必须符合合同法规定的情形。本案中王某诉称的事实和理由均不符合合同法律规定的终止、解除合同的情形,因此王某要求解除补充条款的诉讼请求无事实和法律依据,应依法驳回;王某要求返还投资款的诉讼请求应依法驳回。原告、被告签订的补充条款在条款中约定成立的是有限公司,并以有限公司的名义对外进行经营,根据《公司法》关于股东在公司登记后不得抽回出资的规定,本案中如果王某已经按照补充条款的约定足额缴纳了280万元,那么缴纳的出资是联×公司的资产,不能抽回;如果王某未按照补充条款的约定缴纳280万元,依法应当补缴,因此,王某的主张违反法律规定,不应支持。王某主张分配利润的诉讼请求不符合法律程序,依法应予以驳回。联×公司的公司性质为有限公司,王某、石某岩、宋某鹤签订的设立有限公司出资协议补充条款约定也是为了充分体现有限责任公司出资人的责、权、利原则订立的,因此三人的纠纷应当按照《公司法》的规定处理,根据《公司法》的规定,有限公司分配利润的程序为首先要弥补亏损,然后提出税后利润的10%列入公司法定公积金,并提取利润的5%列入公司法定公益金,然后经股东决议通过再分配利润,本案中王某主张分配利润既没有按照《公司法》的程序召开股东会决议通过,也没有清算账目核实是否有税后利润可供分配,因此王某主张分配利润的诉讼请求是错误的,应驳回请求。

法院审理查明事实如下:2014年5月16日,王某和石某岩、宋某鹤签订出资协议书,约定王某以现金方式出资280万元,出资比例为40%;石某岩以实物(窑炉两座、煤气发生炉一台、装载机一台、地磅一台、环保用地及建设手续等)出资折价280万元,出资比例为40%;宋某鹤以现金方式出资140万元,出资比例为20%,设立有限公司经营耐火材料的生产和销售业务。2014年11月3日成立联×公司,注册资本为10万元,按照联×公司的公司章程,王某出资40%,按照实缴纳的出资比例分取红利。王某和石某岩参与公司的生产管理,宋某鹤未实际参与经营。协议订立后,王某于2014年5月起,分多次将出资款304万元按照出资协议书的约定汇至石某岩的原合伙人王某章、刘某金名下，用于归还原合伙人所投资金及其赢利；另有 6,454,910 元钱款汇至宋某友和石某阳账户，王某主张汇至宋某友和石某阳账户的资金扣除其余出资 96 万元外，部分用于联×公司的初期运转资金，部分作为王某出资的另一公司（山东淄博沈×耐火材料有限公司）货款用于购买联×公司的产品，联×公司未提供证据来证明王某支付该部分款项的性质；宋某友作为联×公司股东共同认可的管理人，负责公司收支审核签字及联×公司 2014 年 5 月至 2014 年 10 月 29 日的财务出纳，之后财务出纳工作由石某阳负责；翟某自 2014 年至 2019 年 2 月在联×公司任会计，负责账目凭证和记账工作。根据证人翟某提供的联×公司账目明细截至 2018 年年底，联×公司的利润为 10,229,598.59 元，石某阳于 2018 年 5 月 13 日通过其个人中国农业银行尾号为 2273 账户为王某分红 50 万元，其余利润未分配。岩×公司于 2017 年 7 月 20 日成立，石某岩为公司股东兼法定代表人，后均变更石某阳为股东和法定代表人，联×公司法定代表人为石某岩，石某岩为联×公司股东之一，石某阳兼任联×公司的出纳，两公司工作人员一致，人员混同；岩×公司生产经营场地和设施是借用联×公司的，且经营范围均涉及耐火材料、焦宝石、黏土销售，经营同类业务，业务混同；根据《补充条款》，联×公司的资产包括环保、用地手续及建设许可证等所有相关手续，窑炉两座、煤气发生炉一台、装载机一台、地磅一台等，且博环审字（2017）1933 号年产 4 万吨优质焦宝石技改项目环保手续登记于岩×公司名下，财产混同；石某阳的个人银行账户系两被告公司使用的共同账户，联×公司财务负责人翟某证实两公司使用同一账簿，财务混同。岩×公司使用石某阳的中国农业银行尾号为 2273 账户进行经营，石某阳也使用该账户资金进行个人消费，石某阳对于担任联×公司出纳使用的银行账户陈述不清，但于 2018 年 5 月 13 日用该 2273 账户向王某支付了 50 万元的分红。岩×公司于 2017 年 9 月 28 日办理环保技改项目审批手续。联×公司和岩×公司存在经营场所、生产设备、管理人员、财务混同的事实。

石某岩于 2019 年 7 月 4 日申请对于联×公司的经营账目进行审计，后于 2019 年 7 月 14 日撤回鉴定申请；王某于 2019 年 7 月 20 日申请对于联×公司的经营账目进行审计，淄博市淄川区人民法院通知原告、被告于 2019 年 9 月 19 日提供鉴定资料，但是联×公司和岩×公司对于其经营期间的账目均不予提供。淄博启×会计司法鉴定所于 2019 年 10 月 22 日出具说明：截至 2019 年 10 月 22 日仅收到王某提供的部分银行交易明细和收款单位收据；未收到联×公司和岩×公司的账簿、凭证，无法出具准确的鉴定意见，现将案件退回。王某提供的 2019 年 5 月 18 日的录音证实联×公司的经营账目及其凭证在联×公司中由石某岩和妻子李某菊保管。被告对于证人翟某提供的联×公司的账目明细均不予认可，但是不提供经营账目及其凭证与王某进行审核对账，对于庭前调解期间自行提供的账目明细也不予认可。

另查明，石某岩作为具有控制权的公司股东与执行董事，其个人既不制定公司的利润分配方案，也不召集主持股东会制作批准公司的利润分配方案，使得公司无法作出利润分配决议，致使股东之间的利润分配请求权得不到实现，有违股东平等的基本原则。联×公司从来没有送交王某财务会计报告，甚至在本案审理中拒绝提交公司账簿凭证。

【裁判结果】

1. 联×公司和岩×公司共同支付王某利润分红3,571,839元，两被告之间互负连带清偿责任；

2. 石某岩对于第1项付款承担赔偿责任；

3. 石某阳对于第1项付款承担连带责任；

4. 宋某鹤不承担民事责任；

5. 驳回王某的其他诉讼请求。

如果未按本判决指定的期间履行给付金钱义务，应当依照《民事诉讼法》(2017年)第二百五十三条的规定，加倍支付迟延履行期间的债务利息。

【案件解析】

本案主要争议焦点是王某请求利润分配是否有依据。

石某岩在实际经营中具有下列违反法律规定滥用股东权利导致公司不分配利润的行为：(1)公司章程第十条规定股东会审查批准公司的利润分配方案；第十六条规定执行董事制定公司的利润分配方案；第十一条规定执行董事召集主持股东会；第二十条规定执行董事为公司的法定代表人。石某岩作为具有控制权的公司股东与执行董事，其个人既不制定公司的利润分配方案，也不召集主持股东会制作批准公司的利润分配方案，使得公司无法作出利润分配决议，致使股东之间的利润分配请求权得不到实现，有违股东平等的基本原则。(2)《公司法》(2018年)第一百六十五条①第一款规定，有限责任公司应当依照公司章程规定的期限将财务会计报告送交各股东。联×公司章程第二十一条规定，“公司应当依照法律、行政法规和国务院财政部门的规定建立本公司的财务、会计制度，于每一会计年度终了时制作财务会计报告，并应于第二年三月三十一日前送交各股东”。王某作为公司股东，有权要求查阅公司会计账簿，同时公司也应当依照公司章程规定的期限将财务会计报告送交王某，但联×公司从来没有送交王某财务会计报告，甚至在本案审理中拒绝提交公司账簿凭证。因此，石某岩明显滥用股东权利，通过公司行为剥夺了王某对联×公司经营管理事务的知情权。(3)《公司法》(2018年)第一百七十一条②第二款规定，对公司资产，不得以任何个人名义开立账户存储。本案中，石某岩滥用股东权利，违反法律规定，将联×

① 对应《公司法》(2023年)第二百零九条。

② 对应《公司法》(2023年)第二百一十七条。

公司的款项存储于其子石某阳的个人银行账户。(4)石某岩于2017年7月20日成立关联企业岩×公司,该公司与联×公司人格混同。在此,石某岩滥用股东权利、滥用公司法人独立地位和股东有限责任,利用其关联关系损害了联×公司及其他股东的利益。根据《最高人民法院关于适用〈中华人民共和国公司法〉若干问题的规定(四)》第十五条的规定,股东未提交载明具体分配方案的股东会决议,请求公司分配利润的,人民法院应当驳回其诉讼请求,但违反法律规定滥用股东权利导致公司不分配利润,给其他股东造成损失的除外。本案情形符合《最高人民法院关于适用〈中华人民共和国公司法〉若干问题的规定(四)》第十五条但书条款进行强制盈余分配的实质要件,因此王某要求分配利润的请求应予支持。

案例56　每年度按照固定数额向股东分配红利的约定条款无效

——李某震与徐某、山东三×子宠物用品有限公司公司盈余分配纠纷案

【基本案情】

原告:李某震

被告:徐某

被告:山东三×子宠物用品有限公司(以下简称三×子公司)

审理法院:青州市人民法院

案号:(2020)鲁0781民初6928号

2017年3月7日,李某震与徐某共同出资成立三×子公司,青州市市场监督管理局核准并予以登记。同日,三×子公司委托青州金×联合会计师事务所对注册资本首次实收情况进行审验,青州金×联合会计师事务所出具青会验字(2017)第01号验资报告,验资情况为:三×子公司申请登记的注册资本为327万元,截至2017年3月7日,已收到徐某和李某震缴纳的注册资本(实收资本)合计人民币(大写)叁佰贰拾柒万元整。其中,徐某出资1,670,921元,均为实物出资,上述出资计入实收资本1,667,700元,余3221元作为资本公积入账;李某震出资1,605,395元,包括货币出资507,528.13元,实物出资1,097,866.87元,上述出资计入实收资本1,602,300元,余3095元作为资本公积入账。徐某占公司51%的股权,李某震占49%的股权。同日,李某震与徐某签订三×子公司股东协议一份,协议第二条约定:公司由股东徐某负责日常经营管理活动,股东李某震不参加日常经营管理活动,为公平各股东股份权益,年度公司可供分配的利润低于股本10%时(包括发生经营亏损时),按李某震股本160万元的10%支付股东李某震利润,对股东徐某不给付分配利润;年度公司可供分

配的利润高于股本 10% 时，据实分配各股东利润。年度利润应当于次年 15 日予以兑现分配。

2019 年 7 月 18 日，李某震与徐某签订三×子公司股权转让协议，协议约定：李某震同意将持有三×子公司 49% 的股权以 160.23 万元转让给徐某，徐某同意按照此价格购买该股权。徐某同意 2019 年 12 月 10 日以银行转账方式转给李某震 120 万元，剩余 40.23 万元于 2019 年 12 月 31 日前以银行转账方式一次性支付给李某震。协议另就其他事项进行了约定。协议签订后，双方未到青州市市场监督管理局办理股权变更登记。

2019 年 7 月 20 日，徐某向李某震出具借条一份，载明："今借到李某震现金 401,349元（肆拾万零壹仟叁佰肆拾玖元）。2017 年、2018 年、2019 年 1~6 月，三×子公司 10% 利润。"徐某在该借条上签字，三×子公司加盖公司印章。

徐某向李某震出具借条后，但一直未向李某震支付利润款，为维护自身合法权益，李某震向青州市人民法院提起诉讼，请求：(1) 判令徐某、三×子公司支付利润 401,349 元，并支付利息（以 401,349 元为基数，自 2019 年 7 月 21 日起按同期全国银行间同业拆借中心公布的贷款市场报价利率计算至实际偿清之日）；(2) 本案的诉讼费用由徐某、三×子公司负担。

三×子公司辩称，(1) 2019 年 7 月 20 日，徐某向李某震出具 401,349 元的欠条属实，但该款项并非徐某向李某震借款，也未收到该笔款项，该款项实际是李某震诉称的三×子公司利润；(2) 三×子公司自 2017 年 3 月成立起，每月都向李某震支付一定的分红，而三×子公司实际处于亏损状态；(3) 2019 年 7 月 20 日，李某震将股权转让给徐某后，双方未对三×子公司进行清算，也就未到主管机关进行股权变更登记。

徐某辩称，401,349 元的欠条上加盖了三×子公司公章，徐某作为三×子公司的法定代表人在欠条上签字，李某震追要公司盈余分配不应把徐某个人作为被告。

【裁判结果】

驳回李某震的诉讼请求。

【案件解析】

股东的公司盈余分配请求权，是指股东基于其股东地位依法享有的请求公司按照自己的持股比例向自己分配股利的权利。分配股利，公司必须实际有盈余存在，若公司没有实际盈利则仍向股东分配所谓的红利，势必从本质上减少公司资产，有违资本维持原则的要求，损害公司的发展和债权人利益。依照《公司法》（2018 年）第一百六十六条[①]第一款规定："公司分配当年税后利润时，应当提取利润的百分之十列入公司法定公积金。公司法定公积金累计额为公司注册资本的百分之五十以上的，可

---

① 对应《公司法》（2023 年）第二百一十条。

以不再提取。"第二款规定："公司的法定公积金不足以弥补以前年度亏损的，在依照前款规定提取法定公积金之前，应当先用当年利润弥补亏损。"第四款规定："公司弥补亏损和提取公积金后所余税后利润，有限责任公司依照本法第三十四条[①]的规定分配；股份有限公司按照股东持有的股份比例分配，但股份有限公司章程规定不按持股比例分配的除外。"第五款规定："股东会、股东大会或者董事会违反前款规定，在公司弥补亏损和提取法定公积金之前向股东分配利润的，股东必须将违反规定分配的利润退还公司。"

本案中，三×子公司在成立时徐某与李某震预先协议，不管公司盈利与否，每年度按照固定数额向李某震分配红利，该约定违反了上述法律规定。因此，李某震的诉讼请求缺乏法律和事实依据，法院不应支持。

案例57　《股权转让协议》中未明确约定原股东有权主张股权转让前的公司利润，股权转让后原股东基于股东身份所享有的公司利润分配请求权亦随之丧失

——崔某民与铁力市嘉×投资有限公司、陈某军公司盈余分配纠纷案

【基本案情】

上诉人（原审原告）：崔某民

被上诉人（原审被告）：铁力市嘉×投资有限公司（以下简称嘉×投资公司）

被上诉人（原审被告）：陈某军

一审法院：伊春市中级人民法院

案号：（2015）伊中商初字第24号

二审法院：黑龙江省高级人民法院

案号：（2017）黑民终491号

崔某民诉称，崔某民与陈某军2010年3月23日签订《合作协议书》，约定共同出资成立嘉×投资公司，注册资本500万元，崔某民出资299万元占公司股份的59.80%，陈某军出资201万元占公司股份的40.20%，并担任公司法定代表人及总经理，负责公司日常运营。嘉×投资公司主要与铁力市人民政府合作建设、经营管道天然气项目。为了实施此项目，嘉×投资公司于2010年6月2日出资成立铁力市嘉×燃气有限公司（以下简称嘉×燃气公司），嘉×投资公司拥有嘉×燃气公司100%的

---

① 对应《公司法》（2023年）第二百二十七条。

股权。2013 年 6 月 21 日,嘉 × 投资公司与郑州康 × 商贸有限公司(以下简称康 × 公司)签订《股权转让协议》,将其持有嘉 × 燃气公司 100% 的股权转让给康 × 公司,转让价格为 3000 万元。2014 年 4 月 4 日,陈某军因涉嫌虚报注册资金罪及职务侵占罪被铁力市公安局刑事拘留。经公安机关侦查,陈某军在股东崔某民不知情的情况下,以嘉 × 投资公司法定代表人及总经理身份,将嘉 × 燃气公司 100% 的股权转让给康 × 公司。根据嘉 × 投资公司的章程规定及出资比例,扣除前期投入成本 1500 万元,股权转让收益为 1500 万元,崔某民应分得股权转让款 897 万元,但嘉 × 投资公司及陈某军隐瞒股权转让事实,私自侵吞股权转让款,已经侵害了股东崔某民的收益权、知情权。故崔某民诉至伊春市中级人民法院,请求判令:(1)嘉 × 投资公司赔偿其股权转让款 897 万元,自 2013 年 6 月 21 日起至给付之日止,按银行同期贷款利率赔偿逾期付款的利息损失(截至起诉之日,逾期利息为 110.35 万元);(2)陈某军对上述金额承担连带责任;(3)案件受理费由嘉 × 投资公司、陈某军负担。

嘉 × 投资公司未出庭,亦未提交书面答辩意见。

陈某军辩称,2012 年 11 月 15 日,陈某军与崔某民协商召开嘉 × 投资公司股东会议,决议崔某民以 280 万元的价格将嘉 × 投资公司 59.80% 的股权转让给陈某军。2013 年年初,崔某民以股权转让纠纷为由向伊春市中级人民法院起诉嘉 × 投资公司和陈某军。在该案审理过程中,双方达成和解协议,约定陈某军于 2013 年 6 月 30 日前以 300 万元的价格购买崔某民在嘉 × 投资公司的 60% 股权,崔某民因此于 2013 年 5 月 24 日撤回该案的起诉。而陈某军已将 300 万元转让款交付给了崔某民,并到工商部门办理了股权变更登记。现崔某民又以股权转让纠纷为由提起本案诉讼缺乏事实及法律依据,应予驳回。同时,本案应依据刑事判决结果作为审理案件的依据。

法院审理查明:2010 年 3 月,陈某军与崔某民共同出资 500 万元注册成立嘉 × 投资公司,陈某军出资 201 万元任法定代表人,崔某民出资 299 万元任执行董事、监事。2010 年 5 月 31 日,嘉 × 投资公司出资 400 万元注册成立嘉 × 燃气公司,嘉 × 投资公司拥有嘉 × 燃气公司 100% 的股权。2012 年 11 月 15 日,崔某民与陈某军形成《股东会决议》,其内容为:"陈某军于 2012 年 12 月 5 日前一次性支付 300 万元给崔某民,用于购买崔某民持有嘉 × 投资公司 59.80% 的股权,付款期限最迟不超过 2013 年 1 月 15 日。如陈某军未能按上述期限付清股权转让款,陈某军同意将其在嘉 × 投资公司的 40% 股权转让给崔某民,股权转让款为 200 万元,崔某民同意该股权转让款在陈某军向其本人的借款中予以抵扣。从 2013 年 1 月 15 日起,陈某军将自动失去在公司的任何股份包括权益及法人地位,崔某民或崔某民指定受让人已实际享有公司全部股权包括权益,不论股权变更的工商登记手续是否办妥。"因陈某军未按约定时间付款,崔某民向伊春市中级人民法院提起诉讼,要求确认陈某军股权归其所有。在该案审理中,双方重新达成口头协议,由崔某民转让其在嘉 × 投资公司 60% 的股权,陈某军承诺于2013年6月底前支付300万元股权收购款。2013年5月24日，崔某民就该案申请撤回起诉，伊春市中级人民法院作出(2013)伊中商初字第11号民事裁定书，准许崔某民撤回起诉。2013年7月1日，崔某民与陈某军签订一份《股权转让协议》，崔某民将其在嘉×投资公司59.80%的股权转让给陈某军，转让价款为300万元，并在工商部门办理了股权变更登记。

另查明，陈某军在崔某民不知情的情况下，于2013年6月21日代表嘉×投资公司与康×公司签订一份《股权转让协议》，将嘉×燃气公司转让给康×公司，转让价款为3000万元，并约定康×公司在合同签订之日起5日内向嘉×投资公司付款600万元。2013年6月25日，康×公司按陈某军要求汇入嘉×燃气公司账户600万元，陈某军将其中的300万元转给崔某民，用于购买崔某民在嘉×投资公司59.80%的股权。2013年8月7日，陈某军代表嘉×投资公司与康×公司签订《股权转让补充协议》，约定：未支付的股权转让款中的1173.25万元支付至嘉×燃气公司，用于偿还嘉×燃气公司的合理债务；1126.75万元汇入嘉×投资公司；剩余100万元暂留康×公司。康×公司按照协议内容履行了付款义务，并在工商部门办理了股权变更登记，康×公司拥有嘉×燃气公司100%的股权。此后，崔某民知晓转让嘉×燃气公司股权事宜，即向公安机关报案。2015年6月24日，铁力市人民法院作出(2015)铁刑初字第29号刑事判决书，陈某军犯职务侵占罪，判处有期徒刑5年，并处没收财产20万元，追缴违法所得15,450,336元返还嘉×投资公司。陈某军不服，上诉至伊春市中级人民法院。伊春市中级人民法院于2015年11月11日作出(2015)伊中刑二终字第21号刑事裁定书，驳回上诉，维持原判。一审庭审中，崔某民自述嘉×燃气公司前期投入成本为1500万元。

二审中，陈某军为证明其主张，向法院举示两份《询问笔录》，意在证明：周某、李某在刑事案件中陈述，2013年3、4月，陈某军委托周某联系转让嘉×燃气公司事宜，周某先后联系了“中国机械、重庆易燃、西安燃气、河南能源”但均未成功。2013年5月下旬，李某听说周某手里有一个天然气公司要卖，即代表康×公司与周某商谈收购事宜，并于2013年6月与陈某军第一次见面商谈嘉×燃气公司转让事宜，故崔某民主张其于2013年5月24日就另案撤回起诉时，陈某军隐瞒转让嘉×燃气公司事宜存在欺诈行为不能成立。

崔某民的质证意见为：对陈某军所举示的两份《询问笔录》的真实性无异议，但对所证明问题有异议。陈某军所证明事项与生效刑事判决书认定的事实相违背，该刑事判决书已经认定陈某军在股权转让过程中存在欺诈和侵占的行为，构成了犯罪。

二审法院认证意见为：陈某军所举示的上述两份《询问笔录》所涉事实，并未被生效刑事判决采信，不足以推翻生效刑事判决所认定的相关事实，故对该两份《询问笔录》不予采信。

二审查明,崔某民在起诉状中的事实和理由部分的主要内容为:“2010年3月23日,崔某民与陈某军签订《合作协议》,约定共同出资成立嘉×投资公司,注册资本为500万元,崔某民出资299万元占公司股份的59.80%,陈某军出资201万元占公司股份的40.20%。该公司主要与铁力市政府合作建设、经营管道天然气项目。为实施该项目,嘉×投资公司出资成立全资子公司嘉×燃气公司。2013年6月21日,嘉×投资公司与康×公司签订《股权转让协议》,将嘉×投资公司持有嘉×燃气公司100%股权转让给康×公司,转让价格3000万元。经公安机关侦查得知,陈某军在崔某民不知情的情况下,以公司法定代表人和总经理身份,代表嘉×投资公司将嘉×燃气公司100%股权转让给康×公司,扣除前期投入成本1500万元,股权转让的收益为1500万元,根据嘉×投资公司章程规定及出资比例,崔某民应分得股权转让价款897万元。嘉×投资公司及陈某军隐瞒嘉×燃气公司股权转让的事实,私自侵吞股权转让款,已经侵害股东崔某民的收益权和知情权,故请求判令嘉×投资公司赔偿崔某民股权转让款897万元及利息,陈某军系此次股权转让的实际负责人及公司总经理,应对以上给付金额承担连带责任。”

二审法院审理认定本案法律关系性质为公司盈余分配纠纷,同时查明:崔某民在二审庭审中称,其于2013年9月知晓陈某军代表嘉×投资公司与康×公司签订《股权转让协议》,以3000万元的价格将嘉×燃气公司股权转让给康×公司。

另查明,崔某民与陈某军所签《股权转让协议》中并未明确约定原股东崔某民有权主张股权转让前嘉×投资公司的利润。在庭审中,崔某民未能提供证据足以证明其主张嘉×投资公司给付案涉897万元已经股东会决议抑或全体股东以书面形式一致同意。

【裁判结果】

一审法院判决:驳回崔某民的诉讼请求。

二审法院判决:驳回上诉,维持原判。

【案件解析】

本案主要争议焦点为嘉×投资公司应否向崔某民赔偿897万元及利息,陈某军应否承担连带责任。

本案法律关系性质为公司盈余分配纠纷,崔某民主张嘉×投资公司赔偿其897万元的权利属性实质为公司盈余分配请求权。虽然嘉×投资公司于2013年6月21日将其持有嘉×燃气公司的股权转让给案外人康×公司时,崔某民具有嘉×投资公司的股东资格,嘉×燃气公司股权转让款亦属于崔某民转让嘉×投资公司股权前嘉×投资公司的收益,但崔某民与陈某军所签《股权转让协议》中并未明确约定原股东崔某民有权主张股权转让前嘉×投资公司的利润,因崔某民的股东资格随着股权转让并办理变更登记而丧失,故崔某民已无权基于股东身份分配嘉×投资公司的利润,即其基于股东身份所享有的公司利润分配请求权亦随之丧失。况且,根据《公司法》(2013年)第三十八条①的规定,股东会行使审议批准公司利润分配方案的职权,股东以书面形式一致表示同意的,可以不召开股东会会议,直接作出决定,并由全体股东在决定文件上签名、盖章,即审议批准公司利润分配方案系股东会的法定职权,而崔某民在本案诉讼中未能提供足够证据证明其主张嘉×投资公司给付案涉897万元已经股东会决议抑或全体股东以书面形式一致同意,换言之,崔某民与嘉×投资公司尚未就公司利润形成债权债务关系。因此,一审判决驳回崔某民的诉讼请求并无不当。虽然崔某民主张其在转让嘉×投资公司股权时,陈某军故意隐瞒高价转让嘉×燃气公司股权的重大事项而存在欺诈行为,但欺诈在民事法律关系中的法律后果可能导致崔某民与陈某军之间民事行为的效力处于可变更、可撤销的状态,并非崔某民主张的嘉×投资公司给付公司盈余利润的事实根据和法律依据,且生效刑事判决已就陈某军侵占嘉×投资公司的1500余万元股权转让款予以追缴并返还嘉×投资公司,崔某民主张陈某军为此承担连带责任亦缺乏事实根据和法律依据,法院不应支持。

案例58　《股东协议》仅约定分配利润的来源范围、分配的时间及比例,但未确定具体可分配的利润数额,视为未形成具体的分配方案

——陈某平、深圳市金×莱陶瓷有限公司公司盈余分配纠纷案

【基本案情】

原告:陈某平

被告:深圳市金×莱陶瓷有限公司(以下简称金×莱公司)

审理法院:深圳市龙华区人民法院

案号:(2021)粤0309民初15409号

陈某平向深圳市龙华区人民法院提起诉讼,请求:(1)金×莱公司立即向陈某平支付未分配利润196,456.95元,以及资金占用期间利息6092.32元(以196,456.95元为本金,按照银行间同业拆借利率的1.5倍,从2021年2月4日起暂计至2021年8月18日,具体金额以实际履行之日为准);(2)本案诉讼费用、财产保全费用由金×莱公司承担。

金×莱公司认为,陈某平现已不为公司股东,无权请求公司分配盈余。

法院查明事实如下:2020年6月23日,陈某平与沈某浩、刘某红、黄某香就金×

① 对应《公司法》(2023年)第六十一条。

莱公司100%股权进行股东内部竞卖相关事宜签订《金×莱公司股东协议》(以下简称《股东协议》),主要约定:(1)在本次竞拍成功、股权变更前签订的业务和未完成的订单货款及相应退税归原公司全体股东所有(原股东为黄某香、沈某浩、陈某平、刘某红),要求买受方在款项到账后3个工作日内通知原股东,当月月底结算并把款项按照各自原股东的持股比例分配给上述原股东。(2)金×莱公司对公账户预留金额25万元,未完成订单应付给供应商的物料货款、报关、仓储及货代费用预计25万元,由买受方继承,用于支付给供应商,如有拖欠工厂货款行为买受方全权负责。如支付给供应商的费用超出预留金额,差额可以从未退税金额中结算,买受方需提供支付依据材料。(3)除未完成的订单货款及相应退税外,金×莱公司100%的股权、清单上的全部资产(包括办公固定资产、各类样品、白胎库存、设计稿、商标等)以及公司域名、全部供应商资源、客户资源归买受方所有,100%管理权和经营权归买受方所有。(4)除买受方外,其他原股东及个人限制1年内不准使用公司客户资源,不准联系与公司有生意往来的客户(包括下过单的客户及洽谈中的客户)。永久不准把公司原有设计的产品和样品私作他用。股东签字落款处由黄某香、陈某平、沈某浩、刘某红签字捺印。

庭审中,原金×莱公司均认可《股东协议》为金×莱公司2020年6月23日形成的股东会决议。陈某平主张该决议虽存在意思瑕疵,但已经过微信群的对账行为予以补正,该决议合法有效且存在具体分配方案,金×莱公司应按决议向陈某平分配利润。金×莱公司主张该决议约定股权变更前签订的业务和未完成的订单货款及相应退税归原公司全体股东所有,系对公司财产进行分配,违反了相关法律法规应为无效,且从陈某平提交的微信聊天记录可知,原全体股东并未对可分配的利润达成一致意见,即金×莱公司并未形成具体分配方案,陈某平无权请求公司分配利润。

同日,通过公开竞价,由黄某香竞得金×莱公司100%股权及所属资产,陈某平、沈某浩、刘某红、黄某香对此签署《竞卖成交确认书》。黄某香、沈某浩、陈某平(三人均为甲方、转让方)与黄某香(乙方、受让方)就上述竞拍事宜签订《金×莱公司股权转让协议》,主要约定:(1)金×莱公司为黄某香、沈某浩、陈某平共同出资设立的有限责任公司,其中黄某香、沈某浩分别持股25%,陈某平持股50%(其中25%股权系代隐名股东刘某红持有),注册资本为133.3332万元,法定代表人为赵某。(2)公司资产状况详见《深圳市金×莱陶瓷有限公司资产清单》。(3)转让标的物为金×莱公司100%的股权,资产清单中未完成订单的货款,相应退税归甲方所有,不属于转让标的的范围。收到前述款项后,由甲方按各自持股比例分配,乙方作为受让人在接收公司后,应无条件配合催收上述货款并将款项分配给原股东。(4)转让价格:金×莱公司整体资产估价为40万元,系全体股东协商一致的估价结果,无须再经审计评估。乙方以竞拍成交价125.5万元购买金×莱公司100%股权。(5)乙方同意以31.375万元购买黄某香所持25%的股权,以31.375万元购买沈某浩所持25%的股权,以62.75万元购买陈某平持有的50%股权(隐名股东刘某红的股权受让款,由陈某平与其私下另行分配)。乙方应在竞拍日起3日内将所有股权转让款转入法人赵某账号。(6)甲方应在签订本协议且分配完股权转让款10日内,协助乙方办理工商登记股东变更手续。

2020年6月24日,黄某香通过蒋某向陈某平支付股权转让款627,500元。2020年6月29日,金×莱公司就上述股权转让事宜进行工商登记变更,公司股东由陈某平、黄某香、沈某浩变更为赵某、黄某香。

陈某平提交的"金×莱原合伙人尾款核算沟通群"聊天记录显示,2021年2月金×莱公司原合伙人及代理人在该微信群中对《金×莱陶瓷有限公司股权转让前未完成的订单尾款核算统计表》进行核对,但未能达成一致意见。

另经法院查询商事主体档案,金×莱公司2015年1月13日的章程中第五十一条第三款载明,公司在从税后利润中提取法定公积金、法定公益金后所剩利润,按照股东的实缴出资比例分配。

法院另查明:(1)陈某平提交的证据不足以证明金×莱公司已形成具体的利润分配方案。(2)金×莱公司2020年6月23日的《股东协议》仅约定了分配利润的来源范围、分配的时间及比例,但未确定具体可分配的利润数额。(3)陈某平主张具体的利润分配金额已在"金×莱原合伙人尾款核算沟通群"中确认为392,913.89元,但相关的微信聊天记录并未能证明金×莱公司原全体股东已达成一致意见。

【裁判结果】

驳回陈某平的全部诉讼请求。

【案件解析】

本案的争议焦点一为陈某平是否有权提起本案诉讼,争议焦点二为金×莱公司是否应向陈某平进行盈余分配。

第一,关于陈某平是否有权提起本案诉讼的问题。公司盈余分配请求权,是指股东基于其股东地位依法享有的请求公司按照持股比例向自己分配股利的权利,因此请求分配的主体必须具有公司股东身份。本案中,陈某平请求分配的公司盈余系在其股权转让前公司所获得的利润,在此期间陈某平具有金×莱公司股东身份。虽然陈某平现已不具有金×莱公司股东身份,但金×莱公司原全体股东在《股东协议》中对股权转让前公司未完成的订单货款及相应退税进行了特别约定,各方也认可该《股东协议》可视为股东会决议,故陈某平有权提起本案诉讼。金×莱公司关于陈某平现已不为公司股东,无权请求公司分配盈余的主张,法院不应支持。

第二,关于金×莱公司是否应向陈某平进行盈余分配的问题。公司是否进行盈余分配为公司内部事务,司法应充分尊重公司的自治权,除非存在股东滥用权利导致公司不分配利润造成其他股东损失的情况才能介入干预。股东诉请公司分配盈余的前提为公司已形成载明具体分配方案的有效决议。庭审中,原金×莱公司均认可《股东协议》为金×莱公司2020年6月23日形成的股东会决议。陈某平主张该决议虽存在意思瑕疵,但已经过微信群的对账行为予以补正,该决议合法有效且存在具体分配方案,金×莱公司应按决议向陈某平分配利润。金×莱公司主张该决议约定股权变更前签订的业务和未完成的订单货款及相应退税归原公司全体股东所有,系对公司财产进行分配,违反了相关法律法规,应为无效。且从陈某平提交的微信聊天记录可知,原全体股东并未对可分配的利润达成一致意见,即金×莱公司并未形成具体分配方案,陈某平无权请求公司分配利润。对此分析如下:首先,根据《公司法》(2018年)第三条第一款的规定,"公司是企业法人,有独立的法人财产,享有法人财产权。公司以其全部财产对公司的债务承担责任"。公司财产独立于股东财产,股东依据股权享有资产收益等权利。另外,根据《公司法》(2018年)第一百六十六条第四款的规定,"公司弥补亏损和提取公积金后所余税后利润,有限责任公司依照本法第三十四条的规定分配"。本案中,金×莱原全体股东在《股东协议》中约定股权变更前签订的业务和未完成的订单货款及相应退税归原公司全体股东所有,并未依法进行亏损弥补和提取公积金,可能损害金×莱公司及债权人利益;该约定因违反法律强制性规定应为无效。其次,根据《最高人民法院关于适用〈中华人民共和国公司法〉若干问题的规定(四)》第十五条的规定,股东未提交载明具体分配方案的股东会决议,请求公司分配利润的,人民法院应当驳回其诉讼请求,但违反法律规定滥用股东权利导致公司不分配利润,给其他股东造成损失的除外。本案中,陈某平提交的证据不足以证明金×莱公司已形成具体的利润分配方案。金×莱公司2020年6月23日的《股东协议》仅约定了分配利润的来源范围、分配的时间及比例,但未确定具体可分配的利润数额,可见金×莱公司仅形成分配决定,而未形成具体的分配方案。陈某平主张具体的利润分配金额已在"金×莱原合伙人尾款核算沟通群"中确认为392,913.89元,但相关的微信聊天记录并未能证明金×莱公司原全体股东已达成一致意见。再次,即便如陈某平所称,金×莱公司原全体股东已明确可分配的利润金额为392,913.89元,但该利润也应按金×莱公司章程规定先提取法定公积金等再进行分配。最后,根据陈某平提交的微信聊天记录,可知金×莱公司财务一直与陈某平等原股东协商利润分配事宜,但各方未能达成一致意见,并不存在股东滥用权利导致公司不分配利润的情形。陈某平仍可通过内部自治途径解决。因此,陈某平提交的证据不足以证明已形成具体分配方案,也不足以证明其他股东存在违反法律规定滥用股东权利导致公司不分配利润的情形,法院不应支持陈某平的诉请。

案例 59　股东会作出利润分配决议，但股东会决议、公司章程中均未规定利润分配时间，股东在决议作出之日起 1 年内起诉公司要求利润分配的诉求不被法院支持

——陈某心、云南金×雀交通运输集团有限公司公司盈余分配纠纷案

【基本案情】

原告：陈某心

被告：云南金×雀交通运输集团有限公司（以下简称金×雀公司）

审理法院：普洱市思茅区人民法院

案号：(2022)云 0802 民初 999 号

陈某心系金×雀公司自然人股东，认缴出资额 130 万元，持股比例为 3.1707%。2021 年 7 月 25 日，金×雀公司召开股东会第 21 次会议，表决通过《金×雀公司股东会第 21 次会议决议》，载明：同意罢免陈某心董事职务；审议通过 2018 ~ 2020 年度财务决算和红利分配方案建议的议案。《2018 ~ 2020 年度财务决算和红利分配方案建议的议案》载明：2018 年，集团公司实现净利润 6816 万元。公司于 2020 年春节前召开董事会会议，研究决定按持股额度的 13% 进行预分配，除部分在岗中层正职以上管理人员外，其余的在去年春节前全部兑现。2019 年，公司实现净利润 5051 万元。建议 2019 年红利分配比例按持股额度的 8% 进行分配。金×雀公司自认，截至 2020 年 1 月，2018 年度红利不在岗和在岗副职 87 人全部预分配完毕。双方认可 2019 年度红利未分配。陈某心 2018 年度分配金额为 168,998.31 元，扣除个人所得税，应付金额为 135,198.65 元。陈某心 2019 年度分配金额为 103,998.96 元，扣除个人所得税，应付金额为 83,199.17 元。金×雀公司章程未规定红利分配的时间。2022 年 4 月 1 日，金×雀公司召开董事会，研究关于金×雀公司第 21 次股东会决议有关 2019 年度红利分配时间的事宜。会议提议，公司董事会筹备在 2022 年 7 月 31 日前召开临时股东会，就 2019 年度出资人红利分配时点，提请公司股东会视公司资金状况予以明确。2022 年 2 月 11 日，金×雀公司收到陈某心等人提交的《红利分配申请》，至今未向陈某心分配红利。为维护自身合法权益，陈某心向普洱市思茅区人民法院提起诉讼，请求：(1)判令金×雀公司向陈某心支付 2018 年度、2019 年度的可分配盈余共计 218,400 元。(2)判令金×雀公司按照陈某心应获得分配的 2018 年度盈余 135,200 元为基数，以年利率 10% 计算，向陈某心支付自 2020 年 1 月 23 日起至 2021 年 7 月 25 日止的资金占用费 20,280 元。以上两项诉请合计 238,680 元。(3)判令金×雀公司按照陈某心应获得的 2018 年度、2019 年度可分配盈余 218,400 元为基数，以年利率 10% 计算，自 2021 年 7 月 26 日起至实际支付之日止，向陈某心支付资金占用费。

(4)由金×雀公司承担案件诉讼费。

金×雀公司辩称,(1)陈某心的诉求在现阶段依法属于公司自治范畴,非法院司法强行干预范围,对于陈某心的所有诉求均应依法驳回。①根据《公司法》(2018年)第三十七条"股东会行使下列职权:……(五)审议批准公司的年度财务预算方案、决算方案;(六)审议批准公司的利润分配方案和弥补亏损方案……"之规定,公司对利润的分配属于公司自治范畴,即是否进行盈余分配、分配多少、何时分配、分配方式等,应当由股东通过股东会决议方式予以明确。对于法院可以通过司法强行干预的范围,最高人民法院在相关司法解释中均予以了明确规定,即只有在满足法定条件时,才属于司法强行干预的范围,人民法院才可通过裁判予以干预。②陈某心所诉的2018年度、2019年度股东分红所依据的,是金×雀公司2021年7月25日召开的第21次股东会所作出的股东会决议。该股东会决议以及其审议通过的《2018~2019年度财务决算和红利分配方案建议的议案》并未对分红的时间予以明确。同时,金×雀公司的公司章程中也未对利润分配的完成时间进行明确规定,根据《最高人民法院关于适用〈中华人民共和国公司法〉若干问题的规定(五)》第四条第一款"分配利润的股东会或者股东大会决议作出后,公司应当在决议载明的时间内完成利润分配。决议没有载明时间的,以公司章程规定的为准。决议、章程中均未规定时间或者时间超过一年的,公司应当自决议作出之日起一年内完成利润分配"之规定,在股东会决议和公司章程均未对利润分配的完成时限进行明确的前提下,公司有1年的完成时限,现该时限尚未届满,陈某心就提出诉讼,依法无据。(2)针对本案中所存在的第21次股东会决议未明确利润分配完成时间的相关事项,金×雀公司董事会已经开会明确:召开公司临时股东会,依法由股东会根据公司的实际资金状况明确完成时限。所有这些,均是为了维护广大股东合法权益而依法实施的,无任何违法行为。陈某心提出的"每年春节前就完成公司盈余分配是公司惯例",并据此认为,金×雀公司现在未完成盈余分配就是"违法"的观点,无任何事实依据,且与《最高人民法院关于适用〈中华人民共和国公司法〉若干问题的规定(五)》的规定相违背。(3)金×雀公司所举的证据三"公司现资金状况",已充分证明金×雀公司作为一个市场中的经营实体,资金处于流动状态。在公司第21次股东会决议明确分红后,因未明确分红时间,加之疫情的持续和高铁开通对金×雀公司经营的重大冲击,金×雀公司的资金只能首先用于保职工工资、保纳税、保清偿银行借款,这些债权在法律上也均是排在股东分红之前。金×雀公司依法支付以上款项后,公司现在资金状况已难以实施分红,对此应如何处理,依法也属于公司股东会决策范畴即商事决策范畴,而非法院的民事审判范畴。综上,陈某心所诉无任何事实和法律依据,望法院依法驳回陈某心诉求。

【裁判结果】

1. 金×雀公司于判决生效之日起10日内支付陈某心2018年度红利

135,198.65 元;

2. 金×雀公司于判决生效之日起 10 日内以本金 135,198.65 元为基数,按照年利率 5.55% 计算向原告陈某心支付 2022 年 2 月 11 日起至本息还清之日止的资金占用费;

3. 驳回陈某心的其他诉讼请求。

负有给付金钱义务的当事人,如未按本判决指定的期间履行给付金钱义务,应当按照《民事诉讼法》(2021 年)第二百六十条之规定,加倍支付迟延履行期间的债务利息。

【案件解析】

我国《公司法》(2018 年)第三十四条规定:"股东按照实缴的出资比例分取红利;公司新增资本时,股东有权优先按照实缴的出资比例认缴出资。但是,全体股东约定不按照出资比例分取红利或者不按照出资比例优先认缴出资的除外。"《最高人民法院关于适用〈中华人民共和国公司法〉若干问题的规定(五)》第四条第一款规定:"分配利润的股东会或者股东大会决议作出后,公司应当在决议载明的时间内完成利润分配。决议没有载明时间的,以公司章程规定的为准。决议、章程中均未规定时间或者时间超过一年的,公司应当自决议作出之日起一年内完成利润分配。"

本案中,金×雀公司于 2021 年 7 月 25 日召开股东会表决通过《金×雀公司股东会第 21 次会议决议》,决定分配 2018 年度、2019 年度红利,未明确红利分配时间,金×雀公司章程未对分配利润规定时间。金×雀公司自认 2020 年 1 月前已对不在岗和在岗副职 87 人全部预分配完毕 2018 年度红利,应认定为金×雀公司已开始分配红利。该次股东会决议已同意罢免陈某心董事职务,陈某心已不是在岗中层正职以上管理人员,陈某心符合 2018 年度红利分配条件,故金×雀公司应支付陈某心 2018 年度红利 135,198.65 元。

2019 年度红利未分配,股东会决议、公司章程中均未规定时间,金×雀公司应当自决议作出之日(2021 年 7 月 25 日)起 1 年内完成利润分配,至第三次庭审日(2022 年 6 月 8 日),未超过 1 年期限,陈某心不能向金×雀公司主张权利,陈某心主张分配 2019 年红利的诉讼请求,法院不应支持。

案例 60 将应收账款计入公司可分配利润的请求,不被法院支持

——辽宁岫×青花矿业股份有限公司、鞍山嘉×耐火材料有限公司公司盈余分配纠纷案

【基本案情】

上诉人(原审被告):辽宁岫×青花矿业股份有限公司(以下简称岫×青花公司)

被上诉人(原审原告):鞍山嘉×耐火材料有限公司(以下简称嘉×投资公司)

一审法院:岫岩满族自治县人民法院

案号:(2021)辽0323民初4540号

二审法院:辽宁省鞍山市中级人民法院

案号:(2022)辽03民终4370号

2009年12月30日,岫×青花公司成立,公司注册资本5000万元,股东分别为营×青花公司和嘉×投资公司,其中营×青花公司出资4000万元,占80%;嘉×投资公司出资1000万元,占20%。公司章程规定:股东会由全体股东组成,是公司最高权力机构。股东会行使下列职权……审议批准公司的利润分配方案和弥补亏损方案。公司章程第二十条规定:股东大会每年召开一次。第二十二条规定:股东大会由董事会召集,董事长主持。第一百条规定:"公司的税后利润,按下列顺序分配:(一)弥补以前年度的亏损;(二)提取10%作为法定公积金;(三)提取任意公积金;(四)向股东分配红利。"嘉×投资公司与营×青花公司的合资合同约定:公司设董事会,董事会由五名董事组成,其中董事长一名,副董事长一名,董事三名。董事长、董事由营×青花公司派遣担任,副董事长由嘉×投资公司派遣担任,董事会行使下列职权:……制订公司的利润分配方案和弥补亏损方案。

岫×青花公司自经营至今,未召开股东会议研究分配利润。2020年12月,嘉×投资公司委托律师向岫×青花公司发出《律师催告函》,要求岫×青花公司按照20%的出资比例及财务报表等资料分配利润,并对岫×青花公司成立以来的财务盈亏情况进行审计,据以分配;岫×青花公司未予以答复。为维护自身合法权益,嘉×投资公司向岫岩满族自治县人民法院提起诉讼,请求:(1)判令岫×青花公司立即按照20%的出资比例,向嘉×投资公司支付分红款(截至2021年6月30日暂计为2974.105284万元,具体数额以司法审计为准);(2)由岫×青花公司承担诉讼费用。

经法院查明,至2021年6月30日,营×青花公司的关联企业辽宁青×耐火材料股份有限公司尚欠岫×青花公司25,278.011665万元。另查,岫×青花公司的资产负债表显示,至2016年6月30日,公司资产25,387.53984万元,负债-5030.633638万元,所有者权益(或股东权益)30,418.173478万元,扣除实收资本(股本)7030万元,盈余公积317.647059万元,尚有未分配利润23,070.526419万元,公司负债中应付股利1800万元。在审理中,嘉×投资公司申请对岫×青花公司截至2021年6月30日的未分配利润数额和岫×青花公司与营×青花公司的关联企业辽宁青×耐火材料股份有限公司的交易情况进行审计,但因岫×青花公司不提供相关资料,法院未进行审计。

在审理过程中,双方当事人均认可公司账目上没有资金,《资产负债表》上的资金系岫×青花公司另一名股东的关联公司对岫×青花公司的买卖合同欠付款,属于应收账款。

【裁判结果】

一审法院判决:

岫×青花公司于判决生效后30日内,给付嘉×投资公司至2021年6月30日公司可分配利润4974.105283万元的70%,即3481.873698万元。

如果未按照判决指定的期间履行给付金钱义务,应当依照《民事诉讼法》(2017年)第二百五十三条之规定,加倍支付迟延履行期间的债务利息。

二审法院判决:

1. 撤销岫岩满族自治县人民法院(2021)辽0323民初4540号民事判决;

2. 本案发回岫岩满族自治县人民法院重审。

【案件解析】

本案争议焦点在于岫×青花公司是否应对其股东进行盈余分配。利润分配权必须满足一定条件才能具体实现。首先,公司的利润分配方案须经股东会通过。根据《公司法》(2018年)第三十七条、第四十六条①的规定,公司的利润分配方案由董事会制订,由股东会审议批准。根据《最高人民法院关于适用〈中华人民共和国公司法〉若干问题的规定(四)》第十五条的规定,股东未提交载明具体分配方案的股东会或者股东大会决议,请求公司分配利润的,人民法院应当驳回其诉讼请求,但违反法律规定滥用股东权利导致公司不分配利润,给其他股东造成损失的除外。可见,公司的利润分配必须经股东会决议通过,但有证据证明公司股东滥用股东权利侵犯其他股东权益,法院可以进行司法强制分配。其次,公司要有实际可供分配的利润。这是公司盈余分配的实质要件,也是公司进行盈余分配的基础。本案双方当事人均认可公司账目上没有资金,《资产负债表》上的资金系岫×青花公司另一名股东的关联公司对岫×青花公司的买卖合同欠付款,属于应收账款。该笔款项涉及案外人权益,关于买卖合同的效力、是否欠付款项以及欠付数额的多少均未予确定,不应单凭资产负债表确认待分配利润。

案例61 股东系限制民事行为能力人,监护人可代股东领取股权分红

——曾某弟、深圳市沙井马×山股份合作公司公司盈余分配纠纷案

【基本案情】

原告:曾某弟

① 对应《公司法》(2023年)第六十七条。

被告:深圳市沙井马×山股份合作公司(以下简称马×公司)
审理法院:深圳市宝安区人民法院
案号:(2022)粤0306民初140号

曾某弟向深圳市宝安区人民法院提起诉讼,请求:(1)判令马×公司依法支付曾某弟2020年股权分红及福利大概为11万元,且该款项由曾某弟的监护人曾某胜代为领取;(2)判令马×公司从2021年起及今后每年曾某弟应得的股权分红及福利均应及时通知曾某弟的监护人曾某胜代为领取,并有义务通知监护人曾某胜参加相关股东会议及曾某弟应当享有的其他知情权,以维护曾某弟的合法股东权益;(3)诉讼费用由马×公司承担。

马×公司辩称:(1)曾某弟常年患有精神分裂症,不能完全辨认自己的行为,在人身和财产上需要监护人提供必要的保护,曾某弟的女儿陈某清尽到了对曾某弟的赡养义务,故陈某清对曾某弟的监护权和股份分红的处以有异议的,马×公司应充分予以重视。(2)马×公司暂时未向曾某弟发放2020年度分红的原因是陈某清和曾某胜就曾某弟的监护权和曾某弟持有股份的分红福利的使用事宜存在争议。(3)根据马×公司章程规定,股东的分红只能直接发放给股东,即使曾某胜是曾某弟的监护人也不能直接代领,曾某胜在本案中有滥用监护人地位的嫌疑。(4)曾某弟的第2项请求没有法律依据,不应予以支持。(5)马×公司不予发放分红的原因是确保财产得到有效保护,故马×公司不应承担任何诉讼费用。

法院查明事实如下:深圳市宝安区社区股份合作公司股权证书显示,曾某弟拥有马×公司股权。残疾人证显示曾某弟为精神残疾人,残疾等级为壹级。

2019年5月20日,深圳市宝安区人民法院作出(2018)粤0306民特2099号民事判决书,判决:曾某弟为限制民事行为能力人,指定曾某胜为曾某弟的监护人。陈某清不服该判决向法院申请变更其为监护人,该院于2020年5月21日作出(2020)粤0306民特190号终审判决书,判令驳回陈某清的全部诉讼请求。

2020年12月2日,陈某清向马×公司提交《暂停分红申请书》,要求对曾某弟村民分红等福利采取扣押、冻结等保全措施。

2021年8月19日,马×公司向曾某弟出具《关于深宝沙访[2021]60号的回复》,载明:“由于疫情原因,目前陈某清无法回到深圳处理各项事宜,马×公司代表深入了解了你的诉求,结合公司相关惯例进行处理:我公司股东曾某弟所持有的股份在分红福利分配上存在争议,公司暂停发放其2020年分红福利,在未理顺上述争议问题之前公司无权随意支配曾某弟所持有股份的分红福利,需待股东本人或涉及争议的家属理顺股份分红福利的分配事宜后,方可发放分红福利。”

庭审时,双方均确认截至2022年6月,曾某弟可领取的股权分红及福利共计

248,833.4 元。

【裁判结果】

1. 马×公司于判决生效之日起 10 日内向曾某弟支付截至 2022 年 6 月的股权分红及福利共计 248,833.4 元,该款由曾某弟的监护人曾某胜代为领取;

2. 驳回曾某弟的其他诉讼请求。

如马×公司未按本判决书指定的期间履行给付金钱义务,应当依照《民事诉讼法》(2021 年)第二百六十条之规定,加倍支付迟延履行期间的债务利息。

【案件解析】

本案主要争议焦点为马×公司应否向曾某弟支付股权分红及福利,以及曾某胜能否代为领取该款。

关于马×公司应否向曾某弟支付股权分红及福利问题。曾某弟系马×公司股东,有权依照公司的章程享有相应的股权分红及福利,马×公司应向曾某弟支付截至 2022 年 6 月的股权分红及福利共计 248,833.4 元。至于 2022 年 6 月之后的股权分红及福利,因该款项尚未确定,法院对曾某弟的相关诉请不应支持,曾某弟可待相应股权分红及福利实际确定后再行向马×公司主张权利。

关于该款项曾某胜能否代为领取问题。我国《民法典》第三十四条第一款规定,监护人的职责是代理被监护人实施民事法律行为,保护被监护人的人身权利、财产权利以及其他合法权益等。监护人依法履行监护职责产生的权利,受法律保护。本案中,法院作出的(2018)粤 0306 民特 2099 号、(2020)粤 0306 民特 190 号民事判决书确定曾某弟限制民事行为能力人,指定曾某胜为曾某弟的监护人,故曾某胜有权代理领取上述款项,法院对曾某弟的相关诉请应予支持。需要说明的是,曾某胜作为曾某弟的监护人,应当按照最有利于曾某弟的原则履行监护职责,在处理上述款项时尽量以维护曾某弟的利益为限,不得作出损害曾某弟合法权益的行为。

第八章

公司决议纠纷

一、实务要点

公司决议纠纷，是指公司股东向人民法院提起诉讼，请求撤销公司决议、确认公司决议无效，或确认公司决议不成立的纠纷；相应地，公司决议纠纷主要分为公司决议撤销纠纷、公司决议无效纠纷和公司决议不成立纠纷。

公司的决议不仅会牵涉公司的经营发展，而且与董事、监事、高级管理人员、股东以及债权人等主体利益休戚相关。因此，决议的内容和程序都应当合法。如果决议内容或者程序上有瑕疵甚至违法，其效力就会受到影响。在实践中，有的大股东滥用自身股权占相对或绝对优势的地位、在董事会席位中占多数的优势，肆意操纵股东会、董事会作出损害小股东利益的公司决议，而小股东处于人微言轻、没有话语权的劣势地位，只能借助法律手段维权。

我国《公司法》第二十六条规定："公司股东会、董事会的会议召集程序、表决方式违反法律、行政法规或者公司章程，或者决议内容违反公司章程的，股东自决议作出之日起六十日内，可以请求人民法院撤销。但是，股东会、董事会的会议召集程序或者表决方式仅有轻微瑕疵，对决议未产生实质影响的除外。未被通知参加股东会会议的股东自知道或者应当知道股东会决议作出之日起六十日内，可以请求人民法院撤销；自决议作出之日起一年内没有行使撤销权的，撤销权消灭。"该法第二十七条规定："有下列情形之一的，公司股东会、董事会的决议不成立：(一)未召开股东会、董事会会议作出决议；(二)股东会、董事会会议未对决议事项进行表决；(三)出席会议的人数或者所持表决权数未达到本法或者公司章程规定的人数或者所持表决权数；(四)同意决议事项的人数或者所持表决权数未达到本法或者公司章程规定的人数或者所持表决权数。"

根据《最高人民法院关于适用〈中华人民共和国公司法〉若干问题的规定(四)》第二条的规定："依据民法典第八十五条、公司法第二十二条第二款请求撤销股东会或者股东大会、董事会决议的原告，应当在起诉时具有公司股东资格。"该解释第四条规定："股东请求撤销股东会或者股东大会、董事会决议，符合民法典第八十五条、公司法第二十二条第二款规定的，人民法院应当予以支持，但会议召集程序或者表决方式仅有轻微瑕疵，且对决议未产生实质影响的，人民法院不予支持。”该解释第五条规定：“股东会或者股东大会、董事会决议存在下列情形之一，当事人主张决议不成立的，人民法院应当予以支持：（一）公司未召开会议的，但依据公司法第三十七条第二款或者公司章程规定可以不召开股东会或者股东大会而直接作出决定，并由全体股东在决定文件上签名、盖章的除外；（二）会议未对决议事项进行表决的；（三）出席会议的人数或者股东所持表决权不符合公司法或者公司章程规定的；（四）会议的表决结果未达到公司法或者公司章程规定的通过比例的；（五）导致决议不成立的其他情形。”

二、风险防范建议

公司决议是公司的权力机关共同意思的表示，具有指引和约束公司行动的实际价值。公司决议影响相关当事人的价值判断和利益权衡，而效力有瑕疵的决议将给公司日后带来不可预知的法律风险和发展隐患。为避免公司决议纠纷的产生，就公司而言，应注意以下几点：

1. 制定并规范股东会或董事会议事规则，以保证股东会或董事会严格按照《公司法》和公司章程的规定召开。

2. 作出股东会或董事会决议时，要确保决议内容不违反法律及公司章程的规定。股东会有法定职权和章程职权两类，公司可以在章程中规定除法定职权以外的其他职权，以做到有章可循。

3. 为保障股东的权益及公司决议的合法、有效性，需要严格遵守法律规定或公司章程规定的通知期限，提前通知到每一位股东，并保留通知的证据。为避免被通知股东拒绝接收文件，可要求股东提前签署地址确认书，明确该地址为送达地址；如有变更，股东需提前书面通知公司，否则向股东确认的地址邮寄通知文件视为已经送达。如通过 EMS 发送会议通知，须在快递上注明“股东会通知及会议主要议题”，并留意核实股东签收状况。

4. 公司章程如果赋予股东会对股东违约行为的处罚权，应对相关行为尽可能进行细化和列举，并对处罚的种类、程序及规则等进行明确，尽可能对处罚、罚款的标准、幅度等进行细化和量化。以避免股东会在没有明确标准、幅度的情况下处罚股东，引发纠纷，甚至导致处罚决议依据不足，决议被认定无效、撤销等。需要注意的是，尽管公司章程可以制定对股东的惩罚性规定，但是股东意思自治亦应遵守法律规定，这些规定不得违反法律法规的效力性强制性规定，相关处罚规则应做到内容合法、程序合法，处罚标准合理，否则可能会导致处罚决议等因违法而无效。

5. 公司章程对股东资格继承没有特别规定的，公司在股东死亡后召开股东会时，即使未为继承人办理股权变更手续，也应当通知继承人参加股东会。如果继承人有多人，建议通知全体继承人参加股东会，或要求全体继承人共同委托一人作为代表参加股东会，同时要求全体继承人就股东会相关审议事项充分协商或提前进行沟通达成一致。如果继承人因特殊原因不能参加股东会，应当要求不能参会的继承人书面委托授权能够参会的其他继承人代为行使股东权利；全体继承人均不能参会的，应当要求继承人共同或分别委托其他人员参加股东会，并代为行使股东权利。

就股东或董事而言，应注意以下几点：

1. 认真学习《公司法》与公司章程，熟悉公司股东会、董事会、监事会及经理的职责与权限及相关议事规则、会议流程。对于违反《公司法》、公司章程的股东会或董事会决议，应当及时提出反对意见。

2. 居住地址变更的，应当及时通知公司，否则会因收不到会议通知而产生纠纷。

3. 应当亲自在股东会或董事会决议上签名，不让他人代签。

4. 如股东会议召集程序或者表决方式仅有轻微瑕疵，且对决议未产生实质影响的，股东会决议仍为有效。

5. 中小股东应充分利用公司章程的自治范围，就公司关联交易及关联股东回避、公司借款及担保等事项进行详细约定，防止大股东滥用权利损害公司或其他股东的利益，以保证争议发生时有章可循。

三、典型案例解析

案例62 董事会决议内容违反法律强制性规定属于公司决议效力确认纠纷，股东提起“董事会决议不成立”的诉讼请求被驳回

——北京×韵房地产开发有限公司等与北京城建东×湾地产开发有限公司公司决议纠纷案

【基本案情】

上诉人（原审原告）：北京×韵房地产开发有限公司（以下简称×韵公司）

被上诉人（原审被告）：北京城建东×湾地产开发有限公司（以下简称东×湾公司）

原审第三人：陈某

原审第三人：郑某臣

原审第三人：史某

原审第三人:贾某森

原审第三人:左某东

一审法院:北京市朝阳区人民法院

案号:(2020)京0105民初21611号

二审法院:北京市第三中级人民法院

案号:(2022)京03民终12840号

工商档案显示,东×湾公司成立于2005年7月8日,注册资本1000万元,股东和出资情况为:北京×建房地产开发有限公司(以下简称×建公司)认缴550万元,占比55%;×韵公司认缴450万元,占比45%。案涉董事会决议作出时,公司主要人员任职情况为:陈某任董事长、法定代表人,贾某森任经理和董事,史某、郑某臣、左某东均为董事,王某普任监事会主席,颉某、王某任监事。

×韵公司和东×湾公司均向一审法院提交了一份东×湾公司的章程,该章程第八条规定:"股东会由全体股东组成,是公司的权力机构,行使下列职权:(一)决定公司的经营方针和投资计划……"第九条规定:股东会的首次会议由出资最多的股东召集和主持。第十条规定:股东会会议由股东按照出资比例行使表决权。第十一条规定:股东会会议分为定期会议和临时会议。召开股东会会议,应当于会议召开15日以前通知全体股东。定期会议每半年召开一次。代表1/10以上表决权的股东,1/3以上的董事,监事会提议召开临时会议的,应当召开临时会议。第十二条规定:股东会会议由董事会召集,董事长主持;董事长不能履行职务或者不履行职务的,由半数以上董事共同推举一名董事主持。董事会不能履行或者不履行召集股东会会议职责的,由监事会召集和主持;监事会不召集和主持的,代表1/10以上表决权的股东可以自行召集和主持。第十三条规定:股东会会议作出修改公司章程、增加或者减少注册资本的决议,以及公司合并、分立、解散或者变更公司形式的决议,必须经代表2/3以上表决权的股东通过。第十四条规定:公司设董事会,成员为5人,由股东会选举产生。董事任期3年,任期届满,可连选连任。董事会设董事长一人,由董事会选举产生。第十五条规定:董事会行使以下职权:(1)负责召集股东会,并向股东会议报告工作;(2)执行股东会的决议;(3)审定公司的经营计划和投资方案。第十六条规定:董事会会议由董事长召集和主持;董事长不能履行职务或者不履行职务的,由半数以上董事共同推举一名董事召集和主持。第十七条规定:董事会决议的表决,实行一人一票。

2017年5月5日,东×湾公司向各董事发出东×湾公司关于召开第三届第二十次董事会的通知,内容为:"各位董事、监事,兹定于2017年5月20日(星期六)上午9点30分,在北京市朝阳区望京利泽西园甲107楼二层会议室召开东×湾公司第三届第二十次董事会,议案为:研究讨论解除×建公司与东×湾公司于2011年12月6日签订的关于世×房地产公司及建×房地产公司之《合作经营协议书》。请您准时出席。若委托他人参加会议,请按照公司章程办理授权委托手续。若您另有议案,请于会前5日内告知我公司综合办公室。”东×湾公司提交东×湾公司三会材料签收单,其中序号8为东×湾公司第三届第二十次董事会会议通知(贾某森董事),序号9为东×湾公司第三届第二十次董事会会议通知(左某东董事),签收人均为吴某,签收日期均为2017年5月5日。一审诉讼中,×韵公司、×建公司和东×湾公司均认可吴某为×韵公司时任总裁办公室主任及×韵公司时任监事,但×韵公司、贾某森、左某东称并未授权吴某签署上述材料。

东×湾公司提交北京市海诚公证处于2019年5月31日作出的公证书一份,编号为(2019)京海诚内民证字第06992号,内容为东×湾公司员工何某和吴某的短信记录,2017年5月19日,何某:“吴主任,有消息吗?谢谢。”吴某:“贾总参加的。”何某:“左总和颉总呢?左总是董事,颉总是监事。”吴某:“小何,左、颉都参加的。”何某:“好的,非常感谢。”吴某:“时间地点还是上次通知的吗?”何某:“是的,明天(周六5月20日)上午9点30分,东×湾公司二层会议室(利泽西园甲107楼)。”吴某:“好,谢谢。”何某:“是在会议室,以第二条为准。”吴某:“好”。

×建公司向一审法院提交东×湾公司第三届第二十次董事会会议议程和董事会议案,并称该材料系召开董事会通知的附件,随该通知一并发送给各董事的。董事会会议议程内容为:“会议时间为2017年5月20日上午9:30,会议地点为朝阳区望京利泽西园甲107号楼二层会议室,主持人陈某。会议议程为:一、主持人致辞并宣布会议开始。二、通报董事到会情况。三、审议‘关于解除2011年12月6日签订的《合作经营协议书》’的董事会议案。进行董事代表表决。四、主持人宣布会议结束。”董事会议案内容为:“尊敬的各位董事,×建公司与东×湾公司于2011年12月6日签订了《合作经营协议书》。本次会议就解除《合作经营协议书》事宜进行审议。1.解除东×湾公司与×建公司于2011年12月6日签订的《合作经营协议书》。2.×建公司向东×湾公司返还东×湾公司根据《合作经营协议书》向×建公司支付的补偿款,并按照中国人民银行同期贷款利率计息。3.将东×湾公司根据《合作经营协议书》以×建公司名义向世×房地产公司投入的款项,视为×建公司对东×湾公司的借款,上述款项由×建公司返还东×湾公司,并按照中国人民银行同期贷款利率计息。请各位董事审议。”会议议程和股东会议案落款处均无东×湾公司盖章。

2017年5月20日,东×湾公司作出董事会决议,内容为:“东×湾公司股东于2017年5月20日在北京市朝阳区望京利泽西园甲107号楼二层公司会议室召开第三届第二十次董事会。本次会议已按《公司法》及公司章程的有关规定于召开前15日以书面方式通知全体董事。本次会议应到董事5人,实到3人(贾某森、左某东缺席),会议合法有效。会议由陈某董事长主持,表决程序符合《公司法》及公司章程的有关规定。经东×湾公司过半数董事表决通过如下决议:一、同意解除东×湾公司与×建公司于2011年12月6日签订的《合作经营协议书》。二、同意×建公司向东×湾公司返还东×湾公司根据《合作经营协议书》向城建开发公司支付的补偿款,并按照中国人民银行同期贷款利率计息。三、同意将东×湾公司根据《合作经营协议书》以×建公司名义向世×房地产公司投入的款项,视为×建公司对东×湾公司的借款,上述款项由×建公司返还东×湾公司,并按照中国人民银行同期贷款利率计息。"决议尾部有郑某臣、史某和陈某签字。同日,东×湾公司形成第三届第二十次董事会会议纪要,内容与董事会决议一致,尾部有郑某臣、史某和陈某签字。

×韵公司认为,×建公司作为东×湾公司的控股股东,利用其控制东×湾公司董事会的地位,在×韵公司提名的董事未参会的情况下,操纵董事会违法作出上述决议,严重损害了东×湾公司的利益及×韵公司的合法权益,决议内容违反了《公司法》《最高人民法院关于适用〈中华人民共和国公司法〉若干问题的规定(四)》的规定,应当被认定不成立。为此,×韵公司向北京市朝阳区人民法院提起诉讼请求:(1)确认东×湾公司于2017年5月20日作出的《东×湾公司第三届第二十次董事会决议》不成立;(2)东×湾公司承担本案诉讼费用。

东×湾公司辩称,不同意×韵公司的诉讼请求。本案系公司决议纠纷,但×韵公司的主张为实体问题并非程序性问题,案涉股东会已经实际召开,不存在《公司法》司法解释规定的情形,也不属于应由董事回避的情形,表决比例符合法律规定。本案中是否存在案外人操纵董事会作出决议损害股东利益的问题属于股东损害公司利益责任纠纷的审理范畴,×韵公司的起诉属于重复起诉,应驳回×韵公司的起诉。

陈某、郑某臣、史某述称,不同意×韵公司的诉讼请求。第一,×建公司和东×湾公司不存在关联交易,《公司法》《企业国有资产法》和国务院国资委资发改革〔2008〕139号文件明确把同属国家资本控股的国有企业之间的经营合同关系排除在关联交易之外。第二,案涉董事会召集程序和召集主体合法。东×湾公司董事会是东×湾公司内部组织机构,不是对外法律关系主体,东×湾公司董事会召集股东会、董事会,有权且必须以东×湾公司为法律主体对外签发股东会通知和董事会通知。本次董事会通知加盖东×湾公司公章,以东×湾公司名义送达双方股东,程序合法,主体合法,符合企业经营惯例。董事会议案中载明的三项议题与董事会决议表决事项完全一致。第三,×韵公司总经理、监事兼总裁办公室主任吴争红签收了《2017年5月5日东×湾公司三会材料签收单》,证明×韵公司及其委派董事已经事先收到了召开股东会的通知。2017年5月19日,东×湾公司董事会工作人员何某婷和吴某红通过手机短信再次确认×韵公司的法定代表人贾某森及其委派的董事左某东均会出席2017年5月20日的股东会和董事会,但最终贾某森和左某东无故缺席董事会,其应自行承担后果。案涉董事会如期召开,《董事会决议》事项不属于 2/3 以上表决权通过事项,陈某、郑某臣、史某表决通过案涉决议,本次董事会的表决结果符合《公司法》和东×湾公司章程的规定。本案不存在其他导致董事会决议不成立的情形。第四,×韵公司在本案关于《合作经营协议书》订立和履行争议、《〈合作经营协议书〉之解除协议》订立和履行争议,均不属于本案法律关系范畴。北京市第二中级人民法院(2020)京 02 民初 123 号民事判决书和北京市高级人民法院二审民事判决书,不能作为认定本案事实的依据。

贾某森、左某东述称,同意×韵公司的诉讼请求。

法院查明:2017 年 6 月 30 日,×韵公司向东×湾公司和×建公司发送《关于东×湾公司股东会会议、董事会会议及相关决议的异议函》,内容为:"×建公司、东×湾公司,2017 年 5 月 20 日,在×韵公司未参加东×湾公司股东会会议,我公司委派董事亦未参加东×湾公司董事会会议的情况下,东×湾公司股东会、董事会作出了《股东会决议》及《东×湾公司第三届第二十次董事会决议》。两份决议主要内容均为解除×建公司与东×湾公司于 2011 年 12 月 6 日签订的《合作经营协议书》。自《合作经营协议书》签订以来,东×湾公司与×建公司双方合作经营效果良好,项目产生了重大经济效益。×建公司为了自己的单方利益,利用其在东×湾公司的控股股东地位,强行作出股东会决议、董事会决议,违约并违法解除《合作经营协议书》,导致东×湾公司不能再享有项目经济利益,严重损害了我公司作为东×湾公司股东的利益。因此,针对此次股东会会议及相关决议,我公司作为东×湾公司股东,严正提出如下异议:一、《合作经营协议书》系×建公司与东×湾公司就合作经营世×房地产公司及建业公司一揽子权益签署的合作协议,合法有效,东×湾公司依法享有协议约定的合作经营权利。根据《合作经营协议书》约定,任何一方不得单方解除或终止本协议,双方明确放弃反悔合同的权利。因此,东×湾公司股东会会议、董事会会议均不应就与解除《合作经营协议书》有关的事项进行讨论、表决。二、协议签订后,东×湾公司一直诚意依约履行《合作经营协议书》,投入巨额资金并派遣经营管理人员,共同推动项目公司获得稳步发展。继续履行《合作经营协议书》符合东×湾公司的利益,也符合合同约定和法律规定。如果《合作经营协议书》被解除,东×湾公司的利益将受到严重损失,同时也将损害我公司作为东×湾公司股东的利益,我公司作为东×湾公司股东反对任何一方解除《合作经营协议》的行为。三、×建公司既是《合作经营协议书》的缔约方,也是持有东×湾公司 55% 股份的控股股东。×建公司在利用东×湾公司的控股地位,在我公司未参加股东会、董事会会议的情况下,强行作出股东会、董事会决议,强行要求解除《合作经营协议书》,存在滥用控股股东地位,损害东×湾公司利益的情形,也侵害了作为东×湾公司股东的我公司的合法权益。相关股东会、董事会决议存在重大瑕疵,依法应当被认定无效或被撤销。四、作为东×湾公司的董事,对东

×湾公司负有忠实义务，应当首先致力于维护东×湾公司的利益，不得利用关联关系损害东×湾公司的利益。×建公司委派至东×湾公司的三位董事并未从维护东×湾公司的利益出发，仅代表×建公司利益，强行作出相关决议，损害了东×湾公司利益。相关董事应就其违反董事忠实义务的行为承担法律责任。最后，我公司诚恳呼吁相关各方，切实遵守《合作经营协议书》约定，遵守法律规定，停止继续采取以违法或违约方式解除《合作经营协议书》的行为，主动撤销存在重大瑕疵的股东会、董事会决议，推动以协商方式解决当前问题。"

一审诉讼中，×韵公司在最后一次庭审过程中称其认为董事会决议不成立的理由在于：(1)此次董事会并未实际召开，系东×湾公司控股股东和东×湾公司之间交易进行的会议，实际上是控股股东委派的董事三人参会，控股股东为了自身利益自行作出的董事会决议。(2)董事会的召集程序和召集主体不合法，《公司法》(2013 年)第四十七条[①]及东×湾公司章程第十六条规定，董事会会议由董事长召集和主持；董事长不能履行职务或者不履行职务的，由半数以上董事共同推举一名董事召集和主持。但此次会议是由东×湾公司自己召集的，不符合法律规定。(3)董事会通知中的内容和实际决议的事项不一致，决议中第 2 项和第 3 项均在通知中没有体现。

一审诉讼中，×韵公司提供贾某森向史某发送的短信截图，时间为 2017 年 5 月 20 日 9:05，内容为："史总，您好！我在外地出差，没能赶回北京，今天的股东会无法参加，希望会议推迟几天召开。贾某森。"但×韵公司未能提供该手机原始载体。

另查一，2017 年 7 月，×韵公司曾向北京市平谷区人民法院起诉要求撤销东×湾公司 2017 年 5 月 20 日作出的董事会决议。北京市平谷区人民法院裁定将该案移送至北京市朝阳区人民法院审理。审理过程中，×韵公司变更诉讼请求为要求确认东×湾公司 2017 年 5 月 20 日作出的董事会决议无效。后×韵公司申请撤诉，一审法院于 2018 年 4 月 13 日作出(2018)京 0105 民初 1755 号民事裁定书，准许×韵公司撤回起诉。

另查二，2020 年，×韵公司向北京市第二中级人民法院起诉×建公司、第三人东×湾公司确认合同无效纠纷一案，北京市第二中级人民法院作出(2020)京 02 民初 123 号民事判决书，判决：(1)确认×建公司与东×湾公司于 2017 年 5 月 22 日签订的《解除协议》无效。(2)东×湾公司于判决生效后 10 日内向×建公司返还补偿款和投资款合计 1,345,861,816.61 元。(3)驳回×韵公司的其他诉讼请求。后×韵公司和×建公司均不服该判决，向北京市高级人民法院提起上诉，北京市高级人民法院于 2021 年 9 月 23 日作出(2021)京民终 422 号民事判决书，认为该案所涉《解除协议》的签订方为×建公司和东×湾公司，而×建公司又持有东×湾公司 55% 股权，系东×

① 对应《公司法》(2023 年)第七十二条。

湾公司的控股股东,故该交易实质是×建公司的自我交易,属于关联交易。鉴于《解除协议》系关联交易,×建公司可以控制东×湾公司并对东×湾公司决策产生重大影响,因此虽然2017年东×湾公司股东会决议和2017年东×湾公司董事会决议均同意签订《解除协议》,但由于该两份决议系在缺少东×湾公司另一股东×韵公司同意的情况下作出,即便该决议的作出符合公司法及公司章程的规定,《解除协议》实际上也只是×建公司一方的决定。《解除协议》只有在不违反公平原则、不损害东×湾公司利益的情况下,才能视为是×建公司与东×湾公司真实意思的体现。《公司法》明确规定公司的控股股东不得利用关联关系损害公司利益,×建公司的上述行为违反了《公司法》的规定,一审法院据此认定案涉《解除协议》的签订属于以合法形式掩盖非法目的,《解除协议》无效,并无不当。判决:驳回上诉,维持原判。

法院审理后认定,×建公司作为关联交易方,其委派的董事陈某、郑某臣、史某在此次董事会中并未回避表决,因此东×湾公司作出的董事会决议内容违反我国法律强制性规定。

【裁判结果】

一审法院判决:驳回×韵公司的全部诉讼请求。

二审法院判决:驳回上诉,维持原判。

【案件解析】

本案主要争议焦点为案涉董事会决议是否成立的问题。

根据《最高人民法院关于适用〈中华人民共和国公司法〉若干问题的规定(四)》第五条的规定:"股东会或者股东大会、董事会决议存在下列情形之一,当事人主张决议不成立的,人民法院应当予以支持:(一)公司未召开会议的,但依据公司法第三十七条第二款或者公司章程规定可以不召开股东会或者股东大会而直接作出决定,并由全体股东在决定文件上签名、盖章的除外;(二)会议未对决议事项进行表决的;(三)出席会议的人数或者股东所持表决权不符合公司法或者公司章程规定的;(四)会议的表决结果未达到公司法或者公司章程规定的通过比例的;(五)导致决议不成立的其他情形。"董事会决议不成立,是指决议的形成明显违反法定程序和规则。决议程序由召集人召集、会议召开、股东投票和计算、召集人宣布等规则构成。未经上述程序,系违反董事会决议成立要件。上述司法解释第五条规定列明决议不成立的四种情形均系重大程序违法。本案中,2017年5月5日东×湾公司向各董事发出关于召开董事会的通知,通知载明了董事会召开的时间、地点和议案。2017年5月20日,东×湾公司如期召开董事会,形成了董事会决议和董事会会议记录,董事会决议并不存在《最高人民法院关于适用〈中华人民共和国公司法〉若干问题的规定(四)》第五条规定的情形,故案涉董事会决议成立。

根据《公司法》(2013 年)第二十一条第一款[①]的规定,公司的控股股东、实际控制人、董事、监事、高级管理人员不得利用其关联关系损害公司利益。该法第二十二条第一款[②]规定,公司股东会、董事会的决议内容违反法律、行政法规的无效。本案中,×建公司作为关联交易方,其委派的董事陈某、郑某臣、史某在此次董事会中并未回避表决,因此 2017 年 5 月 20 日东×湾公司作出的董事会决议因其内容违反了法律的强制性规定,损害了东×湾公司及×韵公司的利益,应属无效,×韵公司可另行主张其权利。

综上,对于×韵公司要求确认案涉董事会决议不成立的诉讼请求,无事实和法律依据,法院不应支持。

案例 63　董事会决议内容指向公司运营事项属于商业合理性问题,与决议合法性无关,不影响董事会决议效力

——黄某民等与北京葵×广告有限公司公司决议效力确认纠纷案

【基本案情】

上诉人(原审原告):黄某民

被上诉人(原审被告):北京葵×广告有限公司(以下简称葵×公司)

原审第三人:肖某速

原审第三人:山某修三

原审第三人:让某理

一审法院:北京市第四中级人民法院

案号:(2019)京 04 民初 621 号

二审法院:北京市高级人民法院

案号:(2020)京民终 615 号

葵×公司成立于 1999 年 3 月 25 日,系中外合资有限责任公司,其中方股东为肖某速、程某,外方股东为 AOI 公司(持股比例 66.67%)。葵×公司董事会由 3 人组成,其中外方指派两名董事,包括法定代表人、董事长让某理以及董事山某修三,中方指派一名董事即副董事长肖某速。黄某民担任葵×公司监事。

北京七×明路文化传播有限公司(以下简称七×公司)成立于 2016 年 10 月 11 日,系葵×公司全资子公司。七×公司经营期间对外负有部分债务,由 AOI 公司提

---

① 对应《公司法》(2023 年)第二十二条第一款。

② 对应《公司法》(2023 年)第二十五条。

供连带保证担保。

2019年1月6日,葵×公司召开董事会会议,并形成六份《董事会决议》,具体决议内容为:(1)关于今后葵×公司的人员聘用事宜均须董事会决议的过半数表决通过,对于本次人员聘用(略)事宜,董事会予以认可。(2)现任总经理肖某速立即将其保管的葵×公司的全部公司印章、证照及财务管理的所有权限交接给加某智一。(3)对于已经到清偿期限的日资银行融资款项的优先偿还,对于葵×公司与AOI公司之间的母子公司贷款应按期偿还。(4)①对于以七×公司为合同主体的租赁合同、保理合同以及相关合同,由七×公司将其合同上的地位转让给葵×公司,同时相关实务工作应马上开展;②免去七×公司的现任3名董事(肖某速、原某敬、崔某)职务,任命加某智一作为七×公司的执行董事,同时决定对七×公司进行清算和解散并任命加某智一作为总负责人开展七×公司相关清算解散的实务工作以及清算组的组成等相关事宜;③葵×公司根据本董事会决议另行制定修改七×公司的章程、相关合同主体变更以及七×公司清算解散的股东会决议并由葵×公司的法定代表人签署。(5)对于今后葵×公司承接项目的基准应严格按照章程第29条第15款的规定,对于合同期限在1年以上或合同价款在10万元以上的重大合同的签订、变更和解除均须董事会过半数表决通过,对于项目的含税成本价在80%以上的项目不得承接。(6)免去现任葵×公司总经理肖某速的总经理职务,免去刘某、崔某、加某智一的副总经理职务,任命加某智一担任葵×公司的总经理,副总经理根据合资合同和章程规定由中方推荐1名后另行任命。上述六项决议全部以2票(山某修三、让某理)赞成、1票(肖某速)反对的过半数表决通过。

黄某民向北京市第四中级人民法院提起诉讼,请求:(1)判令葵×公司董事会于2019年1月6日作出的"关于七×公司的租赁资产、债务的处理事宜""关于七×公司的董事人员调整以及七×公司的清算事宜"董事会决议无效;(2)对葵×公司董事会在2019年1月6日作出的其他五份董事会决议一并审查,并判令其无效。

一审判决后,黄某民不服一审判决,向北京市高级人民法院提起上诉,请求:(1)撤销一审判决,改判支持黄某民诉讼请求;(2)本案全部诉讼费用由葵×公司承担。

二审法院查明:2021年9月8日北京市第一中级人民法院作出(2021)京01破申430号民事裁定书,受理葵×公司破产清算,并于2021年9月22日作出(2021)京01破214号决定书,指定利×达会计师事务所(特殊普通合伙)担任葵×公司破产清算的管理人。

另查,2021年7月30日,肖某速以AOI公司通过其委派的董事通过的董事会决议中"对于以七×公司为合同主体的租赁合同、保理合同以及相关合同,由七×公司将其合同上的地位转让给葵×公司"的内容损害了葵×公司的利益为由向北京市第四中级人民法院提起诉讼,该案已被法院受理。

本案其他情况:(1)法院审理后认定董事会决议内容均指向葵×公司运营事项,未发现违反我国法律、行政法规强制性规定之情形。(2)黄某民虽然主张2019年1月6日葵×公司董事会作出的六项决议无效,但不能逐一指明上述六项决议分别违反了哪一条法律法规。(3)诉讼期间黄某民提出的AOI公司利用其在葵×公司董事会中多数席位强行通过解散七×公司的董事会决议,以致损害葵×公司利益。

【裁判结果】

一审法院判决:驳回黄某民的全部诉讼请求。

二审法院判决:驳回上诉,维持原判。

【案件解析】

根据《公司法》(2018年)第二十二条第一款①的规定,公司股东会、董事会的决议内容违反法律、行政法规的无效。该规定为确认公司决议效力的基本法律依据。

本案中,黄某民虽然主张2019年1月6日葵×公司董事会作出的六项决议无效,但不能逐一指明上述六项决议分别违反了哪一条法律法规。上述董事会决议内容均指向葵×公司运营事项,如总经理选任、招录人员内部运作程序、指定公司章证保管人员,均未发现违反我国法律、行政法规强制性规定之情形。至于诉讼期间黄某民提出的AOI公司利用其在葵×公司董事会中多数席位强行通过解散七×公司的董事会决议以致损害葵×公司利益,属于决议内容的商业合理性问题,与决议合法性无关。如果相应决议损害了葵×公司利益,可以通过公司治理机制解决,但不影响本案争议的董事会决议效力。综上,黄某民要求确认涉案董事会决议无效的主张不具有合法依据。

案例64 股东会的表决过程存在轻微瑕疵且对决议未产生实质影响,股东请求撤销股东会决议被驳回

——孙某兵、湖北圣×纺织有限公司等公司决议撤销纠纷案

【基本案情】

上诉人(原审原告):孙某兵

被上诉人(原审被告):湖北圣×纺织有限公司(以下简称圣×公司)

原审第三人:肖某康

原审第三人:王某华

---

① 对应《公司法》(2023年)第二十五条。

原审第三人:王某
一审法院:湖北省汉川市人民法院
案号:(2022)鄂0984民初810号
二审法院:湖北省孝感市中级人民法院
案号:(2022)鄂09民终1498号

圣×公司系2006年1月9日成立的有限责任公司,案涉股东会召开时的股东为孙某兵(持股26.6667%)、肖某康(持股31.4286%)、王某华(持股26.6667%)、王某(持股15.2381%),孙某兵为公司监事,王某华为法定代表人及执行董事。2021年12月13日上午,圣×公司召开临时股东会,会议制作了投票表,载明会议的四项表决事项:(1)审议公司股权转让事项(股东王某华将其持有的公司26.67%股权以266.67万元向股东肖某康进行转让,股东王某将其持有的公司15.24%股权以152.38万元向股东肖某康进行转让);(2)审议公司执行董事、经理选任事项(免除王某华执行董事职务,免除王某公司经理职务;选举肖某康担任执行董事兼任公司经理职务,任期3年);(3)审议公司法定代表人更换事项(公司法定代表人由王某华变更为肖某康);(4)审议公司章程变更事项(按照本次表决事项相应修改公司章程,并按本次表决事项办理工商变更登记手续)。股东孙某兵、肖某康出席了会议,填写并提交了投票表;股东王某委托其父王某春出席会议并提交了投票表;股东王某华未按时出席会议,但于会后提交了投票表。股东肖某康、王某、王某华对会议四项表决事项均表示同意。股东孙某兵对第1项表决事项表示附条件同意,条件为按其股权比例购买王某、王某华转让的股份;对第2~4项均表示反对。会后,圣×公司依据投票结果确认会议四项议程均获得表决通过,并制作了会议纪要和临时股东会决议,股东肖某康、王某、王某华在会议纪要和临时股东会决议上签名确认。2022年1月14日,圣×公司在公司登记机关办理了相关公司变更登记。

孙某兵认为,本次股东会的召开、主持程序违反《公司法》(2018年)第四十条的规定,执行董事王某华不能履行召集股东会会议职责的,应由监事(孙某兵)召集和主持,肖某康召集和主持临时股东会会议程序不合法、不合章程。另外,公司章程的修改必须经代表2/3以上表决权的股东通过,在王某华未参加会议进行表决、孙某兵反对的情况下,该决议未经过2/3以上表决权的股东通过。为此,孙某兵向汉川市人民法院提起诉讼,请求:(1)依法撤销圣×公司临时股东会于2021年12月13日作出的《临时股东会决议》并向登记机关申请撤销变更登记;(2)本案的诉讼费用由圣×公司承担。

圣×公司、肖某康、王某、王某华共同辩称,案涉股东会的会议召集程序、表决方式均符合法律规定,决议内容不存在违反法律规定的情形,不管是根据公司法还是公司章程的规定,股东与股东之间相互转让股权其他股东均无优先购买权,孙某兵申请撤销股东会决议,应当在决议作出之日起60日提出,但孙某兵起诉的立案时间超出了法定的撤销期限。请求法院驳回孙某兵的诉讼请求。

法院查明:(1)孙某兵于2021年11月27日通过微信接收到召开临时股东会的会议通知。(2)孙某兵、王某、王某华、肖某康均在临时股东会投票表上签名捺印。(3)案涉股东会召开时间为2021年12月13日,而孙某兵初次通过移动微法院向一审法院提起诉讼的日期为2022年1月28日,并未超过撤销公司决议的法定除斥期间。

【裁判结果】

一审法院判决:驳回孙某兵的诉讼请求。

二审法院判决:驳回上诉,维持原判。

【案件解析】

本案争议的焦点问题为案涉股东会决议是否应予撤销。

根据《公司法》(2018年)第二十二条第二款[①]的规定:"股东会或者股东大会、董事会的会议召集程序、表决方式违反法律、行政法规或者公司章程,或者决议内容违反公司章程的,股东可以自决议作出之日起六十日内,请求人民法院撤销。"根据《最高人民法院关于适用〈中华人民共和国公司法〉若干问题的规定(四)》第四条的规定:"股东请求撤销股东会或者股东大会、董事会决议,符合民法典第八十五条、公司法第二十二条第二款规定的,人民法院应当予以支持,但会议召集程序或者表决方式仅有轻微瑕疵,且对决议未产生实质影响的,人民法院不予支持。"

本案中,孙某兵于2021年11月27日通过微信接收到召开临时股东会的会议通知,股东孙某兵、肖某康、王某华本人以及王某授权的代理人王某春于2021年12月13日参加了临时股东会,并参与投票,孙某兵、王某、王某华、肖某康均在临时股东会投票表上签名捺印,占股东会表决权73.33%的股东对临时股东会决议事项投票同意,已经过代表2/3以上表决权的股东通过。虽然案涉股东会的表决过程存在主持人缺席会议、临时变更主持人、会后补交投票表等不规范情形,但均属于轻微瑕疵,各股东已充分行使了股东权利,对公司实体决议没有产生实质性影响,故法院对孙某兵的诉讼请求不应支持。

---

① 对应《公司法》(2023年)第二十六条。

案例65 股东对股东会的召集和表决存在异议,并不是对公司决议内容存在异议,股东的异议事由应属于公司决议撤销的情形,不属于公司决议无效的情形

——瑞×控股集团有限公司、曾某伟等公司决议效力确认纠纷案

【基本案情】

原告:曾某垦

被告:瑞×控股集团有限公司(以下简称瑞×公司)

第三人:曾某活

第三人:曾某伟

第三人:中国民生银行股份有限公司泉州分行

第三人:福建南安市新×源石业有限公司(以下简称新×源公司)

审理法院:南安市人民法院

案号:(2020)闽0583民初7047号

曾某垦向南安市人民法院提起诉讼,请求:(1)判令确认瑞×公司于2018年4月25日通过的《股东会决议/决定书》无效;(2)判令瑞×公司承担本案诉讼费用。事实与理由:2018年4月25日,瑞×公司盖章通过《股东会决议/决定书》一份,同意为新×源公司在民生银行泉州分行所申请的贷款提供担保,并追溯确认瑞×公司与民生银行泉州分行所签保证合同的效力。决议书中,曾某垦的签字系曾某伟代签,曾某活(瑞×公司的前法定代表人)的签字系曾某明代签。曾某垦从未授权曾某伟可以代为参与股东会,也未授权曾某伟可代为在股东会决议中签字。且曾某垦并未收到该股东会的召开通知,也未参会。该股东会的召开程序违法,决议依法属于无效。为维持曾某垦的合法权益不受侵害,恳请法院判如所请。

瑞×公司未做答辩,曾某伟、新×源公司未做陈述,且均未提供任何证据。

曾某活述称:(1)案涉股东会的召开并未通知曾某活,曾某活没有参加股东会,没有在股东会决议上签署,也并未对股东会决议内容进行追认;(2)曾某活所出具的公证的授权委托书仅委托受托人在曾某活为瑞×公司的贷款提供个人担保,不包括案涉的参与股东会决议,更不包括瑞×公司为他人担保所形成的股东会决议文书;(3)曾某活与民生银行泉州分行工作人员的聊天及通话记录证实曾某活对案涉的贷款并不知情,所以民生银行泉州分行所陈述的曾某活为瑞×公司的第一担保人,实际上是因为瑞×公司存在多笔贷款,曾某活只是在没有审查相应文书的情况下,第一反应认为他作为法定代表人要连带承担责任;(4)本案贷款并不存在互保的情形,新×源公司为案外人提供担保,也是2015年的事情,而且是为其他银行的贷款担保,并未

存在互保情况；(5)丰泽区人民法院的民事判决书只是对案涉《最高额保证合同》的效力进行审查，并未审查案涉股东会决议，不存在一事不再理情况。故认为案涉股东会决议依法不成立，属于无效决议。

民生银行泉州分行述称：(1)本案起诉违反了“一事不再理”的法律原则，应驳回曾某垦的起诉。民生银行泉州分行与新×源公司、瑞×公司等金融借款合同纠纷已由丰泽区人民法院受理，案号为(2019)闽0503民初6953号，在该金融借款合同纠纷案件中，丰泽法院已认定，“瑞×公司与民生银行泉州分行签订的编号为(2018)年(泉高保)字(105A)号《最高额保证合同》加盖了公章和法定代表人印章，且向民生银行泉州分行提供了股东会决议，据此可认定该合同合法有效”。丰泽区人民法院已对股东会决议的效力进行了审查。根据《最高人民法院关于适用〈中华人民共和国民事诉讼法〉的解释》第二百四十七条之规定，“当事人就已经提起诉讼的事项在诉讼过程中或者裁判生效后再次起诉，同时符合下列条件的，构成重复起诉：(一)后诉与前诉的当事人相同；(二)后诉与前诉的诉讼标的相同；(三)后诉与前诉的诉讼请求相同，或者后诉的诉讼请求实质上否定前诉裁判结果。当事人重复起诉的，裁定不予受理；已经受理的，裁定驳回起诉，但法律、司法解释另有规定的除外”。显然，丰泽区人民法院已对涉诉的《股东会决议/决定书》的效力进行了审查，虽然瑞×公司提起了上诉，该案判决并未生效，但二审法院也会对案件关于股东会决议进行审查。而曾某垦再以该股东会决议起诉效力确认纠纷，显然是属于上述民事诉讼法司法解释第二百四十七条第(三)项的情形，属于重复诉讼，违反了“一事不再理”的法律原则，应驳回曾某垦的起诉。

(2)瑞×公司于2018年4月25日所签订的《股东会决议/决定书》合法有效。首先，该份股东会决议出具的背景是2017年4月民生银行泉州分行与新×源公司签订的《综合授信合同》、《流动资金贷款借款合同》及2017年4月民生银行泉州分行与瑞×公司、李某拔、许某萍、李某源、曾某活签订的《最高额保证合同》，约定民生银行泉州分行向新×源公司提供借款，由瑞×公司、曾某活等提供担保的事实，以及2017年4月21日瑞×公司签订《股东会决议/决定书》同意为新×源公司的借款提供担保。该份借款于2018年4月27日到期。因借款人新×源公司无法按时偿还该借款，民生银行泉州分行，与新×源公司、瑞×公司、曾某活等人协商，通过借新还旧的形式提供借款。于2018年4月25日与新×源公司签订一份编号为(2018)年(泉综授)字(105)号《综合授信合同》，约定新×源公司申请使用最高授信额度为750万元整的借款，授信额度有效期限为2018年4月26日至2019年4月26日；2018年4月26日，新×源公司与民生银行泉州分行签订编号为(2018)年泉借字(ZH1800000048195)《流动资金贷款借款合同》。2018年4月25日，瑞×公司与民生银行泉州分行签订一份编号为(2018)年(泉高保)字(105A)号《最高额保证合同》；李某拔、许某萍、李某源、曾某活与民生银行泉州分行签订一份编号为(2018)年(泉高保)字(105B)号《最高额保证合同》;均约定:为新×源公司提供最高额保证担保;保证方式为连带责任保证;保证期间为债务履行期限届满后2年;担保范围为:主债权本金及其利息、罚息、复利、违约金、损害赔偿金、实现债权和担保权利的费用(包括但不限于诉讼费、仲裁费、律师费、差旅费等)和所有其他应付费用,且瑞×公司提供了《股东会决议/决定书》。该份股东会决议的出具,是由于瑞发有限公司于2017年已为新×源公司提供了担保,后因新×源公司无法按时偿还到期债务,于是双方协商借新还旧。原2017年担保的股东会决议由曾某活、曾某垦、曾某伟三人亲自签字确认担保,可以进一步印证瑞×公司担保的真实意思表示。其次,瑞×公司出具给民生银行泉州分行2018年4月25日签订《股东会决议/决定书》时,一并提交了(2017)闽南证民字第1002号《公证书》、(2017)闽南证民字第1134号《公证书》,证明曾某活委托曾某明代为签字并盖有曾某活私章,曾某垦委托曾某伟代为签字,曾某伟本人自己签字。《股东会决议/决定书》中,曾某活委托代为签字的案外人曾某明,系曾某活的父亲,其委托代为签字具有较高可信度。在股东会决议中也盖了曾某活的私章。正常按照公司管理,公章、私章都是管理严格,曾某明可以代为签字,并加盖私章,说明其行为是曾某活授权后,将公章、私章交由受托人代为签字、并加盖私章确认,进一步证明曾某明是经过曾某活本人委托授权的真实性。且曾某垦与曾某伟系兄弟关系,其授权委托代签的行为也同样具有很高的可信度。根据国家企业信用信息公示系统查询的瑞×公司的企业登记信息,以及瑞×公司2017年4月25日《瑞×公司章程》,曾某活在原公司章程中占有股份50%,曾某伟占有股份25%,曾某垦占有股份25%,仅曾某活+曾某伟的占股比例就达75%,其签署对外担保的股东会决议是有效的。并且通过国家企业信用信息公示系统查询,瑞×公司在2018年4月26日签订《最高额保证合同》后,于2018年5月11日,曾某活将其占有的股份转让给曾某明。股权变更后即使没有曾某垦,案外人曾某明与曾某伟两人股份签名合计已达75%,其股东会决议也由持有公司2/3以上有表决权的股东签字同意。民生银行提供工作人员与曾某活2019年9月11日的微信聊天记录中曾某活的回复"担保人目前最主要是他们三人,请务必逐一打电话告知问题严重性!才能引起他们的重视,更有效地解决问题!""公司才是第一担保人,公司实际控制人、法人才是第一责任!我是原法人被银行追加个人资产担保,也需承担相应责任,但实属受害人!"以及民生银行与曾某活金融借款合同纠纷,案号(2019)闽0503民初6953号,曾某活在丰泽区人民法院提交的2019年11月21日曾某活与民生银行泉州分行员工通话录音曾某活的回答"你不要搞错啊,这个担保责任首先是公司行为其次才有法人,你不要搞错"。从以上聊天记录中,曾某活作为原公司股东及法定代表人对于公司及个人担保并没有进行否认,而是认为公司是第一担保人,其原来进行担保是因为是公司法人而被要求承担担保责任,现因公司股权已发生变动,应向公司现在实际控制人要求承担担保责任。可以认定,曾某活有委托曾某明代为签订《股东会决议》的真实意思表示。综上所述,曾某垦的起诉违反了"一事不再理"的法律原则,应驳回曾某垦的起诉,且本案诉争议的《股东会决议/决定书》合法有效,即使未驳回起诉,也应驳回曾某垦诉讼请求。

法院查明事实如下:福建省泉州市瑞×石材有限公司于1996年12月30日设立,公司类型为有限责任公司,股东为曾某明、曾某艺,营业期限自1996年12月30日至2046年12月30日。后变更公司名称为瑞×公司。2009年7月20日,瑞×公司股东曾某活、曾某垦、曾某伟认缴出资为2540万元、1270万元、1270万元。2014年10月21日,瑞×公司股东曾某活、曾某垦、曾某伟认缴出资为5000万元、2500万元、2500万元。2018年5月11日,瑞×公司股东变更为曾某明、曾某垦、曾某伟。2019年7月25日,瑞×公司股东变更为曾某艺、曾某垦、曾某伟。2019年8月13日,瑞×公司股东变更为曾某垦、曾某伟,曾某伟为瑞×公司的法定代表人,曾某垦为瑞×公司的监事。曾某明、曾某艺系兄弟关系,曾某活系曾某明之子,曾某垦、曾某伟系曾某艺之子。

2017年4月25日,瑞×公司向市场监督管理部门提供了一份《瑞×公司章程》,约定:由曾某垦、曾某活、曾某伟等三方共同出资,设立瑞×公司;第十条规定:股东的出资额、出资方式和出资时间如下:股东1曾某活,认缴出资额5000万元,占注册资本的50%,出资方式为货币,于2046年12月29日前缴足;股东2曾某垦,认缴出资额2500万元,占注册资本的25%,出资方式为货币,于2046年12月29日前缴清。股东3曾某伟,认缴出资额2500万元,占注册资本的25%,出资方式为货币,于2046年12月29日前缴清;第十二条规定:股东会由全体股东组成,是公司的权力机构,行使下列职权:(1)决定公司的经营方针和投资计划;(2)选举和更换非由职工代表担任的执行董事、监事,决定有关执行董事,监事的报酬事项;(3)审议批准执行董事的报告;(4)审议批准监事的报告;(5)审议批准公司的年度财务预算方案、决算方案;(6)审议批准公司的利润分配方案和弥补亏损的方案……第十五条规定:股东会会议分为定期会议和临时会议定期会议依照规定的时间按时召开。代表1/10以上表决权的股东,执行董事、监事提议召开临时会议的,应当召开临时会议。召开股东会会议,应当于会议召开15日以前通知全体股东。股东会应当对所议事项的决定作出会议记录,出席会议的股东应当在会议记录上签名(或盖章);第十六条规定:股东会会议由执行董事召集和主持。执行董事不能履行或者不履行召集股东会会议职责的,由监事召集和主持。监事不召集和主持的,代表1/10以上表决权的股东可以自行召集和主持;第三十四条规定:公司向其他企业投资或者为他人提供担保,由股东会作出决议。公司为公司股东或者实际控制人提供担保的,必须由股东会作出决议。前款规定的股东或者受前款规定的实际控制人支配的股东,不得参加前款规定事项的表决。该项表决由出席会议的其他股东所持表决权的过半数通过等条款。

因曾某活长期外出宁波市经商，曾某垦长期外出沈阳市经商。2017 年 8 月 15 日，曾某活授权委托曾某明（父子关系）向光大银行、平安银行、民生银行、农业银行、兴业银行、农商行、泉州银行办理业务，包括但不限于：代理曾某活签署担保合同、签署送达地址确认书、签署婚姻状况声明书、签署展期协议等与曾某活为瑞×公司担保的一切法律文书。该委托期限至 2020 年 8 月 14 日，曾某明在上述权限及期限内所签署的一切有关文件，曾某活均认可。该委托书经福建省南安市公证处公证，并出具（2017）闽南证民字第 1002 号公证书。2017 年 9 月 4 日，曾某垦授权委托曾某伟（兄弟关系）向光大银行、平安银行、民生银行、农业银行、兴业银行、农商行、泉州银行办理业务，包括但不限于：代理曾某垦签署担保合同、签署送达地址确认书、签署婚姻状况声明书、签署展期协议等与曾某垦为瑞×公司担保的一切法律文书。该委托期限 1 年，曾某伟在上述权限及期限内所签署的一切有关文件，曾某垦均认可。该委托书经福建省南安市公证处公证，并出具（2017）闽南证民字第 1134 号公证书。

2014 年 11 月 3 日，瑞×公司与民生银行泉州分行签订编号（2014）年（泉高保）字（517A）号的《最高额保证合同》（该合同加盖双方公章及法定代表人印章），为新×源公司向民生银行泉州分行 1000 万元贷款提供最高额担保。同日，瑞×公司向民生银行泉州分行出具一份由曾某活、曾某伟、曾某垦共同签字、捺印的《股东会（股东大会）决议》，确认：同意瑞×公司为新×源公司向民生银行泉州分行自 2014 年 11 月 3 日至 2017 年 11 月 3 日申请的最高额度为人民币 1000 万元整的综合授信额度内发生的债务提供全额连带责任保证。2017 年瑞×公司与民生银行泉州分行签订编号（2017）年（泉高保）字（119A）号的《最高额保证合同》（该合同加盖双方公章及法定代表人印章），为新×源公司向民生银行泉州分行贷款 800 万元（借款用途为归还转贷资金）提供最高额担保。2017 年 4 月 21 日，瑞×公司向民生银行泉州分行出具一份由曾某活、曾某伟、曾某垦共同签字、捺印的《股东会决议/决定书》，确认：同意为新×源公司向民生银行泉州分行所申请的额度为人民币 800 万元的综合授信提供担保，担保方式为最高额保证。2018 年 4 月 25 日，瑞×公司又与民生银行泉州分行签订案涉编号（2018）年（泉高保）字（105A）号《最高额保证合同》（该合同加盖双方公章及法定代表人印章），为新×源公司向民生银行泉州分行贷款 750 万元（借款用途为借新换旧）提供最高额担保。同日，瑞×公司向民生银行泉州分行出具一份由曾某活（曾某明代签，加盖曾某活印章）、曾某伟、曾某垦（曾某伟代签）签字、捺印的《股东会决议/决定书》，确认：同意为新×源公司向民生银行泉州分行所申请的额度为人民币 750 万元的综合授信提供担保，担保方式为最高额保证；同时并提交了曾某活、曾某垦授权委托的公证书。因新×源公司未能按期偿还贷款，民生银行泉州分行向丰泽区人民法院提起金融借款合同纠纷诉讼，请求判决新×源公司、瑞×公司、李某拔、许某萍、李某源、曾某活偿还尚欠款项。丰泽区人民法院于2020年5月27日作出(2019)闽0503民初6953号民事判决,现二审进行中。

另查明,2013年至2014年,新×源公司、南安市水×三盛石材有限公司分别与民生银行泉州分行签订编号(2013)年(泉高保)字(446A)号的《最高额保证合同》、编号(2013)年(泉高保)字(448A)号的《最高额保证合同》,由新×源公司为南安市水×三盛石材有限公司提供最高额担保,南安市水×三盛石材有限公司为瑞×公司提供最高额担保,并分别向民生银行泉州分行出具相应的股东会决议。

【裁判结果】

驳回曾某垦的诉讼请求。

【案件解析】

根据《公司法》(2013年)第二十二条第一款①、第二款②"公司股东会或者股东大会、董事会的决议内容违反法律、行政法规的无效。股东会或者股东大会、董事会的会议召集程序、表决方式违反法律、行政法规或者公司章程,或者决议内容违反公司章程的,股东可以自决议作出之日起六十日内,请求人民法院撤销"之规定,股东会、董事会决议的瑕疵分为内容瑕疵和程序瑕疵。对于实体上的内容违反法律法规的决议,股东可以向法院提起效力确认诉讼。对于程序上的召集程序、表决方式违反法律、法规和公司章程的,或者内容违反公司章程的,股东可以向法院提起撤销决议效力的诉讼。

2013年至2014年,瑞×公司、新×源公司、南安市水×三盛石材有限公司分别与民生银行泉州分行签订《最高额保证合同》,由新×源公司为南安市水×三盛石材有限公司提供最高额担保,南安市水×三盛石材有限公司为瑞×公司提供最高额担保,瑞×公司为新×源公司提供最高额担保,并分别向民生银行泉州分行出具相应的股东会决议。上述三方形成相互担保后,新×源公司借款到期后,瑞×公司又为新×源公司借新还旧的贷款800万元向民生银行泉州分行提供最高额担保。在2017年的新×源公司贷款1年期到期后,瑞×公司再为新×源公司借新还旧的贷款750万元提供案涉担保。曾某垦提起本案公司决议效力确认纠纷诉讼,意图在确认案涉公司决议无效后,进而认定案涉担保无效,但:(1)瑞×公司系先在三方形成相互担保时为新×源公司提供担保,后又继续为新×源公司借新还旧提供担保,且已经瑞×公司的股东会决议通过。瑞×公司再次为新×源公司提供案涉担保的行为,无论是否经过临时股东会决议,都不增加瑞×公司的民事责任负担及损害瑞×公司股东的利益,都不影响担保的效力。(2)因曾某活、曾某垦长期外出经商,曾某活授权委托其父亲曾

① 对应《公司法》(2023年)第二十五条。
② 对应《公司法》(2023年)第二十六条。

某明，曾某垦授权委托其兄弟曾某伟，办理贷款、担保等事宜，并办理公证。民生银行泉州分行在新×源公司借新还旧过程中，要求瑞×公司继续提供担保并要求公司股东或授权代理人到场同意继续担保形成临时会议决议进行确认签字，即使曾某活、曾某垦授权委托事项不明确，存在瑕疵，曾某明、曾某伟代理行为造成的过失责任也由曾某明、曾某伟承担。(3)瑞×公司的前身系由曾某明、曾某艺兄弟出资创办的，后变更由其后辈曾某活、曾某垦、曾某伟成为公司股东等过程，这说明瑞×公司系家族企业。再为案涉新×源公司借新还旧提供担保时，曾某明代曾某活在股东会会议决议上签名、加盖曾某活个人私章并向银行提供公证书，后曾某活又于不久的 2018 年 5 月 11 日将其在瑞×公司的股份变更给曾某明，这说明曾某明系接受曾某活委托处理瑞×公司事务；曾某伟也代曾某垦股东会会议决议上签名。综上事实，根据《公司法》(2013 年)第二十二条第一款"公司股东会或者股东大会、董事会的决议内容违反法律、行政法规的无效"之规定，案涉瑞×公司临时股东会会议决议内容即对瑞×公司再为新×源公司借新还旧提供继续担保并不违反法律、行政法规的规定。

本案中，曾某垦、曾某活主张案涉股东会的召开并未接到依法通知并参加，也并未对股东会决议内容进行追认及授权委托书仅委托受托人在为瑞×公司的贷款提供个人担保，不包括案涉的参与股东会决议，更不包括瑞×公司为他人担保所形成的股东会决议文书，因此股东会决议上的他人超越代理权签字属于无效情形。综合曾某垦的诉因和诉请及曾某活的陈述，曾某垦、曾某活实质是对本案平×伟业公司股东会的召集和表决存在异议，并不是对公司决议内容即对瑞×公司再为新×源公司借新还旧提供继续担保违反法律、行政法规存在异议，曾某垦、曾某活的异议事由应属于公司决议撤销的情形，而不属于公司决议无效的情形，故本案纠纷涉及的法律关系性质是一种可撤销的公司治理行为，而不是确认公司治理行为无效，故本案的案由应为公司决议撤销纠纷。

如上所述，即使曾某活、曾某垦授权委托事项存在瑕疵，该临时股东会会议决议对瑞×公司再为新×源公司借新还旧提供继续担保未产生实质影响；作为股东，曾某垦可以向法院提起公司决议撤销之诉，请求人民法院撤销该股东会决议，但必须自决议作出之日起 60 日内提出。案涉股东会决议于 2018 年 4 月 25 日形成，以此推算，曾某垦应在决议作出之日起 60 日内提出，而曾某垦于 2020 年 8 月 19 日提起诉讼，超过了 60 日。根据《公司法》(2013 年)第二十二条第二款"股东会或者股东大会、董事会的会议召集程序、表决方式违反法律、行政法规或者公司章程，或者决议内容违反公司章程的，股东可以自决议作出之日起六十日内，请求人民法院撤销"及《最高人民法院关于适用〈中华人民共和国公司法〉若干问题的规定(四)》第四条"股东请求撤销股东会或者股东大会、董事会决议，符合民法典第八十五条、公司法第二十二条第二款规定的，人民法院应当予以支持，但会议召集程序或者表决方式仅有轻微瑕疵，且对决议未产生实质影响的,人民法院不予支持"之规定,即使曾某垦请求撤销临时股东会决议也不应支持。故曾某垦关于确认瑞×公司于2018年4月25日通过的《股东会决议/决定书》无效的诉讼请求,缺乏事实和法律依据,法院不应支持。

案例66　股东会的召集程序违反了公司章程,且对决议产生了实质影响,该决议应依法予以撤销

——广州地×贸易发展有限公司与广东(东莞)尚×珠宝玉石交易中心有限责任公司公司决议撤销纠纷案

【基本案情】

原告:广州地×贸易发展有限公司(以下简称地×公司)

被告:广东(东莞)尚×珠宝玉石交易中心有限公司(以下简称尚×公司)

审理法院:东莞市第三人民法院

案号:(2020)粤1973民初17956号

尚×公司成立于2015年7月16日,法定代表人现为黄某1,公司股东现分别为黄某1(认缴出资额7600万元)、广州宝×实业投资有限公司(认缴出资额800万元)、地×公司(认缴出资额800万元)、吴某扬(认缴出资额800万元)。2020年5月20日,尚×公司召开股东会,作出公司解散并进入清算程序的股东会决议。随后,地×公司以其未收到过召开上述股东会的通知为由,认为尚×公司召开上述股东会的程序违反了公司章程,遂向东莞市第三人民法院提起诉讼,请求:(1)判令依法撤销尚×公司作出的关于公司解散的股东会决议;(2)本案诉讼费由被告尚×公司承担。

尚×公司辩称,(1)尚×公司已按照公司章程履行通知股东召开股东会的程序,不存在违反公司章程规定的情况。尚×公司共有四个股东,分别是黄某1、吴某扬、地×公司、广东宝×实业投资有限公司。为召开本案所涉股东会,地×公司已于2020年4月20日就召开本案所涉股东会口头通知股东黄某1、广东宝×实业投资有限公司,该两位股东已出席本次股东会;2020年4月20日,尚×公司向地×公司通过EMS邮寄《关于召开尚×公司临时股东会的通知》,并进行了公证,该通知原告地×公司已于2020年4月22日签收;2020年4月20日,尚×公司向吴某扬通过EMS邮寄《关于召开广东(东莞)尚硕珠宝玉石交易中心有限责任公司临时股东会的通知》,并进行了公证,该通知吴某扬已于2020年4月21日签收。根据地×公司的公司章程第十八条规定,召开股东会会议,应当于会议召开15日前通知全体股东。地×公司召开股东会的时间为2020年5月20日,通知全体股东的时间为2020年4月20日,完全符合公司章程第十八条的规定。即便地×公司主张其未收到过召开股东会

的通知，根据公司章程第二十八条第3项的规定，采用挂号邮寄或EMS快递方式通知的，邮寄地址为章程中记录的股东通信地址，自寄出之日起15日后视为送达，本次召开股东会通知亦完全符合送达公司章程的通知要求。(2)尚×公司已按照通知时间召开股东会，并就股东会决议内容再次通知地×公司及其他股东。2020年5月20日，尚×公司按期召开股东会，尚×公司作出股东会决议后，已于2020年6月30日通过EMS快递方式向地×公司及吴某扬送达股东会决议，并进行了公证，快递送达情况显示地×公司、吴某扬均于2020年7月1日签收。综上所述，尚×公司召开案涉股东会程序未违反公司章程规定，所作出的股东会决议合法有效，请求法院依法驳回地×公司的全部诉讼请求。

法院查明事实如下：尚×公司在其提交的书面答辩状中抗辩其已履行通知地×公司参会的义务，并于庭审前提交了四份《公证书》复印件予以佐证，但尚×公司经本院合法传唤，未到庭接受调查亦未提交证据原件予以核对。经查，(2020)粤莞东部第6814号《公证书》复印件记载由广东省东莞市东部公证处(公证员张某天)2020年4月23日作出，主要内容如下："我处指派本公证员和公证员助理刘某玲于2020年4月20日监督申请人黄某1在我处将一份《关于召开尚×公司临时股东会的通知》交予中国邮政速递物流股份有限公司东莞市分公司EMS的工作人员，其将该《关于召开尚×公司临时股东会的通知》寄往广州市天河区××××××××的地×公司(吴某仁收)。邮政EMS的工作人员收取信件后将申请人黄某1填写的邮递单(编号：10138××××933)张贴在封套的封口处并在邮递单上加盖邮戳，随后公证员助理刘某玲将上述邮递单复印一式五份，之后其将该邮递单原件交予黄某1。兹证明与本公证书相粘连的《关于召开尚×公司临时股东会的通知》与申请人黄某1于2020年4月20日寄往广州市天河区××××××××的地×公司(吴某仁收)的《关于召开尚×公司临时股东会的通知》内容一致。"与上述《公证书》相粘连的《关于召开尚×公司临时股东会的通知》复印件记载："尚×公司股东：我公司定于2020年5月20日召开临时股东会，现将本次会议议题及基本情况通知如下：一、本次会议基本情况：1.会议召开时间：2020年5月20日上午9:30；2.会议召开地点：【东莞市×××××××××××××××××××会议室】；3.会议召开方式：现场会议；4.会议表决方式：股东本人或授权委托他人参加现场会议投票表决；二、会议审议事项：审议《公司解散，清算，注销的议案》(具体决议事项见附件)；三、出席会议的对象：全体股东及股东授权委托代理人，该代理人不必为公司股东。"快递跟踪单复印件记载上述邮件已于2020年4月21日由"物业"签收。(2020)粤莞东部第6813号《公证书》复印件亦记载尚×公司于2020年4月20日还向吴某扬邮寄了《关于召开尚×公司临时股东会的通知》。快递跟踪单亦记载该邮件已于2020年4月21日签收，系通过"协议信箱：东方新世界北门邮局领取邮件"签收。(2020)粤莞东部第15438号《公证书》

复印件记载由广东省东莞市东部公证处（公证员黄某奎）2020 年 7 月 7 日作出，主要内容如下："本公证员和公证人员祝某宁于 2020 年 6 月 30 日监督黄某 1 在我处将《尚×公司股东会决议》交予中国邮政速递物流股份有限公司东莞市分公司 EMS 的工作人员，要求将该《尚×公司股东会决议》寄往广州市天河区××××××××××××××，地×公司，吴某仁收。邮政 EMS 的工作人员收取《尚×公司股东会决议》后在邮递单上加盖邮戳，并将一份编号为 10914×××××534 的国内标准快递详情单交与黄某 1。兹证明与本公证书相粘连的《尚×公司股东会决议》与 2020 年 6 月 30 日黄某 1 寄往广州市天河区××××××××××××××，地×公司，吴某仁收的《尚×公司股东会决议》内容一致。"与上述《公证书》相粘连的《尚×公司股东会决议》复印件记载："出席会议股东：黄某 1、广东宝×实业投资有限公司。根据《公司法》及公司章程，尚×公司于 2020 年 5 月 20 日在公司会议室召开股东会，出席本次会议的股东共 2 人，代表公司股东 84% 的表决权，所作出决议经公司出席股东表决权的 100% 通过。决议事项如下：1. 同意公司解散并进入清算。2. 同意成立清算组，清算组成员为黄某 1，沈某力，汪某，（黄某 1）为清算组组长。3. 在公司清算完成后注销。"快递跟踪单复印件记载上述邮件已于 2020 年 7 月 1 日由"他人代收：丰巢"。（2020）粤莞东部第 15437 号《公证书》复印件亦记载尚×公司于 2020 年 6 月 30 日还向吴某扬邮寄了《尚×公司股东会决议》。快递跟踪单亦记载该邮件已于 2020 年 7 月 1 日签收，系通过"协议信箱：快递箱"签收。

另查明，尚×公司的公司章程第八条记载地×公司的通信地址为广州市天河区××××××××××××××；第十八条记载召开股东会会议，应当于会议召开 15 日前通知全体股东；第二十七条记载公司召开股东会会议应予通知；第二十八条记载可采用口头方式通知，若口头通知方式未能通知全体股东的，必须采用书面通知方式，采用挂号邮寄或 EMS 快递方式通知的，邮寄地址为章程中记录的股东通信地址，自寄出之日起 15 日后视为送达。

庭审中，地×公司以尚×公司未提交四份《公证书》原件予以核对为由否认《公证书》的真实性。同时，地×公司还主张其在 2020 年 7 月之前的实际办公地址为广州市天河区×××××××××××××自编 A08 房，之后的实际办公地址为现工商登记的地址，均不是《公证书》复印件中记载的邮件投递地址。

【裁判结果】

撤销尚×公司于 2020 年 5 月 20 日召开股东会作出的股东会决议及相应的决议事项。

【案件解析】

本案争议的焦点为尚×公司股东会于 2020 年 5 月 20 日所作出的解散公司并进入清算程序等内容的股东会决议是否应予以撤销。

首先,根据《最高人民法院关于民事诉讼证据的若干规定》第六十一条的规定,对书证、物证、视听资料进行质证时,当事人应当出示证据的原件或者原物。该解释第九十条规定:"下列证据不能单独作为认定案件事实的根据:……(五)无法与原件、原物核对的复制件、复制品。"本案中,尚×公司虽然对其抗辩主张提交了《公证书》、快递跟踪单予以佐证,但其提交的《公证书》、快递跟踪单均为复印件,尚×公司作为负有举证责任的一方未能提交《公证书》、快递跟踪单原件供质证,应当承担举证不能的不利后果。其次,《公司法》(2018 年)第二十二条第二款规定:"股东会或者股东大会、董事会的会议召集程序、表决方式违反法律、行政法规或者公司章程,或者决议内容违反公司章程的,股东可以自决议作出之日起六十日内,请求人民法院撤销。"本案中,尚×公司的公司章程规定召开股东会会议应于会议召开 15 日前通知全体股东,采用挂号邮寄或 EMS 快递方式通知的,邮寄地址为章程中记录的股东通信地址。公司章程记载地×公司的通信地址为广州市天河区××××××××××××××,即便尚×公司提交的(2020)粤莞东部第 6814 号《公证书》复印件与原件相符,但该《公证书》记载的邮件投递地址为广州市天河区×××××××××,与公司章程记载的地×公司通信地址亦存在瑕疵,快递跟踪单也仅显示邮件由"物业"签收,并不能证明相关文件已有效送达地×公司。最后,尚×公司召开 2020 年 5 月 20 日临时股东会的事项是审议公司解散、清算、注销的议案,该事项应属于公司重大事项,而从现有证据来看,并不能证明尚×公司已将临时股东会的召集通知有效送达地×公司,因此,尚×公司召开 2020 年 5 月 20 日临时股东会的召集程序违反了公司章程,且对决议产生了实质影响,该决议应依法予以撤销。

案例 67 召开股东会会议没有按照章程规定的时间提前通知,系股东会议召集程序的瑕疵问题,不能认定股东会决议无效

——高某胜、黄某英等公司决议效力确认纠纷案

【基本案情】

上诉人(原审原告):高某胜

上诉人(原审原告):黄某英

被上诉人(原审被告):隆回县紫×置业有限公司(以下简称紫×公司)

原审第三人:袁某轩

一审法院:隆回县人民法院

案号:(2022)湘 0524 民初 1887 号

二审法院:邵阳市中级人民法院

案号:(2022)湘 05 民终 2212 号

紫×公司于2015年8月6日成立,法定代表人为海某军,设立时登记的股东分别为海某军、黄某英、高某胜、袁某轩。公司制定了章程。后经过修正,公司章程第八条规定:海某军出资比例为46%,黄某英21%,高某胜7%,袁某轩26%。第二十七条规定:"……(一)股东会议应对所议事项作出决议。对于修改公司章程、增加或减少注册资本、分立、合并、解散或者变更公司形式等事项作出决议,必须经代表三分之二以上表决权的股东同意通过……"2020年9月14日,刘某以黄某英为被告,紫×公司、海某军、袁某轩、高某胜、王某霞为第三人提起股权转让纠纷诉讼。2021年6月4日,湖南省隆回县人民法院作出(2020)湘0524民初3351号民事判决书,判决黄某英在紫×公司21%的股权中26.19%的股权(即紫×公司5.5%股权)及收益归刘某所有。该判决已发生法律效力。2021年12月7日上午11时37分,紫×公司法定代表人海某军通过信息的方式向公司股东袁某轩、高某胜、黄某英发出紧急通知:"紫×公司各位股东,鉴于公司与县城投之间的投资收益权合同纠纷急需处理,特通知各位股东于12月7日中午一点半到原紫东花园售楼部召开全体股东会议,讨论决定如下议题:1.公司公章的问题;2.与县城投合同纠纷处理方式及启动资金的问题;3.公司内部管理问题。请各位股东准时参加会议,如不参加,公司将按到会股东的多数意见形成决议并按决议实施。(现开会时间改到12月7日中午一点半,如有异议赶不过来,可提前告知,如未接到告知,股东会准时进行)"发给黄某英的信息页面显示,消息已发出,但被对方拒收了。2021年12月7日13时38分,紫×公司股东海某军、袁某轩、高某胜在紫东花园项目部办公室召开了紫×公司股东会,就公司与政府协商目标、请法律顾问、启动资金、刘某的股权问题、公司公章及工作安排五个问题形成了会议记录。股东海某军、袁某轩、高某胜在会议记录与会人员签字处签名确认,落款时间为2021年12月7日。当日,该三名股东经会议后,形成如下股东会决议:(1)公司与县城投投资收益权合同的洽谈目标,只与县城投洽谈投违约的赔偿问题。(2)聘请法律顾问一名,协助处理公司与城投的谈判等问题。(3)因目前公司无流动资金,与城投处理合同纠纷需聘用法律顾问,服务费3万/年,暂由股东垫付。(4)刘某在公司的5.5%股权,已由隆回县人民法院判决确定,同意刘某成为公司股东,办理股东变更登记手续。(5)公司的公章及营业执照因原股权转让于2018年5月16日由黄某移交给黄某英,股权转让未成后,多次要求黄某英返回给公司法定代表人海某军,黄某英拒不返还,由海某军再次通知黄某英在2天内退还给海某军,否则按程序变更公司公章,原公章作废。(6)关于会议中高某胜提出的黄某英前期垫付费用开支问题,资质年审等正当开支可由黄某英提供票据,由各股东按占股比例集资支付,至于房租、装修费等,公司从未租赁过任何人的房屋用于办公,不存在装修的问题,黄某英已起诉法院,以法院判决为准。后股东袁某轩、海某军在股东签字处签字捺印确认,落款时间为2021年12月8日。

高某胜、黄某英向隆回县人民法院提起诉讼，请求确认2021年12月7日《紫×公司股东会决议》无效。

法院查明，2022年12月27日，刘某以紫×公司为被告提起股东名册记载纠纷诉讼。2022年1月26日湖南省隆回县人民法院作出(2021)湘0524民初5423号判决，判决紫×公司在判决生效后10日内变更公司股东，将刘某占股公司5.5%的股东身份记载于股东名册，并办理好刘某占股公司5.5%的工商变更登记手续。紫×公司对该判决不服，提起上诉，湖南省邵阳市中级人民法院作出(2022)湘05民终554号民事判决，驳回上诉，维持原判。该两份判决现均已生效。

另查明：(1)紫×公司的公司章程约定，召开股东会议应当于会议召开15日前通知全体股东。(2)高某胜和黄某英自决议作出之日起60日内没有行使撤销权。

【裁判结果】

一审法院判决：驳回高某胜、黄某英的诉讼请求。

二审法院判决：驳回上诉，维持原判。

【案件解析】

本案的争议焦点是紫×公司2021年12月7日召开股东会形成的决议效力如何认定。

根据《公司法》(2018年)第二十二条第一款、第二款的规定，公司股东会、董事会的决议内容违反法律、行政法规的无效。股东会、董事会的会议召集程序、表决方式违反法律、行政法规或者公司章程，或者决议内容违反公司章程的，股东可以自决议作出之日起60日内，请求人民法院撤销。

本案中，在案涉决议中，股东海某军、高某胜、袁某轩参加会议，合计占股达到表决权2/3以上的股东海某军、袁某轩同意该股东会决议，该决议的内容系股东海某军、袁某轩的真实意思表示，合法有效，不违反法律、行政法规的规定，不属于决议无效的情形。关于公司决议是否可撤销的问题，《公司法》(2018年)第四十一条①规定："召开股东会会议，应当于会议召开十五日前通知全体股东；但是，公司章程另有规定或者全体股东另有约定的除外。"紫×公司的公司章程亦约定：召开股东会议应当于会议召开15日前通知全体股东。本案中，2021年12月7日11时37分，紫×公司法定代表人海某军通过信息的方式告知公司股东袁某轩、高某胜、黄某英于12月7日13时30分在紫东花园项目部办公室召开股东会，海某军没有按照公司章程的约定履行通知义务，股东会的召集程序上存在瑕疵，高某胜和黄某英可以采取自决议作出之日起60日内行使撤销权的救济方式。该60日的性质为除斥期间，除斥期间届满以后，则权利本身消灭。高某胜和黄某英没有在除斥期间内及时提起撤销之诉，

---

① 对应《公司法》(2023年)第六十四条。

撤销权消灭。综上,高某胜和黄某英的诉讼请求不能得到法院支持。

案例 68　要求股东承担行政机关对公司罚款的股东会决议,因超越公司法关于股东会职权的规定应认定为无效

——黄某、长沙嘉×华出租汽车有限公司公司决议效力确认纠纷案

【基本案情】

原告:黄某

被告:长沙嘉×华出租汽车有限公司(以下简称嘉×华公司)

审理法院:长沙市雨花区人民法院

案号:(2022)湘 0111 民初 9436 号

嘉×华公司于 2008 年 1 月 2 日注册成立,营业期限为 2008 年 1 月 2 日至 2038 年 1 月 1 日,登记股东为长沙嘉×华客运有限公司、黄某、唐某东、刘某波、长沙湘×运输服务有限公司、谢某宏、廖某、湖南省华×工业公司、湖南省二×实业有限责任公司、李某兵。经营范围为:出租车客运(凭批准证书从事)。

黄某出资购买的湘 AT××××小车挂靠登记在嘉×华公司处用于出租车经营。2016 年 8 月 29 日 15 时 50 分,嘉×华公司驾驶员蔡某华驾驶牌号为湘 AT××××号出租车搭乘乘客汪某军等 5 人,沿东二环高架桥下层便道由南往北行驶至 X309(捞建路)路口时,遇鲁智驾驶牌号为湘 AM××××号轻型自卸货车沿 X039(捞建路)由东往西行驶至该路口,两车发生相撞后坠入北干渠水沟内,造成湘 AT××××车上乘客四人当场死亡,两车驾驶员及其他乘客不同程度受伤,两车不同程度受损的较大交通事故。之后,黄某作为湘 AT××××出租车的实际所有人向上述交通事故中的受害人支付了 214 万元赔偿款。

2017 年 5 月 22 日,长沙市安全生产监督管理局作出(湘长)安监事故罚单(2017)××2 号《行政处罚决定书》(单位),认定:2016 年 8 月 29 日发生在捞建路的较大交通事故,其中湘 AT××××出租车属于嘉×华公司,嘉×华公司安全生产主体责任不落实,安全生产管理工作不到位,存在对驾驶员的培训教育组织不力、对驾驶员交通违法行为未及时全面掌握、对驾驶员的交通违法行为教育整改不力的情况,嘉×华公司是事故的责任单位,决定给予嘉×华公司罚款人民币 55 万元的行政处罚。之后,嘉×华公司未主动履行上述罚款义务。经长沙市应急管理局(原长沙市安全生产监督管理局)申请执行,长沙市岳麓区人民法院对嘉×华公司予以强制执行 557,900 元(含执行费 7900 元)。

2022 年 5 月 21 日,嘉×华公司召开临时股东大会并形成《股东会决议》,载明:

2016 年 8 月 29 日，股东黄某名下出租车湘 AT××××在开福区××线（捞建线，又名黄乌线）与东二环苏家托高架桥桥下新修平行道路交叉路口发生较大道路交通事故，长沙市应急管理局对公司下发了行政处罚通知书，根据《公司章程》及《出租车合并经营协议》的规定，一致同意湖南省长沙市岳麓区人民法院《执行裁定书》[（2022）湘 0104 执恢 372 号及 372 号之一]裁定的行政处罚执行款 55.79 万元由肇事车辆湘 AT××××实际当事股东责任方承担，并限其 10 个工作日内将执行款付至公司银行账户。除黄某外，其余股东均签字确认上述《股东会决议》。后原告于 2022 年 6 月 2 日签收上述文件。

2022 年 6 月 21 日，黄某向长沙市雨花区人民法院提起诉讼，请求：确认嘉×华公司于 2022 年 5 月 21 日召开的临时股东大会所作的股东会决议无效。

嘉×华公司辩称，本案案由为公司决议效力确认纠纷，其请求权基础为《公司法》（2018 年）第二十二条："公司股东会或者股东大会、董事会的决议内容违反法律、行政法规的无效。"嘉×华公司认为其于 2022 年 5 月 21 日作出的股东会决议的内容有事实及法律依据，未违反法律及行政法规，未损害黄某的利益，合法有效。（1）涉案出租车湘 AT××××为黄某出资购买，挂靠登记在嘉×华公司名下；涉案出租车驾驶员相关劳动报酬由黄某与其进行结算与管理，与嘉×华公司无关。2016 年 6 月 1 日起，嘉×华公司实行股东自行管理，风险自担，盈亏自负的经营模式，黄某对案涉车辆及驾驶人员进行管理，嘉×华公司未获取案涉出租车湘 AT××××经营所得收益，该收益由黄某享有。因此，黄某对案涉湘 AT××××出租车具有管理义务，因涉案车辆发生风险而产生的相关责任应由黄某承担。根据《公司章程》、《出租车合并经营协议》、股东会议纪要（2016 年 4 月 13 日）和股东会决议（2016 年 5 月 18 日）决议，嘉×华公司因黄某享有经营权并负有管理义务的涉案车辆湘 AT××××发生事故所造成的损失，在嘉×华公司承担罚款责任后，有权要求黄某赔偿该损失。①《出租车合并经营协议》第一条第二款载明："联合体经营规模共计出租车辆 263 台，各原始股东名下的出租车经营权及车牌明细详见附件"；第五条第四款约定："联合体登记后，股东现有的出租车经营权经政府重新授予后属原股东所有，在经营过程中以股东名义出资购买的出租车经营权归出资者所有"；第六条第三款约定："联合体经营管理方案经股东会讨论通过后，股东原所属富余员工由其自行处置和消化，原股东和其员工所有劳资关系和纠纷与联合体无任何关联"；该协议附件中确认黄某拥有出租车特许经营权 25 台，其中包含了涉案出租车湘 AT××××。②《公司章程》第六条载明了股东名称（或：姓名）、出资方式及出资额、出资时间，并于 2014 年 3 月 31 日办理了股东变更登记。③股东会议纪要（2016 年 4 月 13 日）第一条为："各股东一致同意通过对员工制车辆进行改革，并形成以下决议：（1）由集中管理改为各股东自行管理，风险自担，盈亏自负。（2）与驾驶员签订的原劳动合同由各股东自行处理。"第二条约定:"对公司的营运管理改制达成以下协议:(1)现有运营管理模式维持到2016年5月31日,在此过渡期间仍执行原管理方案。(2)关于新的运营方案会议定于2016年5月18日14:00召开。"④股东会决议(2016年5月18日)第一项确定经营方案的改制达成以下共识;员工管理、员工工资管理全部落实到对应股东;第二项内容为关于员工制车辆的财务清算:"(1)第二项第1~4款确定调节费、员工制车辆规费、员工制车辆社保金全部落实到各对应股东自行处理;(2)第二项第5款确定统一收取的安全基金退还各股东,由各股东按驾驶员与公司签订的《驾驶员目标考核责任书》进行处理,并承担相应的责条规定:'董事、监事、高级管理人员执行公司职务时违反法律、行政法规或者公司章程的规定,给公司造成损失的,应当承担赔偿责任。'"黄某不仅为公司股东,亦为监事会成员之一,并担任了监事会主席一职。黄某对涉案车辆及驾驶员未尽到约定的管理义务,黄某作为监事会主席未尽到法定的勤勉义务给公司造成了损失,因此,应由黄某对公司本次事故所承担的行政罚款损失承担赔偿责任。(2)嘉×华公司作为公司对外承担了相应的行政处罚,嘉×华公司根据《公司章程》、《出租车合并经营协议》、股东会议纪要(2016年4月13日)和股东会决议(2016年5月18日)的决议,再对黄某进行追责,两者相互独立,并非黄某所称的"以股东会决议形式转嫁给黄某承担"。黄某未对此笔罚款承担任何实际责任,长沙市安全生产监督管理局对嘉×华公司作出的共计人民币55.79万元行政处罚罚款经岳麓区法院执行阶段依法扣划,现已由嘉×华公司全部履行完毕。因此本案非转嫁责任,而系对内追责。综上所述,嘉×华公司于2022年5月21日召开的临时股东大会所作出的股东会决议系各股东真实意思表示,决议内容有事实及法律依据,未违反法律及行政法规,未损害黄某的利益,合法有效。因此,请求法院依法驳回黄某的诉讼请求。

在本案审理过程中,嘉×华公司为证明公司已就各股东出资购买的出租车的运营风险及收益等由各股东自行享有及承担进行了约定,向法院提交了下列材料:(1)2014年1月15日,嘉×华公司及长沙新联出租车有限公司的所有股东签署《出租车合并经营协议》:①合并方式:在产权和经营权(以政府授予的批文为准)明晰的前提下,嘉×华吸收合并新联,组建出租车经营联合体(下称联合体),联合体仍以嘉×华进行工商登记。②组建方式:根据《公司法》和出租车行业现行的相关指导性文件精神及企业管理制度,以嘉×华、新联原始股东现有资产(仅指有政府特许经营权的出租车辆)进行合并组成联合体,联合体经营规模共计出租车辆263台,各原始股东名下的出租车经营权及车牌明细详见附件。③联合体是一个股东财务独立,实行统一经营管理、具有独立法人资格的有限责任公司。在联合体成立之前,原始股东必须自行处置完结其名下出租车经营权及出租车辆相关的债权债务……联合体登记后,股东现有的出租车经营权经政府重新授予后属原股东所有,在经营过程中以股东名义出资购买的出租车经营权归出资者所有,以联合体名义出租并购的经营权经股东大会认可后按股权分摊……黄某作为股东在该协议上签名确认。(2)2016 年 4 月 13 日,嘉×华公司形成《股东会议纪要》,其中载明:各股东一致同意通过对员工制车辆进行改革,由集中管理改为各股东自行管理,风险自担,盈亏自负;与驾驶员签订的原劳动合同由各股东自行处理。(3)2016 年 5 月 18 日,嘉×华公司形成《股东会决议》,其中载明:员工制车辆社保金(含单位部分和个人部分)按股东所属车辆实际支付;统一收取的安全基金退还给各股东,由各股东按驾驶员与公司签订的《驾驶员目标考核责任书》进行处理,并承担相应责任。

法院查明:(1)2014 年 3 月 25 日,嘉×华公司制定《嘉×华公司章程》,其中第十六条规定:"股东会由全体股东组成,是公司的权力机构,行使下列职权:1. 决定公司的经营方针和投资计划;2. 选举和更换非由职工代表担任的执行董事、监事、决定执行董事、监事的报酬事项;3. 审议批准执行董事的报告;4. 审议批准监事的报告;5. 审议批准公司的年度财务预算方案、决算方案;6. 审议批准公司的利润分配方案和弥补亏损方案;7. 对公司增加或者减少注册资本作出决议;8. 对公司发行债券作出决议;9. 对公司合并、分立、解散、清算或者变更公司形式作出决议;10. 修改公司章程。"(2)各股东对挂靠登记在嘉×华公司的车辆,按每台每月 50 元标准向嘉×华公司交纳管理费。

【裁判结果】

确认嘉×华公司于 2022 年 5 月 21 日召开的临时股东大会所作的股东会决议无效。

【案件解析】

有限责任公司存续和运作的意志力依赖股东会,公司的最高权力机关和决策机构也是股东会。股东会会议是股东行使股东权利的基本方式,股东根据法律或公司章程的规定召开股东会,决定董事任免、公司运营等重大事项。首先,《公司法》(2018 年)第三十七条[①]规定:"股东会行使下列职权:(一)决定公司的经营方针和投资计划;(二)选举和更换非由职工代表担任的董事、监事,决定有关董事、监事的报酬事项;(三)审议批准董事会的报告;(四)审议批准监事会或者监事的报告;(五)审议批准公司的年度财务预算方案、决算方案;(六)审议批准公司的利润分配方案和弥补亏损方案;(七)对公司增加或者减少注册资本作出决议;(八)对发行公司债券作出决议;(九)对公司合并、分立、解散、清算或者变更公司形式作出决议;(十)修改公司章程;(十一)公司章程规定的其他职权。对前款所列事项股东以书面形式一致表示同意的,可以不召开股东会会议,直接作出决定,并由全体股东在决定文件上签名、盖章。"从上述法律规定可知,股东会会议所决议的事项是有一定范围的,即属于公司内部治理、外部运营等重大事项可以由股东会表决的方式予以确定。

---

① 对应《公司法》(2023 年)第五十九条。

本案中，嘉×华公司于2022年5月21日召开的临时股东大会所涉决议事项是将行政机关对嘉×华公司的罚款以股东会决议的方式要求黄某承担。首先，该事项本身并非《公司法》规定的属于股东会决议的事项，亦未在嘉×华公司制定的公司章程中予以明确，故嘉×华公司通过股东会决议的方式要求黄某承担行政机关对公司的罚款已超越了股东会决议事项范畴，即该股东会决议因超越公司法关于股东会职权的相关规定应认定为无效。其次，根据公司2014年至2016年形成的股东会议纪要等书面文件，各股东一致同意通过对员工制车辆进行改革，由集中管理改为各股东自行管理，风险自担，盈亏自负，且统一收取的安全基金退还给各股东。黄某作为车辆的实际权益人，确实享有了其名下出租车运营的相关收益，但在上述交通事故发生后，其已向受害方支付了相应的赔偿款，承担了车辆运营的相关风险。且黄某作为股东每月亦按规定为其名下的车辆向嘉×华公司交纳了管理费。案涉决议中所列明的罚款是行政机关针对嘉×华公司行使的行政管理职权，即使黄某对名下出租车风险自担，以及嘉×华公司将统一收取的安全基金退还给包括黄某在内的各股东，也不能免除嘉×华公司作为出租车运营公司应当承担的安全生产主体责任。况且，嘉×华公司将管理责任通过内部文件全部转嫁给各股东本身亦缺乏依据。最后，黄某虽作为嘉×华公司的股东、监事，但案涉交通事故的发生并非黄某滥用股东权利或违反作为监事的法定义务所致，故亦不存在黄某作为高管人员损害嘉×华公司利益的问题。综上所述，黄某要求确认嘉×华公司于2022年5月21日召开的临时股东大会所作出的股东会决议无效的诉讼请求，法院应予支持。

案例69　股东会未对决议事项进行表决，当事人主张决议不成立的，人民法院应予支持

——重庆市黔江区粒×石材有限公司、蒲某与黄某、黄某华等公司决议纠纷案

【基本案情】

上诉人(原审被告)：重庆市黔江区粒×石材有限公司(以下简称粒×公司)

上诉人(原审第三人)：蒲某

被上诉人(原审原告)：黄某华

被上诉人(原审原告)：黄某

被上诉人(原审原告)：帅某华

被上诉人(原审原告)：吴某锐

一审法院：重庆市彭水苗族土家族自治县人民法院

案号：(2020)渝0243民初2142号

二审法院：重庆市第四中级人民法院

案号：(2020)渝04民终1107号

黄某华等四人向一审法院起诉请求：(1)确认粒×公司2019年10月19日的《股东会决议》不成立；(2)由粒×公司承担本案全部诉讼费用。

法院查明事实如下：2014年9月18日，粒×公司依法成立。公司成立初期股东为郭某波、邵某绿，后变更为郭某波、黄某华、帅某华；2015年4月16日，股东变更为李某洛、黄某华、帅某华；2015年5月13日的股东会决议通过选举黄某华为公司执行董事兼法定代表人；2015年5月26日，公司法定代表人由郭某波变更登记为黄某华；2015年12月28日，公司股东变更为黄某华等四人，由帅某华担任公司监事。2017年8月14日，公司股东变更为黄某华(出资600万元、持股比例30%)、黄某(出资60万元、持股比例3%)、帅某华(出资100万元、持股比例5%)、吴某锐(出资220万元、持股比例11%)和蒲某(出资1020万元、持股比例51%)。现公司注册资本为2000万元，各股东的股权结构一直持续至今。

2019年10月17日，粒×公司的执行董事黄某华向蒲某通过微信的方式发送了《关于延期召开股东会议的通知》，该通知载明："各位股东：原定于十月十日召开的公司股东会，经股东蒲某要求延期召开，根据公司目前的具体情况，公司其他股东同意执行董事的提议，将十月十日应该召开的股东会议延期到十月十九日召开，会议时间为2019年10月19日上午9点，会议地点为黔龙街113号公司会议室，会议内容(一)听取公司法人代表对公司今年经营管理托管情况的汇报……请务必准时参加，如果因故不能参会的股东可以书面授权代理人参会并行使表决权(授权书要注明授权行使表决权字样才有效)。如因故不能参会、也不授权委托代理人参会，将被视为自动放弃本次股东会的表决权。"该通知会议内容共九项，但没有一项涉及要更换公司执行董事和法定代表人并选举新的公司执行董事和法定代表人的议题。

2019年10月19日，黄某华等四人和蒲某召开股东会会议。会议由当时的公司法定代表人黄某华主持，并由肖某霞和高某敏共同形成会议纪要。该纪要载明："本次会议由黄某华提议召开，执行董事于会议召开以前通知全体股东，应到股东5人，实际到会股东5人，会议由执行董事主持，会议内容如下：首先由执行董事黄某华提出如下九大问题：一、管理方面，安全管理失控，相关部门追责严重，安全多重化、叠加管理，面临降级问题；二、财务管理问题，资金管理混乱(以业务招待费为例)；三、生产管理，生产过程及流程不规范，设备维修无计划，设备维修时间过长，人员组合混乱，生产效益低下；四、后勤管理混乱，采购，设备进出库制度被废除，程序不到位，部分设备价格过高，食堂方面就餐人员过多，生活费过高导致成本高、利润低；五、支付员工工资，设备租金，遗留费用没有方案；六、目前公司债务问题巨大，初步计算2000万元左右，部分已进入法律程序，运行环境恶劣，举步维艰；七、公司后期资金投入仍然巨大，后续约需1500万元投入资金(包括遗留问题工资、运费矿山道路、彩钢棚、政府规费等其他费用)；八、建议解除粒×公司与重庆正×建筑实业有限责任公司开采合同；九、郭某波律师函已寄到公司，需出面解决……蒲某发言：一、财务问题：粒×公司所有账户均被冻结，从2016年开始至2019年成为控股股东后经双方协定由高某敏、肖某霞共同管理账户，欢迎各股东进行查阅，始终以粒×公司利益为首要利益，特殊事情特殊处理，对公司之前的债务有依据地进行协商分期支付，拿钱解决，无依据不予支付；二、公章管理方面：公章、证照管理有明确规定，公章、证照在共同管理下正常使用；三、财务管理：支付费用不规范、不正常开支，有质疑可以进行会计师事务所审核，同时望各位股东拿出方案解决之前债务。对黄某华提出问题：1.全权委托李德平律师依法解决郭某波问题，输了公司共同承担债务(属于2018年9月20日之前债务)；2.依法解决重庆正×建筑实业有限责任公司的开采问题；3.之前形成的债务请各位股东提出方案；四、之前债务问题：1.由2019年3月5日股东会决议2018年9月20日之前的债务由之前的股东解决，蒲某进行解决后，依法找各股东进行追偿；2.根据公司章程约定，董事3年期满，要求更换执行董事长，法定代表人，推荐蒲某担任；3.郭某波诉讼依法应诉；4.各位股东对重庆正×建筑实业有限责任公司的开采违约责任可以向股东会提出问题，依法追究责任；5.后续投资问题，因公司现不具备融资能力、由股东自行解决，我提议按照公司股东比例依法出资，出资金额以1500万元为准，出资时间2019年10月30日前。黄某华：一、不同意蒲某提出的出资问题，公司章程上为认缴，应对前期投入资金进行评估，应转为注册资金；二、债务问题，不同意蒲某提出的以大股东出面协调，应以公司名义出面协商解决，反对以个人名义出面解决；三、解除黄某华执行董事条件不成熟，出资金额1500万元应相继投入，不同意蒲某10月30日前股东认缴的观点。帅某华：1.免除执行董事需由股东会会议决定……蒲某：1.关于更换执行董事长3年期满，必须重新选举，提议蒲某为执行董事，并担任公司法定代表人；2.目前经营管理人员维持现状，如有违法行为依法追究相关人员责任；3.职务问题在没有变更法定代表人之前由黄某华协调，协调制定方案报股东会审议；4.公司涉及诉讼请专业人员进行处理；5.后期资金投入等股东决定再投资，若后续资金不到位损害蒲某利益依法追究责任；6.重庆正×建筑实业有限责任公司开采费用问题由粒×公司另行请律师处理。黄某华总结……今天的股东会没有达成共识……由于蒲某提议有事离开会场，我们今天股东会暂时休会。”黄某华等四人和粒×公司、蒲某均提供了当天召开股东会会议的录音，录音反映的内容与该会议纪要载明的内容完全一致，只是黄某华等四人提供的录音时长更为完整。录音可以清晰地反映股东会原本并不涉及是否变更公司执行董事和更换公司法定代表人的议题，而是由于会议过程中蒲某提议免去黄某华执行董事和法定代表人职务，同时自荐担任公司新的执行董事和法定代表人。黄某华对此明确表示目前条件不成熟并且不同意在此次会议上审议和表决;帅某华对此表示大股东要免除执行董事,还要股东会同意,必须按章程办事,按法办事;黄某、吴某锐对此既未明确表示同意也未明确表示反对,会议也未向黄某、吴某锐征求意见。

会后,蒲某制作了《股东会决议》,该决议中仅有蒲某一人签字。粒×公司与蒲某认为,公司章程未规定表决程序,股东发表意见即视为表决。

黄某华等四人与粒×公司、蒲某当庭提供的2019年10月19日股东会决议均载明:“2019年9月23日黄某华以当面通知的方式通知蒲某及帅某华、吴某锐、黄某于2019年10月9日参加股东会会议,因故延期,确定2019年10月19日召开股东会会议,并送达了股东会会议召开通知书。蒲某、黄某华、帅某华、吴某锐、黄某于2019年10月19日参加了股东会会议,参与人数5人,缺席人数0人。本次股东会会议全体股东参加会议,符合公司法及公司章程的相关规定。出席会议的股东持有公司100%的股权,会议合法有效,由股东黄某华主持,本次股东会议的召集与召开程序,出席会议人员资格及表决程序符合公司法及公司章程的规定。在本次股东会会议上,形成了以下决议,黄某华、帅某华、吴某锐、黄某该4人对以下决议事项放弃表决权:1.免去黄某华执行董事职务,黄某华不再担任本公司法定代表人,解聘黄某华总经理职务;2.选举蒲某为本公司的执行董事,同时担任公司的法定代表人,任期三年,聘任蒲某为本公司经理;委托邓某蓉(身份证号:……)办理本公司本次变更登记的相关事宜。股东签名或盖章:蒲某。2019年10月19日。”该股东会决议事项另外还显示“同意修改公司章程相关条件,并审议通过新的章程”,但同时显示该条已被划掉,蒲某称该条系在提交市场监督管理局之前被其划掉。

粒×公司章程第五条载明:“执行董事为公司的法定代表人。”第二十二条载明:“股东会由全体股东组成,是公司的权力机构,行使下列职权……(二)选举或者更换执行董事非由职工代表担任的监事,决定有关执行董事、监事的报酬事项……(十一)修改公司章程。”第二十六条载明:“召开股东会会议,应当于会议召开十五日前通知全体股东,经全体股东一致同意,可以调整通知时间。股东或者其合法代理人按期参加会议的,视为已接到了会议通知。该股东不得仅以此主张股东会程序违法。”第二十七条载明:“股东会会议由执行董事召集和主持;执行董事不能履行职务或者不履行职务的,由监事召集和主持;监事不召集和主持的,代表十分之一以上表决权的股东可自行召集和主持。”第二十八条载明:“股东会会议由股东按照认缴出资比例行使表决权。”第二十九条载明:“股东会会议对所议事项作出决议,须经代表过半数以上表决权的股东通过,但是对公司修改章程、增加或者减少注册资本以及公司合并、分立、解散或者变更公司形式作出决议,须经代表三分之二以上表决权的股东通过。”第三十条载明:“公司设执行董事,由股东会选举或更换。执行董事任期每届三年。任期届满,可连选连任。”

2019 年 12 月 16 日,粒×公司的法定代表人由黄某华变更为蒲某。2015 年 5 月 26 日至 2019 年 10 月 19 日,黄某华一直担任粒×公司的法定代表人,已经超过公司章程所规定的 3 年期限。同时,重庆市黔江区人民法院的(2019)渝 0114 民初 5992 号民事判决书显示黄某华被判决返还重庆市黔江区八方建筑工程有限责任公司 2,130,551.22元以及利息,重庆市黔江区人民法院的(2018)渝 0114 民初 8323 号民事判决书显示黄某华被判决对重庆市九天酒业有限公司向中国工商银行股份有限公司重庆黔江分行借款本金 4,999,000 元以及利息等承担连带清偿责任,重庆市黔江区人民法院的(2018)渝 0114 民初 5417 号民事判决书显示黄某华被判决对粒×公司向重庆银行股份有限公司重庆黔江支行借款本金 2,770,000 元以及利息承担连带清偿责任,重庆市黔江区人民法院的(2019)渝 0114 民初 681 号民事判决书显示黄某华被判决偿还左俊平借款本金 350,000 元及利息和大量黄某华个人对外向蒲某的借款合同。

【裁判结果】

一审法院判决:粒×公司于 2019 年 10 月 19 日作出的股东会决议不成立。

二审法院判决:驳回上诉,维持原判。

【案件解析】

本案争议焦点是粒×公司于 2019 年 10 月 19 日作出的《股东会决议》是否成立。

股东会,是指依照公司法及公司章程规定设立的公司权力机构,决定公司的重大事项。股东作为股东会的组成人员,有权对有关公司的事项发表意见,并按照出资比例或者公司章程的规定行使表决权。根据《最高人民法院关于适用〈中华人民共和国公司法〉若干问题的规定(四)》第五条的规定,会议未对决议事项进行表决的,股东会决议不能成立。

本案中,粒×公司于 2019 年 10 月 19 日召开股东会会议,全体股东参会,会议期间,股东蒲某提出更换公司执行董事和法定代表人的议题,蒲某、黄某华、帅某华分别针对该议题发表了意见,但股东黄某、吴某锐未发表意见,会议也未向黄某、吴某锐征求意见,后因蒲某提前离开会场,黄某华宣布本次股东会会议休会。会后,蒲某制作了《股东会决议》,该决议中仅有蒲某一人签字。粒×公司与蒲某认为公司章程未规定表决程序,股东发表意见即视为表决,因此,本次股东会会议并未对更换公司执行董事和法定代表人的议题进行单独表决,故案涉《股东会决议》依法不能成立。虽然蒲某持有粒×公司 51% 的股份,但其也不能违反公司法及公司章程的规定,在未经过股东会会议审议表决的情况下独立制作形成股东会决议。

案例 70　股东会会议关于修改公司章程的决议因未达到法定通过比例被认定不成立

——四川林×实业集团有限公司、刘某东公司决议效力确认纠纷案

【基本案情】

上诉人(原审被告):四川林×实业集团有限公司(以下简称林×公司)

被上诉人(原审原告):刘某东

被上诉人(原审原告):葛某坤

被上诉人(原审原告):沙某伍英

原审第三人:余某1

一审法院:四川省峨边彝族自治县人民法院

案号:(2018)川1132民初3号

二审法院:四川省乐山市中级人民法院

案号:(2018)川11民终1097号

2012年10月,林×公司向工商行政登记机关提交登记的公司章程第十六条规定公司股份为1000万股,每股金额为1元人民币,股份构成为:职工持股会占628.76万股、余某1占337.12万股、刘某东占12.5万股、沙某伍英占11.52万股、葛某坤占10.1万股。余某1的股权发生变化后,余某1于2014年年底获得股份总额为752.12万的股权证。2016年3月15日,林×公司通知于2016年3月30日召开股东大会以及股东大会主要议程,2016年3月30日,在董事长余某1的主持下召开了股东大会,以752表决票数投票形成股东会决议,决议内容为:(1)通过林×公司章程修改部分条款议案。(2)免去余某1、刘某东、葛某坤、沙某伍英第2届董事职务,选举余某1、余某2、张某莉、宋某、李某为第3届董事会董事;免去宋某、赵某华、水某阿罗第2届监事会监事职务;选举王某、黄某玖、鲁某根虎为第3届监事会监事。(3)通过林×公司2014年度分红方案。(4)通过撤销刘某东、葛某坤、沙某伍英三人于2016年3月22日以公司董事会名义作出的"董事会会议决议"的议案并于次日在林×公司内网公告。

刘某东、葛某坤、沙某伍英认为该股东会召集程序、表决方式、表决内容违反公司法和公司章程,于2016年5月向四川省峨边彝族自治县人民法院提起诉讼,请求:确认林×公司于2016年3月30日形成的股东会决议不成立。

林×公司辩称,2016年3月30日召开的股东会符合法律规定,形成的股东会决议符合法律和公司章程规定,决议行为依法成立。

第三人余某1述称,与林×公司意见一致。

二审查明，四川省乐山市中级人民法院（2018）川 11 民终 402 号民事判决确认林×公司于 2002 年 9 月 26 日召开的首届第 17 次董事会记录内容中关于公司注册资金由 272 万元增至 400 万元，增加的 128 万元由原母公司股东按 1 元购 1 元股权出资购买的决议有效。

另查明，四川省乐山市中级人民法院（2018）川 11 民终 427 号民事判决确认林×公司于 2004 年 5 月 16 日召开的首届第二十二次董事会记录内容中第 4 条"经董事会研究决定由董事长来控股，控股率占总股份的 51%，另公司还有 600 万股的括（扩）股，下步董事会成员谁愿意买多少都可以买"的决议内容无效。

林×公司章程第十七条规定："除首届股东会外，股东表决权为每 1 万股获得具有表决权的选票壹张，其构成为：持股基金会共获选票 628 张，该会成员除每人必须获得 1 张外，其余按上述股份标准获得。"根据该章程规定，案涉股东会 131 人参加，总票数为 1034 票。但根据四川省乐山市中级人民法院（2018）川 11 民终 427 号民事判决，余某 1 所持购买的 600 万股的股份无效。所以，余某 1 所持有的股票数应该由本次股东名单上记载的 752 票减去 600 票，实际余某 1 的票数为 152 票，总的票数也相应从 1034 票减去 600 票为 434 票。

根据审议《林×公司章程修正部分条款议案》统计，赞成票数为 877 票减去 600 票，为 277 票，再除以 434 票，赞成票比例为 63.8%，未超过 2/3。

（1）《林×公司监事会换届选举》黄某玖赞成票 890 票减去 600 票，为 290 票，再除以 434 票，赞成票比例 66.8%，超过 1/2；王某赞成票 888 票减去 600 票，为 288 票，再除以 434 票，赞成票比例 66.3%，超过 1/2；由于选举监事中鲁某根虎为职工代表，按照《公司法》（2013 年）第五十一条"监事会中的职工代表由公司职工通过职工代表大会、职工大会或者其他形式民主选举产生"之规定，股东会选举鲁某根虎为监事会监事的决议不成立。（2）《林×公司董事会换届选举》余某 1 赞成票 897 票减去 600 票，为 297 票，再除以 434 票，赞成票比例 68.4%，超过 1/2；余某 2 赞成票 899 票减去 600 票，为 299 票，再除以 434 票，赞成票比例 68.8%；张某莉赞成票 893 票减去 600 票，为 293 票，再除以 434 票，赞成票比例 67%；宋某赞成票 894 票减去 600 票，为 294 票，再除以 434 票，赞成票比例 67.7%；李某赞成票 825 票减去 600 票，为 225 票，再除以 434 票，赞成票比例 51.8% 以上人员均超过 1/2。

审议《林×公司 2014 年度分红方案》，赞成票为 847 票减去 600 票，为 247 票，再除以 434 票，赞成票比例为 56.9%，超过 1/2。

撤销刘某东、葛某坤、沙某伍英三人于 2016 年 3 月 22 日以公司董事会名义作出的"董事会会议决议"的议案。（2016）川 11 民终 978 号生效民事判决认为：本次董事会决议因召集方式和内容违反《公司法》和该公司章程而撤销。

再查明，林×公司的公司章程并未对公司股东会决议有效的方式进行规定。

【裁判结果】

一审法院判决：林×公司于2016年3月30日作出的股东会决议不成立。

二审法院判决：

1. 撤销四川省峨边彝族自治县人民法院（2018）川1132民初3号民事判决；

2. 林×公司于2016年3月30日作出的股东会决议的第1项内容即“章程修改部分条款的议案”不成立；

3. 林×公司于2016年3月30日作出的股东会决议的第2项内容中“选举鲁某根虎为监事会监事”的选举结果不成立；

4. 驳回刘某东、葛某坤、沙某伍英的其他诉讼请求。

【案件解析】

本案争议焦点为林×公司于2016年3月30日形成的股东会决议是否成立。

1. 依照《公司法》（2013年）第四十三条①的规定“股东会的议事方式和表决程序，除本法有规定的外，由公司章程规定。股东会会议作出修改公司章程、增加或者减少注册资本的决议，以及公司合并、分立、解散或者变更公司形式的决议，必须经代表三分之二以上表决权的股东通过。”林×公司于2016年3月30日召开的股东大会的第一项议程为审议《林×公司章程修改部分条款议案》，该项议程属于对公司章程的修改，应当由代表2/3以上表决权的股东通过。因此，依照《最高人民法院关于适用〈中华人民共和国公司法〉若干问题的规定（四）》第五条第（四）项的规定，会议的表决结果未达到公司法或者公司章程规定的通过比例的，决议不成立，林×公司股东会决议中对于章程修改部分条款的议案不成立。

2. 对股东会决定的其他事项，因公司章程和公司法未作规定，参照《公司法》（2013年）第一百零三条②第二款的规定：“股东大会作出决议，必须经出席会议的股东所持表决权过半数通过。”对于案涉股东会会议，计算赞成、反对、弃权数，本次股东会赞成票代表所持票数半数以上表决权的股东通过。本案中2016年3月30日在董事长余某1的主持下召开了股东大会，形成的股东会决议中的第2项和第3项即“2. 免去余某1、刘某东、葛某坤、沙某伍英第2届董事职务，选举余某1、余某2、张某莉、宋某、李某为第3届董事会董事；免去宋某、赵某华、水某阿罗第2届监事会监事职务；选举王某、黄某玖为第3届监事会监事；3. 通过林×公司2014年度分红方案”；林×公司的公司章程并未对公司股东会决议有效的方式进行规定，因此应当参照《公司法》的规定对股份有限公司股东会决议的有效性来进行认定。本案中，林×公司的股东会决议的第2项部分内容和第3项的决议符合《公司法》（2013年）第一百零三

---

① 对应《公司法》（2023年）第六十六条。

② 对应《公司法》（2023年）第一百一十六条。

条的规定，应当认定为成立。

3. 因股东大会选举鲁某根虎为公司监事，违反《公司法》及相关司法解释的规定，该项选举不成立。

4. 在2016年3月30日召开的股东大会，形成的股东会决议中的第4项的内容已经由(2016)川11民终978号生效民事判决认定，该项决议中的内容成立。

案例71　股东会未按照法律程序召开，股东会决议不成立

——戴某红、陈某忠公司决议效力确认纠纷案

【基本案情】

原告：戴某红

被告：陈某忠

审理法院：海盐县人民法院

案号：(2022)浙0424民初1498号

戴某红、陈某忠曾有生意上的合作。2017年8月24日，戴某红、陈某忠召开股东会，决议通过了嘉兴协×金属材料贸易有限公司(以下简称协×公司)的公司章程，并推选陈某忠为公司执行董事，戴某红为公司经理。公司章程还规定，协×公司由戴某红、陈某忠出资设立，公司注册资本为100万元，戴某红出资5万元，占注册资本的5%；陈某忠出资95万元，占注册资本的95%。股东的出资时间为2030年12月31日前。股东会由全体股东组成，是公司的权力机构，行使下列职权：……对公司合并、分立、解散、清算或者变更公司形式作出决议；召开股东会会议，应当于会议召开15日前通知全体股东，经全体股东同意可提前召开股东会会议。股东会对所议事项的决定作成会议记录，并由出席会议的股东在会议记录上签名。2017年9月4日，海盐县市场监督管理局核准了协×公司的设立登记。2017年9月27日，陈某忠通过网上银行向戴某红转账5万元，同日，戴某红向协×公司转账5万元作为其向协×公司缴纳的出资。协×公司成立后，实际由陈某忠负责经营管理，戴某红不参与经营管理。

2019年4月30日，陈某忠向海盐县市场监督管理局申请协×公司的注销登记，注销申请书关于注销原因中注明“股东会决定注销”，提交的关于解散协×公司成立清算组的股东会决议、协×公司清算报告、关于通过协×公司清算报告的股东会决议上均有“陈某忠”和“戴某红”的签名，落款时间均为2019年4月15日，而“戴某红”的签名并非戴某红本人所签或其授权签署。2019年5月6日，协×公司在嘉兴日报上刊登了清算公告。2019年6月27日，海盐县市场监督管理局核准了协×公司的注销登记。

戴某红认为,陈某忠的行为严重侵害了其合法权益,特向海盐县人民法院提起诉讼,请求:(1)确认陈某忠自行制作的2019年4月15日协×公司关于解散公司,成立清算组的股东会决议无效及通过清算组清算报告的股东会决议无效或不成立;(2)确认陈某忠自行制作的2019年4月15日协×公司清算报告无效或不成立;(3)本案诉讼费用由陈某忠承担。

陈某忠辩称,戴某红在协×公司成立时并未实际出资,公司登记的5%的股权实为戴某红的干股,戴某红仅是公司的名义股东。公司登记中戴某红5%的股权,其出资是陈某忠于2017年9月27日转账给戴某红的,并注明是"转公",戴某红也是于当日出资的,这个出资款不是戴某红本人出资的,故戴某红仅是名义股东。关于戴某红诉请确认股东会决议无效或不成立,该诉讼请求不明确,且戴某红诉请股东会决议、清算报告无效的理由是不成立的,应当予以驳回。戴某红诉请无效的主要理由是陈某忠进行企业注销登记的材料虚假,签名伪造,召开股东会时没有通知戴某红。事实上,陈某忠召开股东会时是电话通知了戴某红解散公司的,因为公司继续存在下去只会亏损。同时,因戴某红仅是公司的名义股东,没有实际出资,故股东会决议上的签名,的确都是在戴某红没有到场的情况下由他人冒签的。决议解散公司、成立清算组,这是股东会决议的最主要的内容,根据《最高人民法院关于适用〈中华人民共和国公司法〉若干问题的规定(四)》第五条的规定,如果戴某红认为陈某忠没有通知其参加股东会,也仅是会议程序上的瑕疵,而不是无效的问题。根据《公司法》(2018年)第二十二条第一款的规定,公司股东会或者股东大会、董事会的决议内容违反法律、行政法规的无效。但本案所涉的股东会决议、成立清算组的内容不违反法律法规,故应当合法有效。对于股东会决议是否成立的问题,陈某忠认为股东会决议应当是成立的,因陈某忠是通知了戴某红召开股东会,并已召开了股东会并作出了决议。

陈某忠针对自己的主张,庭审时出示了网上银行电子回单一份,证明陈某忠于2017年9月27日通过网上银行转账给戴某红5万元,并注明是"转公",戴某红将这笔钱作为向协×公司的出资。

法院查明:陈某忠提出的就协×公司解散并召开股东会的事宜已电话通知戴某红,戴某红予以否认,陈某忠无相应证据印证该主张。

【裁判结果】

1. 落款时间为2019年4月15日的协×公司关于解散公司、成立清算组的股东会决议及通过清算组清算报告的股东会决议不成立;

2. 落款时间为2019年4月15日的协×公司清算报告无效。

【案件解析】

根据《最高人民法院关于适用〈中华人民共和国公司法〉若干问题的规定(四)》第五条的规定:"股东会或者股东大会、董事会决议存在下列情形之一,当事人主张决议不成立的，人民法院应当予以支持：（一）公司未召开会议的，但依据公司法第三十七条第二款或者公司章程规定可以不召开股东会或者股东大会而直接作出决定，并由全体股东在决定文件上签名、盖章的除外；（二）会议未对决议事项进行表决的；（三）出席会议的人数或者股东所持表决权不符合公司法或者公司章程规定的；（四）会议的表决结果未达到公司法或者公司章程规定的通过比例的；（五）导致决议不成立的其他情形。"

本案中，戴某红系协×公司的股东，故戴某红的股东权利应受法律保护。关于落款时间为2019年4月15日的解散协×公司成立清算组的股东会决议、协×公司清算报告、关于通过协×公司清算报告的股东会决议的效力。首先，陈某忠认可上述股东会决议及清算报告中"戴某红"的签名并非戴某红本人所签，也非其授权；其次，陈某忠提出的就协×公司解散并召开股东会的事宜已电话通知戴某红，但戴某红没有到会的主张，戴某红予以否认，而陈某忠又无相应证据印证该主张；最后，决议成立清算组的时间、出具清算报告及决议通过清算报告的时间为同一天，且又在刊登清算公告之前。综上，可认定落款时间为2019年4月15日决议成立清算组、决议通过清算报告的股东会并未按照法律程序召开，故该二份股东会决议不成立。同时，协×公司在刊登清算公告前即出具了清算报告，说明协×公司清算的不真实，故该清算报告无效。

案例72 股东会决议不成立，但不影响股东将股权转让给善意受让人

——陈某亮、沈阳富×厨房设备有限公司等股东资格确认纠纷案

【基本案情】

上诉人（原审原告）：陈某亮

被上诉人（原审被告）：沈阳富×厨房设备有限公司（以下简称富×公司）

被上诉人（原审被告）：郭某柏

被上诉人（原审被告）：郭某新

一审法院：沈阳市大东区人民法院

案号：（2021）辽0104民初2505号

二审法院：辽宁省沈阳市中级人民法院

案号：（2022）辽01民终3856号

陈某亮向沈阳市大东区人民法院提起诉讼，请求：（1）确认陈某亮是富×公司的股东，持有该公司1/3股权；（2）确认2001年5月17日股东会决议和19日股权转让协议书及公司章程修正案等行为无效；（3）确认2018年1月10日形成的股东会决议

和股权转让协议书及公司章程修正案等行为无效;(4)判令富×公司及郭某新立即配合陈某亮到沈阳市大东区市场监督管理局办理工商变更登记,将郭某新名义上持有的富×公司股权变更到陈某亮的名下;(5)判令富×公司、郭某柏、郭某新共同承担本案诉讼费。

法院查明事实如下:沈阳市富×不锈钢厨房设备厂于1994年8月成立,出资人为原告陈某亮、被告郭某柏、郭某松(已去世),三人分别出资20万元,合计60万元。1997年3月28日公司名称变更为沈阳富×厨房设备制造有限公司。2008年5月26日,公司名称再次变更为富×公司(现名称)。1997年3月28日,股东会决议将注册资本增至180万元。

2001年5月17日公司股东会决议,内容为"2001年4月16日在公司办公室召开股东会,郭某柏主持。讨论了公司发展前景和有关事项作出如下决议:(1)为企业更有形象,具有较强竞争能力,增加注册资本金,由壹佰捌拾万增到陆佰捌拾万元整,增加部分由股东郭某柏投入。(2)同意陈某亮申请退出股东,同意其股权全部转让给郭某松,其他事项不变"。股东签字有郭某柏、郭劲松、陈某亮。该股东会决议于2001年5月21日,经沈阳市东陵区公证处作出(2001)沈东证经字第01046号公证书"决议上三方当事人的签名属实"。2020年11月27日沈阳市浑南公证处(2020)辽沈浑证决字第3号公证书,鉴定意见:股东会决议上股东签字处,陈某亮三字不是本人所写;股东转让协议书上移交股权人签字处陈某亮三字不是陈某亮本人所写。陈某亮名字处指印不是陈某亮本人按印的移交股权人签字陈某亮名字处指印不是陈某亮本人捺印的。决定撤销(2001)沈东证经字第01046号公证书,该公证书自始无效。

另查,2001年4月28日,公司变更注册资本,变更前注册资本180万元,郭某柏出资120万元、占比68%,郭某松出资30万元、占比16%,陈某亮出资30万元、占比16%;变更后注册资本增至680万元,郭某柏出资620万元、占比91%,郭某松投入60万元(包含陈某亮转让给郭某松30万元的股份)、占比9%。

再查,2018年1月10日公司股东会决议,郭某松将持有的公司60万元股权(占比9%),转让给郭某新。变更后的新股东为郭某斌出资620万元(从郭某柏处转让股权)、占比91%,郭某新出资60万元、占比9%。郭某新系郭某松的侄子,二人系沈阳富×实业有限公司股东,郭某松股权占比31%,郭某新股权占比69%,公司日常由郭某松经营管理,公章在郭某松处保管。2014年因郭某松亲家张某向他人借款500万元,郭某松在未征得郭某新同意的情况下,以沈阳富×实业有限公司的名义提供了担保,并于2015年达成(2015)皇民三初字第839号调解书,后该案经过再审后又上诉,最终沈阳市中级人民法院作出(2017)辽01民再97号判决书,判决沈阳富×实业有限公司仍然承担担保责任。因郭某松上述担保行为未征得郭某新同意,郭某新认为郭某松存在滥用股东权利的行为,对其不再信任,因此二人协商将富×公司的股权转移给郭某新，郭某松不再担任富×公司的股东。

2018年9月16日，陈某亮因公司工厂涉及动迁，找到富×公司对2001年5月17日公司股东会决议的签字提出异议，最终由公证处认定该决议签字及指印非陈某亮本人所签所捺，撤销了2001年5月17日公司股东会决议的公证书，具体经过如前所述。

【裁判结果】

一审法院判决：

1. 确认2001年4月16日公司股东会决议不成立，股权转让协议书、公司章程修正案不成立。

2. 驳回其他诉讼请求。

如未按判决指定的期间履行给付金钱义务，应当依照《民事诉讼法》（2017年）第二百五十三条之规定，加倍支付迟延履行期间的债务利息。

二审法院判决：驳回上诉，维持原判。

【案件解析】

沈阳市富×不锈钢厨房设备厂于1994年8月成立，成立时股东有陈某亮及郭某柏和郭某松，而因2001年公司股东会决议“同意陈某亮申请退出股东，同意其股权全部转让给郭某松”（并办理了公证），致使陈某亮丧失股东资格，股权被郭某松持有。后经公证处认定，该股东会决议签字和指印非陈某亮本人所签所捺，故该股东会决议在陈某亮未参会的情况下，依据《最高人民法院关于适用〈中华人民共和国公司法〉若干问题的规定（四）》第五条“股东会或者股东大会、董事会决议存在下列情形之一，当事人主张决议不成立的，人民法院应当予以支持：……（三）出席会议的人数或者股东所持表决权不符合公司法或者公司章程规定的”之规定，因陈某亮作为股东并未参与股东会，故2001年股东会决议不成立及股权转让协议书、公司章程修正案不成立。但另依据《最高人民法院关于适用〈中华人民共和国公司法〉若干问题的规定（四）》第六条，股东会或者股东大会、董事会决议被人民法院判决确认无效或者撤销的，公司依据该决议与善意相对人形成的民事法律关系不受影响。本案中，郭某新在不知道该股东会决议不成立的情况下，于2018年1月10日与郭某松办理了股权变更登记，而陈某亮是在2018年9月16日找到公司对股东会决议提出异议，故郭某新与郭某松并非在陈某亮提出异议之后，为了逃避追究而恶意转让股权，是在此之前就发生了股权转让行为，构成上述法律规定的善意相对人。另外，郭某新系郭某松的侄子，二人系沈阳富×实业有限公司股东，郭某松股权占比31%，郭某新股权占比69%，公司日常由郭某松经营管理，公章在郭某松处保管。2014年因郭某松亲家张某向他人借款500万元，郭某松在未征得郭某新同意的情况下，以沈阳富×实业有限公司的名义提供了担保，并于2015年达成（2015）皇民三初字第839号调解书，后该案经过再审后又上诉,最终沈阳市中级人民法院作出(2017)辽01民再97号判决书,判决沈阳富×实业有限公司仍然承担担保责任。因郭某松上述担保行为未征得郭某新同意,郭某新认为郭某松存在滥用股东权利的行为,对其不再信任,二人协商将本案富×公司的股权转移给郭某新,郭某松不再担任富×公司的股东,故双方发生股权转让是基于上述原因。综上,郭某新原非富×公司的股东,对于2001年富×公司股东会决议并不知情;从上述行为可以看出,其不具有故意转让股权的恶意。故虽2001年公司股东会决议不成立,但不影响郭某松将股权转让给郭某新。故陈某亮主张确认其是富×公司的股东,持有该公司1/3股权,要求被告配合办理股权变更登记,以及确认2018年1月10日形成的股东会决议和股权转让协议书及公司章程修正案等行为无效等诉讼请求,法院不应支持。但陈某亮如有损失,可以侵权为由,向相关侵权人主张权利。

案例73 股东会决议不成立的,产生与该决议无效或被撤销一致的法律后果,公司应当向公司登记机关申请撤销变更登记

——丁某与北京市平×伟业商贸有限责任公司公司决议效力确认纠纷案

【基本案情】

原告:丁某

被告:北京市平×伟业商贸有限责任公司(以下简称平×伟业公司)

第三人:林某芳

审理法院:北京市海淀区人民法院

案号:(2022)京0108民初8705号

平×伟业公司系设立于2001年6月28日的有限责任公司,2018年4月18日,该公司执行董事、经理变更为林某芳,监事变更为丁某;该公司2018年4月1日的公司章程显示:公司注册资本为100万元,股东为:丁某(认缴出资额10万元)、林某芳(认缴出资额90万元),出资期限均为2021年6月25日;股东会由全体股东组成,是公司的权力机构。股东会会议分为定期会议和临时会议。召开股东会议,应当于会议召开15日以前通知全体股东。定期会议每年召开一次。代表1/10以上表决权的股东,执行董事,监事提议召开临时会议的,应当召开临时会议。股东会会议由执行董事召集和主持。执行董事不能履行或者不履行召集股东会会议职责的,由监事召集和主持;监事不召集和主持的,代表1/10以上表决权的股东可以自行召集和主持。股东会会议作出修改公司章程、增加或者减少注册资本的决议,以及公司合并、分立、

解散或者变更公司形式的决议，必须经代表2/3以上表决权的股东通过。公司不设董事会，设执行董事1人，由股东会选举产生。执行董事任期3年，任期届满，可连选连任。

2021年10月12日，平×伟业公司作出《股东会决议》，内容为：全体股东在公司会议室召开了股东会会议，会议在召集和表决程序上符合公司法及公司章程的有关规定，会议形成决议如下：（1）同意住所变更为：北京市海淀区×××。（2）同意经营期限变更为50年（2001年6月28日至2051年6月27日）。（3）同意修改公司章程。上述决议在"自然人股东亲笔签字"处签有"丁某"和"林某芳"。2021年10月13日，平×伟业公司住所地及营业期限根据上述《股东会决议》进行了相关变更登记。丁某称其从未接到该次股东会会议的通知，从未在上述决议上签字，也从未与其他股东沟通过关于上述决议的内容，并称其与林某芳还有其他股权争议，其在上述争议解决过程中查询平×伟业公司档案才发现上述《股东会决议》，故其认为案涉股东会会议并没有实际召开会议也没有进行表决。

为维护自身合法权益，丁某向北京市海淀区人民法院提起诉讼，请求：（1）确认平×伟业公司2021年10月12日作出的《股东会决议》不成立；（2）判令平×伟业公司于判决生效之日起10日内向登记机关撤销根据2021年10月12日《股东会决议》作出的变更住所和营业期限的变更登记；（3）判令平×伟业公司于判决生效之日起10日内向登记机关撤销根据2021年10月12日《股东会决议》作出的修改公司章程的备案登记；（4）判令第三人对第2项、第3项诉讼请求履行协助义务；（5）本案诉讼费用由平×伟业公司承担。

平×伟业公司辩称，不同意丁某的诉讼请求，理由如下：公司经营期限到期，第三人是基于勤勉尽职义务，对公司的存续期限进行延期所做的股东会决议，并不损害任何股东及第三人的利益，相反是完全处于公司正常经营所做的股东会决议。如果该股东会决议不成立，那么公司将会被吊销执照接受行政处罚，而丁某作为公司的股东及监事其要去确认股东会决议不成立的目的何在，丁某现在正在起诉平×伟业公司及林某芳损害公司利益纠纷，一审判决驳回丁某的全部诉讼请求，现在丁某正在上诉。回到本案中，丁某要求确认该股东会决议不成立的行为，恰恰是使平×伟业公司吊销营业执照，损害公司利益的行为，从公司的利益的角度，丁某的诉讼请求不应该得到支持。

第三人林某芳述称，同意平×伟业公司的答辩意见，同时，丁某和平×伟业公司及林某芳先后存在劳动争议纠纷和不当得利纠纷、两个股东知情权纠纷、损害公司利益纠纷，目前因为丁某起诉平×伟业公司及林某芳，平×伟业公司现在无法经营，就是因为丁某不停地起诉公司及林某芳一系列的诉讼，为了应诉，保证诉讼主体存续，所以在平×伟业公司营业期限届满之时，形成了股东会决议，对营业期限进行延长，以应对丁某的各种起诉。平×伟业公司及林某芳作出的股东会决议没有侵犯任何人的利益,合法有效。

庭审中,林某芳称其系上述股东会议的召集人和主持人,因为其与丁某正在诉讼,故没有丁某的联系方式,无法将开会通知送达给丁某。经法院询问,平×伟业公司确认上述《股东会决议》中"丁某"的签字不是丁某所签,因案涉《股东会决议》对应的变更登记系委托相关代办公司办理,故其对于"丁某"的签字是何人所签并不清楚。

另查明,平×伟业公司及林某芳并未举证证明案涉股东会会议实际召开且丁某参与了股东会议事项的表决程序。

【裁判结果】

1. 确认平×伟业公司于2021年10月12日作出的《股东会决议》不成立;

2. 平×伟业公司于判决生效之日起7日内向公司登记机关申请撤销根据第1项的《股东会决议》作出的变更登记;

3. 驳回丁某的其他诉讼请求。

【案件解析】

根据《最高人民法院关于适用〈中华人民共和国公司法〉若干问题的规定(四)》第五条的规定,"股东会或者股东大会、董事会决议存在下列情形之一,当事人主张决议不成立的,人民法院应当予以支持:(一)公司未召开会议的,但依据公司法第三十七条第二款或者公司章程规定可以不召开股东会或者股东大会而直接作出决定,并由全体股东在决定文件上签名、盖章的除外;(二)会议未对决议事项进行表决的;(三)出席会议的人数或者股东所持表决权不符合公司法或者公司章程规定的;(四)会议的表决结果未达到公司法或者公司章程规定的通过比例的;(五)导致决议不成立的其他情形"。

本案中,案涉《股东会决议》中"丁某"的签字并非丁某所签,案涉股东会会议系由林某芳召集,但林某芳并未将召开股东会的会议通知按照章程规定向丁某进行送达,且平×伟业公司及林某芳并未举证证明案涉股东会会议实际召开且丁某参与了股东会议事项的表决程序,故案涉股东会议并未实际召开且并未对会议决议事项进行表决,因此案涉股东会决议不成立。

根据《公司法》(2018年)第二十二条第四款①的规定,公司根据股东会或者股东大会、董事会决议已办理变更登记的,人民法院宣告该决议无效或者撤销该决议后,公司应当向公司登记机关申请撤销变更登记。案涉《股东会决议》不成立,产生与该决议无效或被撤销一致的法律后果,平×伟业公司应当向公司登记机关申请撤销变更登记,但撤销变更登记的主体并非平×伟业公司,丁某主张平×伟业公司撤销相关

---

① 对应《公司法》(2023年)第二十八条第一款。

住所和营业期限变更登记的诉讼请求，法院不应支持。同时，根据公司法的上述规定，向公司登记机关申请撤销变更登记的主体为公司，丁某主张林某芳对此履行协助义务，没有法律依据，法院不应支持。

案例 74　公司决议效力确认之诉的起诉时限无限制

——成都兆×鑫投资管理有限公司、江苏华×车联网科技股份有限公司等公司决议效力确认纠纷案

【基本案情】

上诉人(原审第三人)：成都兆×鑫投资管理有限公司(以下简称兆×鑫公司)

上诉人(原审被告)：江苏华×车联网科技股份有限公司(以下简称华×车联网公司)

被上诉人(原审原告)：靖江市华×投资建设有限公司(以下简称华×投资公司)

原审第三人：四川北×星车联信息技术有限公司(以下简称北×星公司)

一审法院：江苏省靖江市人民法院

案号：(2021)苏 1282 民初 5626 号

二审法院：江苏省泰州市中级人民法院

案号：(2022)苏 12 民终 2422 号

2016 年 8 月 18 日，华×车联网公司登记成立，发起人为董某、陈某涛及第三人兆×鑫公司、北×星公司。华×车联网公司股份总数为 10,000 万股，每股金额 1 元，注册资本 10,000 万元，公司章程第六章第十条载明，兆×鑫公司认购 8000 万股，出资总额 8000 万元；北×星公司认购股份 500 万股，出资总额 500 万元；董某认购股份 1000 万股，出资总额 1000 万元；陈某涛认购股份 500 万股，出资总额 500 万元；上述股份的出资方式均为货币，全部出资均应于 2019 年 12 月 31 日缴纳完毕。公司股东大会由全体股东组成，股东大会是公司的权力机构，其职权包括修改公司章程等十项内容；召开股东大会会议，应当将会议召开的时间、地点和审议的事项于会议召开 20 日前通知各股东；临时股东大会应当于会议召开 15 日前通知各股东；股东出席股东大会，所持每一股有一份表决权。但公司持有的本公司股份没有表决权。股东大会作出决议，必须经出席会议的股东所持表决权过半数通过。股东大会作出修改公司章程、增加或者减少注册资本的决议，以及公司合并、分立、解散或者变更公司形式的决议，必须经出席会议的股东所持表决权的 2/3 以上通过。

2016 年 11 月 22 日，华×车联网公司形成了关于同意修改公司章程的股东会决议，同意华×投资公司以货币方式出资 700 万元，出资时间为 2016 年 11 月 30 日。增

资后,华×车联网公司的注册资本为10,700万元,其中兆×鑫公司持股74.77%、北×星公司持股4.67%、陈某涛持股4.67%、董某持股9.35%、华×投资公司持股6.54%。

2017年5月17日,华×车联网公司又形成关于同意修改公司章程的股东会决议,同意华×投资公司以土地(878.81万元)及房产(449.33万元)作价入股,华×投资公司出资2028.14万元,华×车联网公司注册资本增加至12,028.14万元,股份总数12,028.14万股,每股金额1元,其中兆×鑫公司持股66.51%、北×星公司持股4.16%、陈某涛持股4.16%、董某持股8.31%、华×投资公司持股16.86%。

2017年9月15日,华×投资公司与华×车联网公司达成补充协议,同意华×投资公司将不动产过户契税款37.946857万元作为华×投资公司新入股的股本金。至此,华×投资公司投入的注册资本金总额为2066.086857万元。

2020年3月10日,华×车联网公司召开股东大会,未通知股东陈某涛、董某及华×投资公司参加会议,股东兆×鑫公司、北×星公司到会,华×车联网公司于当日形成股东会决议,决议内容包括:同意将公司章程第六章第十条关于成都兆×鑫公司、四川北×星公司的出资时间均修改为2030年12月31日前;同意公司章程修正案。

华×投资公司向一审法院起诉请求:(1)判决确认华×车联网公司于2020年3月10日作出的修改公司章程的股东大会决议无效;(2)本案诉讼费用由华×车联网公司、兆×鑫公司、北×星公司承担。

华×车联网公司、兆×鑫公司、北×星公司辩称,申请撤销或者无效需要在决议作出之日60日内,本案早就超出了申请期限。

【裁判结果】

一审法院判决:确认华×车联网公司于2020年3月10日形成的股东大会决议中"关于将公司章程第六章第十条修正的内容"无效。

二审法院判决:驳回上诉,维持原判。

【案件解析】

本案为公司决议效力确认纠纷,无效的公司决议或合同自始无效,现行的法律、司法解释并无对当事人诉请确认公司决议无效或确认合同无效规定诉讼时效,故华×车联网公司、兆×鑫公司、北×星公司抗辩华×投资公司提出的关于本案诉讼已超过诉讼时效的意见,缺乏法律依据,法院不应采纳。

我国公司法规定,股东应当遵守法律、行政法规和公司章程,依法行使股东权利,不得滥用股东权利损害公司或者其他股东的利益,不得滥用法人独立地位和股东有限责任损害公司债权人的利益。公司股东会、董事会的决议内容违反法律、行政法规的无效。以发起设立方式设立股份有限公司的,发起人应当书面认足公司章程规定其认购的股份，并按照公司章程规定缴纳出资。发起人不依照前款规定缴纳出资的，应当按照发起人协议承担违约责任。股份有限公司成立后，发起人未按照公司章程的规定缴足出资的，应当补缴；其他发起人承担连带责任。即法律赋予公司股东出资期限利益，允许公司各股东按照章程规定的出资期限缴纳出资。股东的出资期限利益，是公司资本认缴制的核心要义，系公司各股东的法定权利，如允许公司股东会以多数决的方式决议修改出资期限，则占资本多数的股东可随时随意修改出资期限，从而剥夺其他中小股东的合法权益。修改股东出资期限直接影响各股东的根本权利，其性质不同于公司增资、减资、解散等事项。公司增资、减资、解散等决议事项一般与公司直接相关，但并不直接影响公司股东的固有权利。而修改股东出资期限直接关系到公司各股东的切身利益，如允许适用资本多数决，将直接影响不同意延长出资期限的股东的根本利益，因此，修改股东出资期限不能简单等同于公司增资、减资、解散等事项，亦不能简单地适用资本多数决规则。股东出资期限系公司设立或股东加入公司成为股东时，公司各股东之间形成的一致合意，股东按期出资虽系各股东对公司的义务，但本质上属于各股东之间的一致约定，而非公司经营管理事项。法律允许公司自治，但需以不侵犯他人合法权益为前提。因此，修改股东出资期限不应适用资本多数决规则。本案中，华×车联网公司于 2020 年 3 月 10 日形成的股东会决议中关于公司章程第六章第十条修正的内容，实际是修改了公司章程中关于股东的出资期限。因修改股东出资期限不应适用资本多数决规则，所以，在未通知股东华×投资公司、董某、陈某涛参加 2020 年 3 月 10 日华×车联网公司股东会会议的情况下，即使参加会议的成都兆×鑫公司、四川北×星公司在华×车联网公司的持股比例超过 2/3，所形成的关于修改股东出资期限的股东会决议内容，也实际侵犯了华×投资公司及其他股东的合法权益，违反了《公司法》的规定，该股东会决议中“关于将公司章程第六章第十条修正的内容”应当认定为无效。华×投资公司的诉讼请求，符合法律规定，法院应予支持。

第九章

股权转让纠纷

一、实务要点

股权是一种民事权利，其不同于物权，是一种糅合了财产权与社员权的复合权利，可归入“投资性权利”范畴。由于股权具有财产权利的性质，蕴含较大的经济价值，是继债权之后重要的财富载体，因此，股权往往成为交易对象，股权转让也由此产生。股权转让，是指股东依照法律及公司章程的规定，将自己持有的股权转让给他人，他人支付相应价款的民事法律行为。股权转让纠纷是指股东之间，股东与非股东之间因股权转让而产生的纠纷。该类纠纷产生的主要原因包括：股权转让合同履行中的一般违约行为、股东行使优先购买权、一股多卖、瑕疵出资股权的转让、国有股东交易未履行必要程序、夫妻一方处分共有股权及另一方股权、其他人冒充股东签字转让股权、隐名股东转让或受让股权等。

相较于其他的买卖合同，股权转让的法律特征如下：第一，股权转让的转让方是股东。股权作为股东持有的财产权利，只有股东才享有依法处分的权利。此外，除非特殊情况下，目标公司不能持有自身的股权，更不能成为股权转让的转让方。第二，股权转让涉及的部门法交叉问题比较多。普通商品买卖，往往仅涉及《民法典》的适用，但股权转让除了买卖双方之外，还涉及目标公司、债权人甚至职工的切身利益，因此，股权转让的合法性判断不仅涉及《民法典》，还可能涉及《公司法》《企业国有资产法》等。

我国《公司法》第八十四条规定：“有限责任公司的股东之间可以相互转让其全部或者部分股权。股东向股东以外的人转让股权的，应当将股权转让的数量、价格、支付方式和期限等事项书面通知其他股东，其他股东在同等条件下有优先购买权。股东自接到书面通知之日起三十日内未答复的，视为放弃优先购买权。两个以上股东行使优先购买权的，协商确定各自的购买比例；协商不成的，按照转让时各自的出资比例行使优先购买权。公司章程对股权转让另有规定的，从其规定。”该法第八十七条规定：“依照本法转让股权后，公司应当及时注销原股东的出资证明书，向新股东签发出资证明书，并相应修改公司章程和股东名册中有关股东及其出资额的记载。对公司章程的该项修改不需再由股东会表决。”该法第八十八条规定：“股东转让已认缴出资但未届出资期限的股权的，由受让人承担缴纳该出资的义务；受让人未按期足额缴纳出资的，转让人对受让人未按期缴纳的出资承担补充责任。未按照公司章程规定的出资日期缴纳出资或者作为出资的非货币财产的实际价额显著低于所认缴的出资额的股东转让股权的，转让人与受让人在出资不足的范围内承担连带责任；受让人不知道且不应当知道存在上述情形的，由转让人承担责任。”

《最高人民法院关于适用〈中华人民共和国公司法〉若干问题的规定（三）》第二十五条规定：“名义股东将登记于其名下的股权转让、质押或者以其他方式处分，实际出资人以其对于股权享有实际权利为由，请求认定处分股权行为无效的，人民法院可以参照民法典第三百一十一条的规定处理。名义股东处分股权造成实际出资人损失，实际出资人请求名义股东承担赔偿责任的，人民法院应予支持。”

该解释第二十七条规定：“股权转让后尚未向公司登记机关办理变更登记，原股东将仍登记于其名下的股权转让、质押或者以其他方式处分，受让股东以其对于股权享有实际权利为由，请求认定处分股权行为无效的，人民法院可以参照民法典第三百一十一条的规定处理。原股东处分股权造成受让股东损失，受让股东请求原股东承担赔偿责任、对于未及时办理变更登记有过错的董事、高级管理人员或者实际控制人承担相应责任的，人民法院应予支持；受让股东对于未及时办理变更登记也有过错的，可以适当减轻上述董事、高级管理人员或者实际控制人的责任。”

《最高人民法院关于适用〈中华人民共和国公司法〉若干问题的规定（四）》第十六条规定：“有限责任公司的自然人股东因继承发生变化时，其他股东主张依据公司法第七十一条第三款规定行使优先购买权的，人民法院不予支持，但公司章程另有规定或者全体股东另有约定的除外。”

该解释第十八条规定：“人民法院在判断是否符合公司法第七十一条第三款及本规定所称的‘同等条件’时，应当考虑转让股权的数量、价格、支付方式及期限等因素。”

该解释第十九条规定：“有限责任公司的股东主张优先购买转让股权的，应当在收到通知后，在公司章程规定的行使期间内提出购买请求。公司章程没有规定行使期间或者规定不明确的，以通知确定的期间为准，通知确定的期间短于三十日或者未明确行使期间的，行使期间为三十日。”

该解释第二十条规定：“有限责任公司的转让股东，在其他股东主张优先购买后又不同意转让股权的，对其他股东优先购买的主张，人民法院不予支持，但公司章程另有规定或者全体股东另有约定的除外。其他股东主张转让股东赔偿其损失合理的，人民法院应当予以支持。”

该解释第二十一条规定:“有限责任公司的股东向股东以外的人转让股权,未就其股权转让事项征求其他股东意见,或者以欺诈、恶意串通等手段,损害其他股东优先购买权,其他股东主张按照同等条件购买该转让股权的,人民法院应当予以支持,但其他股东自知道或者应当知道行使优先购买权的同等条件之日起三十日内没有主张,或者自股权变更登记之日起超过一年的除外。前款规定的其他股东仅提出确认股权转让合同及股权变动效力等请求,未同时主张按照同等条件购买转让股权的,人民法院不予支持,但其他股东非因自身原因导致无法行使优先购买权,请求损害赔偿的除外。股东以外的股权受让人,因股东行使优先购买权而不能实现合同目的的,可以依法请求转让股东承担相应民事责任。”

该解释第二十二条规定:“通过拍卖向股东以外的人转让有限责任公司股权的,适用公司法第七十一条第二款①、第三款②或者第七十二条③规定的‘书面通知’‘通知’‘同等条件’时,根据相关法律、司法解释确定。在依法设立的产权交易场所转让有限责任公司国有股权的,适用公司法第七十一条第二款、第三款或者第七十二条规定的‘书面通知’‘通知’‘同等条件’时,可以参照产权交易场所的交易规则。”

二、风险防范建议

为避免股权转让纠纷的产生,就股权转让方而言,应注意以下几点:

1. 向股东以外的人转让股权,为防范股权转让所涉程序的法律风险,建议如下:(1)在进行股权转让前,首先应认真核查公司章程、股东协议及股东会决议等相关文件对公司股东对外转让股权是否有前置程序、限制条件等特别约定,并根据公司章程及相关约定审慎安排股权转让相关程序。(2)在签订股权转让协议之前,转让方应当将股权转让的数量、价格、支付方式和期限等事项书面通知其他股东,征询其他股东是否行使优先购买权,并应给予其他股东不少于 30 日的答复期。(3)转受让双方就股权转让达成一致后,可先签订意向合同或预约合同,或在股权转让协议中明确约定公司相关股东放弃优先购买权为先决条件或生效要件,使双方对合同生效等事项有明确认知和预期,以防范相关风险。

2. 为不侵犯其他股东的优先购买权,建议如下:(1)签订《股权转让协议》之前,股权转让方应当向其余具有优先购买权的股东寄送《关于转让 × × 公司 × × % 股权的通知书》。通知书中不仅要载明股权转让数量、价格、股权转让款的支付方式、期限以及办理股权工商变更的时间,还应当设置默示同意条款,例如“请贵方在收到本通

---

① 对应《公司法》(2023 年)第八十四条第二款。

② 对应《公司法》(2023 年)第八十四条第二款。

③ 对应《公司法》(2023 年)第八十五条。

知书之日起30日内书面答复是否行使优先购买权。未在上述期限内书面答复的,视为放弃优先购买权”。(2)《关于转让××公司××%股权的通知书》应当使用EMS寄出。EMS寄送单的留言栏或者备注栏处应当备注“《关于转让××公司××%股权的通知书》”,妥善保管EMS底单,查询并记录通知书送达收件人的时间,以备将来发生法律纠纷时作为证据提交。

3. 为防止股权受让方在受让股权后逾期支付款项,股权转让协议应对股权转让款的支付方式、支付期限等尽可能作出严谨、明确、具体的约定,避免模糊、笼统、含糊或容易引发歧义的条款约定。具体建议:(1)重视《股权转让协议》设计的付款流程和股权交易时间节点,确保股权转让款的支付和股权转让的审批和股权变更相匹配,例如约定:“在签订本协议之日,股权受让方应向转让方支付10%的股权转让款作为定金;在双方共同向工商行政管理部门提交股权变更登记材料之日,股权受让方应向转让方支付40%的股权转让款;在工商行政管理部门完成股权变更登记之日,股权受让方应向转让方支付30%的股权转让款;在双方完成企业管理交接之日,股权受让方应向转让方支付20%的股权转让款。”(2)当事人可通过银行共管账户的模式,先将股权转让款汇入双方共同监管的资金共管账户。待股权转让合同获得审批通过且股权变更登记手续完成后,双方再将该股权转让款释放汇入转让方账户中。

4. 实务中,有的股东不参与公司经营管理,对公司的经营状况、资产负债等不甚了解,导致股权转让过程中,对公司的估值及股权价值的确定缺乏有效的参考依据。为防止因低价转让股权而产生纠纷,建议在转让股权前,先对公司的经营情况及估值等进行全面的了解,必要时聘请专业机构进行专业评估和调查,以准确定价和厘清责任。

5. 在股权转让时,双方约定以目标公司的部分财产支付股权转让款,实践中并不少见,尤其是在转让方将目标公司的全部股权均转让给受让方的情况下,更是常见。这种错误做法的根源在于,缺乏公司财产独立、依法治理公司的意识,将目标公司的财产视同股东财产。因此,转让方应当要求受让方以其自有财产支付股权转让款,拒绝其以目标公司财产支付股权转让款的要求。

6. 为了规避纳税义务盲目签订“阴阳合同”,存在股权转让协议部分条款无效,甚至整个合同被认定为无效的风险。

7. “零元”转让股权容易引发交易性质属于转让还是赠与的争议,并可能引发公司内部股东的优先购买权纠纷。转让方如果同意以“零元”赠与标的股权,应当明确处分标的股权的性质为赠与,双方签订的协议应当明确为《股权赠与协议》,股权处分的价格明确为“无偿”,协议文意应当明确表现为“赠与/受赠”,而非“转让/受让”。

8. 转让方应是原股东,目标公司不可被列为转让方,否则会因协议主体不适格而产生争议。

就股东以外的股权受让方而言,应注意以下几点:

1. 受让方应完善股权交易前期尽职调查。具体如下:(1)对目标公司的历史沿革、董监高及公司经营情况等进行深入调查,以避免陷入信息不对称的陷阱或者不利局面。(2)调查出让方是否具有股东资格,以及是否已按公司章程的规定履行出资义务。例如可以通过登录国家企业信用信息公示系统,输入企业信息后点击查询,在“股东及出资信息”中查看详细的注册资金认缴、实缴情况,了解转让方是否已经实际出资完毕。另外,受让方还可以要求公司提供股东名册,确认转让方是否具备股东资格。(3)调查出让的股权是否已设定质押。由于股权质押需要办理登记手续才能设立质权,因此对于有限责任公司的股权质押,可到国家企业信用信息公示系统查询股权质押情况。

2. 如果股权受让方系计划通过持有公司股权以获得某土地的使用权,那么受让方应当要求转让方保证公司所拥有的土地使用权及房屋所有权均系经合法方式取得并合法拥有,可以被依法自由转让,不会被第三人追索权利。

3. 股权转让协议中,对目标公司资产负债、知识产权、专有技术、产品研发、对外担保等进行详细列表,并附相关材料。对或有负债及转让方不实承诺、提供虚假信息及材料等情形下的估值及转让价款调整、责任承担、违约责任等进行明确约定,以防范相关风险。

4. “一股二卖”,是指转让方将所持有的公司股权转让给他人后,在办理变更登记之前,又将已经转让的股权再转让给他人的违约行为。为防范“一股二卖”的法律风险,建议:(1)签订《股权转让协议》时,建议将目标公司作为合同主体之一,共同在协议上签章。因目标公司负有办理股权变更登记相关义务,可防止转让方隐瞒真实情况“一股二卖”。(2)可以采用股权转让预登记方式,即受让方在签订《股权转让协议》后,要求转让方将股权转让的信息在目标公司先进行备案或登记,以对抗第三人。(3)《股权转让协议》签订后,应尽快办理股权变更登记相关手续,以防“夜长梦多”。

5. 为防范转让方因未足额缴纳出资引起的法律风险,建议:(1)在签订《股权转让协议》前,对转让方是否已缴纳出资进行尽职调查,如调查转让方在公司登记机关登记的材料、查阅公司章程、股东名册、公司相应会计账簿等,如发现转让方没有缴纳或没有足额缴纳出资,应当要求转让方先按章程规定缴纳出资再受让股权,以免受让方受让股权后,对转让方的出资义务承担连带责任。(2)如转让的股权出资期限尚未届满,双方应明确约定股东出资责任及风险承担规则(该约定属于转让方和受让方的内部约定,不能对抗第三方,如第三方依据《公司法》第八十八条规定向转让方主张补充责任的,法院仍有可能支持第三方该请求)。(3)受让方亦可要求转让方降低股权转让价款,并明确约定由受让方完成实缴出资的义务,并承担相关法律风险与责任。

6. 在股权转让协议中约定转让方办理股权变更登记的时限等内容,并约定相关违约责任,以督促转让方及时全面办理股权变更手续。

7. 原则上,股权转让不因未经配偶同意而被认定无效,但转让方未经配偶同意转让共有股权的,可能成为影响股权转让顺利完成的潜在消极因素。为避免争议,尽量要求转让方协调使得其配偶出具一份同意转让股权的证明。

8. 对于夫妻两人共同持股的公司,如果实际签字人不是转让方本人,应当要求实际签字提供其配偶同意其代为签约的书面文件或者授权委托书,从而避免实际签字的配偶在签订协议后主张合同效力瑕疵。

9. 股份有限公司的股东在禁止转让期内转让股份,要注意协议内容的特殊约定,应特别约定在禁售期届满后再交付股份,并进行股权变更,以避免股份转让协议因禁止转让期限制而无法落实,引发纠纷和矛盾;如非必要,尽量等到法律规定的股份禁止转让期届满后,再转让股份或与受让人签订股权转让协议。

10. 要签订书面的股权转让协议,口头约定或以股东会决议形式作出转让的意思表示,容易产生争议。

就公司或其他股东而言,应注意以下两点:

1. 实践中,较多企业在公司章程中关于股权转让事宜直接套用市场监管部门的章程"模板",导致引发诸多纠纷。建议在公司设立或公司修订章程时,尽量少用或不用市场监管部门提供的公司章程"模板",而应根据本公司的实际情况和需要对股权转让事宜作出有针对性的规定。需要注意的是,章程应重点对股东向公司股东以外的人转让股权、股东婚变、股东死亡等情形下的股权处理与转让程序、规则等作出规定。

2. 公司章程对股权转让没有特别规定的,有限责任公司的股东之间可以相互转让其全部或者部分股权,不需要通知和取得其他股东同意。

三、典型案例解析

案例75　股权受让方不按约定履行股权变更登记手续的合同义务,转让方可诉至法院要求履行

——姚某轩与吴某云股权转让纠纷案

【基本案情】

原告:姚某轩

被告:吴某云

审理法院:巫溪县人民法院

案号:(2022)渝0238民初3191号

重庆高×农业科技有限公司(以下简称高×公司)成立于2019年11月25日,注册资本100万元,现有股东10人,持股比例分别为:吴某云66%、刘某13%、郑某兵5%、郑某平4%、钟某娣4%、钟某雄2%、李某远2%、谭某玉2%、吴某军1%、姚某轩1%。

2021年7月26日,姚某轩(甲方)与吴某云(乙方)签订《股权转让协议书》约定,甲方同意将其在高×公司所持有的1%股权转让给乙方,股权转让后由乙方承受甲方相关义务,包括继承履行公司章程约定的注册资本缴纳义务;由于甲方实际出资5万元,该次股权转让的价格为5万元;乙方在签署本协议后,于2021年7月26日前向甲方支付全部股权转让价款;因乙方是高×公司的控股大股东、董事长及法人代表,经双方同意并确认,目标股权的工商变更登记由乙方负责办理完成,乙方应当保证在协议生效后,于2020年12月31日前办理完成工商变更登记手续;乙方因办理目标股权的工商变更登记手续需要甲方配合的,甲方应当配合;办理目标股权的工商变更登记手续而发生的全部开支、税费及其他费用,均由乙方承担;协议经双方签字即成立并生效。吴某云在该《股权转让协议书》文末乙方处签名外,还加盖了高×公司印章。同日,吴某云还以高×公司的名义向姚某轩出具《借条》,约定由高×公司向姚某轩借款87,861元(包含股权转让款),于2021年8月30日前付清,最终由吴某云个人支付。

姚某轩多次催促吴某云进行工商变更和支付87,861元,吴某云以各种理由推诿。为此,姚某轩向巫溪县人民法院提起诉讼,请求:(1)请求判令吴某云履行2021年7月26日与姚某轩签订的高×公司股权转让协议的相关义务,履行股权变更登记手续;(2)请求判令吴某云支付原告姚某轩人民币87,861元;(3)本案诉讼费用由吴某云承担。

吴某云未答辩。

姚某轩当庭陈述《借条》是吴某云依据姚某轩的实际付款情况而出具,吴某云也同时在《借条》上批注含股权转让款。

【裁判结果】

1. 吴某云于判决生效后30日内为姚某轩办理高×公司股权转让的股东资格变更登记;姚某轩予以协助;

2. 吴某云于判决生效后30日内给付姚某轩87,861元。

如果未按判决指定的期间履行给付金钱义务,应当依照《民事诉讼法》(2021年)第二百六十条的规定,加倍支付迟延履行期间的债务利息。

【案件解析】

姚某轩与吴某云均是高×公司的登记股东，双方签订的《股权转让协议书》是其真实意思表示，内容也不违反法律规定，应为合法有效。按《股权转让协议书》的约定，完成涉案股权转让的股东资格变更登记的合同义务，由吴某云完成；合同约定于2020年12月31日前办理完成工商变更登记手续，但合同于2021年7月26日签订，故合同约定的期间并无履行可能，视为约定不明，吴某云至今一直未予履行，故对姚某轩要求吴某云履行股东资格变更登记的诉讼请求，法院应予支持，但姚某轩仍应予以协助。双方在《股权转让协议书》中约定有股权转让款为5万元，但吴某云以公司名义向姚某轩出具《借条》明确借款87,861元，并由其自行承担；姚某轩也当庭陈述《借条》是吴某云依据姚某轩的实际付款情况而出具的，吴某云也同时在《借条》上批注含股权转让款，即吴某云认可并愿意承担该金额，故对姚某轩要求吴某云给付87,861元的诉讼请求，法院应予支持。

案例76 股权转让方并非实际投资人，也是股权转让纠纷的适格原告

——杨某、唐某股权转让纠纷案

【基本案情】

原告：杨某

被告：唐某

审理法院：宜章县人民法院

案号：(2022)湘1022民初1657号

萍乡市利×建筑劳务有限公司（以下简称利×公司）于2020年4月20日依法注册登记成立，本案股权转让行为发生时注册资本为200万元，股东为杨某（认缴出资180万元，出资比例占90%）、案外人李某华（认缴出资20万元，出资比例占10%），法定代表人为杨某。2022年4月13日，杨某（甲方）与唐某（乙方）签订《股权转让协议》约定：杨某将其持有利×公司90%的股权作价180万元转让给唐某，转让价款支付方式由双方另行约定；甲方向乙方转让的股权中如有尚未实际缴纳出资的部分，转让后，由乙方继续履行这部分股权的出资义务；等等。杨某与唐某在协议中均签字确认。协议签订后，2022年4月15日，杨某与唐某办理了股权变更登记手续，利×公司的企业变更信息中，杨某持有的90%股权已经变更登记至被告唐某名下，利×公司的法定代表人亦由杨某变更登记为唐某。2022年5月16日，利×公司还通过修改公司章程方式载明了变更后的股东及出资比例等。2022年7月19日，杨某委托上海钧×律师事务所向唐某发出一份律师函催告唐某在收到律师函后3日内与杨某协商确定

股权转让款180万元的支付方式和支付时间,逾期未协商一致的,在收到律师函30日内以现金存款或转账的方式支付杨某股权转让款180万元。唐某于当日收到律师函后,逾期未与杨某协商确定股权转让款180万元的支付方式和支付时间,亦未向杨某支付180万元股权转让款。

本案审理过程中,唐某确认2022年4月13日《股权转让协议》中"唐某"签名系其本人所签,也认可其本人至市场监督管理局签字办理了案涉股权转让手续及未向杨某支付股权转让款的事实,但主张受让杨某在利×公司90%股权并非其真实意思表示,而是按项目经理李某甲的指示受让案涉股权并办理变更登记,李某甲承诺到时再将股权转让出去但未兑现,本案中同意把股权返还给杨某。

另查明,2022年6月1日,湖南省郴州市苏仙区人民法院受理原告练某与被告李某乙、刘某雅合伙合同纠纷一案,案号为(2022)湘1003民初1681号,2022年8月31日作出一审民事判决书,根据该判决书,查知内容如下:练某与李某乙合伙承包安源新区排水管网改造工程并于2021年5月22日签订《项目合作协议》约定双方各占50%份额,又于2022年5月22日签订《退股协议书》约定练某将其在安源新区排水管网改造工程持有的股份作价101万元全部转让给李某乙,李某乙未按约定向练某支付该笔转让款,练某遂起诉至法院要求李某乙及其妻子刘某雅支付101万元转让款及利息;2022年4月15日,杨某将其持有的利×公司90%的股权转让给唐某,李某华将其持有的利×公司10%的股权转让给王某威,2022年5月20日杨某出具只有自己签字证明利×公司实际投资人为练某,其为练某代持利×公司90%股权的《证明》,王某威也出具只有自己签字证明系为练某代持利×公司10%股权的《证明》,练某没有证据证实其将在利×公司的股权转让给唐某、王某威是经过李某乙的授意,李某乙并不认可唐某、王某威受让利×公司的股权转让是经过其同意的代持行为,唐某、王某威亦不认可是李某乙授意其代持利×公司的股份,因此练某未提供证据证实其将利×公司的股权转让给李某乙,按照《退股协议书》,练某要求李某乙支付股权转让款101万元的条件尚未成就,湖南省郴州市苏仙区人民法院判决驳回练某的诉讼请求。练某不服提起上诉,该案尚在二审审理阶段。

杨某向宜章县人民法院提起诉讼,请求:判令唐某支付杨某股权转让款180万元,并支付资金占用利息(以180万元为本金,自2022年8月20日起按一年期贷款市场报价利率即LPR利率计算至所有股权转让款及利息支付完毕为止)。

唐某答辩称:(1)本案中利×公司的实际投资人为练某,杨某仅作为代持人为练某代持利×公司90%的股权,故杨某并非本案的适格原告。(2)本案并非杨某与唐某之间的股权转让纠纷,实为练某与李某乙之间的合伙合同纠纷,同时练某已经在另案起诉李某乙。郴州市苏仙区人民法院已作出(2022)湘1003民初1681号一审民事判决书,练某不服提起上诉,该案尚在二审审理阶段,故杨某无事实和法律依据在本案中向唐某再另行主张权利,杨某属重复诉讼。(3)如前所述,本案是练某与李某乙之间的合伙合同纠纷,由于合伙人之间的矛盾纠纷导致相关项目停滞。为了让项目能顺利进行,唐某又作为项目上的工作人员,按项目经理的指示暂时代持利×公司股权,待合伙人之间结算完以及纠纷处理完毕后再将股权重新转出。整个股权转让的过程杨某均未参与,都是由唐某安排的代办人员办理的,杨某甚至没有看过股权转让的相关材料,不知晓股权转让协议的内容,唐某本身也没有受让股权的真实意思表示,仅是作为员工服从上级安排而代持股权。(4)虽然利×公司体现练某是实际投资人,但所有股东并未实缴任何出资,公司也无任何财产,相反还有负债,将如空壳般的利×公司的股权作价180万元转让给唐某显失公平,也不符合逻辑和交易常理,因为此种情况下没有一个正常人会同意受让股权。(5)杨某至今未将利×公司的所有账目及票据原件等材料进行移交,其在未经所有合伙人同意的情况下还注销了利×公司的银行账号,属于毁坏公司财产的行为,存在重大过错,其无权要求唐某支付股权转让款。综上所述,涉案股权转让协议无效或应被撤销,唐某亦可随时将代持的股份转回杨某或者练某,请求依法驳回杨某的诉讼请求。

【裁判结果】

1. 唐某于判决生效之日起15日内支付杨某股权转让款180万元;
2. 驳回杨某其他诉讼请求。

如果未按判决指定的期间履行给付金钱义务,应当依照《民事诉讼法》(2021年)第二百六十条之规定,加倍支付迟延履行期间的债务利息。

【案件解析】

根据《公司法》(2018年)第七十一条第二款的规定,有限责任公司股东可以将股权转让给公司股东之外的其他人。杨某将其持有的利×公司90%的股权转让给公司股东之外的唐某,签订的《股权转让协议》系双方真实意思表示,且未违反法律规定,因此《股权转让协议》合法成立且生效,合同双方应当按照合同约定勤勉尽责履行合同约定的义务。杨某转让股权后,并将股权已过户登记至唐某名下,杨某委托上海钧×律师事务所于2022年7月19日向唐某发出一份律师函催告后,根据律师函上约定的时间,唐某未与杨某进行协商处理,唐某应当按律师函上指定的时间即2022年8月19日前向杨某履行支付股权转让款的义务。杨某请求判令唐某支付股权转让款180万元,法院应予支持。

杨某请求判令唐某支付以180万元为本金自2022年8月20日起按一年期贷款市场报价利率即LPR利率计算至所有股权转让款及利息支付完毕为止的利息,因杨某与唐某在《股份转让协议》中并未约定逾期付款的利息及利率,因此对于杨某该请求,法院不应支持。

唐某抗辩主张本案中利×公司的实际投资人为练某,杨某仅作为代持人为练某代持利×公司90%的股权，并非本案的适格原告。根据商事外观主义，公司股东以登记公示为准，杨某在转让利×公司股权时系利×公司的登记股东，有权转让其所持利×公司的股权给唐某，根据合同相对性亦有权要求唐某支付股权转让款，因此杨某是本案适格原告，杨某是否为案外人练某代持股权，系杨某与案外人之间的关系，不影响杨某为本案的适格原告。

案例77 股权受让方明知名义股东不是实际出资人，不符合善意取得的法律要件的，股权转让协议被法院认定无效

——王某山、安某敏等股权转让纠纷案

【基本案情】

上诉人（原审被告）：王某山

被上诉人（原审原告）：安某敏

原审被告：阚某朋

原审第三人：绥中县安×顺食品有限公司（以下简称安×顺公司）

一审法院：绥中县人民法院

案号：（2021）辽1421民初1137号

二审法院：葫芦岛市中级人民法院

案号：（2021）辽14民终3042号

2009年5月20日，安某敏以安×顺公司执行董事、经理身份，并委托阚某朋为代理人向绥中县市场监督管理局成立安×顺公司，并于2009年5月20日设立公司章程，形成股东会决议。股东为安某敏、阚某朋，其中章程第十条规定，公司注册资金30,000元，其中安某敏认缴出资20,000元，占66.7%，阚某朋认缴资金10,000元，占33.33%。2009年5月21日通过葫芦岛市商业银行安某敏缴款资金20,000元，阚某朋缴款10,000元。

2013年12月5日，阚某朋与王某山签订了《股权转让协议》，载明："根据安×顺公司股东会决议，出让人阚某朋同意将所持有的安×顺公司33.33%股份1万元转让给受让人王某山，转让后王某山持有安×顺公司33.33%股权1万元。"2013年12月5日，安×顺公司形成《股东会决议》：（1）公司变更经营范围预包装食品兼散装食品的销售（食品流通许可证有效期至2016年12月4日）食品冷藏，农副产品购销及储藏。（2）选举王某山为公司监事。（3）安某敏为公司执行董事，法定代表人不变。（4）安某敏公司经理职位不变。（5）修改公司章程。对上述议题的表决结果是：持赞同意见的股东代表3万元股份，占出席股东大会持股总数的100%，全部议题获得通

过并符合法律法规的规定，决议的结果合法有效。股东安某敏、王某山签字。2014年4月8日，公司办理了登记手续，经营范围发生了变化。2014年4月17日，安×顺公司股东会形成贷款决议，申请向绥中县农村信用合作联社申请贷款200万元，股东安某敏、王某山签字，同时，安某敏、王某山均以股东身份，在借款申请书、公司借款承诺书、股东同意抵押决议书、借款决议、展期借款决议等文件签字。至2020年7月2日，经营中，原告、被告发生矛盾。2021年1月7日，安某敏向绥中县人民法院提起诉讼，要求排除妨碍，后撤回起诉。之后，安某敏又向绥中县人民法院起诉请求：(1)请求确认阚某朋转让给王某山股权转让行为违法；(2)判决确认王某山不具有安×顺公司股东资格；(3)被告承担诉讼费。

一审判决后，王某山不服向葫芦岛市中级人民法院提起上诉，请求：撤销一审判决，依法改判驳回安某敏的全部诉讼请求，由安某敏承担诉讼费用。事实和理由：一审认定事实和适用法律错误，阚某朋与王某山之间签订的股权转让协议具有法律效力。(1)一审仅凭阚某朋自述即认定阚某朋不是安×顺公司股东，属于认定事实错误。阚某朋为公司登记原始股东，其与安某敏之间并未签订任何有关股权代持的协议或书面材料，并且其与安某敏之间存在利害关系。(2)阚某朋从未告知王某山其股权为代持一事，王某山也不知晓阚某朋股权是替他人代持一事。王某山与阚某朋签订的股权转让协议，内容不违反法律规定，合法有效。在此情况下，即使阚某朋的股权是替安某敏代持，根据《民法典》第三百一十一条的规定，王某山也已经善意取得所转让股权。(3)安某敏对王某山的股东身份知情并认可。从王某山在东戴河信用社调取的贷款合同可以得知，在贷款过程中，信用社要求所有股东签字，都能证明安某敏对王某山的股东身份是知情并且认可的，并且在长达7年时间里没有提出异议。安×顺公司成立后，安某敏作为工商登记的大股东，从股东出资及公司管理运营上从未履行其大股东、法定代表人、执行董事的义务和职责，多年来，公司一直在小股东王某山大力投资及管理下维持运营，安某敏明知上述事实，其诉讼请求不应得到支持，应支持王某山的上诉请求。

安某敏辩称，一审认定事实和适用法律正确，依法应当驳回王某山的上诉请求。阚某朋自述并非安×顺公司股东，其不存在股权转让的主体资格，且并未收到任何转让款。王某山也不符合善意取得的条件，阚某朋自述没有任何转让股权的意思表示，也没有收到转让款，这说明王某山是在隐瞒股权转让协议的情况下让阚某朋签的字。而且王某山一审时自认公司档案中关于变更股东的股东会决议、章程修正案、指定代表或者共同委托诉讼代理人的证明均非安某敏本人签字，均系王某山伪造所签。股权转让款1万元，而当时安×顺公司名下多个冷库，总价值超过500万元，公司30%的股份价格也要100余万元，1万元转让价款明显不合理。综上，应驳回上诉。

阚某朋述称，阚某朋没有向王某山转让过股权，也没有权利向他人转让股权，更没有收到任何股权转让款。公司设立时工商部门需要至少两个股东，就借用阚某朋名字办的登记，出资是安某敏出资，阚某朋也没有参与过公司管理。

安×顺公司述称，投资钱都是安某敏出的，是安某敏独资经营，只不过注册公司的时候不能是一个人，同意安某敏的意见。

二审中，当事人依法提交了证据，法院组织进行了证据交换和质证。对当事人二审争议的事实，二审法院认定如下：在法院二审询问股权转让变更登记情况时，王某山陈述“我、安某敏商量，因为阚某朋先期没投资，后期也不投了，说把股权转我这，我和阚某朋去工商局变更的股权”“股权转让是我和阚某朋签的，股东会决议等手续是我代签的，公司注册时所有签字都是我签的”；法院二审询问 1 万元股权转让款是否给付时，王某山代理人陈述“没给，阚某朋没有实际出资，王某山自始至终在投资”。

【裁判结果】

一审法院判决：

1. 阚某朋与王某山于 2013 年 12 月 5 日签订的《股权转让协议》无效；

2. 驳回原告安某敏的其他诉讼请求。

二审法院判决：驳回上诉，维持原判。

【案件解析】

本案争议焦点为王某山与阚某朋之间签订的股权转让效力问题。阚某朋自认其只是名义股东、安某敏是实际股东，二审法院询问时，通过王某山及代理人的回答可见，王某山知晓阚某朋没有实际投资、1 万元转让款也没有实际给付，故能够认定阚某朋系名义股东，并非实际出资人。对此，《最高人民法院关于适用〈中华人民共和国公司法〉若干问题的规定（三）》第二十五条第一款规定：“名义股东将登记于其名下的股权转让、质押或者以其他方式处分，实际出资人以其对于股权享有实际权利为由，请求认定处分股权行为无效的，人民法院可以参照民法典第三百一十一条的规定处理。”《民法典》第三百一十一条第一款规定：“无处分权人将不动产或者动产转让给受让人的，所有权人有权追回；除法律另有规定外，符合下列情形的，受让人取得该不动产或者动产的所有权：（一）受让人受让该不动产或者动产时是善意；（二）以合理的价格转让；（三）转让的不动产或者动产依照法律规定应当登记的已经登记，不需要登记的已经交付给受让人。”根据上述法律规定，王某山如主张股权转让协议有效，应构成善意取得方可，而在本案中，王某山知晓阚某朋并非实际股东故并非善意，也并未支付转让款，在实际股东安某敏不予认可的情况下，王某山不符合善意取得的法律要件。故实际股东安某敏主张阚某朋与王某山之间的股权转让行为无效，有法律依据，应予支持。

案例 78 名义股东未取得实际投资人同意处分股权，造成实际投资人损失的，应承担赔偿责任

——谢某国、鄢某明等股权转让纠纷案

【基本案情】

原告：谢某国

原告：鄢某明

被告：杜某雄

审理法院：仙桃市人民法院

案号：(2021)鄂 9004 民初 7331 号

2020 年 9 月，谢某国、鄢某明与杜某雄口头约定："1. 由谢某国、鄢某明委托杜某雄代为持有仙桃市博×防护品有限公司(以下简称博×公司)股份，其中谢某国、鄢某明以耳筋设备 48 套(折合人民币 192,940 元)及现金 107,000 元，共计 299,940 元入股，杜某雄出资 52,060 元，共计 35.2 万元占股 40%；2. 谢某国、鄢某明系实际出资人，享有博×公司实际股东权益；3. 谢某国、鄢某明认为杜某雄不能诚实履行委托义务时，有权解除对杜某雄的委托并行使相应的股东权利；4. 杜某雄不得对代持股份及其所有收益进行转让、处分和设置任何形式的担保，不得实施任何可能损害谢某国、鄢某明利益的行为等。"后谢某国、鄢某明按约将耳筋设备 48 套及现金 107,000 元交付给杜某雄。

2020 年 11 月 17 日，杜某雄在未征得谢某国、鄢某明同意的情况下，将其代持的谢某国、鄢某明的股权作价 20 万元退出博×公司，并于 2021 年 7 月 26 日办理股东变更手续。2021 年 2 月 8 日，谢某国、鄢某明与杜某雄补签书面代持股份协议，内容与口头协议一致。后经多次协商，杜某雄退回了谢某国、鄢某明投资款 20 万元，尚余 99,940 元未退还。为此，谢某国、鄢某明向仙桃市人民法院提起诉讼，请求：(1)判令杜某雄返还谢某国、鄢某明股权出资款 99,940 元；(2)判令杜某雄赔偿损失 5 万元；(3)由杜某雄承担诉讼费用。

杜某雄辩称：(1)谢某国、鄢某明并不持有股份，本案属于委托合同纠纷；(2)从鄢某明与杜某雄 2021 年 1 月 6 日的微信聊天"什么意思，她又给了一万吧""她不会是每天一万吧"可以证明鄢某明已经知道并同意杜某雄退回投资款；(3)谢某国、鄢某明主张出资为 107,000 元及 48 台机器，共计 299,940 元，因设备未经过评估，谢某国、鄢某明未能履行全面出资义务，存在出资瑕疵，导致退股时杜某斌只愿意退 20 万元，杜某雄也损失了 5 万元；(4)谢某国、鄢某明未主张解除委托合同关系，所以要求杜某雄返还出资于法无据。综上，请求驳回谢某国、鄢某明的诉讼请求。

【裁判结果】

1. 杜某雄于判决生效之日起10日内赔偿原告谢某国、鄢某明出资款损失99,940元。

2. 驳回谢某国、鄢某明的其他诉讼请求。

如果未按判决指定的期间履行给付金钱义务，应当依照《民事诉讼法》(2017年)第二百五十三条的规定，加倍支付迟延履行期间的债务利息。

【案件解析】

谢某国、鄢某明与杜某雄之间的股份代持协议书，虽系补签，但系双方的真实意思表示，内容不违反法律、行政法规的强制性规定，合法有效，双方均应按照约定全面履行自己的义务，该协议与杜某雄出具的收条能够相互印证谢某国、鄢某明系实际出资人，杜某雄系名义股东，杜某雄未取得谢某国、鄢某明同意而处分股权，造成了谢某国、鄢某明的损失，应承担相应的民事责任。

本案中，谢某国、鄢某明要求杜某雄返还出资款99,940元，实质是要求杜某雄赔偿损失，结合本案谢某国、鄢某明的出资金额、出资时间以及出资后杜某雄退股时间等实际情况，对谢某国、鄢某明要求杜某雄赔偿股权出资款损失99,940元的诉讼请求，因谢某国、鄢某明入股时间较短，股权收益无较大波动，法院应予支持。

案例79 向股东以外的人转让股权，因违反“其他股东自接到书面通知之日起满30日内未答复”的法律规定，股权转让协议被认定无效

——骆某、周某等股权转让纠纷案

【基本案情】

原告：骆某

被告：周某

被告：福鼎市开×喜茶业有限公司(以下简称开×喜公司)

审理法院：永州市冷水滩区人民法院

案号：(2022)湘1103民初3171号

开×喜公司成立于2021年10月16日，其股东为周某(持股35%，认缴出资额175万元，认缴出资期限为2035年10月15日)、何某喜(持股55%，认缴出资额275万元，认缴出资期限2035年10月15日)、永州稷×咨询管理有限公司(以下简称稷×公司，持股10%，认缴出资额50万元，认缴出资期限2035年10月15日)。后周某拟向骆某转让股权，周某于2022年4月28日向开×喜公司的股东何某喜、稷×公司邮寄了《关于股权转让的通知函》，通知何某喜、稷×公司自收到通知书之日起3日内

尽快给予答复，确定是否需要优先购买周某持有的全部股权。延期未予答复的，视为同意周某转让股权，届时其将与股权受让人签订《股权转让协议》。开×喜公司股东何某喜、稷×公司分别于2022年4月29日、2022年5月5日签收。

2022年5月9日，骆某（乙方）与周某（甲方）签订一份《股权转让合同》，双方就股权转让事宜达成一致意见。该合同还约定：(1)甲方将其持有的开×喜公司35%的股权转让给乙方，乙方同意受让该股权；(2)甲方向乙方转让的股权，转让价格为3万元；(3)合同签订生效后15日内，乙方向甲方支付股权转让费用1万元，在乙方完成工商变更登记确认股东资格后15日内，乙方向甲方支付剩余全部款项；(4)甲方负责协调开×喜公司在合同签订之日起3日内，向乙方签发出资证明，将乙方记载于股东名册，并根据本次股权转让合同修改章程；(5)甲方应在合同签订之日起3日内，协助乙方办理完成本次股权转让的工商变更登记手续，乙方均应尽最大努力配合。2022年5月10日，周某向开×喜公司邮寄《关于协助办理股权变更手续的通知函》，要求开×喜公司自收到通知书之日起3日内开展协助办理股权变更的相关手续。开×喜公司拒收了该邮件。2022年5月19日，骆某向周某转账1万元款项。因周某、开×喜公司未为骆某办理股权变更、颁发出资证明书等，骆某遂向永州市冷水滩区人民法院提起诉讼，请求：(1)依法确认杨某与周某于2022年5月9日签署的《股权转让合同》合法有效；(2)判令二被告立即协助杨某办理股权变更登记手续，将周某持有的对开×喜公司35%的股份变更登记在原告名下；(3)判令开×喜公司向杨某签发出资证明，并将杨某记载于股东名册；(4)判令二被告承担本案全部诉讼费用。

周某辩称，无法办理股权变更登记的原因在开×喜公司，周某已竭力履行了要求开×喜公司协助办理股权转让手续的告知义务。周某就转让本人名下的开×喜公司35%的股权事宜，向开×喜公司另外两名股东何某喜、股东稷×公司发送了《关于股权转让的通知函》，告知两位股东周某将转让其名下35%的股权，要求两位股东限期联系其并决定是否行使优先购买权。何某喜、稷×公司签收后，并未对此回复唐某。故唐某于2022年5月9日，与骆某签订了《股权转让合同》。合同签订后，唐某立即与开×喜公司联络，向其发送《关于协助办理股权变更手续的通知函》，要求开×喜公司向骆某签发出资证明、将其记载于股东名册、修改公司章程，并向公司登记机关办理股权变更登记。但开×喜公司拒绝签收《关于协助办理股权变更手续的通知函》，并退回给了唐某，拒不协助办理相关手续。故唐某认为，唐某已尽到了《股权转让合同》中约定的义务，股权变更手续的义务人为开×喜公司，唐某自身无法完成自身能力范围之外的义务，故请求法院判决开×喜公司为骆某办理股权变更手续，唐某会尽力配合相关辅助工作。

开×喜公司辩称，周某不具备公司股东资格没有实际出资，在公司增资变更时周某没有签字，周某不具备公司股东资格，公司拒绝周某变更权利。

在庭审中，骆某、周某、开×喜公司均未提供开×喜公司的章程，法院无法确认开×喜公司章程是否对股东股权转让有其他规定。

【裁判结果】

驳回骆某的诉讼请求。

【案件解析】

本案争议焦点为骆某与周某签订的《股权转让合同》是否符合股权转让的法定程序。因骆某、周某、开×喜公司均未提供开×喜公司的章程，无法确认开×喜公司章程是否对股东股权转让有其他规定，故应当按照《公司法》(2018年)第七十一条[①]规定予以认定骆某与周某的股权转让是否符合法定程序。根据《公司法》(2018年)第七十一条第二款的规定："股东向股东以外的人转让股权，应当经其他股东过半数同意。股东应就其股权转让事项书面通知其他股东征求同意，其他股东自接到书面通知之日起满三十日未答复的，视为同意转让。其他股东半数以上不同意转让的，不同意的股东应当购买该转让的股权；不购买的，视为同意转让。"

本案中，周某向股东以外的人转让股权，虽以书面方式通知了其他股东征求同意，但周某给予其他股东答复的时间为3天，且在发送通知后10天内即与骆某签订了《股权转让合同》，违反上述法律规定，损害了开×喜公司其他股东的优先购买权等合法权益，不符合股权转让的法定程序，且开×喜公司其他股东亦未对周某转让股权的行为进行追认。因此，骆某与周某签订的《股权转让合同》无效，对于骆某的诉讼请求，法院不应支持。

案例80 股东自知道行使优先购买权的同等条件之日起30日内没有主张，诉请因超过法定期间不能得到支持

——张某、李某萍等股权转让纠纷案

【基本案情】

上诉人(原审原告)：张某

被上诉人(原审被告)：李某萍

被上诉人(原审被告)：董某滨

一审法院：大连市中山区人民法院

案号：(2021)辽0202民初10215号

二审法院：辽宁省大连市中级人民法院

---

① 对应《公司法》(2023年)第八十四条。

案号:(2022)辽02民终5622号

2020年3月30日,灿×(大连)国际旅行社有限公司(以下简称灿×公司)召开股东会,并形成股东会决议。会议内容记载为:(1)讨论灿×公司自然人股份转让:高某、刘某荣、徐某强、李某萍、马某一致同意转让给董某滨股份原值:每人占14.29%,全部转让给董某滨;(2)2020年3月30日之前所有债权债务包括疫情政府补贴,归原股东高某、刘某荣、徐某强、李某萍、马某、张某所有;(3)原股东张某、于某颖、张某勇、孙某婧后续工作由购买方董某滨全权负责处理;(4)原股东签订转让协议后购买方应付给原股东117,283元(一次性付清);(5)原股东应积极配合购买方办理所有变更手续。高某、刘某荣、徐某强、李某萍、马某、董某滨均于其上签字确认。后各方分别单独签署《灿×公司股权转让协议》,对于前述股权转让详细约定了价格、数量、付款方式、交割期限等。

2020年4月23日,灿×公司再次召开股东会,并形成股东会决议。内容记载为:"本公司于2020年4月23日在大连市中山区葵英街9号-1号522室召开股东会,由于无法联系到股东张某,所以部分股东出席会议,出席会议的股东股权占比大于2/3。根据原章程第九章第十八条:……4.股东会会议作出修改公司章程、增加或者减少注册资本的决议,以及公司合并、分离、解散或者变更公司形式的决议,必须经代表三分之二以上表决权的股东通过。现做会议决议如下:一、基于公司的现状及发展,同意对以下事项进行变更:1.公司住所由大连市中山区葵英街9号-1号522室,变更为大连市沙河口区黄河路600号1单元16层1号。2.变更股权:同意股东李某萍在本公司的出资88.351万元中的79.5万元转让给徐某;股东李某萍在本公司的出资88.351万元中的8.851万元转让给董某滨;股东高某在本公司的出资88.245万元转让给董某滨:股东徐某强在本公司的出资88.351万元转让给董某滨;股东刘某荣在本公司的出资88.351万元转让给董某滨;股东马某在本公司的出资88.351万元转让给董某滨;其他股东放弃优先购买权。3.变更股东:公司股东由李某萍、高某、徐某强、刘某荣、马某、张某,现变更为董某滨、徐某、张某。4.免去高某原公司执行董事、法定代表人职务,公司执行董事、法定代表人变更为董某滨;聘用徐某为经理,公司其他人员任职情况不变。二、同意对公司原章程第二章第四条、第五章第七条、第六章第八条的更改。三、我公司及出席会议股东郑重承诺:保证本次工商变更登记提交材料真实、准确,签字确为本人所签,如有弄虚作假,我公司及出席会议股东愿意承担一切法律责任。"出席会议股东全体签字确认。

后李某萍与董某滨签订《灿×公司股权转让协议》,双方对于前述股权转让详细约定了价格、数量、付款方式、交割期限等。2020年7月13日,李某萍与董某滨于工商管理部门办理了股权变更登记。

张某认为案涉股权转让协议侵害其优先购买权,遂于2021年7月13日向大连市中山区人民法院提起诉讼,请求:(1)撤销李某萍与董某滨于2020年4月23日签订的《灿×公司股权转让协议》;(2)李某萍将其持有的大连正×商务国际旅行社有限公司(原名称:灿×公司)1.67%股份以11,728.3元的实际交易价格转让给张某;(3)李某萍与董某滨共同承担本案律师费4000元;(4)李某萍与董某滨共同承担本案全部诉讼费用。

另查明,2020年3月29日,另案所涉股东刘某荣曾于张某参与的名为"灿星审核群"的微信群中发送会议通知,后同时单独向张某发送微信,通知次日召开股东会会议。

二审法院补充查明:在由高某、刘某荣、徐某强、李某萍、马某、张某六名股东参与的"灿星审核群"中,于2020年3月25日即开始讨论转让旅行社问题,股东们纷纷表示应尽快处理。2020年3月29日20:14,刘某荣在群内发布通知"灿星旅行社的各位股东:明天3月30日下午1:30召开股东会会议,商议关于转让旅行社事宜,各位股东必须参加!并领取质量保证金!如果不来参加者按照公司章程处理,请各位股东务必参加会议!地址:和平现代城C座707灿星国际旅行社发起人刘某荣2020年3月29日"。同日20:22,刘某荣在"灿星审核群"内再次发布上述通知。2020年3月29日晚上20:17,刘某荣向张某发送微信,内容为"张总!明天请抽出时间下午1:30到和平现代城参加会议!董某滨收购灿星旅行社!具体事宜开会决定!"在一审第一次庭审过程中,法官询问:"原告,是否收到微信通知和电话?"张某答:"微信我没看到,因为那个群之前一直打仗,而且我有200个群,所以这个群我调的静音。电话是他们签完合同以后,后期给我打过电话,徐某强给我打过,董某滨也给我打过。"在张某诉徐某强、董某滨股权转让纠纷案件[(2021)辽0202民初第9548号]的一审笔录中,法官询问:"被告徐某强,你们进行股权转让是否通知原告?以什么方式通知?"徐某强回答:"通知了,以微信群和电话通知的。原告在电话里说'知道了,你们定吧。'"

【裁判结果】

一审法院判决:驳回张某的诉讼请求。

二审法院判决:驳回上诉,维持原判。

【案件解析】

本案争议焦点是张某是否对李某萍与董某滨的转让股权享有优先购买权。

《最高人民法院关于适用〈中华人民共和国公司法〉若干问题的规定(四)》第二十一条第一款规定:"有限责任公司的股东向股东以外的人转让股权,未就其股权转让事项征求其他股东意见,或者以欺诈、恶意串通等手段,损害其他股东优先购买权,其他股东主张按照同等条件购买该转让股权的,人民法院应当予以支持,但其他股东自知道或者应当知道行使优先购买权的同等条件之日起三十日内没有主张,或者自股权变更登记之日起超过一年的除外。”

本案中，张某虽称召开股东会之前其未看到微信群里或刘某荣单独向其发送的关于参加股东会的通知，但其表述在2020年3月30日灿×公司召开股东会后，董某滨和徐某强分别给其打了电话，结合微信群内自股东会召开几天前各股东的聊天内容及徐某强在另案中的陈述分析，即使张某在2020年3月29日晚未及时看到参加股东会的通知，但“灿星审核群”内于2020年3月25日起即开始讨论股权转让事宜，张某应已知晓并引起充分重视；张某承认在股东会后收到了徐某强的电话，而徐某强表述其告知张某关于股权转让事宜，张某表示知道了，让其他股东自己定，此节事实既说明张某没有购买股权的意思表示，又说明张某最晚亦应于股东会召开后的几天内，在徐某强和董某滨给其打电话时，其已知晓股权转让事宜及股东转让股权的条件，知道自己的优先购买权受到了损害，如果其拟行使优先购买权，应自该日期起30日内主张，而张某通过网络提起诉讼的时间是2021年7月13日，该日期已远超过上述规定的限制时间30日内。因该30日系不变期间，不适用中止、中断和延长，故张某的诉请因超过法定期间不能得到法院支持。

案例81　公司财务审计不是股权转让的必要条件，股东在对外进行股权转让时按法律和章程规定进行告知，其他股东在规定时间内未主张优先购买权的，转让有效

——罗某萍、临沂海×新材料科技有限公司等股权转让纠纷案

【基本案情】

原告：罗某萍

被告：临沂海×新材料科技有限公司（以下简称海×公司）

被告：临沂慕×物业管理有限公司（以下简称慕×公司）

被告：桦川宏×科技有限责任公司（以下简称宏×公司）

审理法院：桦川县人民法院

案号：(2022)黑0826民初686号

罗某萍向桦川县人民法院提起诉讼，请求：(1)请求依法判令海×公司、慕×公司、宏×公司于2022年2月7日在桦川县市场监督管理局进行的投资人股权变更无效。(2)诉讼费用由被告承担。庭审期间诉请变更为：请求依法判令海×公司转让给慕×公司的宏×公司股权转让变更无效，同时主张优先权，同等价格转让给罗某萍。

海×公司辩称：宏×公司章程第二十五条第一款规定，股东向股东以外的人转让股权，应当经其他股东过半数同意。股东应就其股权转让事项书面通知其他股东征

求同意,其他股东半数以上不同意转让的,不同意的股东应购买该转让股权,不购买的视为同意转让,且该章程规定符合《公司法》关于有限责任公司的股权转让的规定。海×公司于股权转让前依据公司章程、《公司法》的规定向罗某萍出具了书面的《关于转让宏×公司股权的告知函》向被答辩人明确了股权转让。罗某萍收到该函后的回函《关于暂停转让宏×公司股权的告知函》没有做出是否同意或购买的答复,所以根据章程及《公司法》的规定,视为罗某萍同意转让,并且股权转让没有侵犯到罗某萍的合法权益。

慕×公司与海×公司答辩意见一致。

宏×公司与海×公司答辩意见一致。

法院查明事实如下:宏×公司成立于2013年8月26日,注册资本200万元,实收资本200万元。原始股东山东宏×科技股份有限公司投资70%,罗某萍投资30%。山东宏×科技股份有限公司于2018年8月22日更名为临沂宏×科技发展有限公司,并于2021年4月25日再次更名为海×公司。罗某萍于2021年11月25日收到海×公司邮寄的“关于转让宏×公司股权告知函”,海×公司拟将持有的宏×公司的全部股份无偿转让给慕×公司。罗某萍于2021年12月2日向海×公司指定联系人陈某邮寄了“关于暂停转让宏×公司股权告知函”和“关于宏×公司财务审计的告知函”。2021年12月28日,宏×公司向罗某萍邮寄股东名称变更及公司股权转让修改公司章程召开股东会的告知函和股东会会议内容。2022年1月18日宏×公司作出决议,海×公司将其持有的宏×公司的70%股份转让给慕×公司。转让具体内容由海×公司、慕×公司签订股权转让协议执行。股东海×公司已就上述股权转让事宜于2022年11月22日以特快专递将《关于转让宏×公司股权告知函》通知了罗某萍行使优先购买权,截至2022年1月17日股东罗某萍对此未予答复,视为同意转让。就上述变更事项修改本公司章程相关条款。

2022年2月7日,海×公司在桦川县市场监督管理局将其持有的宏×公司70%的股份进行股权变更登记,登记到慕×公司名下。股权变更后慕×公司持有宏×公司70%股权。

【裁判结果】

驳回罗某萍的诉讼请求。

【案件解析】

根据《公司法》(2018年)第七十一条的规定,有限责任公司的股东之间可以相互转让其全部或者部分股权。股东向股东以外的人转让股权,应当经其他股东过半数同意。股东应就其股权转让事项书面通知其他股东征求同意,其他股东自接到书面通知之日起满30日未答复的,视为同意转让。其他股东半数以上不同意转让的,不同意的股东应当购买该转让的股权;不购买的,视为同意转让。公司章程对股权转让另有规定的,从其规定。

本案中,海×公司向股东以外的慕×公司转让股权,海×公司就其股权转让事项以书面并经罗某萍确认收悉的合理方式通知了罗某萍。罗某萍在法律和章程规定时间内提交"关于暂停转让宏×公司股权告知函"和"关于宏×公司财务审计的告知函",告知函中提出暂停转让宏×公司股权和对宏×公司进行财务审计,未提出不同意股权转让和主张优先购买权。股权转让是转让公司的股份,罗某萍提出对宏×公司财务审计不是股权转让的必要条件。海×公司在进行股权转让时按法律和章程规定进行了告知,罗某萍在规定时间内未主张优先购买权,故转让有效,罗某萍的诉讼请求不应得到支持。

案例82　转让股权通知没有告知股权转让条件,损害股东的优先购买权

——柯某进与严某明、区某富股权转让纠纷案

【基本案情】

原告:柯某进

被告:严某明

第三人:区某富

审理法院:江门市江海区人民法院

案号:(2020)粤0704民初1002号

源×公司成立于2017年12月1日,注册资金10万元,成立时公司股东为冯某荣、岑某开、严某明、柯某风。源×公司章程规定,股东之间可以互相转让其全部或者部分股权。股东向股东以外的人转让股权,应当经其他股东过半数同意。股东应就其股权转让事项书面通知其他股东征求同意,其他股东自接到书面通知之日起满30日未答复的,视为同意转让。

2018年4月2日,源×公司召开股东会修改公司章程,新增股东柯某进。修改股东出资额、出资时间和出资方式为:冯某荣认缴出资2万元、岑某开认缴出资2万元、严某明认缴出资3万元、柯某风认缴出资1万元、柯某进认缴出资2万元,于2037年12月31日前缴足。后源×公司办理了上述股东变更登记。柯某进实际以120万元(含股权溢价)向上述股东购买源×公司20%股权。2019年9月18日,柯某风将其公司持有的10%股权转让给严某明。至此,源×公司股东股权分别为:冯某荣20%、岑某开20%、严某明40%、柯某进20%。上述股东股权变更没有办理工商变更登记。

源×公司经营期间,公司股东设立利×市场股东交流群(以下简称股东微信群),对公司事务进行交流和安排。2019年9月29日,冯某荣、岑某开、严某明分别在股东

微信群称“因对市场管理经营不熟悉,岑某开将20%股权转让给第三方代持和管理经营;冯某荣将20%股权交由区某富代持和经营;严某明将40%股权交由区某富代持和经营”。柯某进在当日悉知后没有回复。2019年9月30日,岑某开、冯某荣、严某明与区某富签订股权转让协议,其中:(1)岑某开将其持有的20%股权以735,000元的价格转让给区某富,区某富分十期支付,第一期是2020年6月30日前支付10万元;从7月开始,每月月底支付70,555元;最后一期支付70,560元,至付清之日止等。(2)冯某荣将其持有的20%股权转让给区某富,转让价款为735,000元,区某富于2020年5月30日前支付93,120元,2020年6月底支付10万元;从7月底开始,每月支付60,208元;最后一期支付60,216元,至付清为止等。(3)严某明将其持有40%股权给区某富,股权转让价款为147万元,区某富于2020年1月30日前支付33万元,余款114万元分十期支付,于2020年6月30日前支付20万元,于2020年7月起,每月月底前支付10万元,最后一期支付14万元,直至付清为止等。

2019年10月11日,源×公司在广州日报刊登股东会会议通知,通知柯某风、严某明、岑某开、冯某荣、柯某进于2019年10月28日在公司召开股东会会议,会议项目为关于变更公司股东,变更公司执行董事等。

根据源×公司的工商登记档案显示:(1)2019年10月28日,岑某开、冯某荣、柯某风、严某明在源×公司办公室分别与区某富签订股权转让合同,主要内容为:岑某开将其持有的源×公司20%股权共2万元出资额以0.5万元转让给区某富;柯某风将其持有的源×公司10%股权共1万元出资额以0.5万元转让给区某富;冯某荣将其持有的源×公司20%股权共2万元出资额以0.5万元转让给区某富;严某明将其持有的源×公司30%股权共3万元出资额以0.5万元转让给区某富。上述股权转让款项,由区某富在签订合同15日内以现金形式一次性支付等。(2)2019年10月28日,源×公司在其公司会议室召开股东会,出席会议股东岑某开、冯某荣、柯某风、严某明,缺席股东柯某进,新增会议股东区某富,会议决议事项如下:①同意岑某开、冯某荣、柯某风、严某明将其所持有的全部股份转让给区某富(转让条件如上述略);②其他原股东均同意并放弃上述股权的优先购买权。2019年11月22日,上述股权转让经公司登记机关核准变更股权登记,公司的股东变更后为区某富和柯某进。

2019年11月25日,柯某进在股东微信群对源×公司、严某明、岑某开、柯某风、冯某荣发出《关于召开股东大会的函》,主要内容为:“最近收到自称魏某芳老公的人向其提出受让公司股份,并称严某明、冯某荣、柯某风已转让股份。我已通过电话、微信等方式悉知上述人员已将持有的股份卖给了魏某芳。自我入股公司后,公司未召开过股东大会,也没告知我公司的经营状况、财务状况以及股东与魏某芳之间的股权转让事宜。现要求在2019年12月8日前召开股东大会,处理上述事项。”严某明、岑某开、柯某风、冯某荣于当日收到上述微信信息,但没有回复。

柯某进认为，严某明向公司股东以外的第三人区某富转让股权，未将拟出让的股权对价和付款方式书面告知自己，侵犯了自己的优先购买权。为此，柯某进向江门市江海区人民法院提起诉讼，请求：(1)判令柯某进对严某明向区某富转让的源×公司40%的股权享有优先购买权，购买条件与冯某荣、区某富2019年10月28日签订的股权转让合同的约定相同；(2)判令案件受理费由严某明负担。在庭审中，柯某进变更第1项诉讼请求的购买条件为：以147万元购买严某明持有的40%的股权，在判决生效后20日内一次性支付。

严某明辩称，不同意柯某进诉讼请求，理由如下：(1)严某明在转让股权之前，已通过微信告知柯某进拟将持有源×公司40%股权转让给第三人区某富，柯某进没有在合理期限内主张优先购买权，应当视为柯某进放弃优先购买权，并同意转让。(2)严某明实际是以147万元的价格转让股权给区某富，工商档案的股权转让对价仅用作股权变更登记，不是实际交易价格。严某明与区某富于2019年9月30日签订的股权转让协议合法有效，没有被撤销，严某明应当按照该协议履行。柯某进当庭确认于2019年11月10日得知利×公司的股权已经由严某明转让给区某富，至2020年3月23日柯某进才主张优先购买权，已超过法定30日期限，视为放弃优先购买权。

法院查明：(1)柯某进在庭审中陈述，2019年11月10日前区某富曾向其提出收购其持有的股权，其其间得知严某明拟转让股权给区某富，但不清楚具体的转让价格。(2)严某明在庭审中称在其与区某富签订股权转让协议前，没有以书面或其他方式将具体的股权转让条件告知柯某进。(3)在庭审中，对于2019年10月28日的股东会，严某明、岑某开、冯某荣均表示其本人没有通知柯某进参加，柯某风也称实际没有参加本次会议。(4)在庭审中，柯某进同意以严某明与区某富签订的股权转让合同对价为其优先购买权的条件，并表示如经法院判决取得优先购买权时，可在判决生效后20日内支付。严某明对此优先购买条件没有意见，但坚持柯某进没有优先购买权。

【裁判结果】

柯某进对严某明向第三人区某富转让的源×公司40%的股权享有优先购买权，优先购买条件为股权转让价款1,470,000元，在判决生效之日起20日内支付给严某明。

【案件解析】

本案争议焦点是严某明转让股权是否损害柯某进优先购买权的问题。

关于严某明转让股权给区某富前是否已经以书面或者其他能够确认收悉的合理方式将转让股权条件通知柯某进，以及是否产生柯某进放弃优先购买权的法律效果。依照《公司法》(2018年)第七十一条第二款、《最高人民法院关于适用〈中华人民共和国公司法〉若干问题的规定(四)》第十七条和第十八条的规定，股东向股东以外的人转让股权，应当经其他股东过半数同意外，转让股权的股东还应以书面或者其他能够确认收悉的合理方式将转让股权条件通知其他股东,转让股权条件包括转让股权的数量、价格、支付方式及期限等因素,其他股东自接到通知之日起满 30 日未答复视为同意转让。本案中,严某明表示转让股权给区某富前,于 2019 年 9 月 29 日通过微信通知柯某进,但没有告知柯某进股权转让条件,故严某明在转让股权前因没有将股权转让条件告知柯某进,其转让股权通知与相关法律规定不符,且严某明已于次日将股权转让给区某富,也与相关法律规定不符。故严某明转让股权给区某富,损害柯某进的优先购买权。

关于柯某进主张优先购买权是否在法定期间内提出的问题,柯某进称其于 2019 年 11 月 10 日前通过其他方式悉知严某明转让其股份,但称不知道具体转让条件。严某明也认可在股权转让前没有将其转让股权条件通知柯某进,在工商备案的 2019 年 10 月 28 日股东会会议也没有通知柯某进参加。另根据股东微信群于 2019 年 11 月 25 日的聊天记录显示,柯某进要求其四人将相关股权转让情况披露,严某明也没有予以答复。故此,可认定严某明没有向柯某进披露股权转让条件。依照举证责任分配原则,主张将股权转让条件及优先购买权已通知柯某进的事实,应由严某明提供证据予以证明,但严某明没有证据证实其已将股权转让条件通知柯某进。依照《最高人民法院关于适用〈中华人民共和国公司法〉若干问题的规定(四)》第二十一条第一款的规定:“有限责任公司的股东向股东以外的人转让股权,未就其股权转让事项征求其他股东意见,或者以欺诈、恶意串通等手段,损害其他股东优先购买权,其他股东主张按照同等条件购买该转让股权的,人民法院应当予以支持,但其他股东自知道或者应当知道行使优先购买权的同等条件之日起三十日内没有主张,或者自股权变更登记之日起超过一年的除外。”严某明称柯某进逾期主张优先购买权,理据不充分,法院不应支持。

综上,严某明转让股权给股东以外的人时没有依法向柯某进告知股权转让条件和通知柯某进优先购买,损害柯某进对转让股权的优先购买权。柯某进在法定期间行使优先购买权,其诉讼请求理据充分,法院应予支持。

案例 83 将股权转让通知邮寄至公司而未送达给其他股东,不能证明已有效书面通知其他股东的,股权转让行为无效

——潘某、黄石市兴×小额贷款有限责任公司等股东资格确认纠纷案

【基本案情】

上诉人(原审原告):潘某

被上诉人(原审被告):黄石市兴×小额贷款有限责任公司(以下简称兴×小贷公司)

原审第三人:汪某珍
一审法院:黄石市西塞山区人民法院
案号:(2021)鄂0203民初606号
二审法院:湖北省黄石市中级人民法院
案号:(2021)鄂02民终2612号

兴×小贷公司于2012年4月1日成立,注册资本为2亿元,公司法定代表人为吴某华,公司共有九名股东,股东及持股比例分别为:黄石华×建设集团有限公司持股40%、程某红持股8%、冯某静持股6%、汪某珍持股8.5%、石某治持股7.5%、余某仙持股5%、陈某持股10%、乐某旺持股10%、施某中持股5%。2015年11月25日,潘某向兴×小贷公司申请借款250万元,承诺借款期限为2015年12月4日至2016年10月3日,借款期限300天。案外人朱某茂为上述借款提供担保。同年12月4日,兴×小贷公司向潘某支付250万元。因潘某未能如期偿还借款,兴×小贷公司遂将潘某及朱某茂二人诉至法院,要求潘某偿还借款本金250万元及相应利息,朱某茂对潘某的债务承担连带保证责任。原审法院经审理作出(2019)鄂0203民初374号民事判决书,确认潘某向兴×小贷公司偿还借款本金250万元及利息、逾期罚息、律师代理费等,朱某茂对上述债务承担连带清偿责任。该判决已生效并进入执行程序。

2020年7月8日,汪某珍作为甲方与乙方潘某签订《股权转让合同》,约定甲方将其合法持有的兴×小贷公司的3%的股权转让给乙方,股权转让的总价款为350万元,甲方保证对其向乙方转让的股权享有完全的独立权益,没有设任何质押,未涉及任何争议或诉讼。甲乙双方一致同意在办理完工商变更登记后10日内,乙方向甲方以抵债方式(乙方向甲方转让其对第三方享有的债权350万元)支付股权转让款350万元。甲方为所转让股权的唯一所有权人。自本协议生效之日起,甲方不再参与已实际出资的3%的股权的财产、利润的分配。乙方保证按约定的方式支付价款。双方在对外公开或宣传本次股权转让事宜时,采用经协商的统一口径,保证各方的商誉不受侵害,未经另一方同意,任何一方不得擅自对外发表有关本次股权转让的言论、文字。本保密条款不因本合同终止而解除,在本合同履行完毕后对双方仍然具有约束力。双方还对变更登记及其他权利义务进行了约定。同日,汪某珍制作了一份股权转让通知书,其中载明"兴×小贷公司及股东黄石华×建设集团有限公司、陈某、乐某旺、程某红、石某治、冯某静、施某中和余某仙,本出资人拟将拥有兴×小贷公司3%的股权(还剩余5.5%股权未转让)以人民币350万元转让给潘某。请各股东自收到本通知书之日起30日内给予书面答复,确定是否需要购买本出资人出让的股权,逾期未予答复的,视为同意转让",汪某珍于当日在该通知上签名、捺印。2020年7月30日,汪某珍以兴×小贷公司、黄石华×建设集团有限公司、陈某、乐某旺、程某红、石某治、冯某静、施某中和余某仙为收件人，向上述各股东及兴×小贷公司共同邮寄了一份邮件号码为113564800××××的EMS特快专递，邮寄内容为上述股权转让通知书，收件人地址为兴×小贷公司住所地。后通过查询，该邮件已于2021年7月31日由他人签收。

因兴×小贷不配合办理工商变更登记，潘某遂向黄石市西塞山区人民法院提起诉讼，请求：(1)确认兴×小贷公司股东汪某珍名下已实际出资的3%的股权归其所有；(2)判决兴×小贷公司、汪某珍协助办理工商变更登记，将汪某珍实际出资的3%兴×小贷公司的股权过户到其名下。

一审判决后，潘某不服向湖北省黄石市中级人民法院提起上诉，请求：(1)撤销原审判决，支持其一审全部诉讼请求；(2)本案一审、二审诉讼费用均由兴×小贷公司承担。事实和理由：原审判决"潘某及汪某珍未提交证据证明其已将股权转让相关事宜通知各股东"系认定事实错误，适用法律不当。其已督促汪某珍向兴×小贷公司及其他股东发出股权转让通知书，告知股权转让事宜并要求各股东自收到股权通知书之日起30日内就确定是否需要购买涉案股权予以书面答复，逾期未予答复视为同意转让。该通知书由汪某珍以EMS邮政快递寄送了给最大股东黄石华×建设集团有限公司，由于其他小股东部分人电话无法联系，故汪某珍寄出的股权转让通知书中特意注明了兴×小贷公司及全体股东的名字，因此汪某珍已尽力履行了自己的法定通知义务。本案庭审时，兴×小贷公司已承认收到了股权转让通知书，且有其他股东指责汪某珍转让股权事宜，这些事实均可证实兴×小贷公司及公司股东收到了股权转让通知。退一步而言，即使法官坚持以此理由裁判，也应向潘某和汪某珍释明如何送达才可认定为合法送达，而不应不明所以地驳回诉讼请求。

兴×小贷公司辩称：(1)潘某诉讼请求确认3%的股权归其所有，不应当在股东资格确认纠纷里解决，应是通过股权转让纠纷确认，而在股权转让中，其公司不是适格被告。(2)潘某要求将3%的股权变更登记至其名下，程序不到位，其公司无法配合变更。(3)涉案股权实际为朱某茂所有，在公司运营中是由朱某茂实际行使股东权利。

汪某珍述称，之前开会都是其参加，后才让朱某茂参加的，工商注册也是其处理的。其已把涉案股权转让给潘某。

庭审中，兴×小贷公司陈述未收到股权转让通知书；潘某和汪某珍未提供证据证明其他股东收悉或应当收悉涉案股权将转让的信息，或是涉案股权转让已符合公司章程的特别约定。

法院另查明，朱某茂曾以股东身份参加兴×小贷公司股东会议并在股东会决议上签名。

【裁判结果】

一审法院判决：驳回潘某的诉讼请求。

二审法院判决：驳回上诉，维持原判。

【案件解析】

本案争议焦点为潘某是否具有兴×小贷公司股东资格。潘某股东资格源于其受让汪某珍持有兴×小贷公司3%的股权，故判断其是否具有兴×小贷公司股东资格即需审查其是否已合法受让汪某珍持有兴×小贷公司3%的股权。

我国《公司法》（2018年）第七十一条规定："有限责任公司的股东之间可以相互转让其全部或者部分股权。股东向股东以外的人转让股权，应当经其他股东过半数同意。股东应就其股权转让事项书面通知其他股东征求同意，其他股东自接到书面通知之日起满三十日未答复的，视为同意转让。其他股东半数以上不同意转让的，不同意的股东应当购买该转让的股权；不购买的，视为同意转让。经股东同意转让的股权，在同等条件下，其他股东有优先购买权。两个以上股东主张行使优先购买权的，协商确定各自的购买比例；协商不成的，按照转让时各自的出资比例行使优先购买权。公司章程对股权转让另有规定的，从其规定。"《最高人民法院关于适用〈中华人民共和国公司法〉若干问题的规定（四）》第十七条规定："有限责任公司的股东向股东以外的人转让股权，应就其股权转让事项以书面或者其他能够确认收悉的合理方式通知其他股东征求同意。其他股东半数以上不同意转让，不同意的股东不购买的，人民法院应当认定视为同意转让。经股东同意转让的股权，其他股东主张转让股东应当向其以书面或者其他能够确认收悉的合理方式通知转让股权的同等条件的，人民法院应当予以支持。经股东同意转让的股权，在同等条件下，转让股东以外的其他股东主张优先购买的，人民法院应当予以支持，但转让股东依据本规定第二十条放弃转让的除外。"

有限责任公司具有人合性，故法律优先保护内部股东受让股权。按照上述法律规定，除公司章程另有约定外，即使潘某与汪某珍签订的《股权转让合同》合法有效，但要依法履行完毕，潘某取得汪某珍持有兴×小贷公司3%的股权，还需满足法律规定的兴×小贷公司除汪某珍以外的其他股东半数以上同意，且其他股东放弃优先购买权的条件。本案中，汪某珍将股权转让通知邮寄至兴×小贷公司而未送达给其他股东，故不能证明已有效书面通知其他股东，潘某和汪某珍也未提供证据证明其他股东收悉或应当收悉涉案股权将转让的信息，或是涉案股权转让已符合公司章程的特别约定。因此，若就此确认潘某的股东资格，将损害其他股东的同意权和优先购买权。本案中因潘某及汪某珍未提交证据证明其已依法履行通知义务，故法院对潘某的诉讼请求不应支持。

案例84 受让方以转让方存在抽逃出资行为主张股权转让合同无效，不能获得法院支持

——青海天×阳光新能源投资有限公司、江苏澜×实业有限公司股权转让纠纷案

【基本案情】

上诉人(一审原告):青海天×阳光新能源投资有限公司(以下简称天×公司)

被上诉人(一审被告):江苏澜×实业有限公司(以下简称澜×公司)

一审第三人:青海锦×兴新能源科技有限公司(以下简称锦×兴公司)

一审第三人:苏某利

一审法院:青海省高级人民法院

案号:(2017)青民初43号

二审法院:最高人民法院

案号:(2018)最高法民终144号

2011年6月2日，锦×兴公司成立。澜×公司与陕西锦×实业有限公司(以下简称锦×公司)分别出资600万元和1400万元，分别占注册资本的30%和70%，经青海天×会计师事务所有限公司出具青天诚会验字(2011)第180号《验资报告》验证。2012年11月17日，澜×公司与锦×公司签署《股权转让协议》，锦×公司将持有锦×兴公司的70%股权以1400万元转让给澜×公司。2012年12月10日，锦×兴公司、澜×公司、上海超×太阳能科技股份有限公司(以下简称超×公司)签署《增资协议》，申请增加注册资本3000万元，由新股东超×公司认购，占增资完成后注册资本的60%。变更后的注册资本为5000万元，并经青海中×信会计师事务所有限公司出具中恒信验字(2013)第007号《验资报告》验证。2014年4月15日，天×公司在淘宝网司法拍卖网络平台上以2055万元，拍得超×公司持有锦×兴公司60%的股权；2014年9月1日，锦×兴公司、天×公司与澜×公司签订《股权转让协议》，澜×公司将持有锦×兴公司40%股权转让与天×公司。2015年9月，锦×兴公司、天×公司与澜×公司签订《股权转让协议》的《补充协议》，载明："转让方与受让方一并确认以下两项事宜：一、双方已按照转股协议内容履行本次股权转让后续事宜，并办理完毕股权交割及完成公司变更登记。前述股权已归属受让方，权属清晰，不存在任何现实的或潜在的权属争议。各方进一步明确：该等股权转让是不可撤销的，无论何种情形下，转让方和受让方将不提出或是主张返回上述40%目标公司股权的要求，但转让方有权就股权转让款包括资金占用费等债权提出支付主张或是要求。二、转让方已经还清目标公司的借款，受让方和目标公司不就此事项向转让方提出任何主张和

要求。”

之后，天×公司向青海省高级人民法院提起诉讼，请求：(1)确认案涉《股权转让协议》及其《补充协议》无效；解除协议，终止履行；(2)澜×公司返还天×公司已支付的股权转让款2200万元，并赔偿资金占用费利息截至2017年5月30日的1,790,750元，承担律师费用30万元；(3)本案诉讼费用由天×公司承担。

一审判决后，天×公司不服向最高人民法院提起上诉，请求：(1)撤销青海省高级人民法院(2017)青民初43号民事判决；(2)将本案发回重审，或依法改判案涉《股权转让协议》及《补充协议》无效，或解除合同，澜×公司返还天×公司已付转让款2200万元，支付天×公司资金占用费等损失；(3)一审、二审诉讼费由澜×公司承担。事实和理由：(1)一审判决对证据效力认定有误。一审判决仅认定了《股权转让协议》及《补充协议》、付款凭证、银行流水、工商登记档案材料等证据效力，对天×公司提供的证人证言、《净资产审计报告》、澜×公司关联企业公示信息等证据认定不具有证明力和关联性有误。因一审判决认定证据有误，致使一审未能彻底查明澜×公司利用股东身份和利用股权转让形式抽逃出资、套取国家专项补贴的事实。(2)一审判决驳回天×公司诉讼请求缺乏事实依据。①澜×公司最初的认缴出资验资不能证明其公司此后无抽逃出资行为，抽逃出资的认定不以登记注册资本是否减少为前提；一审判决认为《公司法》关于禁止股东抽逃资金的规定仅属于管理性规定，不是足以影响股权交易效力的强制性规定，明显损害了天×公司作为被抽逃出资后目标公司股权受让方的根本利益。②澜×公司在控制目标公司期间进行的关联企业间巨额利益输送，无章程规定的程序支持，无合同附件的票据，无告知其他股东知晓并认可的证据佐证，显属滥用股东权利。“630万元欠款对冲”的协议表述是澜×公司仅明确在订立协议的特定时点的最终财务数字状态，不能证实澜×公司转让股权时明确披露其公司抽回注册资本。③无效的合同自始无效，合同约定的内容不能对抗原《合同法》关于合同效力的规定。诚信原则应主要体现在合同订立之时是否披露相关事实，是否为各方真实意思表示，是否合法，不仅仅是生效合同是否依约履行。(3)一审判决驳回天×公司的诉讼请求适用法律有误。一审判决依据有关举证责任、举证不力法律后果承担等法律规定作出判决，但一审判决对天×公司提供的重要证据未予评析，不足信服。综上，天×公司提起上诉，要求二审法院依法改判，支持天×公司的上诉主张。

澜×公司辩称：(1)天×公司主张案涉《股权转让协议》及《补充协议》无效的上诉理由不能成立。①澜×公司作为锦×兴公司股东期间，不存在抽逃出资的行为；②澜×公司不存在滥用股东权利，为关联公司输送利益的行为；③即使澜×公司在作为锦×兴公司股东期间存在抽逃出资、为关联公司输送利益的行为，亦不能否定股权转让合同的效力。(2)一审判决对天×公司的证人证言和天×公司单方委托的锦×

兴公司的审计报告的证据效力不予认定，符合法律规定。(3)天×公司增加解除《股权转让协议》及其《补充协议》的上诉请求，由于解除合同的前提是合同有效，天×公司既主张合同无效又主张解除合同，相互矛盾。综上，一审判决认定事实清楚，适用法律正确，天×公司的上诉理由均不能成立，请求依法驳回其上诉。

锦×兴公司与苏某利述称，澜×公司是在投入注册资金后又抽逃资金，并将3000万元政府的有息补贴贷款多次转让给其关联公司西宁世×佳和房地产开发有限公司(以下简称佳×公司)。澜×公司存在严重抽逃转移资金的行为，同意支持天×公司的上诉请求。

法院查明：(1)2015年1月29日，锦×兴公司原股东超×公司、澜×公司变更登记为天×公司。2015年9月，锦×兴公司、天×公司与澜×公司签订的《补充协议》中对2014年9月1日的案涉《股权转让协议》的股权转让对价由4000万元变更为3000万元，并约定如天×公司2015年12月31日前未能支付上述股权转让价款，则股权转让对价变更为4000万元。同时《补充协议》对股权转让价款的支付方式作出了变更约定。天×公司已支付澜×公司股权转让款1570万元。(2)依据天×公司提供的《江苏澜×注册资本金情况》，澜×公司已完成了注册资本金600万元的出资义务，之后锦×兴公司向澜×公司汇入1400万元，但澜×公司均予以归还。(3)天×公司另提供的《净资产审计报告》和澜×公司关联企业公示信息等证据仅能证明锦×兴公司与澜×公司及其关联公司之间存在相互资金往来，并不足以证明澜×公司存在抽逃出资的情形。(4)天×公司提供的证人证言，因证人系天×公司职工，与本案有利害关系，且证人证言系用于证明锦×兴公司除了注册出资外，没有经营性收入。该证明内容与案涉协议的效力和天×公司主张的法律责任并无关联性。

【裁判结果】

一审法院判决：驳回天×公司的诉讼请求。

二审法院判决：驳回上诉，维持原判。

【案件解析】

本案主要争议焦点为锦×兴公司、天×公司与澜×公司三方签订的《股权转让协议》及《补充协议》的效力问题。

第一，天×公司主张澜×公司抽逃出资，违反法律强制性规定，案涉《股权转让协议》无效，但依据天×公司提供的《江苏澜×注册资本金情况》，澜×公司已完成了注册资本金600万元的出资义务。之后锦×兴公司向澜×公司汇入1400万元，但澜×公司均予以归还。天×公司另提供的《净资产审计报告》和澜×公司关联企业公示信息等证据仅能证明锦×兴公司与澜×公司及其关联公司之间存在相互资金往来，并不足以证明澜×公司存在抽逃出资的情形。关于天×公司提供的证人证言，因证人系天×公司职工，与本案有利害关系，且证人证言系用于证明锦×兴公司除了注册出资外,没有经营性收入。该证明内容与案涉协议的效力和天×公司主张的法律责任并无关联性。第二,《公司法》(2005年)第三十五条①规定:“公司成立后,股东不得抽逃资金。”该条规定并非认定合同效力的效力性强制性规定,应属管理性规定,天×公司以澜×公司抽逃出资,违反法律强制性规定,从而认定《股权转让协议》无效的理由不能成立。本案中,即使存在澜×公司抽逃出资的情形,天×公司、锦×兴公司也可依据相关法律规定通过其他途径予以救济,但该情形并非股权转让合同无效的法定事由。

综上所述,天×公司以澜×公司作为股东抽逃出资为由主张案涉《股权转让协议》及《补充协议》无效的理由不能成立,法院不应支持。

案例85 非上市股份公司章程不能限制股东转让股份

——上药控股江西上×医药股份有限公司、上海医×分销控股有限公司股东资格确认纠纷案

【基本案情】

上诉人(原审被告):上药控股江西上×医药股份有限公司(以下简称上×公司)

上诉人(原审被告):上海医×分销控股有限公司(以下简称医×公司)

被上诉人(原审原告):喻某怀

被上诉人(原审被告):爱×大药房

被上诉人(原审被告):胡某

被上诉人(原审被告):上饶市信×投资有限公司(以下简称信×公司)

一审法院:上饶市信州区人民法院

案号:(2016)赣1102民初1350号

二审法院:上饶市中级人民法院

案号:(2017)赣11民终1330号

喻某怀向上饶市信州区人民法院提起诉讼,请求:(1)判定爱×大药房持有的江西省上饶医药股份有限公司16.5%股份中有9.5%股份为其所有;(2)判定爱×大药房立即配合喻某怀办理股份变更登记手续;(3)本案诉讼费用由爱×大药房承担。在诉讼中,喻某怀申请追加胡某、信×公司、医×公司、上×公司为共同被告,并将第2项诉讼请求变更为判决爱×大药房、上×公司立即配合喻某怀办理股份变更登记手续。

一审法院认定事实:上×公司原名江西上×医药股份有限公司,江西上×医药股

---

① 对应《公司法》(2023年)第五十三条。

份有限公司于2007年变更登记设立。2016年5月12日，江西上×医药股份有限公司更名为上×公司。2007年，江西上×医药股份有限公司变更登记设立制定的《江西上×医药股份有限公司章程》规定：公司注册资本为1000万元；公司为永久存续的股份有限公司；公司全部资产分为等额股份，股东以其认购的股份为限对公司承担责任，公司以其全部资产对公司的债务承担责任；公司的总股份数为1000万股普通股，每股为1元人民币；上饶市国有资产监督管理委员会510万元，占公司总股本51%，上饶市宏×投资有限公司390万元，占公司总股本39%，江西天×医药有限公司100万元，占公司总股本10%；公司根据经营和发展的需要，经股东大会作出决议，可以采用下列方式增加资本：（1）公开发行股份。（2）非公开发行股份。（3）向现有股东派送红股。（4）以公积金转增股本，法律、行政法规规定需报批的按规定报批；公司的股份可以依法转让；股东向公司以外的人转让股份，只能转让给药品生产、流通企业及医疗机构；公司增加股份，股东可优先购买，股东以外的人（法人或自然人）购买，只能是从事药品生产、流通及医疗机构（股票公开上市发行除外）；增加股份和股份转让，须经出席会议的会议股东所持表决权的2/3以上通过；股份转让后股东可要求公司及时将受让人的姓名或者名称、住所、持股数量、受让时间等记载于股东名册，并在十个工作日内到公司登记注册机关办理变更登记。《章程》还规定了其他内容。

2008年6月20日，喻某怀与案外人徐某琴（即爱×大药房的股东）、方某其三人以爱×大药房的名义与案外人浙江泰×药业集团有限公司签订一份《合作协议书》，约定爱×大药房出资60%、案外人浙江泰×药业集团有限公司出资40%合作竞拍江西上×医药股份有限公司11%的股份。2008年6月27日，爱×大药房和案外人浙江泰×药业集团有限公司以案外人浙江泰×药业集团有限公司的名义参加竞拍，并以295万元的价格竞得江西上×医药股份有限公司11%的股份，后江西上×医药股份有限公司与案外人浙江泰×药业集团有限公司协商一致，案外人浙江泰×药业集团有限公司将以其名义竞拍购得的江西上×医药股份有限公司11%的股份中其占有的那40%转让给爱×大药房，爱×大药房取得了江西上×医药股份有限公司11%的股份。

2011年8月8日，喻某怀与案外人徐某琴、方某其三人签订一份《协议书》，约定："协议人于2008年7月以爱×大药房的名义竞得江西上×医药股份有限公司11%的股权，按协议人的实际出资金额，各协议人所占江西上×医药股份有限公司的股份为：徐某琴占5.5%、喻某怀占4%、方某其占1.5%。特此签订本协议，用于明确股权。"2015年12月23日，喻某怀与案外人徐某琴、方某其三人又以爱×大药房的名义与胡某签订《股权转让协议书》，约定："根据《公司法》的有关规定，经甲（胡某）、乙（爱×大药房）双方友好协商就江西上×医药股份有限公司股权转让一事达成以下协议：1.甲方愿意将在公司所持有的1.5%股权转让给乙方。2.乙方愿意购买甲方持有的 1.5% 股权。3. 转让金额为 117 万元,以现金或汇款转账的形式支付。4. 此协议一式三份,甲、乙双方各执一份,工商部门备案一份。5. 本协议双方签字后生效。”同日,喻某怀与案外人徐某琴、方某其三人又以爱×大药房的名义与案外人邓某签订《股权转让协议书》,约定:“根据《公司法》的有关规定,经甲(邓某)、乙(爱×大药房)双方友好协商就江西上×医药股份有限公司股权转让一事达成以下协议:1. 甲方愿意将在公司所持有的 4% 股权转让给乙方。2. 乙方愿意购买甲方持有的 4% 股权。3. 转让金额为 312 万元,以现金或汇款转账的形式支付。4. 此协议一式三份,甲、乙双方各执一份,工商部门备案一份。5. 本协议双方签字后生效。”上述两份《股权转让协议书》的股份转让款均通过喻某怀账户汇至江西上×医药股份有限公司账户。2015 年 11 月 29 日,江西上×医药股份有限公司召开股东会,会议决定同意由医×公司收购江西上×医药股份有限公司 50% 的股份。2015 年 12 月 23 日,江西上×医药股份有限公司对原章程中的股东姓名、出资方式、认缴额比例进行了修改,修改内容为:医×公司以货币方式出资 500 万元,占认缴额比例 50%;信×公司以货币方式出资 200 万元,占认缴额 20%;胡某以货币方式出资 135 万元,占认缴额比例 13.5%;爱×大药房以货币方式出资 165 万元,占认缴额比例 16.5%。2016 年 5 月 12 日,江西上×医药股份有限公司经市场、质量监督管理部门登记更名为上×公司,企业类型仍然为其他股份有限公司(非上市)。2016 年 3 月 16 日,爱×大药房、喻某怀以及案外人徐某琴、方某其签订一份《股权确认书》,内容为:“本公司在江西上×医药股份有限公司持有 16.5% 的股份,实际为徐某琴、喻某怀、方某其三人出资,按各人的实际出资金额,其所占江西上×医药股份有限公司的股权分别为:徐某琴占 5.5%、喻某怀占 9.5%、方某其占 1.5%。特此确认,以明确股权。”2016 年 4 月 12 日,江西上×医药股份有限公司召开 2016 年第 2 次股东大会,会议决议内容为:批准江西上×医药股份有限公司增资方案,同意增资 2600 万元(其中 333.33 万元进入注册资本,其他进入资本公积),医×公司认缴增资额为 1820 万元,爱×大药房认缴增资额为 429 万元,胡某认缴增资额为 351 万元;以上股东认缴的增资额须在 2016 年 4 月 26 日之前汇入江西上×医药股份有限公司,逾期未办理增资手续者,视同放弃增资扩股准则权,其在公司的股权比例对应缩减。增资后,股东姓名、出资方式、认缴额比例如下:医×公司以货币方式认缴 733.33 万元,持 55% 的股份;爱×大药房以货币方式认缴 220 万元,持 16.5% 的股份;信×公司以货币方式认缴 200 万元,持 15% 的股份;胡某以货币方式认缴 180 万元,持 13.5% 的股份。2016 年 4 月 27 日,江西上×医药股份有限公司向爱×大药房发出《催告函》,内容为:“根据 2016 年 4 月 12 日召开的江西上×医药股份有限公司股东大会 2016 年第 2 次会议决议,全体股东一致同意增资 2600 万元,其中:上海医×公司认缴增资额为 1820 万元,贵公司认缴增资额为 429 万元,胡某认缴增资额为 351 万元。截至 4 月 27 日,贵公司的增资款还未到账。为此,本公司发出催告函如下:请贵公司在2016年5月10日之前,将增资额429万元汇入本公司上饶建行账户,账号:36×××73。逾期未到账,视同贵公司放弃增资扩股准则权,贵公司在本公司的股权比例对应缩减。"2016年5月20日,江西永×和信会计师事务所出具了《江西上×医药股份有限公司验资报告》,该《报告》载明:"江西上×医药股份有限公司注册资本为人民币10,000,000元,实收资本为人民币10,000,000元。根据江西上×医药股份有限公司饶药股决字[2016]2号股东会决议修改后的章程规定,江西上×医药股份有限公司申请增加注册资本人民币3,333,300元,变更后的注册资本为人民币13,333,300元。经审验,截至2016年5月18日,江西上×医药股份有限公司已收到医×公司、胡某缴纳的新增注册资本合计人民币2,783,300元,爱×大药房新增注册资本4,290,000元尚未缴纳。"由于喻某怀和案外人方某其要求将其以爱×大药房名义购买并以爱×大药房名义登记的股份办理变更登记在自己名下的意见与上×公司未能达成一致,遂429万元增资款至今未缴。

一审判决后,上×公司、医×公司不服一审判决,向上饶市中级人民法院提起上诉。

上×公司上诉请求:依法撤销原审判决,改判驳回喻某怀的所有诉讼请求;本案一审、二审诉讼费用由喻某怀承担。事实和理由:(1)《江西上×医药股份有限公司章程》所作的股份转让须经出席会议的会议股东所持表决权的2/3以上通过的限制性规定是有效的,一审判决认定该限制性规定无效是错误的。上×公司虽然是股份有限公司,但属于非上市的股份有限公司。并且,上×公司采取的是发起设立而不是募集设立方式,即上×公司的股份没有公开发行,公司内没有公众股东,上×公司的股东均为记名股东,故上×公司属于人合性公司。《公司法》对有限责任公司的股份转让予以限制的主要原因在于其具有人合性,那么,对于具有人合性的上×公司,其在章程中对股份转让予以限制,符合《公司法》的立法本意,应认定为有效。另外,上×公司章程是全体股东的协议,如果公司章程规定了对股份转让的特别限制,说明所有的股东均同意这样的设置。从意思自治的理念考量,这样的限制只要不违反法律的禁止性规范,就应被承认为有效。因此,一审判决没有对上市的股份有限公司与非上市的股份有限公司进行区分,简单地认为所有的股份有限公司均属于资合性公司,且作出"不能通过公司章程变更《公司法》对股份有限公司股权转让所作的规定"的认定,明显与《公司法》的立法精神相左,是错误的。(2)基于上×公司属于人合性股份有限公司,故对于隐名股东显明化,应适用《最高人民法院关于适用〈中华人民共和国公司法〉若干问题的规定(三)》第二十四条第三款之规定,一审法院适用法律错误。正如第一点所述,上×公司虽系股份有限公司,但上×公司是以发起方式设立的非上市公司,没有公众股东,且公司股东均记名,具有封闭性。依据公司法原理,封闭性且股东记名的股份有限公司,属于人合性公司。故上×公司的隐名股东显名化,应适用《最高人民法院关于适用〈中华人民共和国公司法〉若干问题的规定(三)》第二十四条第三款“实际出资人未经公司其他股东半数以上同意,请求公司变更股东、签发出资证明书、记载于股东名册、记载于公司章程并办理公司登记机关登记的,人民法院不予支持”之规定,而一审法院适用《公司法》(2013 年)第一百三十七条[①]、第一百三十九条[②]是错误的。因此,根据《最高人民法院关于适用〈中华人民共和国公司法〉若干问题的规定(三)》第二十四条第三款之规定,结合一审庭审中上×公司的股东,系胡某、信×公司、医×公司,均表示不同意喻某怀 9.5% 股权显名化之事实,喻某怀的各项请求均不应得到法院的支持。(3)在上诉期间,上×公司于 2017 年 5 月 24 日召开了股东会议,由胡某缴纳了增资款 289 万元,为此,爱×大药房在上×公司的股份发生了变更,喻某怀享有上×公司 9.5% 的股权数额发生了变化,胡某已向原审法院提起了股东确权诉讼,本案应中止审理。

喻某怀辩称,一审法院认定事实清楚,适用法律正确,判决公正,请求维持原判。一审审理后形成的股东会决议不能影响二审案件的审理。

爱×大药房辩称,应驳回上诉,维持原判。一审认定事实清楚,2015 年 12 月 23 日胡某等其他股东增资了 5.5% 。爱×大药房只是代持了股份,其作为代持人依据法院判决办理股东变更手续。喻某怀诉讼在先,胡某增资不影响本案审理,本案审理完毕后,胡某诉讼结果出来后,也可以相应变更。

医×公司辩称,认同上×公司上诉意见,本案应中止审理。

胡某、信×公司未进行答辩。

医×公司上诉请求:依法撤销原审判决,改判驳回喻某怀的所有诉讼请求;本案一审、二审诉讼费用由喻某怀承担。事实和理由:(1)《江西上×医药股份有限公司章程》所作的股份转让须经出席会议的会议股东所持表决权的 2/3 以上通过的限制性规定是有效的,一审判决认定该限制性规定无效是错误的。《公司法》(2013 年)第一百零三条[③]规定:股东出席股东大会会议,所持每一股份有一表决权。但是,公司持有的本公司股份没有表决权。股东大会作出决议,必须经出席会议的股东所持表决权过半数通过。但是,股东大会作出修改公司章程、增加或者减少注册资本的决议,以及公司合并、分立、解散或者变更公司形式的决议,必须经出席会议的股东所持表决权的 2/3 以上通过。从意思自治的理念考量,这样的限制只要不违反法律的禁止性规范,就应被认为有效。原审法院以《公司法》(2013 年)第一百三十七条规定的

---

① 对应《公司法》(2023 年)第一百五十七条。
② 对应《公司法》(2023 年)第一百五十九条。
③ 对应《公司法》(2023 年)第一百一十六条。

"股东持有的股份可以依法转让"为由,无视股东对于股份有限公司有关决议的表决权的法律规定,忽视公司章程关于股东表决权的特殊规定,以司法干预的方式认定公司章程的效力,显与法悖。(2)基于上×公司属于人合性股份有限公司,故对于隐名股东显名化,应适用《最高人民法院关于适用〈中华人民共和国公司法〉若干问题的规定(三)》第二十四条第三款之规定,一审法院适用法律错误。喻某怀与爱×大药房的代持协议属于隐名股东和显名股东间的约定,在原审中各方均已经明确目标公司即上×公司并不知晓,目标公司的股东也并不知晓。根据合同相对性原则,代持协议不能约束目标公司及其股东。如果隐名股东希望显名化,应当得到目标公司及其股东以股东会决议方式的同意,即应当履行相应的程序。所以《公司法》对于决议的通过作出了相应的规定。目标公司上×公司的隐名股东显名化,应适用《最高人民法院关于适用〈中华人民共和国公司法〉若干问题的规定(三)》第二十四条第三款"实际出资人未经公司其他股东半数以上同意,请求公司变更股东、签发出资证明书、记载于股东名册、记载于公司章程并办理公司登记机关登记的,人民法院不予支持"之规定,结合一审庭审中目标公司及其股东(爱×大药房除外)均表示不同意喻某怀9.5%股权显名化之事实,已经相应的股东会决议这一表决程序尚未履行的事实,喻某怀的各项请求均不应得到法院的支持。(3)二审中,爱×大药房在上×公司的股权比例发生了变化,原审判决认定的喻某怀的股权比例也因爱×大药房股权变化而发生了相应变化,应在原审法院正在审理的胡某案生效判决后才能确定爱×大药房的股权比例。

喻某怀辩称,股东会会议中,其要求以一审判决为依据进行增资,但上诉人不同意,耽误了增资缴纳的时间,是上诉人人为操控造成的,与其无关,请求法院驳回上诉,维持原判。

爱×大药房辩称,应驳回上诉,维持原判。一审认定事实清楚,2015年12月23日胡某等其他股东增资了5.5%。爱×大药房只是代持了股份,其作为代持人依据法院判决办理股东变更手续。喻某怀诉讼在先,胡某增资不影响本案审理,本案审理完毕后,胡某诉讼结果出来后,也可以相应变更。

胡某、信×公司未进行答辩。

二审经审理查明,2016年9月23日,上海医×公司更名为上药控股有限公司。

【裁判结果】

一审法院判决:

1. 喻某怀享有上×公司9.5%的股权;

2. 爱×大药房、上×公司在判决生效后5日内协助喻某怀办理上述第一款的股权变更登记手续。

如果未按本判决指定的期间履行给付金钱义务,应当依照《民事诉讼法》(2017

年)第二百五十三条之规定,加倍支付迟延履行期间的债务利息。

二审法院判决:

1. 维持江西省上饶市信州区人民法院(2016)赣1102民初1350号民事判决第二项:爱×大药房、上×公司在本判决生效后5日内协助喻某怀办理上述第一款的股权变更登记手续;

2. 变更江西省上饶市信州区人民法院(2016)赣1102民初1350号民事判决第一项为:喻某怀享有上×公司2016年4月12日增资前9.5%的股权。

【案件解析】

本案主要争议焦点为2007年的江西上×医药股份有限公司《章程》规定股份转让须经出席会议的股东所持表决权的2/3以上通过的限制性规定是否有效。

关于有限责任公司的股权转让,《公司法》(2013年)第七十一条规定:"有限责任公司的股东之间可以相互转让其全部或者部分股权。股东向股东以外的人转让股权,应当经其他股东过半数同意。股东应就其股权转让事项书面通知其他股东征求同意,其他股东自接到书面通知之日起满三十日未答复的,视为同意转让。其他股东半数以上不同意转让的,不同意的股东应当购买该转让的股权;不购买的,视为同意转让……公司章程对股权转让另有规定的,从其规定。"关于股份有限公司的股份转让,《公司法》(2013年)第一百三十七规定:"股东持有的股份可以依法转让。"第一百四十一条规定:"发起人持有的本公司股份,自公司成立之日起一年内不得转让。公司公开发行股份前已发行的股份,自公司股票在证券交易所上市交易之日起一年内不得转让。公司董事、监事、高级管理人员应当向公司申报所持有的本公司的股份及其变动情况,在任职期间每年转让的股份不得超过其所持有本公司股份总数的百分之二十五;所持本公司股份自公司股票上市交易之日起一年内不得转让。上述人员离职后半年内,不得转让其所持有的本公司股份。公司章程可以对公司董事、监事、高级管理人员转让其所持有的本公司股份作出其他限制性规定。"由此可见,我国《公司法》对有限责任公司的股权转让和股份有限公司的股份转让作了不同的规定,我国《公司法》(2013年)第七十一条对有限责任公司的股权转让作了须经其他股东过半数同意的限制性规定,并规定公司章程对股权转让另有规定的从其规定,即有限责任公司章程可以约定对股权转让的限制。而我国《公司法》(2013年)第一百三十七条规定了股东持有的股份可以依法转让,仅在第一百四十一条就公司发起人及董事、监事、高级管理人员所持本公司股份的转让作了法定限制,并规定公司章程可以对公司董事、监事、高级管理人员转让其所有的本公司股份作出其他限制性规定。我国《公司法》对股份有限公司的股份转让规定:"股东持有的股份可以依法转让。"在现有的立法框架下该条规定应理解两层含义:一是股份转让必须依法进行;二是只要依法进行,股份就可以转让。我国《公司法》就股份有限公司的股份转让,除了对公司董事、监事、高级管理人员转让股份作了限制性规定，并规定公司章程可以对公司董事、监事、高级管理人员转让股份作出其他限制性规定，没有作出其他限制性规定和允许公司章程对股份转让作出其他限制性规定。因此，上×公司作为非上市股份有限公司，其2007年的《章程》规定股份转让须经出席会议的股东所持表决权的2/3以上通过的限制性规定与我国《公司法》相违背，法院认定其无效正确；上×公司、医×公司认为其有效的上诉理由不能成立，法院不应支持。

第十章

损害公司利益责任纠纷

一、实务要点

损害公司利益责任纠纷，是指公司的股东滥用股东权利，或者公司董事、监事、高级管理人员违反忠实、勤勉义务给公司造成损失而发生的纠纷。司法实践中，该纠纷主要包括以下几种情形：股东或董事、监事、高级管理人员收受贿赂，侵占、挪用公司资金；擅自决定对外投资；篡夺公司商业机会；擅自使用公司资金对外贷款或提供担保；擅自处置公司重大资产；违反竞业禁止/限制义务，与公司经营同类业务；侵犯公司商业秘密等。

在损害公司利益责任纠纷中，诉讼主体一般以公司为原告，以损害公司利益的股东或董事、监事、高级管理人员、实际控制人为被告；在特殊情况下，符合条件的股东也可提起股东代表诉讼，以股东为原告，以损害公司利益的关联方及实施共同侵权行为的关联交易相对方为共同被告，公司为第三人，但公司对胜诉利益有归入权。

我国《公司法》第二十一条规定，公司股东应当遵守法律、行政法规和公司章程，依法行使股东权利，不得滥用股东权利损害公司或者其他股东的利益。公司股东滥用股东权利给公司或者其他股东造成损失的，应当承担赔偿责任。该法第二十二条规定，公司的控股股东、实际控制人、董事、监事、高级管理人员不得利用关联关系损害公司利益。违反前款规定，给公司造成损失的，应当承担赔偿责任。该法第二十三条规定，公司股东滥用公司法人独立地位和股东有限责任，逃避债务，严重损害公司债权人利益的，应当对公司债务承担连带责任。股东利用其控制的两个以上公司实施前款规定行为的，各公司应当对任一公司的债务承担连带责任。只有一个股东的公司，股东不能证明公司财产独立于股东自己的财产的，应当对公司债务承担连带责任。该法第一百七十九条规定，董事、监事、高级管理人员应当遵守法律、行政法规和公司章程。该法第一百八十条规定："董事、监事、高级管理人员对公司负有忠实义务，应当采取措施避免自身利益与公司利益冲突，不得利用职权牟取不正当利益。董事、监事、高级管理人员对公司负有勤勉义务，执行职务应当为公司的最大利益尽到管理者通常应有的合理注意。公司的控股股东、实际控制人不担任公司董事但实际执行公司事务的,适用前两款规定。”该法第一百八十一条规定:“董事、监事、高级管理人员不得有下列行为:(一)侵占公司财产、挪用公司资金;(二)将公司资金以其个人名义或者以其他个人名义开立账户存储;(三)利用职权贿赂或者收受其他非法收入;(四)接受他人与公司交易的佣金归为己有;(五)擅自披露公司秘密;(六)违反对公司忠实义务的其他行为。”该法第一百八十八条规定,董事、监事、高级管理人员执行职务违反法律、行政法规或者公司章程的规定,给公司造成损失的,应当承担赔偿责任。该法第一百八十九条规定:“董事、高级管理人员有前条规定的情形的,有限责任公司的股东、股份有限公司连续一百八十日以上单独或者合计持有公司百分之一以上股份的股东,可以书面请求监事会向人民法院提起诉讼;监事有前条规定的情形的,前述股东可以书面请求董事会向人民法院提起诉讼。监事会或者董事会收到前款规定的股东书面请求后拒绝提起诉讼,或者自收到请求之日起三十日内未提起诉讼,或者情况紧急、不立即提起诉讼将会使公司利益受到难以弥补的损害的,前款规定的股东有权为公司利益以自己的名义直接向人民法院提起诉讼。他人侵犯公司合法权益,给公司造成损失的,本条第一款规定的股东可以依照前两款的规定向人民法院提起诉讼。公司全资子公司的董事、监事、高级管理人员有前条规定情形,或者他人侵犯公司全资子公司合法权益造成损失的,有限责任公司的股东、股份有限公司连续一百八十日以上单独或者合计持有公司百分之一以上股份的股东,可以依照前三款规定书面请求全资子公司的监事会、董事会向人民法院提起诉讼或者以自己的名义直接向人民法院提起诉讼。”

根据《最高人民法院关于适用〈中华人民共和国公司法〉若干问题的规定(五)》第一条的规定:“关联交易损害公司利益,原告公司依据民法典第八十四条、公司法第二十一条[①]规定请求控股股东、实际控制人、董事、监事、高级管理人员赔偿所造成的损失,被告仅以该交易已经履行了信息披露、经股东会或者股东大会同意等法律、行政法规或者公司章程规定的程序为由抗辩的,人民法院不予支持。公司没有提起诉讼的,符合公司法第一百五十一条第一款[②]规定条件的股东,可以依据公司法第一百五十一条第二款[③]、第三款[④]规定向人民法院提起诉讼。”

二、风险防范建议

在现代公司制度所有权和经营权两权分离的制度特征和实践中责任主体的机会

① 对应《公司法》(2023 年)第二十三条。

② 对应《公司法》(2023 年)第一百八十九条第一款。

③ 对应《公司法》(2023 年)第一百八十九条第二款。

④ 对应《公司法》(2023 年)第一百八十九条第三款。

主义心理的影响下，损害公司利益责任纠纷案件频发。为了预防该类纠纷，减少在该类型纠纷中的损失，公司可以从以下方面入手：首先，完善公司管理制度，明晰股东、董事、监事、高级管理人员等人员的权责；其次，可以在公司规章制度、公司章程等文件中，建立行为规范，明确损害公司利益行为的负面清单；再次，需要注重公司财务管理工作，强化财务监管；最后，一旦发现存在损害公司利益的行为，应第一时间保存相关证据，为通过法律手段维护公司利益占得先机。

就股东而言，为预防该类纠纷，应当遵守法律、行政法规和公司章程，依法行使股东权利，不得滥用股东权利或利用其关联关系损害公司利益。如果股东担任董事、监事、高级管理人员职务的，应积极履行职责，严格依照法律、行政法规或者公司章程的规定执行公司职务，不得利用职权收受贿赂或者其他非法收入，不得侵占公司的财产，不得泄露公司秘密。

三、典型案例解析

案例 86　股东放弃公司债权损害公司利益的，应当承担赔偿责任

——罗某优与张某裕、何某 1、佛冈县嵩×饮用水发展有限公司损害公司利益责任纠纷案

【基本案情】

原告：罗某优

被告：何某 1

被告：张某裕

第三人：佛冈县嵩×饮用水发展有限公司（以下简称嵩×公司）

审理法院：佛冈县人民法院

案号：(2020)粤 1821 民初 981 号

2015 年 5 月 12 日，嵩×公司依法成立，工商登记股东为罗某优、何某 1、何某杰，公司法定代表人为何某 1（兼任执行董事、经理），监事为何某杰。佛冈县人民法院已发生法律效力的(2018)粤 1821 民初 585 号民事判决确认罗某优（持股份 60%）、张某裕（持股份 20%）、何某华（持股份 20%）是嵩×公司的股东。罗某优、张某裕、何某华签订《合股协议书（合同）》约定罗某优为嵩×公司负责人，全权处理合股企业所有事务，其他合股人必须保证罗某优经营管理期间不以任何形式、任何借口插手公司管理，也不得对罗某优的日常管理进行任何评论。嵩×公司成立后，由罗某优负责经营

管理。

2017 年 10 月 17 日,嵩×公司出具《通知》给英德市英城英×商店,免除英德市英城英×商店归还 14,680 个水桶及支付货款 500 元的义务,罗某优认为该《通知》损害了公司的利益,遂以股东身份向佛冈县人民法院提起诉讼,请求英德市英城英×商店归还 14,680 个水桶及支付货款 500 元。该院于 2019 年 5 月 22 日作出(2018)粤 1821 民初 464 号民事判决书,判决英德市英城英×商店归还 14,680 个水桶给嵩×公司。英德市英城英×商店不服该判决向清远市中级人民法院提起上诉,清远市中级人民法院于 2019 年 11 月 14 日作出(2019)粤 18 民终 2606 号民事判决书,撤销(2018)粤 1821 民初 464 号民事判决书,驳回罗某优的诉讼请求。

2020 年 4 月 10 日,罗某优以短信形式通知嵩×公司的股东、监事何某杰、出资人何某华,告知两人及时起诉张某裕、何某 1,要求张某裕、何某 1 承担赔偿责任。2020 年 4 月 15 日,罗某优以出具给英德市英城英×商店的《通知》是何某 1 用 2017 年 1 月 1 日后私刻的公章出具的,何某 1 不是实际股东且没有参与公司的经营,在未经董事会或者股东会决议的情况下,擅自出具《通知》放弃公司的债权,损害了公司和其他股东的利益,向佛冈县人民法院提起诉讼,请求:(1)判令何某 1、张某裕连带向嵩×公司支付赔偿款 440,400 元(14680 个水桶 ×30 元/个)及利息(自 2017 年 10 月 17 日起至付清之日止);(2)判令何某 1、张某裕连带向罗某优支付案件受理费 9624 元,鉴定费 4900 元,律师费 50,000 元。

何某 1 未到庭参加诉讼,但提交了书面答辩状辩称:(1)原告主体不适格。罗某优作为股东,并未就本次起诉履行提请董事会、监事会等机构履行职责的程序,即以股东身份提起诉讼,违反公司《章程》和《公司法》的规定,原告主体不适格。(2)公司章程赋予何某 1 的基本职责,是依法履职的行为。依据《章程》第四十三条“经理对执行董事负责,行使下列职权(一)主持公司的生产经营管理工作,组织实施执行董事的决定”的规定,何某 1 作为公司经理,公司章程赋予其对公司基本的生产经营管理工作做决定的职权。因此,《通知》的作出属公司生产经营管理的基本活动,属经理的职责范围之内,何某 1 属于履职行为,并非罗某优方所谓的“未经董事会决议或股东会决议的情况下,擅自出具的行为”,案涉《通知》并不在章程规定的董事会或股东会决议的范围之内。反观公司在罗某优掌控期间,自始至终从未开过股东会或董事会,现罗某优再以此为由主张未经股东会或董事会决议的材料无效,其行为自相矛盾,如果罗某优主张成立,则其与公司签署的用于主张债权的《借条》就应当首先无效,罗某优基于此的诉讼案件(2017)粤 18 民终 2699 号就应当依法被驳回。(3)罗某优请求何某 1 承担支付赔偿款的责任无任何事实和法律依据。第一,罗某优仅凭其民事判决书的败诉,即归责于何某 1,明显是不合理、不合法的。罗某优在(2018)粤 1821 民初 464 号、(2019)粤 18 民终 2606 号案件中,未履行适当的举证责任,在没有充分证据的情况下,承担不利的后果属于正常现象,罗某优把其未完全履行案件举证责任导致的不利后果要求何某1承担,是不合理、不合法的,何某1无义务亦无责任对罗某优履职不当的结果承担任何责任,罗某优的请求无任何事实和法律依据。第二,罗某优作为公司大股东,存在侵吞公司财产的行为。在罗某优提供的证据(2017)粤18民终2699号案件中,罗某优作为公司控股的大股东,不履行股东出资义务,却以借款的形式将款项出借给公司,在罗某优自己控股的公司经营失败后,转而以债权人的身份向公司请求还款,因此公司欠下的巨额债务均是罗某优在控制公司期间一手策划并实施的,目的是侵吞公司财产,损害其他股东权益。第三,2016年至2017年在罗某优掌控公司期间,由于罗某优的经营不善,公司被查出存在质量问题。2016年10月16日公司在广东省食品药品监督管理局查验产品质量中,产品检验项目大肠菌群、铜绿假单胞菌检验出不符合标准要求,被佛冈县食品药品监督管理局责令停业整改,并处以罚款,对公司品牌信誉产生不利的影响,损害公司社会信誉度。在这样的背景下,公司衡量多方利益,考虑英×商店的多年合作关系、基本的押金情况、返利情况、保证金、公司品牌下降造成的信誉损失、客户投诉、客户赔偿情况等,综合各种因素,才作出此《通知》,符合当时公司的基本情况,是当时背景下的合法、合理选择,未损害任何一方的利益。第四,罗某优请求支付案件受理费、鉴定费、律师费无任何事实和法律依据。罗某优是公司控股股东,其之前一直掌握和控制公司的经营管理权,由于其自身经营问题,导致公司经营亏损,故罗某优使用诉讼的方式侵占公司财产后,再将经营亏损转嫁给他人,罗某优多次起诉的行为导致其支出的案件受理费、鉴定费、律师费,与何某1无关,亦非何某1需承担的,其请求支付的案件受理费、鉴定费、律师费无任何事实和法律依据。综上,罗某优诉讼请求缺乏事实和法律依据,恳请法院依法驳回罗某优全部诉讼请求。

张某裕辩称:(1)原告主体不适格。罗某优作为股东,并未就本次起诉履行提请董事会、监事会等机构履行职责的程序,即以股东身份提起诉讼,违反公司《章程》和《公司法》的规定,原告主体不适格。(2)有关行为是公司章程赋予经理的基本职责,是经理依法履职的行为。首先,依据《章程》第四十三条"经理对执行董事负责,行使下列职权:(一)主持公司的生产经营管理工作,组织实施执行董事的决定"的约定,何某1作为公司经理,公司章程赋予其对公司基本的生产经营管理工作做决定的职权。因此,《通知》的作出属公司生产经营管理的基本活动,属经理的职责范围之内,何某1属于履职行为。其次,并非罗某优所谓的"未经董事会决议或股东会决议的情况下,擅自出具的行为",案涉《通知》并不在章程规定的董事会或股东会决议的范围之内。反观公司在罗某优掌控期间,自始至终从未开过股东会或董事会,现罗某优再以此为由主张未经股东会或董事会决议的材料无效,其行为自相矛盾,如果罗某优主张成立,则其与公司签署的用于主张债权的《借条》就应当首先无效,罗某优基于此的

(2017)粤18民终2699号诉讼案件就应当依法被驳回。(3)罗某优所谓的《通知》与张某裕无关,张某裕并未参与,亦并不知情,罗某优的请求缺乏事实和法律依据,恳请法院依法驳回罗某优的全部诉讼请求。

嵩×公司未到庭参加诉讼,亦未提交书面意见。

2020年7月8日,佛冈县人民法院对何某1就本案进行了询问并制作了笔录,何某1称其虽然担任嵩×公司的法定代表人,但无参与公司的经营管理,是由罗某优管理嵩×公司的,出具给英德市英城英×商店的《通知》是何某1出具的,盖的何某1重新刻制的嵩×公司的公章,何某1除了出具给英德市英城英×商店的《通知》外,未以法定代表人作出过公司决策。

另查明,张某裕是持有嵩×公司20%股权的股东,何某1是工商登记的股东,张某裕承认何某1代持其股权。

【裁判结果】

1. 何某1、张某裕于判决生效之日起15日内赔偿440,400元给嵩×公司;

2. 驳回罗某优的其他诉讼请求。

如果未按判决指定的期间履行给付金钱义务,应当依照《民事诉讼法》(2017年)第二百五十三条的规定,加倍支付迟延履行期间的债务利息。

【案件解析】

本案争议焦点为:(1)罗某优的诉讼主体是否适格;(2)何某1有无损害嵩×公司的利益;(3)张某裕应否承担赔偿责任。

1. 关于罗某优的诉讼主体是否适格的问题。根据《公司法》(2018年)第一百五十一条①"董事、高级管理人员有本法第一百四十九条②规定的情形的,有限责任公司的股东、股份有限公司连续一百八十日以上单独或者合计持有公司百分之一以上股份的股东,可以书面请求监事会或者不设监事会的有限责任公司的监事向人民法院提起诉讼;监事有本法第一百四十九条规定的情形的,前述股东可以书面请求董事会或者不设董事会的有限责任公司的执行董事向人民法院提起诉讼。监事会、不设监事会的有限责任公司的监事,或者董事会、执行董事收到前款规定的股东书面请求后拒绝提起诉讼,或者自收到请求之日起三十日内未提起诉讼,或者情况紧急、不立即提起诉讼将会使公司利益受到难以弥补的损害的,前款规定的股东有权为了公司的利益以自己的名义直接向人民法院提起诉讼。他人侵犯公司合法权益,给公司造成损失的,本条第一款规定的股东可以依照前两款的规定向人民法院提起诉讼"的规定,罗某优是公司的股东,其认为何某1的行为损害公司利益,遂通知公司的监事何

---

① 对应《公司法》(2023年)第一百八十九条。

② 对应《公司法》(2023年)第一百八十八条。

某杰提起诉讼，但何某杰至今未起诉，罗某优以自己的名义起诉要求损害公司利益的董事、监事、高级管理人员承担赔偿责任符合上述法律的规定，故罗某优的诉讼主体适格。

2. 关于何某1有无损害嵩×公司的利益的问题。根据《公司法》(2018年)第二十条①"公司的控股股东、实际控制人、董事、监事、高级管理人员不得利用其关联关系损害公司利益。违反前款规定，给公司造成损失的，应当承担赔偿责任"及第一百四十九条"董事、监事、高级管理人员执行公司职务时违反法律、行政法规或者公司章程的规定，给公司造成损失的，应当承担赔偿责任"的规定，何某1虽然是嵩×公司的股东、法定代表人、执行董事、经理，但根据何某1的陈述其未实际参与公司的经营管理，除了涉案的《通知》外，未以法定代表人作出过公司决策，无证据证明何某1出具给英德市英城英×商店的《通知》经股东会决议，《通知》上盖的公章也是其重新刻制的，其作出《通知》给英德市英城英×商店放弃了公司的债权，损害了公司利益，应当承担赔偿责任。

3. 关于张某裕应否承担赔偿责任的问题。张某裕是持有嵩×公司20%股权的股东，何某1是工商登记的股东，张某裕承认何某1代持其股权，何某1以嵩×公司股东、法定代表人作出的放弃公司债权的《通知》，张某裕作为实际持股的股东，应该对何某1的行为承担责任。

案例87　股东利用其关联关系损害公司利益的，应当承担赔偿责任

——广东开×面粉有限公司、叶某棠等损害公司利益责任纠纷案

【基本案情】

原告：广东开×面粉有限公司（以下简称开×公司）

被告：叶某棠

被告：关某玲

审理法院：开平市人民法院

案号：(2021)粤0783民初3614号

佛山市鸿×粮油有限公司（以下简称鸿×公司）于2002年9月28日在广东省佛山市禅城区市场监督管理局登记注册，注册资本为人民币500万元，企业类型为有限责任公司（自然人投资或控股），经营范围为批发粮油、米面制品、定型包装食品（凭有效的《食品卫生许可证》经营）。鸿×公司的股东包括关某玲、叶某棠，该公司于

---

① 对应《公司法》(2023年)第二十一条、第二十三条。

2011 年 12 月 16 日注销登记,注销原因为决议解散。开×公司于 2004 年 8 月 11 日在广东省开平市市场监督管理局登记注册,注册资本为人民币 6500 万元,企业类型为有限责任公司(法人独资),经营范围为生产小麦粉(专用)、糕点、饼干、其他粮食加工品(谷物粉类制成品)(凭有效的《食品生产许可证》经营);粮食收购(凭有效的《粮食收购许可证》经营);销售食用农产品(粮食)和饲料;预包装兼散装食品批发兼零售(凭有效的《食品经营许可证》经营);货物进出口和技术进出口(依法须经批准的项目,经相关部门批准后方可开展经营活动)。开×公司原始股东登记情况为关某玲、叶某棠、鸿×公司,于 2008 年 11 月 24 日变更股东登记为关某玲、叶某棠,于 2018 年 9 月 26 日变更股东登记为关某玲、叶某棠、广东省农业供给侧结构性改革基金合伙企业(有限合伙),于 2021 年 4 月 23 日变更股东登记为广东丰×食品有限公司。开×公司原企业名称为"开平市开×面粉有限公司"后于 2009 年 5 月 25 日变更企业名称为"开×公司"。

开×公司向吴某非出具的《借款确认书》(盖"开平市开×面粉有限公司"字样公章,落款时间:2008 年 4 月 1 日)载明:"尊敬的吴某非女士:你借给鸿×公司款项贰佰万元(小写:2,000,000.00 元),现其债务贰佰万元由开平市开×面粉有限公司负责偿还及每月支付利息。"开×公司向刘某萍出具的《借款确认书》(盖"开×公司"字样公章,落款时间:2008 年 6 月 1 日)载明:"尊敬的刘某萍女士:你借给鸿×公司款项壹佰万元(小写:1,000,000.00 元),现其债务壹佰万元由开平市开×面粉有限公司负责偿还及每月支付利息。"

江门市中级人民法院于 2020 年 10 月 28 日就开×公司破产重整一案作出(2020)粤 07 破 91 号之一民事裁定书,裁定:"确认广东一×恒健融资租赁有限公司等 97 名债权人的债权(详见无争议债权表)",并于无争议债权表中载明:"序号:41,债权人:吴某非,债权总额:1,668,065.75 元,债权性质:普通债权;序号:43,债权人:刘某萍,债权总额:891,200 元,债权性质:普通债权。"广东省江门市中级人民法院于 2021 年 1 月 6 日就开×公司破产重整一案作出(2020)粤 07 破 91 号之二民事裁定书,裁定:"一、批准开×公司重整计划草案;二、终止开×公司重整程序。"依照该民事裁定书附件《开×公司重整计划(草案)》,开×公司管理人分别于 2021 年 2 月 22 日向吴某非支付了 249,755.31 元、于 2021 年 2 月 23 日向刘某萍支付了 133,437.15 元。开×公司认为关某玲、叶某棠利用其与鸿×公司的关联关系,导致开×公司承担了本应由鸿×公司向吴某非、刘某萍的还款责任,该行为损害了开×公司合法权益,遂成诉讼。

开×公司向开平市人民法院提起诉讼,请求:(1)叶某棠、关某玲共同向开×公司支付赔偿款 5,307,192.46 元;(2)叶某棠、关某玲共同承担本案全部诉讼费用。

叶某棠、关某玲在答辩期限内未做答辩,在举证期限内未提供证据。

法院查明事实:(1)开×公司向刘某萍出具的《借款确认书》的落款时间与字样为“开×公司”公章的形成时间存在冲突。(2)鸿×公司的股东为关某玲、叶某棠,无证据显示开×公司分别出具给吴某非、刘某萍的《借款确认书》是基于法定或约定的债权债务关系而形成。(3)开×公司称根据吴某非、刘某萍的借款事项,开×公司于2008年4月1日至2019年5月31日代鸿×公司向吴某非偿还借款本息合计3,692,000元、于2008年6月1日至2019年2月代鸿×公司向刘某萍偿还借款本息合计1,232,000元,并主张该两笔费用属于开×公司的实际损失,但未提供证据证明该两笔款项是用开×公司的财产进行清偿。

【裁判结果】

1. 关某玲、叶某棠应在判决生效之日起5日内支付赔偿款383,192.46元给开×公司;

2. 驳回开×公司的其他诉讼请求。

【案件解析】

本案为损害公司利益责任纠纷。虽然开×公司向刘某萍出具的《借款确认书》的落款时间与字样为“开×公司”公章的形成时间存在冲突,但开×公司该时间段均由关某玲、叶某棠实际控制,而鸿×公司的股东同为关某玲、叶某棠,无证据显示开×公司分别出具给吴某非、刘某萍的《借款确认书》是基于法定或约定的债权债务关系而形成,根据《公司法》(2018年)第二十一条“公司的控股股东、实际控制人、董事、监事、高级管理人员不得利用其关联关系损害公司利益。违反前款规定,给公司造成损失的,应当承担赔偿责任”的规定,关某玲、叶某棠同为开×公司及鸿×公司股东,利用其与鸿×公司的关联关系,将本应由鸿×公司承担的债务转移由开×公司负责偿还的行为,已经损害了开×公司的合法权益,故关某玲、叶某棠负有向开×公司赔偿损失的责任。

关于开×公司损失认定问题。开×公司主张根据江门市中级人民法院(2020)粤07破91号之二民事裁定书及其附件《开×公司重整计划(草案)》,开×公司管理人已分别于2021年2月22日向吴某非支付了249,755.31元、于2021年2月23日向刘某萍支付了133,437.15元,合计383,192.46元,该部分费用是吴某非、刘某萍以前述借款为基础申请债权后,经相应生效法律文书确认而形成,并有银行划款记录证明损失已经实际产生,属本案被告损害行为所致的损失,法院应予支持。开×公司称根据吴某非、刘某萍的借款事项,开×公司于2008年4月1日至2019年5月31日代鸿×公司向吴某非偿还借款本息合计3,692,000元、于2008年6月1日至2019年2月代鸿×公司向刘某萍偿还借款本息合计1,232,000元,并主张该两笔费用属于开×公司的实际损失,但开×公司未提供证据证明该两笔款项是用开×公司的财产进行清偿,故法院不应确认。

案例88 法定代表人在履行合同的过程中未尽到勤勉义务给公司造成损失,公司要求赔偿经营损失获得法院支持

——张某、甘肃西×国际旅行社有限公司损害公司利益责任纠纷案

【基本案情】

上诉人(原审被告):张某

被上诉人(原审原告):甘肃西×国际旅行社有限公司(以下简称西×公司)

一审法院:敦煌市人民法院

案号:(2022)甘0982民初474号

二审法院:酒泉市中级人民法院

案号:(2022)甘09民终1078号

西×公司成立于2018年12月13日,法定代表人张某,张某出资20.4万元,出资比例34%;李某飞出资19.8万元,出资比例33%;李某出资19.8万元,出资比例33%。2019年4月15日,西×公司与敦煌市兄×越野一族房车露营基地(以下简称越野露营基地)签订了《越野E族露营基地租赁合同》,约定将位于敦煌市××镇的露营基地租赁于西×公司使用,越野露营基地收取西×公司物品保证金30,000元(押金),由杨某健收取李某保证金10,000元,宁某收取李某飞保证金10,000元,张某10,000元保证金由张某收取。当日,越野露营基地的经营者杨某健、杨某刚、宁某、张某书写收条一张,载明"今收到西途国旅基地租赁费用200,000元,贰拾万元整,押金3万元,叁万元,费用分别给予张某,6万元整,陆万元整,押金1万元;杨某健,6万元整,陆万元整,押金1万元;宁某,4万元整,肆万元整,押金1万元;杨某刚,4万元整,肆万元整。收款人:杨某健、杨某刚(杨某健代收)、宁某、张某,2019年4月15日"。张某未实际交押金亦未收取。

2019年11月2日,西×公司进行了年底分红结算,未涉及押金交、退事宜。2020年1月13日,西×公司召开股东会议,同意法定代表人兼执行董事张某的辞职申请,选举李某为法定代表人兼执行董事;同意股东张某将其所有的17%的股权转让给股东李某飞,剩余17%的股权转让给李某,转让后张某不再享有股东权利,李某飞、李某分别占股50%。

2021年4月9日,西×公司起诉越野露营基地要求返还西×公司20,000元保证金。越野露营基地提出反诉,要求西×公司赔偿物品、车辆损失共计30,117.67元。2021年7月2日,敦煌市人民法院作出(2021)甘0982民初701号民事判决书,认为越野露营基地的损失与20,000元保证金大致相当,保证金与造成的损失可相互抵顶,故对双方的诉讼请求均不予支持,依法判决驳回西×公司的诉讼请求与越野露营

基地的反诉请求。

西×公司购买的音响、功放、净水器，租赁合同存续期间在越野露营基地存放，现去向不明。西×公司向敦煌市人民法院起诉请求：(1)判令张某赔偿西×公司经营损失6800元；(2)判令张某赔偿西×公司音响、功放、净水器等设备损失9154.2元，合计15,954.2元。

一审判决后，张某不服向酒泉市中级人民法院提起上诉，请求：(1)依法撤销一审判决或改判；(2)一审、二审诉讼费由西×公司承担。事实和理由：(1)本案保证金损失，属于公司经营风险责任，与公司股东个人没有直接法律关系，股东不应对该损失承担赔偿责任。(2)西×公司依然合法存在，没有解散或者进入清算程序，在此情况下，让公司股东承担公司经营损失，不符合公司法规定。(3)张某经西×公司其他股东同意，已经退出了西×公司股东，退出时，张某与西×公司就股权转让、债权债务都进行了清算和了结，张某作为已退出股东，依法不应再承担赔偿责任。

西×公司辩称：(1)一审法院认定责任主体正确，张某作为西×公司原法定代表人，应依法承担对公司的“忠实义务”和“勤勉义务”。(2)一审法院认定因张某未尽到“忠实义务”和“勤勉义务”与造成公司利益被损害结果存在因果关系正确。(3)一审程序合法，适用法律正确。(4)张某代表公司与越野露营基地签订场地租赁合同，张某应该严格按照租赁合同约定勤勉履行，但其签订合同后，怠于履行勤勉义务和法定代表人职责，未积极行使管理权，造成租赁合同违约，张某应按照股权比例承担赔偿损失。

二审法院查明：(1)张某在担任西×公司法定代表人期间，与越野露营基地签订了租赁合同，但在履行合同的过程中未尽到勤勉义务，造成越野露营基地的部分设施设备的损坏、丢失，西×公司的违约行为导致损失保证金20,000元。(2)西×公司要求张某赔偿音响、功放、净水器等设备损失，缺失物品清单系单方出具，张某对此不予认可，西×公司未提交其他证据证实上述设备的价值及设备为张某所实际占有。

【裁判结果】

一审法院判决：

1. 张某赔偿西×公司经营损失6800元，限于本判决生效后15日内履行；
2. 驳回西×公司的其他诉讼请求。

二审法院判决：驳回上诉，维持原判。

【案件解析】

本案的争议焦点为张某应否对西×公司经营期间的损失承担赔偿责任。

我国《公司法》(2018年)第一百四十七条第一款[①]规定：“董事、监事、高级管理

① 对应《公司法》(2023年)第一百七十九条、第一百八十条。

人员应当遵守法律、行政法规和公司章程,对公司负有忠实义务和勤勉义务。”第一百四十九条规定:“董事、监事、高级管理人员执行公司职务时违反法律、行政法规或者公司章程的规定,给公司造成损失的,应当承担赔偿责任。”

本案中,张某在担任西×公司法定代表人期间,与越野露营基地签订了租赁合同,但在履行合同的过程中未尽到勤勉义务,造成越野露营基地的部分设施设备的损坏、丢失,西×公司的违约行为导致损失保证金 20,000 元。故对于西×公司要求由张某承担其占股比例 34% 的经营损失 6800 元的请求,法院应予支持。对于西×公司要求张某赔偿音响、功放、净水器等设备损失 9154.2 元的请求,缺失物品清单系单方出具,张某对此不予认可,西×公司未提交其他证据证实上述设备的价值及设备为张某所实际占有,故该项诉讼请求不能得到法院支持。

案例 89 股东以公司名义向银行贷款后通过闭环转账方式侵占公司该款项的,应予以返还

——陈某国、江苏星×电动科技有限公司等损害公司利益责任纠纷案

【基本案情】

上诉人(原审被告):陈某国

被上诉人(原审原告):江苏星×电动科技有限公司(以下简称星×公司)

原审第三人:泰州市欣×建筑工程装饰设计有限公司(以下简称欣×公司)

原审第三人:泰州市乐×旺暖通有限公司(以下简称乐×旺公司)

原审第三人:何某芳

原审第三人:祝某

一审法院:泰州市姜堰区人民法院

案号:(2021)苏 1204 民初 4978 号

二审法院:江苏省泰州市中级人民法院

案号:(2022)苏 12 民终 2157 号

工商登记显示:星×公司于 2019 年 11 月 21 日开业,开业时公司法定代表人刘某珍,股东为心×诚企业、陈某国、肖某;2020 年 2 月 26 日,公司法定代表人变更为陈某国,陈某国任公司董事、董事长;2020 年 6 月 25 日,股东变更为心×诚企业、陈某国、丁某;2021 年 5 月 24 日,股东变更为心×诚企业、丁某、戴某燕、王某娟;同日,公司法定代表人变更为戴某燕。

2020 年 8 月 27 日,江苏姜×农村商业银行股份有限公司(以下简称姜×农商行)与星×公司签订最高额借款合同一份,载明:最高借款额度 2,000,000 元,循环借

款期间为2020年8月26日至2021年8月10日;在上述期间内发放的每笔借款之借款金额、发放日期、到期日、利率、具体用途等,以借款借据为准;等等。2021年1月6日,姜×农商行向星×公司发放贷款1,050,000元,载明:到期日为2021年8月10日,结息方式为每月20日结息,年利率为8.74%,借款用途为制造业(购钢材等),受托支付;等等。同日,姜×农商行根据星×公司申请,向乐×旺公司×××6915账号汇转1,050,000元。2021年2月1日,姜×农商行向星×公司发放贷款950,000元,载明:到期日为2021年8月10日,结息方式为每月20日结息,年利率为8.74%,借款用途为制造业(购钢材等),受托支付;等等。同日,姜×农商行根据星×公司申请,向欣×公司10217701040010×××账号汇转950,000元。星×公司在上述最高额借款合同、借款借据、结算业务申请书上盖章,陈某国在上述最高额借款合同、借款借据、结算业务申请书上签字。

2021年1月7日,乐×旺公司×××6915账号向何某芳62155811×××账号汇转1,050,000元。2021年1月9日,何某芳通过ATM取款四次,每次5000元,计20,000元;同日,何某芳62155811×××账号向陈某国62220811×××账号汇转50,000元;2021年1月11日,何某芳62155811×××账号向陈某国62220811×××账号汇转500,000元、480,000元,计980,000元。

2021年2月2日,欣×公司10217701040010×××账号向祝某62×××73账号汇转500,000元;2021年2月3日,欣×公司10217701040010×××账号向祝某62×××73账号汇转450,000元,合计950,000元。2021年2月2日,祝某向陈某国汇转1元、499,999元;2021年2月4日,祝某62×××73账号向陈某国62220811×××账号汇转450,000元,合计950,000元。

星×公司向泰州市姜堰区人民法院提起诉讼,请求:(1)判令陈某国返还1,400,000元及利息(以1,400,000元为计算,自2021年2月4日起按年利率8.74%计算至实际还款之日止);(2)本案诉讼费用由陈某国负担。

庭审中,星×公司代理人陈述:向姜×农商行所借2,000,000元贷款星×公司已清偿完毕;陈某国向星×公司返还的600,000元具体为:2021年1月20日200,000元,2021年1月21日100,000元,2021年2月3日300,000元;两份购销合同签订过程均为陈某国一人操控,其当时作为星×公司法定代表人利用职权虚假签订该两份合同,故该两份合同无效;星×公司决策委托陈某国办理银行贷款事宜,但陈某国采取签订何种合同决策人员当时不知晓;陈某国入股部分星×公司份额,星×公司委托陈某国登记为公司法定代表人,但对外仅为登记人、法定代表人、董事,并无实际决策权;当时出于对陈某国的信任,营业执照和公章都放在陈某国处使用。

陈某国陈述:"我担任星×公司法定代表人期间公司向姜×农商行贷款2,000,000元用于支付与乐×旺公司、欣×公司签订的采购合同项下的货款属实;采购合同项下所涉货款没有全部履行完毕，总共履行了2,000,000元；因货款未付全，乐×旺公司、欣×公司没有交货；乐×旺公司、欣×公司没有就采购合同项下涉及款项退还；除上述合同外，我与乐×旺公司、欣×公司之间还有其他经济往来，我给欣×公司介绍工程，收取一定费用，其他没有往来；我担任星×公司法定代表人期间，资金周转困难，即向欣×公司借款，作为朋友，向其借款950,000元，有600,000元已通过我的62220811×××账号汇转到星×公司；我没有就向姜×农商行所借2,000,000元贷款进行清偿。”

陈某国代理人陈述：陈某国是驾驶员，不管公司经营，工商登记的董事、董事长职务与其在星×公司的实际职务不符；与乐×旺公司、欣×公司签订的采购合同因货款未支付全，故合同至今未解除，也未退款；陈某国与何某芳系夫妻关系，对何某芳取现20,000元不清楚，陈某国称与本案无关；汇转入星×公司的600,000元是陈某国借给星×公司的，属于借贷关系，星×公司没有出具借条给陈某国；对祝某与陈某国之间有无债权债务关系不清楚；星×公司印章、证照一直在潘某庆手上。

法院查明，留存于姜×农商行的一份合同载明：采购方星×公司，供货方乐×旺公司；合同总金额2,000,000元；款到发货；等等。留存于姜×农商行的另一份合同载明：采购方星×公司，供货方欣×公司；合同总金额1,371,600元；款到发货，发票随货同行；等等。

一审判决后，陈某国不服一审判决提起上诉，请求：(1)撤销一审民事判决并依法改判。(2)本案一审、二审诉讼费用由星×公司承担。事实和理由：(1)一审判决认定事实不清。本案购销合同并未解除，陈某国不存在闭环转账行为。①星×公司认为已经与第三人解除了两份购销合同，但一审中星×公司并未举证证明购销合同解除的事实，第三人也分别向星×公司发通知要求星×公司积极履行合同义务，否则将解除合同，因此购销合同至今仍有效，未被解除。②一审判决认为陈某国通过闭环转账侵占星×公司2,000,000元的理由不成立。所谓“闭环转账”是指在一个相对封闭的资金流转系统内进行转账，最大可能规避外部风险。实践中主要是母公司与子公司之间或总公司与分公司之间的转账交易。本案陈某国与第三人及星×公司与第三人之间均无投资关系和关联交易行为，因此闭环转账不存在。③陈某国并未实施损害公司利益的行为。虽然陈某国在星×公司与第三人合同期内是星×公司的股东兼法定代表人，但陈某国并非该公司的实际控制人而是驾驶员，不实际参与管理公司事务，且陈某国、何某芳与欣×公司、乐×旺公司之间的资金往来为正常的借贷关系或合同关系，他们之间的资金往来与星×公司无关，并不存在损害星×公司利益的情况。(2)陈某国并非本案适格主体，一审判决适用法律错误。本案中，星×公司与欣×公司、乐×旺公司分别签订了两份采购合同，为支付货款，陈某国向银行申请了两笔贷款，分别汇入欣×公司、乐×旺公司的账户，即使星×公司认为合同已解除或合同无效,也应该根据合同相对性理论适用《民法典》第一百五十七条的规定,要求第三人返还货款,而非以陈某国为被告。

星×公司辩称,一审判决认定事实清楚,适用法律正确,程序合法。星×公司与第三人签订购销合同的目的是获得银行贷款,并非真实的买卖合同关系,贷款发放下来后,两个第三人公司在很短的时间内通过转账的方式将款项转给了星×公司原法定代表人和股东陈某国,形成了资金的回流和闭环。因陈某国想退股(500,000 元),同时要求退还星×公司第一大股东心×诚企业的合伙份额(125,000 元),总计 625,000 元,且陈某国还要求星×公司补偿其总额两倍的损失。因此,陈某国在收到星×公司的银行贷款 2,000,000 元后仅给星×公司 600,000 元,扣留了 1,400,000 元,以此和星×公司进行谈判,因此陈某国的行为侵犯了星×公司的利益,应当返还星×公司 1,400,000 元的贷款。陈某国辩称与第三人存在借贷关系或合同关系明显不能成立,首先陈某国在其上诉状中不能明确究竟是借贷还是其他合同关系,在谈判时陈某国未表明本案 1,400,000 元与星×公司没有关系,也没有表明该 1,400,000 元或 2,000,000 元是其个人借贷的第三人的款项,因此,陈某国的主张不能成立,也没有证据予以证明。

第三人欣×公司、乐×旺公司、何某芳、祝某未做陈述。

二审中,星×公司提交两份录音证据,第一份录音是 2021 年 3 月 7 日星×公司员工殷某福、潘某庆与欣×公司的法定代表人祝某在欣×公司附近的谈话录音,谈话内容如下:"潘:感谢了……星×公司的钱到哪了,财务说没有收到,当时应该转给陈某国了吧。祝:我转给他了……当时因为限额是五十万,所以分两天转的……是九十五万(将截图发给了潘某庆)",一审中星×公司提交了祝某的转账截图。该证据证明星×公司与欣×公司签订合同是为了银行贷款,并非买卖关系的事实,也证明了祝某转钱给陈某国并不是陈某国主张的私人间的借贷。第二份录音是 2021 年 3 月 5 日在泰州姜堰区淤溪镇党委书记滕某东的办公室的谈话录音,因为星×公司当时是淤溪镇招商引资的公司,股东内部出现矛盾,滕书记作为中间人组织双方进行沟通交流,谈话人有潘某庆、董某勤、陈某国、滕某东。当时陈某国提出要退出星×公司,也要退出心×诚企业,陈某国总共投资了 625,000 元,要求按 1∶3 退还给他,当时星×公司的董某勤和潘某庆没有答应,然后陈某国提出最低按照 1∶2 退还,后潘某庆称:"那就是这个钱全给他也差不多了,625,000 元加上 625,000 元共 1,250,000 元,1,400,000 元给 1,250,000 元,剩下的 150,000 元交公司,是不是这个意思",此谈话中的 1,400,000 元就是指的本案的 1,400,000 元,陈某国没有同意此方案,要求星×公司先另外退 1,250,000 元给他,要用 1,400,000 元还 2,000,000 元的贷款,潘某庆说钱是星×公司贷款的,应该公司还,陈某国因为是案涉贷款的担保人,要求先还 2,000,000 元,不同意将 150,000 元还给星×公司,证明了本案的 1,400,000 元就是星×公司银行贷款，就是第三人退还给陈某国的1,400,000元，不是陈某国庭审中称的借贷或其他合同关系。

陈某国质证认为，对录音证据的真实性予以认可，对其证明目的不予认可。星×公司结构为公司股东和自然人股东相结合，625,000元投资款系陈某国在星×公司的股东投资款，星×公司是由股东陈某国、何某芳、黄某华投资设立，与星×公司所称的事实不相符。若星×公司与第三人签订购销合同的目的是获得银行贷款，那么星×公司与第三人就涉嫌采用虚假合同骗取银行贷款。实际情况是，为转嫁法律风险，星×公司由陈某国担任法定代表人，并以陈某国个人房产对贷款进行抵押，即使星×公司认为陈某国从祝某手中获得的950,000元是星×公司的银行贷款，应交由星×公司，陈某国出于对自我财产的保护有理由行使留置权，事实上该笔银行贷款转账给欣×公司后，欣×公司从未将该款项转至陈某国的银行卡，而是祝某转给陈某国。星×公司提交与祝某的录音具有引导性，将债务转嫁给陈某国，祝某如果不将个人的转账视同为欣×公司的转账，则欣×公司就要对星×公司承担这笔债务，从法律上讲，祝某与陈某国之间形成的法律关系与本案不属于同一法律关系，陈某国不是本案适格被告，星×公司要追究该贷款应当由第三人来承担。

二审院认证意见：对星×公司提交的两份录音证据的真实性予以采信，第一份录音证据结合一审星×公司提交的祝某的转账截图能够证明祝某转给陈某国的950,000元为星×公司的财产，且欣×公司与星×公司之间不存在真实的买卖关系。第二份录音中1,400,000元指向不明，不能达到星×公司证明目的。

法院查明其他事实：(1)陈某国认为与欣×公司、乐×旺公司之间存在其他借贷或者合同关系，并未提交任何证据证明。(2)本案所涉2,000,000元贷款虽然分别打入欣×公司账户和乐×旺公司账户，但最终通过何某芳(陈某国妻子)和祝某流向了陈某国(1,980,000元)及何某芳(20,000元)账户。(3)结合欣×公司和乐×旺公司未交货的事实以及星×公司提交的与欣×公司法定代表人祝某的电话录音、祝某的转账截图可知，星×公司与欣×公司、乐×旺公司并不存在真实的买卖合同关系。(4)陈某国在收到星×公司的银行贷款2,000,000元后仅给星×公司600,000元，扣留了1,400,000元。

【裁判结果】

一审法院判决：陈某国于判决生效之日起10日内返还星×公司占用资金1,400,000元并支付利息(以1,400,000元为基数，自2021年2月4日起，按年利率8.74%计算至实际给付之日止)。

二审法院判决：驳回上诉，维持原判。

【案件解析】

本案争议焦点为：(1)陈某国是否为本案适格的被告；(2)陈某国是否存在损害

星×公司利益的行为,应否向星×公司返还1,400,000元占用资金及利息。

关于焦点一,本案系损害公司利益责任纠纷,星×公司提起本案诉讼,系认为陈某国担任星×公司法定代表人期间侵害了星×公司利益,故星×公司以陈某国为被告提起本案诉讼并无不当。

关于焦点二,公司股东滥用股东权利给公司或者其他股东造成损失的,应当依法承担赔偿责任。董事、监事、高级管理人员应当遵守法律、行政法规和公司章程,对公司负有忠实义务和勤勉义务。董事、监事、高级管理人员不得利用职权收受贿赂或者其他非法收入,不得侵占公司的财产。董事、监事、高级管理人员执行公司职务时违反法律、行政法规或者公司章程的规定,给公司造成损失的,应当承担赔偿责任。本案所涉2,000,000元贷款系陈某国担任星×公司法定代表人期间以星×公司的名义经办,故该2,000,000元属于星×公司所有。该2,000,000元虽然分别打入欣×公司账户和乐×旺公司账户,但最终通过何某芳(陈某国妻子)和祝某流向了陈某国(1,980,000元)及何某芳(20,000元)账户。陈某国认为与欣×公司、乐×旺公司之间存在其他借贷或者合同关系,并未提交任何证据证明。结合欣×公司和乐×旺公司未交货的事实以及星×公司提交的与欣×公司法定代表人祝某的电话录音、祝某的转账截图可知,星×公司与欣×公司、乐×旺公司并不存在真实的买卖合同关系。综上,陈某国通过闭环转账侵占了属于星×公司的2,000,000元,该行为属于损害公司利益的行为。陈某国在收到星×公司的银行贷款2,000,000元后仅给星×公司600,000元,扣留了1,400,000元,案涉贷款星×公司已经偿还完毕,鉴于陈某国与何某芳之间的夫妻关系,陈某国应向星×公司返还1, 400,000元占用资金。

案例90 监事通过亲友经营公司同类业务,给公司造成损失的,应当承担赔偿责任

——成都零×十八度网络科技有限公司、薛某俊等损害公司利益责任纠纷案

【基本案情】

原告:成都零×十八度网络科技有限公司(以下简称零×十八度公司)

被告:薛某俊

被告:曾某1

第三人:成都泰×荣和网络科技有限公司(以下简称泰×荣和公司)

第三人:金牛区聚×昇食品商贸部(以下简称聚×昇商贸部)

审理法院:成都高新技术产业开发区人民法院

案号:(2021)川0191民初6534号

零×十八度公司向成都高新技术产业开发区人民法院提起诉讼,请求:(1)薛某俊、曾某1赔偿零×十八度公司上海仓库未取回货物及财物损失73,323.245元;(2)薛某俊、曾某1返还零×十八度公司擅自使用其账户支出资金66,781.02元;(3)薛某俊、曾某1实际控制的淘宝店铺"大×BIGCAT宝宝辅食店"自原本属于零×十八度公司客户(暂计店铺总客户10%)处所得经营收入的42.46%(暂计63,340.8元)归零×十八度公司享有。事实和理由:李某达和薛某俊合资成立零×十八度公司,分别占股55%、45%。公司的主要收入来源为2017年5月24日开设的淘宝店铺"拉×熊宝宝辅食店",由二股东共同经营,薛某俊配偶曾某1担任财务负责人。2019年1月,零×十八度公司在上海开设发货地点由薛某俊亲属管理。2019年3月,经案外人顺丰公司冷运工作人员向李某达反映,薛某俊存在经由同一仓库发送别家货物情况,零×十八度公司核查公司支付宝账户发现,该账户存在异常且无端向泰×荣和公司支付宝账户转账66,781.02元等情况。此后,李某达及成都店铺工人赴上海取回上海仓库存放的拉×熊货物及财物,遭到被告强硬拒绝。零×十八度公司以每日盘存方式确定上海仓库货物价值,至2019年10月31日,薛某俊命令上海仓库工人不再发送拉×熊货物。李某达以微信聊天方式要求薛某俊及曾某1将上海仓库货物安排发回成都,其置之不理,上海仓库于2019年12月31日租期到期后,73,323.245元货物及财物至今不知去向。此外,零×十八度公司在登录其与薛某俊共同管理的阿里巴巴账号时发现薛某俊要求零×十八度公司客户添加薛某俊个人微信并以微信方式向原告客户发送一家名为"大×BIGCAT宝宝辅食店"的店铺链接,该店铺由聚×昇食品商贸部经营。另,胡某贤和曾某2为夫妻关系,曾某2与曾某1为父女关系,"大×BIGCAT宝宝辅食店"实际由薛某俊及曾某1控制并经营。依照《公司法》的相关规定,特诉至法院。诉讼过程中,零×十八度公司申请撤回第1项诉讼请求,法院予以准许。

薛某俊、曾某1共同辩称,第一,薛某俊作为公司的股东及监事,依据公司法规定和公司章程约定,有权自营或者为他人经营与原告经营范围一致的项目,没有竞业限制义务。在担任监事期间,除依法依约履行监督职责外,薛某俊并未损害原告公司的利益;第二,"大×BIGCAT宝宝辅食店"的所有权及经营主体为聚×昇商贸部,薛某俊仅系帮忙经营,聚×昇商贸部的合法经营收入应系其所有,与零×十八度公司无关;薛某俊帮助经营期间,自2019年8月、9月确实放了一个冰箱在原告的仓库,但也是原告的管理人员未履行职责,占有薛某俊除履行监事职责以外的时间造成的,且该占用行为并未导致公司利益损失;第三,公司的账户由李某达管理,薛某俊未挪用资金,也未将客户引流;第四,公司在上海仓库存货,薛某俊不清楚在租赁期限到期后是否取走。存货系公司的执行董事和高管安排工人管理,且在2019年11月违法解除薛某俊的监事职务后,薛某俊一直无法履行监事职责。公司在另案甚至认为薛某俊从2019年9月开始即未履行监事职务。因此,薛某俊更不清楚公司的管理情况;第五,奔×马公司已于2019年11月29日将广告费4800元退还给了原告,被告不存在侵占原告财产的行为;第六,两次培训均系公司为了提升员工淘宝业务能力,并经李某达同意支出,不应由薛某俊承担。

第三人泰×荣和公司、聚×昇商贸部未发表意见。

法院查明事实如下:零×十八度公司于2016年6月15日由李某达、薛某俊发起设立,注册资本100万元,二人各认缴55万元、45万元,薛某俊担任监事。公司的经营范围包括销售日用品、化妆品、工艺品、服装鞋帽、文化用品、农副产品、批发兼零售预包装食品。零×十八度公司于2017年5月24日在淘宝网上开设了名为"拉×熊宝宝辅食店"的店铺,经营儿童辅食。薛某俊与零×十八度公司签订有劳动合同,月工资为3688元,薛某俊在零×十八度公司工作至2019年8月。

薛某俊与曾某1系夫妻关系,曾某2、胡某贤系薛某俊的岳父、岳母。

2018年12月17日,薛某俊、曾某2发起设立泰×荣和公司,注册资本50万元,二人分别认缴30万元、20万元,薛某俊任执行董事兼经理,公司的经营范围包括食品经营、销售农副产品。

胡某贤以其为经营者于2019年2月13日设立了聚×昇商贸部,经营范围包括食品经营、销售农副产品。2019年3月9日,聚×昇商贸部在淘宝网上开设了名为"大×BIGCAT宝宝辅食"的店铺,经营儿童辅食。聚×昇商贸部对应的支付宝账号系通过薛某俊所有的"xue××××jun2016@126.com"的邮箱注册。

"大×BIGCAT宝宝辅食"使用"拉×熊宝宝辅食店"的货源、库房、工作人员进销商品,通过库房工作人员管理货物和发货。在案涉争议发生后,薛某俊确有引导原零×十八度公司客户转移至其自身店铺,客观上造成了零×十八度公司的利益受损。

曾某1系零×十八度公司工作人员,负责财务、办公室相关工作,每月工资800元。

另外,根据零×十八度公司提供的订单并结合录音中薛某俊的自认、微信聊天记录,法院对部分损失予以确认如下:1.通过"拉×熊宝宝辅食店"采购而由"大×BIGCAT宝宝辅食"销售的产品:鹰嘴豆400元;芝麻油、胡麻油、拌菜酱1340.4元;金井4200元;2.通过"拉×熊宝宝辅食店"付款,但薛某俊无法说明付款原因及举出反证的款项:2019年4月8日1183.17元、2019年6月22日1400元、2019年7月3日2750元;3.库房租金:3700元/月×9个月÷2=16,650元(2019年3月9日至2019年12月8日);人工工资:3000元×6个月(2019年3月9日至2019年9月8日)÷2=9000元。以上共计36,923.57元。

【裁判结果】

1.薛某俊、曾某1于判决生效之日起10日内,向零×十八度公司赔偿36,923.57元;

2.驳回零×十八度公司的其他诉讼请求。

如果未按判决指定的期间履行给付金钱义务,应当依照《民事诉讼法》(2021 年)第二百六十条的规定,加倍支付迟延履行期间的债务利息。

【案件解析】

我国《公司法》(2018 年)第二十一条规定:"公司的控股股东、实际控制人、董事、监事、高级管理人员不得利用其关联关系损害公司利益。违反前款规定,给公司造成损失的,应当承担赔偿责任。"第一百四十七条规定:"董事、监事、高级管理人员应当遵守法律、行政法规和公司章程,对公司负有忠实义务和勤勉义务。董事、监事、高级管理人员不得利用职权收受贿赂或者其他非法收入,不得侵占公司的财产。"第二百一十六条[①]规定:"本法下列用语的含义:……(四)关联关系,是指公司控股股东、实际控制人、董事、监事、高级管理人员与其直接或者间接控制的企业之间的关系,以及可能导致公司利益转移的其他关系。但是,国家控股的企业之间不仅因为同受国家控股而具有关联关系。"本案系损害公司利益责任纠纷,适用前述法律规范的前提是侵权人具有股东、实际控制人、董事、监事、高级管理人员的身份。

本案中,薛某俊作为零×十八度公司的监事,对公司负有忠实义务和勤勉义务,薛某俊通过其岳父、岳母开立公司、个体工商户,经营与零×十八度公司同类的业务。其间,实际占用了零×十八度公司的库房存放货品,通过库房工作人员管理货物和发货,在案涉争议发生后,薛某俊确有引导原零×十八度公司客户转移至其自身店铺,客观上造成了零×十八度公司的利益受损,其行为确有不当。但依据"谁主张,谁举证"的诉讼规则,零×十八度公司应当对薛某俊行为造成损失的具体数额承担举证责任。根据零×十八度公司提供的订单并结合录音中薛某俊的自认、微信聊天记录,法院认定损失金额为 36,923.57 元。

依据《民法典》第一千零六十四条"夫妻双方共同签名或者夫妻一方事后追认等共同意思表示所负的债务,以及夫妻一方在婚姻关系存续期间以个人名义为家庭日常生活需要所负的债务,属于夫妻共同债务。夫妻一方在婚姻关系存续期间以个人名义超出家庭日常生活需要所负的债务,不属于夫妻共同债务;但是,债权人能够证明该债务用于夫妻共同生活、共同生产经营或者基于夫妻双方共同意思表示的除外"的规定,薛某俊、曾某 1 系夫妻关系,案涉债务发生在二人婚姻关系存续期间,薛某俊、曾某 1 均系零×十八度公司的工作人员,曾某 1 对薛某俊的侵权行为知情。据此,对于法院认定的上述损失金额,薛某俊、曾某 1 应当共同偿还。

---

① 对应《公司法》(2023 年)第二百六十五条。

案例91 股东未经公司同意私自将公司资金转入个人账户或关联账户，应当承担返还财产的法律责任

——李某民、杭州灵×酒店管理有限公司损害公司利益责任纠纷案

【基本案情】

上诉人(原审被告):李某民

被上诉人(原审原告):杭州灵×酒店管理有限公司(以下简称灵×公司)

一审法院:杭州市富阳区人民法院

案号:(2021)浙0111民初3260号

二审法院:杭州市中级人民法院

案号:(2021)浙01民终8557号

灵×公司向杭州市富阳区人民法院提起诉讼，请求:(1)李某民返还拆迁补偿款3,658,565.75元;(2)李某民承担案件诉讼费用。一审审理中，灵×公司变更第1项诉求为返还拆迁补偿款3,306,287.92元。

一审判决后，李某民不服一审判决，向杭州市中级人民法院提起诉讼，请求:(1)撤销一审判决，依法改判驳回灵×公司一审的全部诉讼请求;(2)一审、二审诉讼费用由灵×公司承担。事实和理由:(1)一审法院认定夏某可代表灵×公司提起本案诉讼，系适用法律错误。2019年12月，夏某因涉嫌操纵证券市场罪被湖北省黄冈市公安机关刑拘，2021年初刚取保，其所涉刑事案件目前正待二审法院开庭审理。根据《公司法》(2018年)第一百四十六条①的规定，夏某早已不具备担任监事的法定条件，亦无权提起本案诉讼。(2)在一审判决作出前，李某民已向一审法院提交《中止审理申请书》，但一审法院并未中止本案审理，严重违反法定程序。李某民需向灵×公司归还款项数额双方存在争议，且具体数额需通过公司解散纠纷及强制清算确定，因此根据《民事诉讼法》第一百五十条第一款第(五)项规定，本案一审应当中止审理。(3)一审法院认定李某民应返还的金额为3,126,008.35元，系事实认定错误。2020年11月5日，灵×公司收到拆迁补偿款3,871,929.7元。其中598,176.86元汇入法院账户用于归还灵×公司的债务，181,155元用于支付灵×公司供应商的货款或工程款，111,000元用于归还王某、金某英为灵×公司垫付的律师费、鉴定费，2,795,223.56元用于出借给李某民用于其归还前期灵×酒店装修其投入的相关装修款，目前灵×公司的账户余额为186,374.56元(详见李某民一审提交的《拆迁款开支明细表》)。综上，鉴于一审法院的上述错误，为维护李某民的合法权益，请求二审法

① 对应《公司法》(2023年)第一百七十八条。

院撤销一审判决,驳回灵×公司的全部一审诉讼请求。

针对李某民的上诉,灵×公司辩称,(1)夏某具备代表灵×公司提起诉讼的主体资格。根据《公司法》及其司法解释的规定,公司监事有权代表公司向损害公司利益的股东提起诉讼。灵×公司的工商登记信息显示,夏某为公司监事,李某民为公司执行董事兼总经理,公司的财务印鉴及银行账户由李某民掌握。李某民获得7,841,554元拆迁补偿款后,将部分拆迁款据为已有,其行为已经严重损害灵×公司的利益,夏某作为公司监事,有权代表公司提起诉讼。虽然夏某涉嫌犯罪,但目前该案仍未作出生效判决,到目前为止,灵×公司并未解除夏某的职务,夏某具备灵×公司监事的身份,其有权代表公司提起本案诉讼。(2)李某民作为执行董事,严重损害了公司的利益。根据《公司法》的规定,公司股东不得滥用股东权利损害公司或者其他股东的利益,董事有勤勉义务,不得挪用公司资金,不得违反公司的章程或未经股东会、股东大会的同意与本公司订立合同或者进行交易。2020年11月5日,灵×公司收到了3,871,929.7元拆迁补偿款;2020年11月6日,李某民向其妻子的姐姐金某英注册的个体工商户杭州富×辰渝文化用品商行的账户转入2,630,000元,于2020年11月24日又转回841,991.65元,实际被李某民通过杭州富×辰渝文化用品商行获得1,788,008.35元。2021年2月2日、2月3日、2月4日,李某民分别向其个人账户汇入了499,000元、499,000元、450,000元,合计1,448,000元。2021年6月21日,李某民汇回10万元,2021年6月23日李某民汇回1万元。因此,李某民实际从灵×公司账户中挪用侵占的金额合计为3,126,008.35元。综上所述,李某民未经公司同意私自将公司资产转入个人账户中,严重损害了公司利益。因此,请二审法院驳回李某民的上诉请求。

法院查明事实如下:2017年2月,灵×公司经工商核准登记成立,股东为夏某、李某民。公司章程载明:公司设执行董事及经理,分别行使《公司法》(2018年)第四十六条、第四十九条规定的职权。经理由执行董事兼任,执行董事系公司法定代表人。公司设监事,由非职工代表担任,经股东会选举产生,监事依法行使《公司法》第五十三条规定的第1项至第6项职权。李某民任公司执行董事兼经理,夏某任监事。

因政府拆迁,灵×公司获得合计10,402,744元拆迁补偿款。2020年11月5日,灵×公司获得7,841,554元拆迁补偿款,其中3,969,624.30元被法院直接扣划,其余拆迁款3,871,929.70元于2020年11月5日汇入灵×公司账号为×××账户。灵×公司该账户《对公活期存款交易明细表》显示:3,871,929.70元拆迁补偿款汇入灵×公司账户后,自2020年11月6日开始从该账户向杭州富×辰渝文化用品商行、徐某敏、孙某轩、杭州富×天铭文化创意有限公司、杭州市富阳区人民法院、李某民、蒋某英、杭州海×装饰工程有限公司等单位或个人汇款。其中,向李某民的汇款情况如下:2021年2月2日汇款499,000元,2月3日汇款499,000元,2月4日汇款450,000

元。2021 年 6 月 21 日,李某民向账户汇款 100,000 元,同年 6 月 23 日,李某民向账户汇款 10,000 元。

审理中,李某民认可汇给杭州富×辰渝文化用品商行的 2,630,000 元经该商行账户后即汇给李某民,李某民在 2020 年 11 月 24 日经该商行又汇回到灵×公司账户 841,991.65 元,李某民实际占有拆迁资金为 3,126,008.35 元。

另查明,夏某因涉嫌操纵股票市场罪被一审判刑,二审尚在审理中。本案起诉时,夏某仍系灵×公司监事。

【裁判结果】

一审法院判决:

1. 李某民返还灵×公司拆迁补偿款 3,126,008.35 元,于判决生效后 10 日内履行完毕;

2. 驳回灵×公司的其他诉讼请求。

如果未按判决指定的期间履行给付金钱义务,应当依照《民事诉讼法》(2017 年)第二百五十三条之规定,加倍支付迟延履行期间的债务利息。

二审法院判决:驳回上诉,维持原判。

【案件解析】

本案主要争议焦点为:(1)夏某是否有权以灵×公司名义提起本案诉讼;(2)灵×公司诉求能否得到支持。

关于焦点一,根据《最高人民法院关于适用〈中华人民共和国公司法〉若干问题的规定(四)》第二十三条第一款的规定,监事会或者不设监事会的有限责任公司的监事依据《公司法》第一百五十一条第一款①规定对董事、高级管理人员提起诉讼的,应当列公司为原告,依法由监事会主席或者不设监事会的有限责任公司的监事代表公司进行诉讼。本案中,夏某提起本案诉讼时仍担任灵×公司监事,虽涉嫌刑事犯罪,但目前尚无生效判决确认其刑事责任,灵×公司亦未依据《公司法》(2018 年)第一百四十六条第三款②之规定,解除夏某的监事职务,故其以灵×公司名义提起诉讼符合上述司法解释规定。

关于焦点二,根据《公司法》(2018 年)第一百四十八条③的规定,董事、高级管理人员不得挪用公司资金,亦不得将公司资金以其个人名义或者以其他个人名义开立账户存储。李某民通过其个人账户或关联账户实际占有灵×公司账户中的拆迁补偿款共计 3,126,008.35 元。李某民作为灵×公司的执行董事兼经理,其前述行为已经

---

① 对应《公司法》(2023 年)第一百八十九条第一款。

② 对应《公司法》(2023 年)第一百七十八条第三款。

③ 对应《公司法》(2023 年)第一百八十一条、第一百八十二条、第一百八十三条。

违反了上述规定的忠实义务，应当承担返还财产之法律责任。

案例92　股东侵占公司销售款，公司可主张返还销售款及资金占用费
——谭某虎、宜昌鑫×美商贸有限公司损害公司利益责任纠纷案

【基本案情】

上诉人（原审被告）：谭某虎

被上诉人（原审原告）：宜昌鑫×美商贸有限公司（以下简称鑫×美公司）

一审法院：湖北省秭归县人民法院

案号：（2020）鄂0527民初1125号

二审法院：湖北省宜昌市中级人民法院

案号：（2020）鄂05民终2523号

2019年6月中旬至2019年9月19日，张某（宜昌新×商贸有限公司的法定代表人，在秭归县××滨湖路开设了一家凤凰山海尔专卖店）、谭某虎、王某潜商议成立公司，在秭归县茅坪镇天问路32号碧桂园21号承租3个商铺经营电视、空调、冰箱、空气净化设备等电器产品。2019年9月19日，鑫×美公司成立，注册资本100万元，其中，宜昌新×商贸有限公司约定出资70万元，谭某虎约定出资20万元，王某潜约定出资10万元，出资截止时间2039年9月12日。公司类型为其他有限责任公司，公司住所地为秭归县茅坪镇天问路32号碧桂园21号103号商铺。公司股东为宜昌新×商贸有限公司、谭某虎、王某潜，法定代表人为谭某虎（执行董事兼总经理），监事为温某乐。执行董事和监事任期均为3年。2019年9月20日，鑫×美公司的碧桂园海尔专卖店开店试营业，9月21日正式营业。2019年11月下旬，张某与谭某虎因经营理念及方式发生矛盾，谭某虎在未结清公司账务账目的情况下离开公司，同时没有上交鑫×美公司的公章及营业执照。

2019年9月20日至2019年10月13日，谭某虎收取鑫×美公司销售款379,635元，其中POS机刷卡收入188,738元，现金收款39,989元，微信收款86,835元、支付宝收款64,073元；经公司监事兼财务温某乐的认可，谭某虎已经交付鑫×美公司销售款207,503元，尚有172,132元未上交。鑫×美公司的发起人委托宜昌慧×通企业管理有限公司秭归分公司于2019年9月19日注册成立鑫×美公司，9月20日该公司将公司营业执照正本及公章、财务章、法定代表人私章交付给谭某虎用于开公司对公账户。

2020年4月14日，公司监事温某乐以个人名义向秭归县人民法院提起诉讼，该院经审查其诉讼主体资格不符，温某乐于2020年5月13日以诉讼主体错误为由撤

诉。2020 年 7 月 28 日,鑫×美公司对谭某虎向秭归县人民法院提起诉讼,请求:(1)判令谭某虎返还鑫×美公司 172,132 元,并以 172,132 元为基数,自 2019 年 11 月 1 日起按同期全国银行间同业拆借中心公布的贷款市场报价利率向公司支付资金占用费至实际履行之日止;(2)判令谭某虎立即向鑫×美公司交付公章、营业执照等公司生产经营必备手续;(3)本案诉讼费用由谭某虎承担。

【裁判结果】

一审法院判决:

1. 谭某虎于判决生效后 7 日内向鑫×美公司返还其公章及营业执照;

2. 谭某虎于判决生效后 7 日内向鑫×美公司赔偿销售款损失 172,132 元,并以 172,132 元为基数,自 2019 年 11 月 1 日起按全国银行间同业拆借中心公布的 1 年期贷款市场报价利率支付资金占用利息至实际履行完毕之日止。

如果未按判决指定的期间履行给付金钱义务,应当依照《民事诉讼法》(2017 年)第二百五十三条之规定,加倍支付迟延履行期间的债务利息。

二审法院判决:驳回上诉,维持原判。

【案件解析】

本案争议焦点为谭某虎是否应该返还公司销售收入及资金占用费,是否应当返还公司公章和营业执照。

鑫×美公司依法成立并登记,有独立的法人财产,享有法人财产权。根据《公司法》(2018 年)第一百四十七条第二款[①]“董事、监事、高级管理人员不得利用职权收受贿赂或者其他非法收入,不得侵占公司的财产”的规定,本案中,作为鑫×美公司的法定代表人、执行董事兼总经理谭某虎收取的公司销售款 379,635 元,后经公司监事兼财务温某乐的认可,谭某虎向公司交付销售款 207,503 元,尚有 172,132 元未上交,该笔销售款余款谭某虎应予返还。根据《公司法》第一百四十九条“董事、监事、高级管理人员执行公司职务时违反法律、行政法规或者公司章程的规定,给公司造成损失的,应当承担赔偿责任”的规定,鑫×美公司主张以谭某虎应返还的销售款 172,132 元为基数,自 2019 年 11 月 1 日起按同期全国银行间同业拆借中心公布的贷款市场报价利率向公司支付资金占用费,法院应予支持。

营业执照和公章是鑫×美公司经营必需的法律证书和财产,谭某虎从公司离职时,负有立即返还给公司营业执照和公章的法律责任。

---

① 对应《公司法》(2023 年修订)第一百八十一条。

案例93 股东因挪用公司资金受到相应的刑事处罚的，并不能免除其民事责任

——陈某顺、湘阴县福×房地产开发有限公司损害公司利益责任纠纷案

【基本案情】

上诉人(原审被告)：陈某顺

被上诉人(原审原告)：湘阴县福×房地产开发有限公司(以下简称福×公司)

一审法院：湘阴县人民法院

案号：(2021)湘0624民初1628号

二审法院：岳阳市中级人民法院

案号：(2021)湘06民终4828号

陈某顺系原福×公司执行董事、总经理并担任公司的法定代表人。在任职期间于2019年11月至2020年1月，陈某顺安排公司财务人员彭某将公司收入分七次以出借的形式转账到陈某妹、林某的个人账户，共挪用公司资金167万元。案发后，陈某顺于2021年5月26日出具承诺书，承诺以他个人在福×公司的股份(52%)或分红承担挪用的167万元资金的还款责任。基于陈某顺没有偿还挪用的167万元，2021年5月25日，湖南省湘阴县人民法院以(2021)湘0624刑初66号刑事判决书判处陈某顺有期徒刑1年。根据《公司法》的规定，陈某顺自然丧失担任公司执行董事、总经理、法定代表人的资格。公司监事苏某光依法代表公司对陈某顺提起民事诉讼，起诉请求：(1)判令陈某顺返还其资金167万元，并以167万元为基数按年利率15.4%的标准支付自2020年1月21日起至陈某顺返还资金之日止期间的资金占用费；(2)判令陈某顺承担本案全部涉诉费用。

福×公司主张资金占用费理由是公司在经营过程中多次以月利率2%～3%的标准向外融资。

陈某顺不服一审判决，向岳阳市中级人民法院提起上诉，请求：依法撤销一审判决，依法改判由陈某顺赔偿福×公司167万元，关于资金占用费这一诉讼请求依法予以驳回。事实和理由：一审法院认定事实不清，适用法律错误。陈某顺未经公司其他股东同意将涉案款项出借给他人属实，且已被追究刑事责任，目前已刑满释放。但一审法院认为福×公司在经营过程中多次以月利率2%～3%的标准向外融资，因而认为陈某顺应承担相应的利息，利息计算方式为：以167万元为基数，从2020年1月21日起按年利率15.4%计算利息至清偿之日止。但福×公司的主张欠缺事实及法律依据，并未证明陈某顺挪用的该笔款项与福×公司需以月利率2%～3%的标准向外融资的行为存在必然的因果关系。且本案是损害公司利益责任纠纷，一审法院适用《最

高人民法院关于审理民间借贷案件适用法律若干问题的规定》进行裁判，系适用法律不当。

福×公司辩称，一审法院对本案资金占用费的判决事实清楚，适用法律正确，依法应当予以维持。福×公司一审已经举证证明，因陈某顺挪用公司资金，公司为了经营的需要，继而向外借款支付的事实，陈某顺挪用资金给公司造成了损失。陈某顺挪用的资金当然地产生孳息，且陈某顺是以出借的方式挪用公司资金，也必然有利息收入。根据《公司法》(2018 年)第一百四十八条第一款的规定，所得收入应当归公司所有。

二审期间，当事人围绕上诉请求依法提交了证据。法院组织当事人进行了证据交换和质证。二审法院认证如下：陈某顺提交的苏某光向福×公司借款的承诺书及转账流水，仅能证明苏某光与福×公司之间的借款关系，尽管该承诺书中明确记载苏某光的借款只需归还本金，但该份证据与本案无关联性，不予采信。陈某顺提交的公司出借款项明细及公司资金被冻结裁定，均与本案无关，不予认可。

【裁判结果】

一审法院判决：由陈某顺于判决生效之日起 10 日内赔偿福×公司人民币 1,670,000 元及资金占用费(以 1,670,000 元为基数，从 2020 年 1 月 21 日起，按年利率 15.4% 计算利息至清偿之日止)。

如未按照判决指定的期间履行给付金钱义务，应当依照《民事诉讼法》(2017 年)第二百五十三条之规定，加倍支付迟延履行期间的债务利息。

二审法院判决：驳回上诉，维持原判。

【案件解析】

我国《公司法》(2018 年)第一百四十九条规定，董事、监事、高级管理人员执行公司职务时违反法律、行政法规或者公司章程的规定，给公司造成损害的，应当承担赔偿责任。

本案中，陈某顺因其挪用公司资金的行为受到了相应的刑事处罚，但并不能免除其民事责任。资金是企业手中持有的现金，是维持企业运营的货币性资本。陈某顺在担任公司法定代表人时，挪用福×公司资金 167 万元，依法应承担赔偿责任。福×公司在经营期间对外借款支付了 2% ~3% 的月利率，要求陈某顺按年利率 15.4% 的标准支付资金占用费的请求合法有据，法院应予支持。

案例 94　高级管理人员未经股东会同意与本公司进行交易，所得收入归公司所有

——嘉兴有×装饰工程有限公司、朱某滨损害公司利益责任纠纷案

【基本案情】

上诉人(原审原告)：嘉兴有×装饰工程有限公司(以下简称嘉兴有×公司)

上诉人(原审被告):朱某滨
一审法院:嘉兴市秀洲区人民法院
案号:(2020)浙0411民初1253号
二审法院:嘉兴市中级人民法院
案号:(2020)浙04民终2200号

嘉兴有×公司向嘉兴市秀洲区人民法院起诉请求:判决朱某滨赔偿嘉兴有×公司经济损失10万元(暂定申请调查取证后变更诉请金额)。审理中,嘉兴有×公司明确其诉讼请求的金额包括:(1)朱某滨在涉案工程中取得的利润;(2)朱某滨自2016年3月至2017年8月在致×公司的收入。事实和理由:2016年3月1日,嘉兴有×公司与朱某滨签订《劳动合同》,朱某滨担任嘉兴有×公司总经理职务并负责嘉兴有×公司的经营和管理工作。朱某滨在任职嘉兴有×公司高管期间同时系致×公司的法定代表人、经理、执行董事及唯一出资人股东,也就是致×公司的最终受益人。2016年7月30日,朱某滨利用职务之便签订《装饰装修施工合同》,约定由致×公司为嘉兴有×公司的办公场所进行装修,合同金额为90余万元。嘉兴有×公司认为朱某滨违反了我国《公司法》规定的公司高管应尽忠诚信用的原则,为保障嘉兴有×公司合法权益,特向法院提起诉讼。

朱某滨答辩称:(1)朱某滨没有利用职务之便签订涉案《装饰装修合同》。朱某滨在签订合同上并没有决定权,本案涉案合同的签订是经过公司高层同意并上报清算价格并有公司财务审核通过签订的,且装修价格并不存在明显高于市场价格,嘉兴有×公司并未产生实际经济损失。(2)朱某滨虽然担任嘉兴有×公司总经理一职,但实质上朱某滨在履行过程中诸如签订合同或者其他决定时均需要通过公司高层、公司财务负责人等层层审批。故朱某滨实质上并非嘉兴有×公司高级管理人员,请求驳回嘉兴有×公司的诉讼请求。

法院查明事实如下:致×公司于2012年1月12日登记设立,系朱某滨一人独资的有限责任公司,法定代表人为朱某滨,登记的经营范围为:建筑装饰工程设计、施工。

2016年5月16日,青岛有×公司(甲方)与谢某科(乙方)就成立嘉兴有×公司的相关事宜签订《股东协议》一份,协议约定了公司经营范围、管理机构、股东出资等设立公司的内容,也约定了股东权利义务、职责分工、利润分配、退股方式、管理团队激励、违约责任等公司具体运营过程中的内容。协议第三条约定:"青岛有×公司出资220万元,占股55%,谢某科出资180万元,占股45%;协议第五条职责和分工约定:1.公司(指嘉兴有×公司——承办人注)符合甲方条件的,甲方将对公司进行授权,包括但不限于商标使用权、公司名称、形象使用权、店面使用权、经营权等……3.甲方负责每年对公司的经营、销售能力等必备能力的审核,保证经营权限符合法律法规且满足甲方对利润额的目标考核,若无法达到目标,甲方有权启动退出机制,与取消对公司的授权;4. 乙方在运营过程中,有义务保护甲方的品牌形象、口碑……5. 甲方有义务对公司的业务工作进行指导……6. 乙方负责公司的日常运营和管理,在不违背公司股东会及董事会决议的情况下,乙方可根据经营实际需要调整公司的经营活动,但乙方在运营、管理公司的过程中必须接受甲方的监督和指导……7. 甲方为公司开设的中心体验店提供设计方案,并提供展台样板间设计、施工支持。中心店面的装修、展示内容必须完全按照甲方要求布置,店内只能销售、展示甲方授权的产品,不得销售、展示甲方授权之外的其他任何商品……9. 乙方负责销售管理、店面管理,甲方负责工程施工管理、采购管理、仓储管理、配送管理、今后服务支持;10.(有关甲方有权解除协议的相关情形——承办人注)其中第(1)项为:年度核算乙方(含其管理团队)无法达到最低业务目标要求。"协议第十三条第4项约定:"本协议与公司章程约定不一致的,以本协议约定为准。"2016年6月2日,嘉兴有×公司登记设立,注册资本400万元,股东为青岛有×公司及谢某科,两股东的出资额分别为220万元和180万元,持股比例分别为55%和45%。根据管理部门的登记信息,杨某男为公司执行董事和经理,是公司的法定代表人,谢某科为监事;经营范围为:建筑装饰装潢设计及施工,建筑用材料和装饰装修材料、家居饰品、家用电器、日用百货的批发和零售,站台制作,生产、销售,网络信息技术咨询,建筑工程信息咨询、装饰装潢设计咨询、计算机软件硬件技术开发、技术咨询、技术服务,系统集成,网络工程,设计、制作、代理、发布国内广告业务等。

嘉兴有×公司设立后,青岛有×公司及谢某科依照《股东协议》约定对公司进行内部治理。嘉兴有×公司与朱某滨签订《劳动合同》,约定朱某滨在嘉兴有×公司总经理岗位工作,试用期满后的月工资为22,000元,合同期限自2016年3月1日起至2019年2月28日止,等等。2016年7月30日,嘉兴有×公司与致×公司签订《装饰装修施工合同》,约定嘉兴有×公司将嘉兴市东升路丽池庄园商铺(即嘉兴有×公司的办公场所——承办人注)的室内装修工程以包工包料的方式发包给致×公司施工,工程总价款为901,177.47元。上述合同中嘉兴有×公司落款处加盖的是嘉兴有×公司的合同章,落款时间为2017年1月6日。嘉兴有×公司向致×公司发送书面的《关于嘉兴有×办公室装修决算的函》记载:"由于贵司法人在我司任职的特殊性,根据现场总部工程部负责人在监理过程中出具的联系单及总部成本部核算人员现场勘察情况,最终总部成本部核算工程决算价为含税价891,941.83元。如有异议,请在一周内与总部成本部联系。"后嘉兴有×公司支付给致×公司工程款891,941.83元。

审理中,朱某滨陈述:"是谢某科找到我到嘉兴有×公司处任职的,手续则是和嘉兴有×公司办的;谢某科招我进来时知道我开办了致×公司,他当时招人要求有装修从业经验、是装修老板;我在嘉兴有×公司处的主要职责是招揽、承接客户,施工人员也由我介绍进来,施工业务、财务则都是青岛有×公司派来的人管理;嘉兴有×公司的合同章在我处,与客户签合同是由我负责;关于支付款项的权限,嘉兴有×公司给我的权限是5万以下,谢某科给我的权限是1万元以下,但不包括支付工程款,工程款由杨某男审批支付;我在嘉兴有×公司处工作期间,谢某科已将致×公司纳入谢某科自己开办的'九令猴集团公司'统一管理,'九令猴集团公司'做互联网房屋销售、中介、装修,我是负责互联网装修这一块;本案的装修工程致×公司实际收到的款项是891,941.83元,工程利润率不超过10%,税率是3.5%,该笔工程是由青岛有×公司成本部核算过的,利润率不高;在2016年3月至2017年8月致×公司没有经营过,当时致×公司的人员,包括设计人员、施工人员都由我介绍给青岛有×公司了,这段时间我每天都在嘉兴有×公司处上班,没有精力经营致×公司;本案的工程款支付给致×公司后,也由谢某科支配了,用于支付人工工资、材料款、税收等。"

在庭审过程中,嘉兴有×公司并未提供执行董事聘任朱某滨为嘉兴有×公司经理的证据,朱某滨未能提供证据证明致×公司与嘉兴有×公司签订的《装饰装修施工合同》经嘉兴有×公司的股东会同意。另外,朱某滨辩解称是谢某科允许其这样做的,并且嘉兴有×公司的另一股东青岛有×公司也是知道的。朱某滨自认涉案工程的利润率为10%,扣除税收3.5%后,净利润率为6.5%,即致×公司自该装饰工程中获得的净利润为57,976.22元(891941.83×6.5%),嘉兴有×公司对此并无异议,法院予以确认。

【裁判结果】

一审法院判决:

1. 朱某滨于判决生效后10日内支付嘉兴有×公司57,976.22元;

2. 驳回嘉兴有×公司的其他诉讼请求。

如果未按判决指定的期间履行给付金钱义务,应当依照《民事诉讼法》(2017年)第二百五十三条的规定,加倍给付迟延履行期间的债务利息。

二审法院判决:驳回上诉,维持原判。

【案件解析】

关于朱某滨在嘉兴有×公司的身份。根据管理部门的登记信息,嘉兴有×公司的执行董事和经理均为杨某男。根据嘉兴有×公司章程,经理由执行董事决定聘任或者解聘。虽然嘉兴有×公司与朱某滨签订的《劳动合同》中约定朱某滨任嘉兴有×公司"总经理"一职,但嘉兴有×公司并未提供执行董事聘任朱某滨为嘉兴有×公司经理的证据,因此,朱某滨并非嘉兴有×公司章程意义上的经理。根据青岛有×公司与谢某科签订的《股东协议》,谢某科负责公司的日常运营和管理,因此谢某科事实上具有嘉兴有×公司经理的相当部分职权。从朱某滨的实际职权看,朱某滨自述其主要职责是对外招揽业务，有权对外签订合同并在一定限额内支付款项等，可以认定朱某滨系嘉兴有×公司的高级管理人员，其行为理应符合我国《公司法》对高级管理人员的规制。

根据《公司法》(2018年)第一百四十八条①的规定："董事、高级管理人员不得有下列行为：(一)挪用公司资金；(二)将公司资金以其个人名义或者以其他个人名义开立账户存储；(三)违反公司章程的规定，未经股东会、股东大会或者董事会同意，将公司资金借贷给他人或者以公司财产为他人提供担保；(四)违反公司章程的规定或者未经股东会、股东大会同意，与本公司订立合同或者进行交易；(五)未经股东会或者股东大会同意，利用职务便利为自己或者他人谋取属于公司的商业机会，自营或者为他人经营与所任职公司同类的业务；(六)接受他人与公司交易的佣金归为己有；(七)擅自披露公司秘密；(八)违反对公司忠实义务的其他行为。董事、高级管理人员违反前款规定所得的收入应当归公司所有。"

本案中，朱某滨是致×公司的独资股东，致×公司与嘉兴有×公司的交易可视为朱某滨与嘉兴有×公司的交易。朱某滨未能提供证据证明致×公司与嘉兴有×公司签订的《装饰装修施工合同》经嘉兴有×公司的股东会同意。朱某滨辩解称是谢某科允许其这样做的，并且嘉兴有×公司的另一股东青岛有×公司也是知道的，即使如此，谢某科允许上述交易并不意味着嘉兴有×公司股东会允许上述交易，青岛有×公司知道上述交易也并不意味着其同意上述交易。因此，朱某滨作为嘉兴有×公司的高级管理人员，对嘉兴有×公司负有忠实义务，其行为违反我国《公司法》的规定，嘉兴有×公司有权要求朱某滨因此所得的57,976.22元净利润归于嘉兴有×公司。

案例95　高级管理人员未根据公司相关合同制度的规定进行审批，私自签订《补充协议》给公司造成损失的，应当承担赔偿责任

——上海安×资本有限公司与孙某损害公司利益责任纠纷案

【基本案情】

原告：上海安×资本有限公司(曾用名：金某投资有限公司，以下简称安×公司)

被告：孙某

审理法院：上海市虹口区人民法院

案号：(2022)沪0109民初6956号

安×公司向上海市虹口区人民法院提起诉讼，请求：(1)判令孙某支付安×公司

① 对应《公司法》(2023年)第一百八十一条、第一百八十二条、第一百八十三条。

经济损失2,262,156.12元[具体包括安×公司向案外人江苏××有限公司(以下简称××公司)支付判决款项共计2,199,276.12元,即判决款项本金1,999,330元及利息177,146.12元,及一审案件受理费22,800元,二审上诉费22,800元,律师费4万元,管辖权异议受理费80元];(2)判令孙某支付安×公司资金占用成本(以2,262,156.12元为基数,按照同期全国银行间同业拆借中心公布的贷款市场报价利率为标准,自2022年2月8日起计算至孙某实际履行之日)。事实和理由:2017年1月5日及1月12日,安×公司与案外人××公司签订两份《豆油销售合同》(以下合称《销售合同》),约定由安×公司向××公司销售豆油共2000吨,暂定单价7200元/吨。《销售合同》签订前,公司内部审批表中已写明合同项下豆油的实际采购成本,孙某作为该项业务的负责人在审批表中签字确认。2017年1月15日,经安×公司各部门审批,一致决定将暂定价变更为一口价7200元/吨,并出具了《合同变更协议》,但孙某并未就此与××公司进一步交涉。2017年1月至3月,安×公司向××公司交货1999.33吨。2017年4月28日,安×公司召开董事会,孙某作为安×公司的董事,审议并通过了《公司合同管理制度》等八项制度,将安×公司既往已经形成的内部审批制度通过书面形式确认,重申公司对外合同需经各部门审核会签备案,代理人需由董事长授权。2017年8月18日,在安×公司早已对《销售合同》结算价款作出审批指示的情况下,孙某为掩盖未及时与××公司书面确定结算价的严重后果,未经公司各部门事先审批和董事长授权,私自串通××公司签订《补充协议》约定,双方明面上仍以7200元/吨作为《销售合同》的结算价,承诺通过后续不同业务方式、不同业务批次分批向××公司支付高达200万元的结算价补偿款。孙某在《补充协议》上签字后,并未报请公司审批,亦未加盖公司公章,安×公司对《补充协议》的签署毫不知情。2017年9月22日,经孙某签字报审,安×公司对《销售合同》实际交付的豆油1999.33吨以7200元/吨作为结算价,出具《结算协议》,并加盖公章。2020年8月,××公司以《补充协议》作为依据,向张家港市人民法院提起诉讼,要求安×公司给付孙某承诺的结算价损失补偿200万元及利息。至此,安×公司方才知晓孙某未经授权,违背安×公司真实意思,以损害安×公司后续业务为代价掩盖《销售合同》真实履行情况。虽经安×公司积极抗辩,但该案经一审、二审后,法院仍认定"孙某系安×公司与××公司之间业务往来的具体负责人、对接人,当时即为安×公司高管,其签字确认补充协议属于履行职务行为,该补充协议理应对安×公司产生约束力"。最终判决安×公司向××公司支付款项1,999,330元及利息,并由安×公司承担一审受理费22,800元及上诉费22,800元。孙某作为安×公司高管及公司管理制度的参与制定者,明知其行为违反公司规章制度,违背安×公司真实意思,一面与××公司签订《补充协议》,通过利益输送掩盖其履职过失,另一面仍以安×公司认可的结算价报审《结算协议》,对安×公司欺上瞒下,具有损害安×公司利益的直接故意。孙某行为已严重违反安×公司章程、公司管理制度及《公司法》规定的忠实勤勉义务,不仅对安×公司造成巨额损失,还损害了安×公司的公司声誉,故应向安×公司进行赔偿。故安×公司诉至法院,要求判如所请。

孙某辩称,其没有损害安×公司利益的行为,且孙某签订的《补充协议》与生效判决确定的支付责任存在明显差异,生效判决确定由安×公司向××公司支付款项,不能认定是安×公司的损失,安×公司提起本案诉讼是滥用诉权,如不存在孙某签订的《补充协议》,按约定安×公司将向××公司支付远超200万元的结算差价;法院不能重新确定安×公司与××公司的结算价格时间点,安×公司的诉请缺乏事实和法律依据,请求法院驳回安×公司诉讼请求。

法院查明事实如下:2016年7月28日,安×公司聘任孙某为公司副总经理,主要负责公司期现结合业务的开展及公司团队的组建等工作。2016年12月至2017年10月,孙某系安×公司董事。

2017年1月5日,安×公司经经办人申请,业务负责人、财务审核、风控审核、公司领导审批,通过安×公司业务审批表,项目为《与××公司签订豆油销售合同》,内容为"与××公司签订豆油销售合同,单价7200元/吨(暂定),数量1000吨,总金额720万元(暂定),合同编号[2017]XY01088",风控审核处载明"对应采购单价7086元/吨,春节前执行完毕,销售未定价",孙某在公司领导审批栏内签名。同日,安×公司与案外人××公司签订《豆油销售合同》,约定由安×公司向××公司销售豆油共1000吨,暂定单价7200元/吨,买方在合同签订后当日支付总货款15%作为定金,先款后货,买方于提货前付清所提货物数量全款,定金可冲抵最后一笔货款(合同执行先按暂定价格付款,结价后根据结算价格多退少补)。

2017年1月12日,安×公司经经办人申请,业务负责人、财务审核、风控审核、公司领导审批,通过安×公司业务审批表,项目为《与××公司签订豆油销售合同》,内容为"与××公司签订豆油销售合同,单价7200/吨(暂定),数量1000吨,总金额720万元(暂定),合同编号[2017]XY01089",风控审核处载明"对应采购成本7121元/吨,1月25日前完结,控制定价节奏和时点",孙某在公司领导审批栏内签名。同日,安×公司与案外人××公司签订《豆油销售合同》,约定由安×公司向××公司销售豆油1000吨,暂定单价7200元/吨,买方须在2017年1月25日前付清全款,先款后货(合同执行先按暂定价格付款,结价后根据结算价格多退少补)。

2017年1月15日,经安×公司经办人申请,部门负责人、财务审核、风控审核、公司领导审批,通过安×公司用印单,一致决定将原合同单价暂定7200元/吨,变更为一口价7200元/吨,并出具了安×公司盖章的《合同变更协议》,但××公司并未予以签字盖章确认。

2017年1月至3月,安×公司向××公司交货1999.33吨。

2017 年 8 月 18 日，孙某与 × ×公司签订《补充协议》，约定：截至 2017 年 8 月 18 日双方未做结算定价，按当前市场行情产生近 1000 元/吨的价格风险，买方于 2018 年 8 月 31 日前按 7200 元/吨的价格将原合同[2017]XY01088、[2017]XY01089 进行结算定价，就此产生的 200 万元的亏损由买方承担。就此给买方产生的损失，卖方承诺在 2018 年年底通过双方间不同的业务方式给予买方补偿 100 万元的损失，剩余 100 万元损失在后期业务中分批次进行补偿；其他条款仍按原合同执行。其中孙某在《补充协议》上安×公司委托代理人处签字。

2017 年 9 月 22 日，经安×公司经办人申请，部门负责人、财务审核、风控审核、公司领导审批，通过安×公司用印单，孙某在公司领导审批处签名，安×公司对两份《销售合同》中实际交付的豆油 1999.33 吨以 7200 元/吨作为结算价，出具《结算协议》，结算载明买方已付卖方货款 14,395,176 元，双方款票结清。

2020 年 8 月，× ×公司以《补充协议》作为依据，向张家港市人民法院提起诉讼[案号为(2020)苏 0582 民初 9253 号]，要求安×公司给付孙某承诺的结算价损失补偿 200 万元及利息。该案经一审、二审后，江苏省苏州市中级人民法院维持一审判决，判令安×公司向× ×公司支付款项 1,999,330 元及利息(以 1,999,330 元为基数，自 2020 年 8 月 17 日起按照年利率 6% 计算至实际履行之日止)，并由安×公司承担一审受理费 22,800 元及上诉费 22,800 元。2022 年 2 月 7 日，安×公司向案外人× ×公司付款 2,199,276.12 元，包括款项本金 1,999,330 元、利息 177,146.12 元，一审案件受理费 22,800 元。因安×公司与案外人× ×公司的诉讼，安×公司委托律师处理纠纷，其中 2020 年 8 月 31 日，安×公司向某(上海)律师事务所支付律师费 2 万元。2021 年 2 月 25 日，安×公司向安徽卓泰律师事务所支付律师费 2 万元。2020 年 9 月 14 日，安×公司向张家港市人民法院支付案件受理费 80 元，为管辖权异议的受理费用。2021 年 8 月 24 日，安×公司向江苏省苏州市中级人民法院支付上诉费 22,800 元。

孙某于 2020 年 8 月 28 日出具情况说明，载明其于 2016 年 6 月至 2019 年 8 月任职于安×公司，任职期间与× ×公司发生业务往来，分别于 2017 年 1 月 5 日和 2017 年 1 月 12 日签订豆油销售合同，合同编号为[2017]XY01088、[2017]XY01089，盖有合同章。现× ×公司在诉状中提供的补充协议，是本人签字。该补充协议实际签订地点为合肥，签订时间为 2017 年 8 月 18 日，除本人外，签订现场人员有李某。该补充协议仅现场签署一份，交由李某。除以上补充协议外，本人未私下与× ×公司签署其他任何协议。

另查明，2020 年 11 月 23 日，安×公司名称由金某投资有限公司变更为安×公司。2016 年 5 月 5 日修订的《金某投资有限公司章程》第三十五条规定：董事、监事、高级管理人员应当遵守法律、行政法规和公司章程，对公司负有忠实义务和勤勉义务，不得利用职权收受贿赂或者其他非法收入，不得侵占公司的财产；第三十六条规定："董事、高级管理人员不得有下列行为：……（五）未经股东同意，利用职务便利为自己或者他人谋取属于公司的商业机会，自营或者为他人经营与所任职公司同类的业务……（八）违反对公司忠实义务的其他行为。"2017 年 4 月 28 日，安×公司召开董事会，孙某作为安×公司的董事，审议并通过了《公司合同管理制度》《财务管理制度》《内部控制与风险管理制度》等八项制度，其中《合同管理制度》第九条规定公司合同管理按照分级负责、归口管理的原则，实行承办部门责任制度、审核会签制度和合同备案制度，第二十三条规定，"变更或解除合同，须符合以下法定或约定的形式及程序：（一）变更或解除合同的通知或答复须在法定或约定期限内做出；（二）变更或解除合同未达成书面协议前，原合同有效；（三）合同变更或解除的程序与合同签订程序相同"。

审理中，根据安×公司申请，法院依法裁定冻结孙某银行存款 2,288,196.27 元，或查封、扣押其相等价值的财产。另外，法院综合考虑到豆油市场价格的波动情况、安×公司与××公司签订的两份《销售合同》的履行情况等，确定孙某赔偿安×公司损失 50 万元。

【裁判结果】

1. 孙某于判决生效之日起 10 日内赔偿安×公司损失 50 万元；

2. 孙某于判决生效之日起 10 日内赔偿安×公司利息损失（以 50 万元为基数，以同期全国银行间同业拆借中心公布的贷款市场报价利率为标准，2022 年 2 月 8 日起算至实际履行之日止）。

如果未按判决指定的期间履行给付金钱义务，应当依照《民事诉讼法》（2021 年）第二百六十条之规定，加倍支付迟延履行期间的债务利息。

【案件解析】

本案主要争议焦点是孙某是否违反了高级管理人员、董事的忠实勤勉义务，以及是否要向公司赔偿损失。

我国《公司法》第一百四十七条①规定，董事、监事、高级管理人员应当遵守法律、行政法规和公司章程，对公司负有忠实义务和勤勉义务。董事、监事、高级管理人员不得利用职权收受贿赂或者其他非法收入，不得侵占公司的财产。

第一百四十九条②规定，董事、监事、高级管理人员执行公司职务时违反法律、行政法规或者公司章程的规定，给公司造成损失的，应当承担赔偿责任。

本案中，孙某系安×公司副总经理，主要负责公司期现结合业务的开展及公司团队的组建等工作，并于 2016 年 12 月至 2017 年 10 月担任安×公司董事，且孙某在业

---

① 对应《公司法》（2023 年）第一百七十九条、第一百八十条。

② 对应《公司法》（2023 年）第一百八十八条。

务审批表或用印单上均在公司领导审批栏处签名，其属于高级管理人员、董事范围。孙某作为安×公司的高级管理人员、董事，在处理安×公司与××公司的销售合同过程中，应及时反馈安×公司的要求，在合理期限内进行结算。苏州市中级人民法院根据安×公司与××公司于2017年8月18日签订的《补充协议》确定的价差计算价格，而双方的供货日期为2017年1月至3月，可见安×公司未能在供货完成后的合理期限内与××公司进行结算。此外，孙某在未经安×公司同意的情况下，未根据公司相关合同制度的规定进行审批，私自与××公司签订《补充协议》。孙某的上述行为既违反了法律规定，又违反了公司章程，其行为违反了高级管理人员的忠实勤勉义务，应当赔偿安×公司的损失。

第十一章

损害股东利益责任纠纷

一、实务要点

股东利益包括身份权益和财产权益,也可分为自益权和共益权,自益权包括股权转让、股权分红、公司剩余财产分配等权利;共益权包括参与决策表决、查阅公司财务账簿、股东代表诉讼等权利。损害股东利益纠纷,是指公司股东、董事、高级管理人员、实际控制人等违反法律、行政法规或者公司章程的规定,损害了股东利益,受侵害的股东诉请主张赔偿责任的纠纷。司法实践中,应注意区分损害股东利益纠纷与损害公司利益责任纠纷的不同;对于后者,权益受到侵害的股东仅能行使股东代位权,不能行使直接诉讼权利。

根据《公司法》第二十一条的规定,公司股东应当遵守法律、行政法规和公司章程,依法行使股东权利,不得滥用股东权利损害公司或者其他股东的利益。公司股东滥用股东权利给公司或者其他股东造成损失的,应当承担赔偿责任。该法第一百九十条规定,董事、高级管理人员违反法律、行政法规或者公司章程的规定,损害股东利益的,股东可以向人民法院提起诉讼。

二、风险防范建议

损害股东利益责任纠纷是司法实践中主要的公司纠纷类型。股东滥用股东权利,或董事、高级管理人员违反忠实、勤勉义务,都有可能造成对其他股东利益的损害。

为避免该类纠纷的产生,就公司而言,应完善公司管理制度,明晰股东、董事、监事、高管等人员的权责;应采取措施保障股东知情权,减少股东因对公司某些经营行为产生疑虑并提起诉讼的可能性。

就股东而言,应依法行使股东权利,不得滥用股东权利损害其他股东的利益。

就董事、高级管理人员而言,应积极履行职责,严格依照法律、行政法规或者公司章程的规定执行公司职务,不得滥用职权损害股东的利益。

三、典型案例解析

案例96 法定代表人未经通知召开股东会,恶意非法申请公司注销登记的行为,构成滥用股东权利,应当依法承担赔偿责任

——刘某、胡某华等损害股东利益责任纠纷案

【基本案情】

上诉人(原审被告):刘某

被上诉人(原审原告):胡某华

原审被告:王某

原审被告:彭某某

原审第三人:鲁某

原审第三人:席某涛

原审第三人:易某桥

原审第三人:刘某

一审法院:广州市白云区人民法院

案号:(2021)粤0111民初2350号

二审法院:广州市中级人民法院

案号:(2022)粤01民终2094号

司×伊公司于2016年9月28日成立,注册资本为100万元,商事主体为有限责任公司(自然人投资或控股);股东为刘某、王某、鲁某、彭某某,出资额均为25万元,出资时间为2046年4月6日。胡某华于2017年3月入职司×伊公司,担任司×伊公司销售经理,于2019年12月离开司×伊公司。

2018年10月17日,鲁某与司×伊公司签订终止合作协议,约定鲁某退出该公司股东,司×伊公司给付鲁某撤股资金14万元。该退股未办理工商变更登记。同日,胡某华向户名为王某,开户行为工商银行,账户为62××××78转入27,000元、50,000元。2018年10月18日,胡某华向上述账户转入3000元。胡某华及刘某、彭某某、刘某均确认该账户为司×伊公司资金周转使用,上述转账共计80,000元为胡某华的股份转让款。

刘某称鲁某退股时,其与王某、彭某某三人口头约定对鲁某的股权进行均等受

让,后协商一致将部分股权转让给胡某华及易某桥、刘某某、席某涛,由胡某华受让8%、易某桥受让8%、刘某某受让17%、席某涛受让5%,三股东一致决定由胡某华、易某桥将各自股权转让款80,000元转账王某名下用于司×伊公司的日常经营活动,作为三股东对公司的出资。2019年1月16日,胡某华收到彭某某转入的股东分红款24,000元。

对于各自所占的股份,刘某、彭某某、易某桥、席某涛均确认胡某华占8%股份,易某桥占8%股份,席某涛占5%股份,刘某某占17%股份,刘某、彭某某、王某均分剩余的62%股权,即刘某、彭某某、王某每人占股20.67%。胡某华亦确认称其本人占8%股份。刘某某未到庭应诉,但曾作为证人出庭,陈述胡某华占股8%。

2020年1月16日,胡某华以司×伊公司、王某为被告诉至广州市白云区人民法院,要求司×伊公司、王某退还股权转让款56,000元及赔偿利息损失。该院于2020年4月24日作出(2020)粤0111民初3061号民事判决书:司×伊公司退回胡某华56,000元及利息(利息从2020年1月16日起按全国银行间同业拆借中心公布的贷款市场报价利率计算至清偿之日)。判决后,司×伊公司不服,提出上诉。二审中,因司×伊公司未经依法清算即被注销,丧失民事主体资格。广州市中级人民法院于2020年12月29日作出(2020)粤01民终17533号民事裁定书,将案件发回应广州市白云区人民法院重审。

工商档案资料显示,司×伊公司于2020年8月5日广州市白云区市场监督管理局提交《企业注销登记申请书》《股东会决议》《清算报告》《清税证明》等材料申请注销登记。其中《股东会决议》载明"公司股东会成员4人,出席本次会议的股东4人……决议内容如下:1.审议确认公司清算组于2020年8月5日出具的清算报告;2.依据公司法及本公司章程规定,同意公司注销"。落款"全体股东"处有"刘某、王某、鲁某、彭某某"的签名。《清算报告》载明"清算组于2020年6月15日开始对公司的资产、负债进行清算,具体情况如下:……四、公司债权债务情况已经处理完毕;……六、公司债务清偿后剩余财产按股东出资比例返还给股东"。落款"清算组负责人"及"清算组成员"处均有"刘某"的签名,"股东确认"处有"刘某、王某、鲁某、彭某某"的签名。2020年8月6日,广州市白云区市场监督管理局核准注销司×伊公司。

针对上述注销事宜,刘某称:(1)办理注销登记是自己委托一家财务公司办理的,没有签订书面的委托合同;(2)注销申请资料中"刘某、王某、鲁某、彭某某"的签名均不是本人的签名,自己将公章、营业执照邮寄给财务公司,由其办理注销,不需要本人签名,自己对具体注销事宜不清楚并一直认为在法院存在民事案件情况下,不能注销;(3)在委托办理注销前,有跟王某、彭某某说,他俩是同意的;(4)司×伊公司没有实际进行清算,也没有成立清算组;(5)因司×伊公司注销,其能够反映公司财产账簿、财务账册等材料自己邮寄给了财务公司,能否找到不清楚。广州市白云区人民法院要求刘某限期提交该财产账簿、财务账册，但刘某逾期未交。

胡某华主张：(1)确认自己为公司股东，但未能享受及行使过股东权利，未实际享有工商登记等股东身份；(2)自己对司×伊公司的注销事宜完全不知情，也没有人事先告知注销，直到二审才知道；(3)刘某、王某、彭某某在司×伊公司未经依法清算即被注销，滥用了股东权利，损害了胡某华的利益，应当承担退还股权转让款的责任。胡某华认为其入股时，鲁某已退出司×伊公司股东，故不要求其承担责任，并同意将鲁某列为本案第三人。

微信聊天记录显示，刘某曾于 2019 年 12 月 20 日通知胡某华前来结算。对此，刘某称通知胡某华结算就是指将公司的财产如空调、椅子、电脑等物品处理掉，还有处理公司的债权债务；但当时还没有想到注销公司，也没有商量注销公司的事情。胡某华回应称有收到该信息，但当时刘某、彭某某、王某不承认自己是股东，就没有去结算。刘某、彭某某陈述彭某某、王某在 2019 年 12 月 28 日与刘某签订协议退出司×伊公司，因联系不上胡某华，没有通知胡某华。彭某某陈述因自己在 2019 年 12 月 28 日退股了，后来刘某提及公司注销的事情，自己同意注销，约定自己和刘某、王某分摊因注销公司产生的费用。

王某提交的书面意见称：(1)其于 2019 年 12 月 28 日与刘某签订协议退出司×伊公司，案涉纠纷与其无关；(2)当时，刘某、王某、彭某某对公司现有的货架、空调、衣服等进行处理，王某和彭某某就把现有的东西估价相当于卖给了刘某，刘某手中没钱就向彭某某和王某各出具了一张 3 万元的欠条。刘某确认向财务公司支付公司注销的费用是由刘某、彭某某、王某分摊；刘某将货架、空调、衣服等资产作价 6 万元进行转让，后向王某和彭某某支付了该款项。

另查明，刘某注销公司前，有通知彭某某、王某，彭某某、王某表示同意注销并分摊因注销产生的费用，且刘某、王某、彭某某三人已经对公司现有货架、空调、衣服等资产进行分配。

胡某华提起诉讼，请求判令：刘某、王某、彭某某共同返还胡某华股权转让款 56,000 元及赔偿利息损失（以 56,000 元为基数，从 2018 年 10 月 18 日起到支付款项之日止，按照中国人民银行公布的同期贷款利率 4.35% 计算）。

【裁判结果】

一审法院判决：

1. 于判决生效之日起 5 日内，刘某、王某、彭某某共同向胡某华赔偿 56,000 元并支付利息损失（该息以 56,000 元为基数按年利率 3.85% 从 2020 年 8 月 6 日起计算至实际清偿之日止）；

2. 驳回胡某华的其他诉讼请求。

如果未按判决指定的期间履行给付金钱义务，应当依照《民事诉讼法》(2017 年)

第二百五十三条之规定,加倍支付迟延履行期间的债务利息。

二审法院判决:驳回上诉,维持原判。

【案件解析】

本案主要争议焦点为:(1)胡某华是否为司×伊公司的股东;(2)刘某及王某、彭某某是否承担赔偿责任。

关于胡某华是否为司×伊公司的股东。本案中,刘某、彭某某及席某涛、刘某、易某桥均确认胡某华为公司股东,现胡某华也自认是该公司股东。因此,各方对胡某华为司×伊公司的股东无异议,结合胡某华支付80,000元的股权转让款,也享受24,000元的股份分红,应认定胡某华为司×伊公司的股东。

关于刘某及王某、彭某某是否承担赔偿责任。《公司法》(2018年)第二十条第二款①规定:"公司股东滥用股东权利给公司或者其他股东造成损失的,应当依法承担赔偿责任。"第三十七条②规定:"股东会行使下列职权:……(九)对公司合并、分立、解散、清算或者变更公司形式作出决议……对前款所列事项股东以书面形式一致表示同意的,可以不召开股东会会议,直接作出决定,并由全体股东在决定文件上签名、盖章。"刘某身为公司股东、法定代表人,明知胡某华为公司股东,未经通知召开股东会,恶意非法申请公司注销登记的行为,构成滥用股东权利,应当依法承担赔偿责任。虽然彭某某、王某表示其在2019年12月28日退出了司×伊公司股东,但并未召开股东会议,也未通知胡某华等其他股东参与股东会决议,在公司注销前两人仍为登记的股东,因此,彭某某、王某仍为公司股东。刘某注销公司前,有通知彭某某、王某,彭某某、王某表示同意注销并分摊因注销产生的费用,且刘某、王某、彭某某三人已经对公司现有货架、空调、衣服等资产进行分配,损害了胡某华的权益,亦构成滥用股东权利,致使胡某华股东权利无法实现,应承担共同赔偿责任。

案例97 对公司拥有控制权的股东以新增股份分取滚存利润给中小股东造成损失,构成滥用股东权利,应当对中小股东因少分滚存利润造成的损失承担赔偿责任

——成都博×腾骧投资合伙企业、孙某国损害股东利益责任纠纷案

【基本案情】

上诉人(原审原告):成都博×腾骧投资合伙企业(有限合伙,以下简称博×企业)

---

① 对应《公司法》(2023年)第二十一条第二款。

② 对应《公司法》(2023年)第五十九条。

被上诉人(原审被告):孙某国
被上诉人(原审被告):肖某军
被上诉人(原审被告):何某红
被上诉人(原审被告):邹某兵
被上诉人(原审被告):陈某
原审第三人:台×科技集团股份有限公司(以下简称台×公司)
一审法院:三台县人民法院
案号:(2019)川0722民初3721号
二审法院:绵阳市中级人民法院
案号:(2020)川07民终2151号

台×公司成立于2003年6月2日,于2018年5月16日由四川台×农业科技股份有限公司更为现名,公司类型为股份有限公司(非上市、自然人投资或控股),法定代表人为孙某国,共有孙某国、龙某、陈某、邹某兵、涂某华、黄某、何某红、肖某军、马某9名董事。公司章程对公司股份发行、增减和回购、股东权利义务、董事会和股东大会的召集与讨论事项等都做了明确的规定。2017年12月15日前博×企业持有台×公司股份共计1,750,000股,占公司4500万股份总数的3.8889%,每股票面金额壹元人民币,均为普通股。

2017年10月26日,第三人台×公司以通讯方式召开第三届董事会第三次会议,会议由董事长孙某国主持,出席会议的董事有孙某国、肖某军、何某红、邹某兵、陈某、马某、涂某华、龙某、黄某。会议审议通过了四个议案:(1)《关于对公司董事长孙某国先生实施股权激励的议案》,主要内容为:①以公司截至2016年12月31日经审计后的每股净资产值为参考依据适当予以优惠,以3.00元/股,即以4500万元的总体价格,增加本公司1500万股份,新增股份在2017年12月31日前以现金认购,即增加注册资本1500万元,本次股权激励的增资完成后,本公司注册资本金由4500万增加至6000万元;本次增资的总体价格与增加的注册资本金之间的差额计入本公司资本公积。②本次增资前滚存的未分配利润由增资后新老股东按增资后的持股比例共同享有。③本次股权激励的出资到位后相应修改本公司章程。孙某国回避了本次表决该议案,以7票赞成、1票反对、0票弃权通过本议案。(2)《关于对公司管理团队及核心骨干员工设立股权激励计划的议案》,主要内容为:股权激励股份450万股,激励对象为公司管理层及核心骨干员工,具体人员名单及激励实施时间授权董事会确定,行权价格3元/股;以8票赞成、1票反对、0票弃权通过该议案。(3)《关于公司董事及高管团队成员承诺收购股份的议案》,以8票赞成、1票反对、0票弃权通过本议案。(4)《关于召开2017年第二次临时股东大会的议案》,决定于2017年11月10日下午

2:30召开2017年第二次临时股东大会，提请股东大会对第1、2、3项议案进行审议；以8票赞成、1票反对、0票弃权通过本议案。

2017年11月10日，台×公司召开了2017年第二次临时股东大会，出席会议的股东为23名，另有54名股东委托代表人出席，出席人员所代表的股份为4102.3万股，占公司总股本（共计股东90人）的91.16%，会议形成了2017年第二次临时股东大会决议，决议载明：（1）审议通过《关于对公司董事长孙某国先生实施股权激励的议案》，同意票2728.8万股，反对票190万股，弃权票0股，1183.5万股回避表决，同意票占出席会议所持有效表决权股份的93.49%。（2）审议通过《关于对公司管理团队及核心骨干员工设立股权激励计划的议案》，同意票1145.8万股，反对票175万股，弃权票0股，2781.5万股回避表决，同意票占出席会议所持有效表决权股份的86.75%。（3）审议通过《关于公司董事及高管团队成员承诺收购股份的议案》，同意票1613.8万股，反对票190万股，弃权票0股，2298.5万股回避表决，同意票占出席会议所持有效表决股份的89.47%。博×企业委托代表马某出席该股东大会，并在决议上出席股东栏签字，其对上述三项议案均投下反对表决意见。该次股东登记表及议案表决票显示：邹某兵持股份180万股，表决意见均为同意；陈某持股份150万股，表决意见均为同意；孙某国持股份126万股，表决意见均为同意；肖某军持股份44万股，表决意见均为同意；何某红持股份40万股，表决意见均为同意。台×公司出具统计表显示对《关于对公司董事长孙某国先生实施股权激励的议案》表决结果投票统计时邹某兵、孙某国进行了回避。

孙某国和台×公司按照股东大会决议完成了1500万股股权激励的缴款（4500万元）和股权登记，并于2017年12月15日在绵阳市工商行政管理局完成了注册资本变更登记，即注册资本由4500万元变更为6000万元。博×企业持股数量175万股，占公司总股本比例减少为2.9167%。信×中和会计师事务所（特殊普通合伙）于2018年4月27日出具的台×公司2017年度审计报告载明了未分配利润等企业经营数据。孙某国通过股权激励所获股份参与了台×公司2017年度分红，并于2018年1月19日以台×公司股权1500万股权数额申请股权出质设立登记，同月22日被核准办理股权出质设立登记（被担保债权数额6000万元）。2019年7月24日，绵阳市市场监督管理局根据孙某国的申请作出股权出质注销登记通知书。

二审期间，当事人围绕上诉请求依法提交了新的证据。二审法院依法组织当事人进行了证据交换，通过举证、质证，对本案有争议的事实和证据认定如下：

台×公司，原名为绵阳台×农业科技有限公司，成立于2003年6月2日，于2010年12月整体改制为股份有限公司，发行股份共计4500万股，时任公司董事长为邹某兵。2012年6月28日，博×企业通过受让的方式共计取得了台×公司股份175万股，占总股本的3.89%。2013年6月10日，孙某国通过受让的方式，从孙某秀处取得股份60万股,从其哥哥孙某某处取得股份60万股,从其姐姐孙某英处取得股份6万股。共计取得126万股,占总股本的2.8%。2014年12月11日,台×公司对其公司章程进行了修正,公司的董事长由邹某兵变更为孙某国。从2014年12月11日起至诉讼时,孙某国一直系台×公司的董事长。

在台×公司召开第二次临时股东大会之前,台×公司董事会办公室郑某通过邮件、手机短信等方式,通知台×公司股东参加2017年第二次临时股东大会。在该通知中,提及会议议案包括:《关于对公司董事长孙某国先生实施股权激励的议案》《关于对公司管理团队及核心骨干员工设立股权激励计划的议案》《关于公司董事及高管团队成员承诺收购股份的议案》。其中多数通知的时间未在台×公司章程规定的召开股东大会会议15日之前,但博×企业未提起股东大会决议撤销之诉。

2017年11月10日,台×公司召开第二次临时股东大会,参加该会议的股东构成情况为:台×公司总股东人数为90人,参加会议的股东人数为77人,除博×企业和上海辰×投资中心(有限合伙)外,其余75位股东均为自然人股东。董事、高管孙某英系孙某国之长姐。董事、高管谭某均系孙某国之妹夫。董事邹某兵系孙某国之妻弟。董事、高管邹某兵之子孙某财系孙某国之侄子。董事邹某艳系孙某国的妻妹。董事、高管孙某某系孙某国之长兄。股东邹某琼系孙某国之妻。股东刘某文系孙某国之姐夫。股东孙某系孙某国之侄子。上述人员共计持股1057.5万股,加上孙某国持股126万股,共计为1183.5万股,占总股本的26.3%。

2018年4月20日,台×公司以通讯方式召开了董事会第六次会议,会议由董事长孙某国主持。董事会内容为:以公司现有总股本为基数,每10股派现金10元(含税),剩余未分配利润结转下一年度。在此次会议中,台×公司未提及分配的利润包括台×公司历年的滚存利润。

2018年5月5日,台×公司召开股东大会,通过了《公司2017年度利润分配方案》,博×企业未参与该次股东大会。台×公司利润分配方案载明:公司全年实现净利润29,008,845元,累计至2017年年末,可供分配利润1.52亿元。该次股东大会共分配利润6000万元。

法院查明:(1)现有证据不能证实台×公司召开案涉股东大会的程序不符合法律、法规及公司章程的规定。(2)无证据证实台×公司的全体股东知晓股权激励方案中包含了利润分配方案。台×公司在诉讼中未提交证据证实在召开股东大会之前,公司的全体股东已经知晓《关于对公司董事长孙某国先生实施股权激励的议案》中包含了涉及全体股东根本性利益的滚存利润分红方案。(3)博×企业所提造成其他损失133.85万元的问题,博×企业未提交证据证实。(4)无证据证实肖某军、何某红、邹某兵、陈某因孙某国分配滚存利润获取了不当利益。(5)孙某国及其家族利用其在台×公司及其董事会的控制力和影响力,最终形成了案涉的董事会决议,但并无证据证实肖某军、何某红、邹某兵、陈某实施了同样的行为。

另查明:(1)台×公司陈述,对孙某国以定向增资扩股的方式进行股权激励,是为感谢孙某国多年来对台×公司的奉献和付出,则以每股3元的价格即低于公司净资产的价格允许孙某国定向增资扩股就已经达到了对孙某国进行股权激励的目的。(2)孙某国新增的注册资本未对公司的滚存产生任何效益,但却参与滚存利润分红,导致博×企业等中小股东应分得的滚存利润由每股3.38元减少至每股2.53元。(3)截至2017年年末,台×公司滚存的利润为1.52亿元。以4500万股本为基数,每股可分利润为3.38元。以6000万股本为基数,每股可分利润为2.53元。每股的差价即每股的损失为0.85元。(4)股东大会决议第二个议案《关于对公司管理团队及核心骨干员工设立股权激励计划的议案》中提及对公司管理层及核心骨干员工以每股3元(低于2016年年底公司每股净资产5.21元)的价格进行股权激励,但确定了行权条件。该行权条件是以每股收益增长超过50%。由于该条件尚未满足,公司的管理层及核心骨干员工尚未实现行权条件。

博×企业提起诉讼,请求判令:(1)孙某国赔偿博×企业可分配利润损失158.52万元;(2)判令孙某国赔偿博×企业其他经济损失133.85万元;(3)肖某军、何某红、邹某兵、陈某就上述两项诉讼请求承担共同责任;(4)孙某国、肖某军、何某红、邹某兵、陈某共同承担本案诉讼费、保全费、评估费等相关诉讼费用。

【裁判结果】

一审法院判决:驳回博×企业的诉讼请求。

二审法院判决:

1.撤销四川省三台县人民法院(2019)川0722民初3721号民事判决;

2.由孙某国在本判决生效后10日内向博×企业支付赔偿款1,487,500元;

3.驳回博×企业的其他诉讼请求。

如果未按该判决指定的期间履行金钱给付义务的,则应当依照《民事诉讼法》(2017年)第二百五十三条之规定,加倍支付迟延履行期间的债务利息。

【案件解析】

本案系损害股东利益责任纠纷,争议焦点为孙某国等人的行为是否构成滥用股东权利行为的问题。

关于案涉股东大会决议第一项议案第一款以及第二项议案、第三项议案是否无效的问题。前述所述决议议项涉及的内容包括:(1)以低于公司净资产的价格对孙某国进行定向增资扩股;(2)以低于公司净资产的价格对公司的管理团队和核心员工进行股权激励;(3)以5.21元每股的价格对股东的股份进行股权回购。对此分析如下:首先,现有证据不能证实台×公司召开此次股东大会的程序不符合法律、法规及公司章程的规定。即使台×公司在召开案涉股东大会时存在未提前15日通知股东参会的问题，但在该股东会决议形成之日起60日内，并没有任何一个股东包括博×企业在内向法院提起撤销该股东会决议之诉。其次，我国法律、法规及有关司法解释并不禁止非上市的股份公司以低于公司净资产的价格通过股权激励的方式对公司的股东进行定向增资扩股或对公司高管进行股权激励、股权回购。且根据财政部和国家税务总局于2016年9月20日联合发布的《关于完善股权激励和技术入股有关所得税政策的通知》第一条第（二）项“激励标的股票（权）包括通过增发、大股东直接让渡以及法律法规允许的其他合理方式授予激励对象的股票（权）”以及第（三）项“本通知所称股票（权）期权是指公司给予激励对象在一定期限内以事先约定的价格购买本公司股票（权）的权利”的规定以及台×公司章程第七十五条第五项股权激励计划的约定，台×公司以低于公司净资产的价格通过股权激励的方式向孙某国进行定向增资扩股，也符合有关政策及公司章程的约定。故台×公司以低于公司净资产的价格通过股权激励的方式向孙某国进行定向增资扩股以及以低于公司净资产的价格对公司高管进行股权激励、回购股权的行为合法。

关于案涉股东大会决议第一项议案第二款是否无效的问题。案涉股东大会决议第一项议案第二款的内容为：“本次增资前滚存的未分配利润由增资后新老股东按增资后持股比例共同享有。”对此分析如下：第一，在股东大会讨论议案中，将利润分红议案嵌套在股权激励议案中进行讨论不当。案涉股东大会决议第一项议案第二款的内容实际上是台×公司对滚存利润的分配方案，该分配方案涉及持股股东的根本性权利即分红权。而股权激励是公司为激励、留住人才，以股权作为长期激励手段的方式。二者性质、目的均不同，因此不能在股权激励方案中一并讨论滚存利润分红的问题，且根据台×公司章程的规定，公司的利润分配应当单独制作利润分配方案报股东大会审议。故案涉股东大会决议中将利润分红议案嵌套在股权激励议案中讨论不当。第二，无证据证实台×公司的全体股东知晓股权激励方案中包含了利润分配方案。台×公司在诉讼中未提交证据证实在召开股东大会之前，公司的全体股东已经知晓《关于对公司董事长孙某国先生实施股权激励的议案》中包含了涉及全体股东根本性利益的滚存利润分红方案，尤其是因工作关系未能亲自参加股东大会的几十位职工股东以及未能出席股东大会的其他自然人股东知晓股权激励方案中包含了滚存利润分红方案。第三，双重激励行为已超越股权激励的合理范围。即使如台×公司所言，对孙某国以定向增资扩股的方式进行股权激励，是为感谢孙某国多年来对台×公司的奉献和付出，则以每股3元的价格即低于公司净资产的价格允许孙某国定向增资扩股就已经达到了对孙某国进行股权激励的目的。在已经实现对孙某国进行股权激励目的的情况下，又通过在股权激励方案中允许其参与滚存利润的分红，形成了事实上的双重激励，该行为已超越了股权激励的合理范围。第四，新增定向注册资本参与滚存利润分红损害了包括博×企业在内的中小股东的合法权益。公司的滚存利润来自公司广大职工的不懈努力和公司各股东、投资者的资本投入。孙某国新增的注册资本并未对公司滚存利润产生效益，但却参与了公司滚存利润的分红，导致公司中小股东按其持股比例应当分取的利润减少，损害了中小股东的分红权。综合上述四点理由，案涉股东大会决议第一项议案第二款应当认定无效。

关于孙某国是否滥用股东权利给中小股东造成损失的问题。权利的行使应当以不损害他人的利益为前提。在权利行使过程中，若权利人为行使自己的权利损害了他人的利益，应当认定其属于权利滥用。本案中，首先，孙某国家族在台×公司拥有控制权。其表现在：第一，虽然孙某国在案涉股东大会召开时其持股比例仅为2.8%，但孙某国家族包括其本人、妻子、妻妹、妻弟、姐姐、姐夫、哥哥、侄子等在内共计持股26.3%，相比博×企业以及其他职工持股均不高于5%的情况，孙某国家族在台×公司拥有绝对控制权和影响力。第二，孙某国系台×公司的董事长，且董事会成员中大多数系孙某国家族人员，孙某国家族对台×公司的日常经营管理，包括董事会的召开、方案的形成等事务上，均拥有控制权和影响力。其次，孙某国获取了巨大利益。孙某国利用自己及其家族在董事会中的控制力和影响力，通过董事会的形式，将原本应属单列的利润分配方案嵌套在对其本人进行股权激励的方案中提交股东大会讨论，从而不仅使自己获得了低于每股净资产价格的1500万股份成为台×公司名副其实的大股东，还以新增的1500万元股份分取或今后分取台×公司截至2017年末累计利润1.52亿元，多获取了将近1/4的滚存利润。最后，博×企业等中小股东的利益受到了损害。孙某国新增的注册资本未对公司的滚存产生任何效益，但却参与滚存利润分红，导致博×企业等中小股东应分得的滚存利润由每股3.38元减少至每股2.53元，博×企业等中小股东的利益受到了损害。综上所述，孙某国的行为，应当构成了滥用股东权利。孙某国应当对博×企业因少分滚存利润造成的损失承担赔偿责任。

关于博×企业损失金额的认定问题。截至2017年年末，台×公司滚存的利润为1.52亿元。以4500万股本为基数，每股可分利润为3.38元。以6000万股本为基数，每股可分利润为2.53元。每股的差价即每股的损失为0.85元。博×企业持股175万股，则共计损失为1,487,500元。因此，博×企业的该项诉请部分成立，部分应予支持。博×企业所提造成其他损失133.85万元的问题，博×企业未提交证据证实，法院不予支持。

关于肖某军、何某红、邹某兵、陈某是否应当对孙某国的行为承担连带责任的问题。首先，无证据证实肖某军、何某红、邹某兵、陈某因孙某国分配滚存利润获取了不当利益。肖某军、何某红、邹某兵、陈某虽是公司的股东兼董事，且股东大会决议第二项议案《关于对公司管理团队及核心骨干员工设立股权激励计划的议案》中提及对公司管理层及核心骨干员工以每股3元（低于2016年年底公司每股净资产5.21元）的价格进行股权激励,但确定了行权条件。该行权条件是以每股收益增长超过50%。由于该条件尚未满足,公司的管理层及核心骨干员工尚未实现行权条件。故现有证据不能证实肖某军、何某红、邹某兵、陈某因孙某国分配滚存利润获取了不当利益。其次,孙某国及其家族利用其在台×公司及其董事会的控制力和影响力,最终形成了案涉的董事会决议,但并无证据证实肖某军、何某红、邹某兵、陈某实施了同样的行为。故对博×企业要求肖某军、何某红、邹某兵、陈某对孙某国的行为承担连带责任的请求,法院不予支持。

案例98 法定代表人未通知股东参会作出公司经营期限延长的股东会决议,应当对股东丧失的股东权益负有赔偿责任

——王某积、王某增损害股东利益责任纠纷案

【基本案情】

上诉人(原审被告):王某积

被上诉人(原审原告):王某增

原审被告:焦某雁

原审被告:陈某瑞

原审第三人:新乡市庆×源种殖有限责任公司(以下简称庆×源公司)

一审法院:新乡市红旗区人民法院

案号:(2020)豫0702民初3735号

二审法院:河南省新乡市中级人民法院

案号:(2021)豫07民终215号

庆×源公司于2007年5月15日成立,发起人为王某积、陈某瑞、焦某雁、王某增,公司住所地位于延津县××××林区西北部,经营范围为苗木、花卉、蔬菜的种植。公司注册资本100万元,其中王某积以货币出资35万元,出资占比35%;陈某瑞以货币10万元出资,出资占比10%;焦某雁以货币20万元出资,占比20%;王某增以位于延津县刘庄林区西北部的杨树作价35.45万元出资,出资占比35%。2007年4月29日,王某积、陈某瑞、焦某雁、王某增共同制定了庆×源公司章程。公司章程主要规定:公司股东作为出资者按投入公司的资本额享有所有者的资产受益、重大决策和选择管理者等权利。股东有权查阅股东会会议记录和公司财务会计报告,有权按照出资比例分取红利,公司新增资本时,股东可以优先认缴出资。股东有权在股东会上依其出资比例行使表决权。股东对公司增加或者减少注册资本、分立、合并、解散或者变更公司形式作出决议,必须经代表2/3以上表决权的股东通过。公司可以修

改章程,修改章程的决议,必须经代表2/3以上表决权的股东通过。召开股东会会议,应当于会议召开15日以前通知全体股东。公司经营期限为3年,以工商登记机关核准日期为准。庆×源公司成立后,由王某积任法定代表人,负责公司的经营管理。2010年6月28日,庆×源公司召开公司第1次临时股东会,经股东会决议,公司经营期限变更为2010年5月15日至2013年5月15日。

工商资料显示,王某积于2015年2月27日主持召开公司股东会,决议将公司经营期限延长至2023年5月15日,并依照该次股东会决议向新乡市工商行政管理局申请公司变更登记,变更公司经营期限为2007年5月15日至2023年5月15日。王某增以庆×源公司在其不知情的情况下冒用其签名,将庆×源公司起诉至延津县人民法院,要求确认庆×源公司于2015年2月27日作出的股东会决议无效。经(2016)豫0726民初1243号和(2017)豫07民终434号民事判决书认定,2015年2月27日庆×源公司作出的股东会决议无效。随后,王某增起诉新乡市工商行政管理局和庆×源公司,要求撤销新乡市工商行政管理局给庆×源公司办理的变更营业期限的工商登记,经(2017)豫0782行初42号和(2017)豫07行终243号行政判决书认定,判决撤销新乡市工商行政管理局针对庆×源公司于2015年2月27日提出变更营业期限的申请作出的营业期限由2007年5月15日至2013年5月15日变更为2013年5月15日至2023年5月15日的工商登记行为。因庆×源公司提交虚假无效的股东会决议等材料取得了工商变更登记,2017年10月16日,新乡市工商行政管理局向庆×源公司作出新市工商处字[2017]第29号行政处罚决定书,罚款9万元。2018年1月24日,新乡市工商行政管理局将庆×源公司列入严重违法失信企业名单。其后,王某增向新乡市中级人民法院申请对庆×源公司进行强制清算,新乡市中级人民法院于2018年4月8日受理王某增对庆×源公司的强制清算申请。2018年9月29日,庆丰源清算组以庆×源公司资产不足以清偿全部债务且债务清偿方案未获全体债权人表决通过为由,向新乡市中级人民法院申请对庆×源公司进行破产清算,新乡市中级人民法院于2018年10月12日受理该申请,并宣告庆×源公司破产。2019年11月29日,新乡市中级人民法院作出(2018)豫07破81-2号民事裁定书,认为根据对《庆×源公司无争议债权表》核查的情况,债务人、债权人对于石某新等14位债权人的债权共计3,995,592.67元均无异议,故裁定确认石某新等14位债权人的债权。《庆×源公司无争议债权表》中记载,王某积申报债权金额1,245,900元,确认债权金额1,241,410元,焦某雁申报债权金额397,000元,确认债权金额150,000元,王某增申报债权金额245,730元,确认债权金额18,113.67元,均为普通债权。2019年12月10日,庆×源公司管理人制定破产财产分配方案,提交债权人会议审议,分配方案载明破产财产总额为309,917.84元,扣除优先拨付破产费用、共益债务297,484.54元后,余额为12,433.30元,用于清偿第一顺序职工工资,清偿率2.56%,

第三顺序应清偿的普通破产债权3,995,592.67元,已无财产可供分配,清偿率为零。2020年1月7日,新乡市中级人民法院作出(2018)豫07破81-3号民事裁定书,认可上述分配方案。2020年6月1日,新乡市中级人民法院作出(2018)豫07破81号之四民事裁定书,终结庆×源公司破产程序。

另查明之一,王某积于2019年8月13日起诉王某增,请求认定王某增未履行出资义务,并请求王某增履行出资33万元的义务。经(2019)豫07民初324号和(2020)豫民终204号案件审理,法院判决驳回了王某积的诉讼请求。

另查明之二,王某增曾向庆×源公司管理人递交书面申请,请求明确庆×源公司的财产范围,庆×源公司管理人于2020年3月19日回复称,庆×源公司未按法律规定向管理人移交财务资料,管理人委托专业评估人员现场勘查以及向有关人员走访调查,将查到的财产情况向王某增作了说明。庭审时,庆×源公司管理人对此作了说明,称庆×源公司股东没有按照时间提交财务资料,但是隔了一段时间都交齐了。是否存在伪造会计账簿、隐匿财产、虚构债务的行为,管理人并未进行认定,且《庆×源公司无争议债权表》中的债权,最终并未获得清偿。

另查明之三,庆×源公司在工商局备案的2012年度公司年检报告书中所附的河南正×会计师事务所出具的审计报告中载明,公司资产负债情况为:资产总额1,413,415元,负债总额310,100.91元,所有者权益总额1,103,314.09元;公司经营情况为:主营业务收入2,990,722.39元,利润总额90,964.87元,净利润68,223.65元。

二审期间,当事人均未提交新证据,但王某积提出庆×源公司2011年的资产负债表中所有者权益项下的"资本公积"期末余额显示100万元,存在明显错误,由此证明年检报告不应采信。王某增辩称,2012年的庆×源公司的年检报告书有王某积签字。对当事人二审争议的事实,二审法院认定如下:经查阅庆×源公司2009年、2010年及2012年的资产负债表中所有者权益项下的"实收资本"期末余额均显示100万元,"资本公积"期末余额为空白,因此庆×源公司2011年的资产负债表中所有者权益项下的"资本公积"期末余额显示100万元应该属于笔误,应与2010年、2012年对应,记载在"实收资本"处,王某积提出2011年的资产负债表的瑕疵,不足以证明2012年的庆×源公司的年检报告书及资产负债表存在严重错误。

王某增在庭审中提出,在庆×源公司存在盈利的情况下,从未进行盈余分配。

法院另查明,焦某雁、陈某瑞,二人虽系庆×源公司的股东,但是非庆×源公司的实际经营管理人,王某增未能充分举证证明二人有直接侵害其股东权益的行为,且2015年2月27日的股东会决议系在王某积主持下完成,目前无证据显示焦某雁、陈某瑞具有直接参与了伪造王某增的签名的行为。

王某增提起诉讼,请求判令:(1)王某积、焦某雁、陈某瑞因违反法律、行政法律和公司章程规定,违反忠实勤勉义务,滥用股东权利;(2)王某积、焦某雁、陈某瑞赔偿王某增股东权益损失 386,159.9315 元;(3)本案诉讼费用由王某积、焦某雁、陈某瑞承担。

【裁判结果】

一审法院判决:

1. 王某积于判决生效之日起 10 日内向王某增赔偿股东权益损失 386,159.93 元;

2. 驳回王某增的其他诉讼请求。

如果未按判决指定的期间履行给付金钱义务,应该依照《民事诉讼法》(2017 年)第二百五十三条之规定,加倍支付迟延履行期间的债务利息。

二审法院判决:驳回上诉,维持原判。

【案件解析】

本案争议焦点在于庆×源公司的股东王某积、焦某雁、陈某瑞是否侵害了股东王某增的利益,是否应负赔偿责任。

我国《公司法》(2018 年)第二十条第二款①规定,公司股东滥用股东权利给公司或者其他股东造成损失的,应当依法承担赔偿责任。第一百五十二条②规定,董事、高级管理人员违反法律、行政法规或者公司章程的规定,损害股东利益的,股东可以向人民法院提起诉讼。由此可见,股东利益损害赔偿应符合三个要件,一是违法性,即股东只能对违反了法律、行政法规或者公司章程规定的侵害行为提起诉讼;二是股东利益受到实际损害;三是侵权行为与股东受到的损害有直接因果关系。

本案中,王某增认为王某积、焦某雁、陈某瑞的主要侵权行为有:(1)王某积、焦某雁、陈某瑞在庆×源公司经营期限届满后于 2015 年 2 月在王某增不知情的情况下,伪造其签名作出延长公司经营期限的股东会决议,并进行了工商登记;(2)王某积、焦某雁、陈某瑞未按法律规定向管理人移交财务资料,所移交材料中存在有伪造会计账簿、隐匿财产、虚构债务的违法行为;(3)在庆×源公司存在盈利的情况下,从未进行盈余分配。首先,庆×源公司本应于 2013 年 5 月因经营期限届满而停止经营,而庆×源公司的法定代表人王某积却于 2015 年主持召开股东会会议,决议将经营期限延长,且该决议并未通知股东王某增参加,已经被生效的法律文书认定无效,故王某积作为庆×源公司的股东及法定代表人,其行为违反了公司章程及公司法的相关规定。庆×源公司 2012 年度的年检报告所附的审计报告显示,截至 2012 年,公司资产总额 1,413,415 元,负债总额 310,100.91 元,所有者权益总额 1,103,314.09 元,而因无效的股东会决议,公司迟至 2018 年才进行强制清算,最终资不抵债,进入破产程序,王某增的股东权益无法实现。故王某积作为庆×源公司的法定代表人、股东、实际经营

---

① 对应《公司法》(2023 年)第二十一条第二款。

② 对应《公司法》(2023 年)第一百九十条。

管理人,应当对王某增丧失的股东权益负有赔偿责任。对于王某增所称的股东未按法律规定向管理人移交财务资料,所移交材料中存在有伪造会计账簿、隐匿财产、虚构债务的问题,庆×源公司庭审时已经说明财务资料移交虽有延迟,但最终均移交给了管理人,而是否存在伪造会计账簿、隐匿财产、虚构债务的行为,管理人并未进行认定,且《庆×源公司无争议债权表》中的债权,最终并未获得清偿。对于盈余分配问题,属于公司自主决策事项,股东可以行使权利要求召开股东会对公司盈余制定分配方案,与王某增主张的股东权益损失无直接因果关系。至于焦某雁、陈某瑞,二人虽系庆×源公司的股东,但是非庆×源公司的实际经营管理人,王某增未能充分举证证明二人有直接侵害其股东权益的行为,且2015年2月27日的股东会决议系在王某积主持下完成的,目前无证据显示焦某雁、陈某瑞具有直接参与了伪造王某增的签名的行为,故对于王某增对焦某雁、陈某瑞的诉请,法院不应支持。对于赔偿数额问题,因所有者权益是指企业资产扣除负债后由所有者享有的剩余权益,故企业的所有者权益可称为股东权益。本案中,庆×源公司2012年年度审计报告载明所有者权益期末数为1,103,314.09元,结合王某积在未依法召开股东会的情况下擅自决议延长经营期限,从充分保护受损方的利益出发,应认定2012年度资产负债表载明的所有者权益期末数1,103,314.09元乘以王某增享有股权的35%计算得出的386,159.93元作为其损失,符合王某增所有者权益价值,王某积应为此承担赔偿责任。

案例99 原告以实际股东身份提起股东利益责任纠纷之诉,因不能证明其为实际出资人被驳回起诉

——梁某亮、崔某奎等损害股东利益责任纠纷案

【基本案情】

原告:苑某

原告:吴某伟

原告:梁某涛

原告:崔某奎

被告:梁某亮

第三人:西安途×公寓酒店管理有限公司(以下简称途×公司)

审理法院:西安市未央区人民法院

案号:(2021)陕0112民初16230号

苑某、吴某伟、梁某涛、崔某奎向西安市未央区人民法院提起诉讼,请求:(1)判令梁某亮赔偿其损失共计105万元;(2)判令梁某亮支付其资金占用损失(以105万元为基

数,按照全国银行间同业拆借中心公布的贷款市场报价利率自起诉之日计算至全部款项实际付清之日止);(3)判令梁某亮支付其2019年5月19日起至2020年11月28日的分红收益84万元;(4)本案诉讼费由梁某亮承担。事实与理由:2016年,梁某亮与其四人及另一投资人时某共六人共同合作投资设立途×公司,经营"派酒店"(西安三桥地铁站万×城店),各方的出资比例为苑某15%、吴某伟20%、梁某涛18%、崔某奎15%、时某16%、梁某亮16%。且各方同意工商登记股东为三人,分别为时某(持股30%)、崔某奎(持股30%)、苑某(持股40%),其他人股权由该三人代持。后因经营需要,途×公司于2017年底引入新股东马某,马某按途×公司市值350万元受让出资人共计50%股权,转让后原告持股比例依次为:5%、5%、10%、10%,均由梁某亮及时某代持,并于2018年2月8日办理了工商变更登记,其中马某持股50%、时某持股30%、梁某亮持股20%。后各方同意时某将30%股份(包括自身股份及代持其股份)均由梁某亮代持,并于2018年11月5日变更工商登记。至此,途×公司工商登记的股东为马某50%,梁某亮50%(其中代持其股份共计30%)。另外,在2019年5月前,其均能按月收到梁某亮转入的收益分红,但2019年5月至今,梁某亮再未向其支付分红受益,其间多次催问无果。2020年11月19日,其从时某处得到消息,该酒店在未征得其同意的情况下,已被梁某亮低价转让,转让金额为人民币136万元。其于2020年11月23日至工商部门查询,梁某亮已经开始和受让方进行工商变更流程。其多次邀约梁某亮沟通此事,但梁某亮均以各种理由推托不见。为维护其合法权益,故诉至法院。

梁某亮辩称:(1)原告等人均非途×公司股东,不能作为侵害股东利益责任纠纷的原告。工商信息显示,2018年11月15日,途×公司股东由梁某亮、时某、马某变更为梁某亮及马某,二人各持50%的股权。且在2018年11月15日梁某亮转让途×公司时,途×公司股东名册中记载的股东仅为梁某亮与马某二人。原告以实际股东的身份提起损害股东利益责任纠纷,但根据《公司法》(2018年)第三十二条[①]"记载于股东名册的股东,可以依股东名册主张行使股东权利"及第一百五十二条[②]"董事、高级管理人员违反法律、行政法规或者公司章程的规定,损害股东利益的,股东可以向人民法院提起诉讼"的规定,原告首先应提起股东资格确认纠纷,确定其股东身份及出资比例,其次原告应提起股东名册记载纠纷,将自己记载于股东名册。原告在具有上述两项条件后才能提起损害股东利益责任纠纷,故原告主体不适格,不能作为本案侵害股东利益责任纠纷的原告。(2)因疫情原因,途×公司亏损严重,梁某亮为减少损失,遂将途×公司转让,未因转让获利,转让过程合法有效且并未侵害他人利益。因疫情原因,2020年2月至2020年3月途×公司停业,且在此期间无任何盈利。

---

① 对应《公司法》(2023年)第五十六条。

② 对应《公司法》(2023年)第一百九十条。

2020 年 3 月起，途×公司进入亏损模式 2020 年 3 月 25 日拖欠款项为 441,908.6 元。至 2020 年 7 月 26 日，途×公司所欠水费、大堂电费、车位费、垃圾费、物业费、租金共计 843,357.4 元，但账户余额仅为 90,230.8 元，途×公司已严重资不抵债。为减少损失，梁某亮迫不得已将途×公司转让。2020 年 11 月 5 日，经股东会决议，梁某亮及马某均放弃优先购买权且同意将途×公司 100% 股权转让给刘某。2021 年 11 月 15 日，梁某亮、马某与刘某签订《股权转让协议》。根据《公司法》（2018 年）第七十一条[①]的规定，梁某亮及马某在股权转让过程中召开股东会二人均放弃优先购买权且均同意将途×公司 100% 股权转让，转让过程合法有效且并未侵害他人利益。途×公司因疫情停止营业一月之久，直至梁某亮及马某在转让前仍处于亏损状态，并且梁某亮至今并未收到股权转让款。梁某亮未因转让途×公司获得利益更未因转让途×公司股权侵害原告等人的权利；综上所述，原告等人并非本案适格原告，梁某亮转让途×公司股权未侵害任何人的权益，请求驳回原告对梁某亮的全部诉讼请求。

第三人途×公司述称，原告、梁某亮之间的纠纷与其无关，其无意见。

因原告未提交其与梁某亮之间的《股权代持协议》，因此法院认定原告等人实际出资人身份尚未确定。

【裁判结果】

驳回苑某、吴某伟、梁某涛、崔某奎的起诉。

【案件解析】

损害股东利益责任纠纷是指公司董事、高级管理人员违反法律、行政法规或者公司章程的规定，损害股东利益，应当对股东承担损害责任而与股东发生的纠纷。《公司法》（2018 年）第一百五十二条规定："董事、高级管理人员违反法律、行政法规或者公司章程的规定，损害股东利益的，股东可以向人民法院提起诉讼。"

本案中，原告等人以其为途×公司实际出资人，梁某亮侵害其合法权利为由提起诉讼，梁某亮否认原告为途×公司实际出资人。鉴于 2018 年 2 月 8 日途×公司工商登记股东变更为马某、时某、梁某亮，原告亦未提交其与梁某亮之间的《股权代持协议》，故原告等人实际出资人身份尚未确定，在未确定原告等人实际出资人身份的情况下，原告提起本案诉讼主体不适格，应驳回起诉。

---

① 对应《公司法》（2023 年）第八十四条。

案例100　因不能举证证明其他股东存在损害股东利益的行为，原告的诉讼请求被法院驳回

——周某某与朱某某损害股东利益责任纠纷案

【基本案情】

原告：周某某

被告：朱某某

审理法院：丹凤县人民法院

案号：(2020)陕1022民初866号

周某某向丹凤县人民法院提起诉讼，请求：(1)判令朱某某返还周某某折价款12,333元；(2)案件诉讼费由朱某某承担。事实与理由：2016年4月28日，周某某、朱某某和李某苗出资成立了兰考县佰×医疗器械有限公司（以下简称佰×公司），2016年12月7日公司解散。公司在清算后剩余50台佰×光波理疗仪和10多条托玛琳腹带，在朱某某指示下，周某某将上述产品运送至泾阳某店里。后来朱某某通过他人卖出了13台仪器，之后剩余37台一直由朱某某管控。2020年1月17日，朱某某将公司清算账单发送给周某某和李某苗，账单显示每人应分得12.3台仪器，但是朱某某一直未实际分配，因此周某某诉至法院。

朱某某辩称，周某某陈述公司成立情况属实，周某某为公司法定代表人，公司资金、经营及财务均由其管理，公司给周某某每月3000元工资，李某苗负责进货，朱某某不参与具体经营管理。公司运营6个月后，因缺乏资金周转等申请了注销，公司注销后财物清理等一切事宜均由周某某经手处理。周某某诉称的50台仪器，当时由周某某邮寄至泾阳原公司一员工家中，后来经周某某同意，朱某某找人回购了13台仪器，剩余的37台仪器朱某某未处理，现在仪器具体由谁管理朱某某并不清楚。综上所述，朱某某从未参与公司具体经营与管理，也没有管控周某某所说剩余的37台仪器，故不承担任何责任。

法院审理后查明，周某某、朱某某及案外人李某苗于2016年4月28日在兰考县注册成立了佰×公司，周某某系法定代表人，朱某某为公司监事。后来佰×公司于2016年12月7日核准注销，公司注销后剩余有部分医疗器械，即50台佰×光波理疗仪和10余条托玛琳腹带，朱某某将其中的13台光波理疗仪通过他人出售，剩余37台医疗器械，经双方协商和核对后按照三人平均分配的方式进行了对账。现在周某某以朱某某并未向其交付对账后的12.3台仪器为由，诉请法院判决朱某某支付折价款。

另查明，周某某不能提供证据证明朱某某在公司核准注销后实际控制和支配着

剩余的 50 台光波理疗仪。

【裁判结果】

驳回周某某的诉讼请求。

【案件解析】

董事、高级管理人员违反法律、行政法规或者公司章程的规定,损害股东利益的,股东可以向人民法院提起诉讼。本案中,周某某、朱某某作为原佰×公司的股东,周某某认为朱某某损害了自己的利益,可以依法诉讼,但是当事人对自己提出的主张,有责任提供证据予以证实。周某某要求朱某某返还公司剩余产品折价款,即有责任提供证据证明朱某某在公司核准注销后实际控制和支配着剩余的 50 台光波理疗仪,但是根据周某某提交的对账单等证据并不能证实其主张。由于周某某未能提供充足证据证明朱某某违反法律、行政法规或公司章程的规定,实施了损害股东利益的行为,故诉讼请求不能得到法院支持。

第十二章

股东损害公司债权人利益责任纠纷

一、实务要点

股东损害公司债权人利益责任纠纷，是指债权人与公司、股东之间，因股东滥用公司的独立民事主体资格、财产独立以及股东以出资额为限对公司债务承担责任的原则，从而逃避债务，损害债权人利益所引发的民事纠纷。

股东滥用行为的目的是利用法人独立人格逃避合同义务、法律义务，实施侵权行为。其主要表现形式包括：公司资本显著不足；股东与公司、关联公司之间人格混同，恶意转移公司财产；恶意注销公司、怠于履行清算义务、过度控制等。

一般情况下，公司法人具有独立地位，公司股东以出资额为限对公司承担有限责任。但在现实生活中，不时出现股东与公司人格混同、股东过度支配与控制公司、公司注册资本显著不足等股东滥用公司法人独立地位和股东有限责任，导致公司债权人利益受损等情形，此时公司债权人可以以股东损害公司债权人利益为由提起诉讼，通过公司人格否认制度，要求公司股东依法承担相应责任。公司人格否认制度，又称“揭开公司面纱”或“刺破公司面纱制度”。该制度在承认公司具有法人独立人格的前提下，在特定的法律关系中对公司的法人人格及股东有限责任加以否定，以制止股东滥用公司法人人格及有限责任，保护公司债权人的利益。

我国《公司法》第二十三条规定，公司股东滥用公司法人独立地位和股东有限责任，逃避债务，严重损害公司债权人利益的，应当对公司债务承担连带责任。股东利用其控制的两个以上公司实施前款规定行为的，各公司应当对任一公司的债务承担连带责任。只有一个股东的公司，股东不能证明公司财产独立于股东自己的财产的，应当对公司债务承担连带责任。

根据《最高人民法院关于适用〈中华人民共和国公司法〉若干问题的规定（三）》第十三条的规定：“股东未履行或者未全面履行出资义务，公司或者其他股东请求其向公司依法全面履行出资义务的，人民法院应予支持。公司债权人请求未履行或者未全面履行出资义务的股东在未出资本息范围内对公司债务不能清偿的部分承担补充赔偿责任的，人民法院应予支持；未履行或者未全面履行出资义务的股东已经承担上述责任，其他债权人提出相同请求的，人民法院不予支持。股东在公司设立时未履行或者未全面履行出资义务，依照本条第一款或者第二款提起诉讼的原告，请求公司的发起人与被告股东承担连带责任的，人民法院应予支持；公司的发起人承担责任后，可以向被告股东追偿。股东在公司增资时未履行或者未全面履行出资义务，依照本条第一款或者第二款提起诉讼的原告，请求未尽《公司法》第一百四十七条第一款[①]规定的义务而使出资未缴足的董事、高级管理人员承担相应责任的，人民法院应予支持；董事、高级管理人员承担责任后，可以向被告股东追偿。"

该解释第十四条第二款规定，公司债权人请求抽逃出资的股东在抽逃出资本息范围内对公司债务不能清偿的部分承担补充赔偿责任、协助抽逃出资的其他股东、董事、高级管理人员或者实际控制人对此承担连带责任的，人民法院应予支持；抽逃出资的股东已经承担上述责任，其他债权人提出相同请求的，人民法院不予支持。

该解释第十八条规定，有限责任公司的股东未履行或者未全面履行出资义务即转让股权，受让人对此知道或者应当知道，公司请求该股东履行出资义务、受让人对此承担连带责任的，人民法院应予支持；公司债权人依照本规定第十三条第二款向该股东提起诉讼，同时请求前述受让人对此承担连带责任的，人民法院应予支持。受让人根据前款规定承担责任后，向该未履行或者未全面履行出资义务的股东追偿的，人民法院应予支持。但是，当事人另有约定的除外。

《最高人民法院关于适用〈中华人民共和国公司法〉若干问题的规定（二）》第十八条规定，有限责任公司的股东、股份有限公司的董事和控股股东未在法定期限内成立清算组开始清算，导致公司财产贬值、流失、毁损或者灭失，债权人主张其在造成损失范围内对公司债务承担赔偿责任的，人民法院应依法予以支持。有限责任公司的股东、股份有限公司的董事和控股股东因怠于履行义务，导致公司主要财产、账册、重要文件等灭失，无法进行清算，债权人主张其对公司债务承担连带清偿责任的，人民法院应依法予以支持。上述情形系实际控制人原因造成，债权人主张实际控制人对公司债务承担相应民事责任的，人民法院应依法予以支持。

该解释第十九条规定，有限责任公司的股东、股份有限公司的董事和控股股东，以及公司的实际控制人在公司解散后，恶意处置公司财产给债权人造成损失，或者未经依法清算，以虚假的清算报告骗取公司登记机关办理法人注销登记，债权人主张其对公司债务承担相应赔偿责任的，人民法院应依法予以支持。

该解释第二十条规定，公司解散应当在依法清算完毕后，申请办理注销登记。公司未经清算即办理注销登记，导致公司无法进行清算，债权人主张有限责任公司的股

---

① 对应《公司法》(2023 年)第一百七十九条、第一百八十条。

东、股份有限公司的董事和控股股东,以及公司的实际控制人对公司债务承担清偿责任的,人民法院应依法予以支持。公司未经依法清算即办理注销登记,股东或者第三人在公司登记机关办理注销登记时承诺对公司债务承担责任,债权人主张其对公司债务承担相应民事责任的,人民法院应依法予以支持。

二、风险防范建议

为避免股东损害公司债权人利益纠纷的产生,就公司而言,应完善公司管理制度,明晰股东、董事、监事、高级管理人员等人员的权责。

就股东而言,应注意以下几点:

1. 严格按章程的规定全面履行出资义务,不得抽逃出资。

2. 在公司解散后,应当在法定期限内成立清算组依法清算,其间要保管好公司主要财产、账册、重要文件,不得恶意处置公司财产。

3. 避免公司人格与股东人格混同,具体如下:

(1)股东应有偿使用公司的资金或资产,并作账务记载或者签订借款协议;

(2)股东用公司的资金偿还股东的债务,或将公司的资金供关联公司使用,应做账务记载或者签订借款协议;

(3)公司账簿与股东账簿加以区分;

(4)公司盈利与股东自身收益加以区分;

(5)公司的财产尽量不记载于股东名下;

(6)股东系多家公司的,各个公司应财务独立、人员独立、业务独立。

4. 公司发生减资、合并、分立、清算、注销等重大事项变动时,必须严格依照法定程序进行。

就公司债权人而言,为了最大限度降低被公司股东损害自身债权的风险,可以从以下几个方面着手:首先,要有证据意识,保证有充足的证据证明与公司存在债权债务关系;其次,日常多关注公司经营现状,也可以通过有关网站查询公司是否存在股东未履行或者未全面履行出资义务、减资、执照吊销、注销、清算等情形;再次,在条件允许的情况下,保持关注公司财务状况,根据公司财务情况及时调整实现债权的方式;最后,一旦发现公司股东存在滥用公司独立法人地位和股东有限责任损害自身债权的行为,在保存相应证据后应及时采取法律措施,以最大限度维护自身权益。

三、典型案例解析

案例101　股东个人财产与公司财产混同的，应当对公司债务承担连带责任

——陈某福、董某勇等损害公司债权人利益责任纠纷案

【基本案情】

原告：陈某福

被告：董某勇

被告：孙某芝

第三人：青岛嘉×通通信工程有限公司（以下简称嘉×通公司）

审理法院：青岛市市南区人民法院

案号：(2022)鲁0202民初4280号

1. 嘉×通公司于2010年9月16日成立，法定代表人为孙某芝，2015年2月20日变更股东为孙某芝（持股52%）、董某勇（持股48%），孙某芝与董某勇系母子关系。

青岛市市北区人民法院曾作出(2019)鲁0203民初1575号民事判决书认定"董某勇系嘉×通公司实际经营负责人"，在该案二审审理过程中，嘉×通公司作为申请人曾向青岛市中级人民法院递交调取证据申请书一份，在该申请书中嘉×通公司表示"董某勇为申请人实际控制人"。

2. 陈某福与嘉×通公司劳动争议一案，青岛市市北区人民法院于2018年4月28日作出3011号判决书[该判决书案号(2017)鲁0203民初3011号为笔误，应为(2018)鲁0203民初3011号]判定：(1)嘉×通公司于本判决生效之日起10日内支付给陈某福2015年6月1日至2016年11月30日工资36,000元；(2)嘉×通公司于本判决生效之日起10日内支付给陈某福2015年6月1日至2016年11月30日未休带薪年假工资2759元；(3)嘉×通公司于判决生效之日起10日内支付给陈某福2015年6月至2015年9月、2016年6月至2016年9月防暑降温费1000元。判决生效后，嘉×通公司未予履行，陈某福向该院申请强制执行，案号为(2019)鲁0203执885号，后该案终止本次执行。2021年4月22日，该院作出(2021)鲁0203执恢348号恢复执行通知书，决定恢复(2019)鲁0203执885号案件的执行。

因潍坊高新技术产业开发区法院生效判决判定案外人长×宽带网络服务有限公司潍坊分公司和长×宽带网络服务有限公司清偿嘉×通公司44,416.44元，陈某福遂申请通过执行法院青岛市市北区人民法院向潍坊高新技术产业开发区法院下达协

助执行通知书，要求提取 43,305 元，该院依据该通知书确定上述债权中的 43,305 元不应向嘉×通公司支付，而向陈某福清偿，但至今未予清偿。

3. 陈某福以董某勇和嘉×通公司为被告，于 2019 年向青岛市市北区人民法院提起执行异议之诉，案号为(2019)鲁 0203 民初 11911 号，陈某福对该案的诉讼请求为：(1)请求准许将董某勇追加为 3011 号判决书的被执行人；(2)诉讼费由董某勇和嘉×通公司承担。事实与理由为：董某勇是嘉×通公司的股东和实际控制人，嘉×通公司资金被董某勇转移至个人账户，系抽逃资金行为，导致 3011 号判决书无法执行，董某勇应对 3011 号判决书承担责任。陈某福在该案中提交的银行流水（与本案提交的一致）显示嘉×通公司自 2014 年 11 月 2 日至 2016 年 12 月 8 日共向董某勇账户转入 48 笔合计 1,724,258.29 元。董某勇针对该 48 笔转款提交了嘉×通公司相对应的记账凭证（与本案提交的一致）。该院经审理认为陈某福提交的证据仅能证明董某勇系嘉×通公司的股东，双方存在资金往来的事实，并不能证明董某勇存在抽逃资金等法定追加为被执行人的情形，故陈某福应当承担举证不能的法律后果，据此对其要求追加董某勇为 3011 号判决书的被执行人的请求不予支持，驳回了陈某福的诉讼请求。

陈某福不服上述判决向青岛市中级人民法院提起上诉，该院以(2020)鲁 02 民终 8467 号判决书驳回上诉，维持原判。

陈某福不服上述一审、二审判决，向青岛市中级人民法院申诉，案号为(2021)鲁 02 民再 206 号，该院经审理认为：首先，陈某福原审中提交的董某勇活期历史交易查询明细可以看出，除了嘉×通公司向董某勇转账外，董某勇向其他案外人均有频繁的转账行为，陈某福提交的证据不足以证明董某勇存在抽逃出资的充分可能性；其次，陈某福主张嘉×通公司存在人格混同情形，但本案系案外人执行异议之诉，执行程序中追加、变更当事人，应当严格依照《最高人民法院关于民事执行中变更、追加当事人若干问题的规定》审查追加当事人的范围，嘉×通公司是否构成人格混同不属于本案审理范围，本院不予审查。综上，该院判决维持了(2020)鲁 02 民终 8467 号判决。

4. 陈某福持与上述执行异议之诉相同的证据，以嘉×通公司的账户与董某勇的账户之间存在大量、频繁的资金往来，资金用途及流向不明，导致公司财产与其个人财产混同，嘉×通公司已经失去了独立承担债务的基础，其行为属于滥用公司法人独立地位和股东有限责任，严重损害了陈某福的利益为由，提起本案股东损害公司债权人利益之诉。

在本案审理中，陈某福除提交上述 48 笔转账银行流水外，还申请青岛市市南区人民法院调取了其后的 9 笔银行流水。前述 48 笔转账流水显示：嘉×通公司自 2014 年 11 月 2 日至 2016 年 12 月 8 日共向董某勇账户转入 48 笔合计 1,724,258.29 元；本案调取的 9 笔银行流水显示：嘉×通公司自 2017 年 11 月 13 日至 2019 年 4 月 26 日共向董某勇账户转入 9 笔合计 420,368.79 元。

针对上述转账，董某勇分别提交了嘉×通公司相对应的记账凭证。48笔转账的记账凭证记载的转账用途分别有货款、代付工程款、还款、差旅费、劳务费、运费、借款、利润分配、费用报销等，但除银行转账凭证外，均未附其他原始凭证。9笔转账的记账凭证记载的转账用途分别有付工伤补偿金、还董某勇款、费用报销及备用金等，但亦仅附银行转账凭证，未附其他原始凭证。庭审中，青岛市市南区人民法院询问"备用金"的性质，董某勇称是"为了支出公司经营过程中的一些成本，提前将相关费用支付给员工个人，员工根据实际花费实报实销"，但其未提交证据证明对应的备用金是否已实报实销。

在青岛市中级人民法院（2021）鲁02民再206号再审一案质证中，针对审判员发问的"能否提交企业年报等财务报表"，被申请人董某勇和嘉×通公司的委托诉讼代理人表示"已经核实当事人，无法提交"。

本案庭审中，青岛市市南区人民法院曾询问陈某福要求孙某芝承担责任的依据是什么，陈某福回答："没有证据，只是有可能存在这种情况"。

陈某福提起诉讼，请求判令：（1）董某勇、孙某芝为（2018）鲁0203民初3011号民事判决书确定的第三人债务42,759元及以该款为基数依据《民事诉讼法》的规定加倍支付迟延履行期间自2018年4月28日起至实际支付之日止的债务利息承担连带清偿责任；（2）董某勇、孙某芝承担本案诉讼费。

【裁判结果】

1. 董某勇对青岛市市北区人民法院（2018）0203民初3011号民事判决书确定的嘉×通公司债务承担连带清偿责任；

2. 驳回陈某福的其他诉讼请求。

【案件解析】

本案的焦点问题是董某勇与嘉×通公司是否构成人格混同，董某勇是否应对嘉×通公司的债务承担连带责任。

本案中，陈某福作为嘉×通公司的债权人已经生效判决予以确认，其在本案中主张董某勇对嘉×通公司的债务承担连带责任的法律依据为《公司法》（2018年）第二十条第三款[①]"公司股东滥用公司法人独立地位和股东有限责任，逃避债务，严重损害公司债权人利益的，应当对公司债务承担连带责任"的规定。对此分析如下：首先，嘉×通公司在另案中向法院提交的调取证据申请书中表示"董某勇为申请人（嘉×通公司）实际控制人"，青岛市市北区人民法院作出的（2019）鲁0203民初1575号民事判决书亦认定"董某勇系嘉×通公司实际经营负责人"，这说明嘉×通公司由董某勇实际控制，对公司产生实际控制力，系嘉×通公司的控股股东；其次，根据《会计法》的

① 对应《公司法》（2023年）第二十三条第一款。

规定,各单位必须依法设置会计账簿,并保证其真实、完整。同时规定,记账凭证应当根据经过审核的原始凭证及有关资料编制。本案中,董某勇提交的嘉×通公司记账凭证仅有嘉×通公司支付给董某勇的银行流水,均没有能够证明款项真实用途的发票等其他原始凭证及相关资料,且无法提交企业年报等财务报表加以证明,因此可认定其并没有提交完整的公司账簿、会计凭证,无法证明嘉×通公司已经全面、如实地对公司财务状况进行了记载,也无法证明董某勇多次受让嘉×通公司大量资金具有合理理由;最后,嘉×通公司在不足5年的时间内向董某勇转款的数额高达数百万元之巨,特别是在陈某福对嘉×通公司的债权已经生效判决书确定且未得到清偿的情况下,仍继续从嘉×通公司大量转出资金到自己账户,客观上导致嘉×通公司对外偿债能力减弱,致使嘉×通公司在被执行时履行不能,从而严重损害了陈某福的利益。综上,董某勇作为嘉×通公司的股东,其个人账户与嘉×通公司账户之间存在大量、频繁的资金往来,资金用途不明,应当认定其个人财产与公司财产混同,导致嘉×通公司失去独立承担债务的基础,致使陈某福与嘉×通公司的债权无法获得清偿,严重损害了陈某福的利益,其行为构成滥用公司法人独立地位和股东有限责任,与嘉×通公司构成人格混同,董某勇应当对嘉×通公司所欠陈某福的债务承担连带责任。

至于孙某芝,因陈某福自认没有其应当承担责任的证据,法院对陈某福要求孙某芝承担责任的诉讼请求不应支持。

案例102　股东为逃避债务将公司车辆转移登记至案外公司名下,应当对公司债务承担连带责任

——胡某与姚某等股东损害公司债权人利益责任纠纷案

【基本案情】

原告:胡某
被告:姚某1
被告:朗某如
被告:姚某2
审理法院:上海市宝山区人民法院
案号:(2021)沪0113民初19009号

因劳动争议纠纷,胡某于2017年4月6日向上海市浦东新区劳动人事争议仲裁委员会(以下简称浦东仲裁委)申请确认与上海A有限公司(以下简称A公司)的劳动关系。2017年5月26日,浦东仲裁委作出裁决,确认胡某2016年10月10日至2017年4月5日与A公司存在劳动关系。A公司不服仲裁裁决,于2017年7月6日

向上海市浦东新区人民法院（以下简称浦东法院）提起诉讼。2017 年 8 月 9 日，浦东法院作出判决，确认 A 公司自 2016 年 10 月 10 日至 2017 年 4 月 5 日与胡某存在劳动关系。A 公司不服一审判决，提起上诉。因经传票传唤，无正当理由拒不到庭，上海市第一中级人民法院（以下简称一中院）于 2017 年 11 月 2 日裁定按 A 公司撤回上诉处理。

胡某于 2017 年 12 月 6 日就双方工资事宜向浦东仲裁委申请仲裁。浦东仲裁委于 2018 年 1 月 26 日作出浦劳人仲（2017）办字第 9298 号裁决书，裁决 A 公司需支付胡某 2016 年 11 月 10 日至 2016 年 12 月 17 日未签订劳动合同双倍工资差额 7364 元。

2018 年 2 月 9 日，上海市宝山区人力资源和社会保障局（以下简称 A 局）作出工伤认定，认定胡某为工伤。A 公司对此不予认可，于 2018 年 2 月 9 日向上海市 B 局申请行政复议，上海市 B 局于 2018 年 5 月 24 日作出行政复议决定，维持 A 局作出的胡某构成工伤的决定。A 公司对此不服，诉至浦东法院，要求撤销该决定。浦东法院于 2018 年 8 月 31 日作出判决，驳回了 A 公司的诉讼请求。A 公司不服一审判决，上诉至一中院，后于 2019 年 1 月 28 日撤回上诉。2019 年 5 月 10 日，上海市宝山区劳动能力鉴定委员会鉴定胡某构成因工致残程度七级。

就工伤待遇问题，胡某于 2019 年 6 月 12 日向上海市宝山区劳动人事争议仲裁委员会（以下简称宝山仲裁委）申请仲裁。2019 年 9 月 24 日，宝山仲裁委作出宝劳人仲（2019）办字第 1148 号裁决书，裁决 A 公司需支付胡某：一次性伤残补助金 234,000 元、2016 年 12 月 18 日至 2017 年 2 月 10 日的住院伙食补助费 1080 元、劳动能力鉴定费 350 元、2017 年 7 月 3 日至 2019 年 3 月 4 日的工伤医疗费 489.5 元、2016 年 12 月 18 日至 2017 年 4 月 12 日停工留薪工资 69,381.82 元。胡某亦于 2020 年 3 月 24 日就工伤待遇问题向宝山仲裁委申请仲裁。2020 年 7 月 9 日，宝山仲裁委作出宝劳人仲（2020）办字第 344 号裁决书，裁决 A 公司需支付胡某：解除劳动关系经济补偿 8680 元、一次性工伤医疗补助金 114,960 元、一次性伤残就业补助金 114,960 元。在该两次仲裁中，A 公司均未到庭参加仲裁。之后，胡某向上海市宝山区人民法院申请对该两份裁决书进行强制执行，执行结果为 A 公司全部未履行两份裁决书。

A 公司设立于 2012 年 5 月 8 日，注册资本 10 万元，设立股东为姚某 1、朗某如，分别实缴出资 8 万元、2 万元。2012 年 6 月 5 日，A 公司注册资本增加为 50 万元。注册资本变更后，姚某 1 实缴出资 40 万元，朗某如实缴出资 10 万元。2018 年 1 月 2 日，A 公司通过股东会决议，同意姚某 1、朗某如将持有的公司股权转让给姚某 2，转让价款分别为 40 万元、10 万元。股权转让后，姚某 2 持有 A 公司 100% 的股权，并担任公司执行董事、法定代表人。2018 年 1 月 22 日，A 公司对公司出资人进行了变更登记。2021 年 6 月 10 日，A 公司又将公司股东由姚某 2 变更为姚某 2、朗某友。上海

B 有限公司(以下简称 B 公司)设立于 2018 年 1 月 15 日,注册资本为 200 万元,设立股东为姚某 1。2020 年 12 月 22 日,B 公司股东由姚某 1 变更为朗某如。2021 年 5 月 21 日,B 公司股东又从朗某如变更为姚某豪、栾某杰。

A 公司名下曾登记以下六辆大型车辆,后发生了转移登记,具体情况如下:

1. 沪 B×××××车辆:2018 年 2 月 23 日转移登记至上海 C 有限公司(以下简称 C 公司)名下,2018 年 3 月 26 日转移登记至 A 公司名下,2018 年 6 月 20 日转移登记至 B 公司名下,2019 年 5 月 15 日,转移登记至上海 D 有限公司名下(以下简称创×物流)。2020 年 4 月 14 日,创×物流将车辆交由有关机关进行回收报废。

2. 沪 B×××××车辆:2018 年 2 月 23 日转移登记至 C 公司名下,2018 年 3 月 21 日又转移登记至 A 公司名下,2018 年 6 月 19 日转移登记至 B 公司名下。现车辆处于注销状态。

3. 沪 D×××××车辆:2018 年 2 月 22 日转移登记至 C 公司名下,2018 年 3 月 21 日又转移登记至 A 公司名下,2018 年 6 月 14 日转移登记至 B 公司名下。

4. 沪 B×××××车辆:2018 年 2 月 22 日转移登记至 C 公司名下,2018 年 6 月 25 日转移登记至 B 公司名下。后车辆因逾期未检验注销。

5. 沪 B×××××车辆:2018 年 2 月 22 日转移登记至 C 公司名下,2018 年 3 月 22 日又转移登记至 A 公司名下,2018 年 4 月 8 日转移登记至上海 E 有限公司名下(以下简称森×公司)。2019 年 11 月 2 日,森×公司将车辆交由有关机关进行回收报废。森×公司于 2021 年 9 月 10 日出具《挂靠车辆报废证明》,表示报废补贴款已经支付给实际车主。

6. 沪 E×××××车辆(后号牌变更为沪 E×××××):2018 年 2 月 22 日转移登记至 C 公司名下,2018 年 3 月 22 日转移登记至上海 F 有限公司名下,2019 年 2 月 25 日转移登记至上海 G 有限公司名下(以下简称集×物流)。2020 年 7 月 12 日,集×物流将车辆交由有关机关进行回收报废。集×物流于 2021 年 9 月 14 日出具《挂靠车辆报废证明》,表示报废补贴款已经支付给实际车主审理中,姚某 1、朗某如曾表示,本案中挂靠在 A 公司名下的车辆并未签订挂靠合同,新提交的挂靠合同为 A 公司与挂靠司机补签的。

胡某向法院提起诉讼,请求判令:(1)姚某 1、朗某如对浦劳人仲(2017)办字第 9298 号、宝劳人仲(2019)办字第 1148 号、宝劳人仲(2020)办字第 344 号裁决书项下 A 公司应支付胡某的款项共计人民币(以下币种均为人民币)551,265.32 元承担连带责任;(2)姚某 2 对浦劳人仲(2017)办字第 9298 号、宝劳人仲(2019)办字第 1148 号、宝劳人仲(2020)办字第 344 号裁决书项下 A 公司应支付胡某的款项 551,265.32 元承担连带责任。

姚某 1、朗某如共同辩称,两被告于 2018 年 1 月已不再担任 A 公司的股东或法定代表人，而从胡某所有的诉讼文书可以看出，法院对A公司的债权确认时间为2019年9月，A公司名下车辆转移过户的时间，也都晚于2018年1月，胡某申请法院强制执行的时间也晚于2018年1月；A公司名下车辆几乎都是挂靠车辆，胡某列明的6辆车均是实际车主挂靠在A公司的，并不是A公司的财产，不涉及转移财产的说法；至于胡某所述的一人公司，股东应当承担连带责任的说法，胡某在工伤赔偿诉讼案件中并未提出该诉请，在执行中也没有要求执行机关将两被告列为被执行人，且两被告在2018年1月转出A公司所有股权，不再是A公司的股东，胡某所有生效的裁判文书均在2018年1月后，因此与两被告无关。综上，不同意胡某的诉讼请求。

姚某2经法院传唤无正当理由未到庭，亦未向法庭提供证据证明公司财产与个人财产独立。

法院审理后认定：(1)姚某2在受让股权时对A公司与本案胡某的诉讼应为知情，对A公司将来的负债应有预知。(2)姚某1、朗某如仅提供了后补的挂靠合同、案外人的单方陈述等，此并不能有效证明A公司名下的涉案车辆为挂靠的事实。

另查明：(1)姚某1、朗某如自认与姚某2存在亲属关系，但现并无证据证明涉案车辆转移的行为是由姚某1、朗某如实施或指使。胡某也无证据证明姚某1、朗某如存在人格否认的情形。(2)姚某2在受让股权后仅1个月有余即将A公司名下的涉案车辆转移登记至案外公司名下，未对涉案车辆转移登记作出合理解释。

【裁判结果】

1. 姚某2对浦劳人仲(2017)办字第9298号、宝劳人仲(2019)办字第1148号、宝劳人仲(2020)办字第344号裁决书裁决的上海A有限公司对胡某所负的债务承担连带责任；

2. 驳回胡某的其余诉讼请求。

如果未按判决指定的期间履行给付金钱义务，应当依照《民事诉讼法》(2021年)第二百六十条的规定，加倍支付迟延履行期间的债务利息。

【案件解析】

姚某1、朗某如在转让股权时，虽然法院已经认定本案胡某与A公司存在劳动关系，A公司也可能将会对胡某负有债务，但因两人已实缴出资，两人转让股权的行为并不会损害A公司的偿债能力，故两人有权转让股权。姚某2在受让股权时对A公司与本案胡某的诉讼应为知情，对A公司将来的负债应有预知，但其在受让股权后仅1个月有余即将A公司名下的涉案车辆转移登记至案外公司名下，其应对此行为作出合理解释。诚然车辆挂靠在集装箱运输行业较为普遍，但若证明车辆系挂靠，存在登记所有人与实际所有人不一致的情形，实际所有人应提供挂靠合同、车辆购买凭证等能证明其为实际所有权人的证据，姚某1、朗某如仅提供了后补的挂靠合同、案外人的单方陈述等,此并不能有效证明A公司名下的涉案车辆为挂靠的事实。在姚某2未对涉案车辆转移登记作出合理解释,而A公司又对胡某存有负债的情形下,姚某2擅自将涉案车辆转移登记至案外公司名下,此应为逃避债务的行为,严重损害了胡某的利益,胡某有权要求其对A公司的债务承担连带责任。姚某2受让股权后成为A公司的一人股东,其有义务举证证明其在持股期间公司财产独立于个人财产,姚某2经法院传唤无正当理由未到庭,亦未向法庭提供证据证明公司财产与个人财产独立,现胡某以此为由要求其对A公司的债务承担连带责任,法院应予支持。

A公司名下的涉案车辆转移登记发生在姚某1、朗某如股权转让之后,虽然姚某1、朗某如自认与姚某2存在亲属关系,但现并无证据证明涉案车辆转移的行为是由姚某1、朗某如实施或指使,故由此引起的法律后果不应由姚某1、朗某如承担。胡某也无证据证明姚某1、朗某如存在人格否认的情形,故胡某以人格否认为由向姚某1、朗某如主张权利,法院不应支持。

案例103 股东为逃避债务将公司资金转给自己,导致公司无资产履行债务的,应当对公司债务承担连带责任

——李某清与徐某利等股东损害公司债权人利益责任纠纷案

【基本案情】

原告:李某清

被告:博某

被告:徐某利

第三人:徐某

审理法院:北京市朝阳区人民法院

案号:(2022)京0105民初2560号

李某清向北京市朝阳区人民法院提起诉讼,请求判令:博某、徐某利、徐某对(2017)京0105民初59303号民事判决书确定的北京望×新达城天伦酒店管理有限公司(以下简称望×新达公司)的债务487,728元向李某清承担连带责任,向李某清支付本金487,728元及诉讼费4926元、利息(以487,728元为基数,自2017年5月22日起至实际付清之日止,按照中国人民银行同期贷款利率的标准计算)、迟延履行期间的债务利息(以487,728元为基数,自2017年5月22日起至实际付清之日止,按照日万分之一点七五的标准计算)。诉讼中,李某清明确其诉讼请求就是要求博某、徐某利、徐某对(2017)京0105民初59303号民事判决书确定的望×新达公司的全部债务承担连带责任。事实和理由如下:李某清与望×新达公司租赁合同纠纷一案,法院

作出(2017)京0105民初59303号民事判决书,判决徐某应退还李某清经营转让金487,728元及逾期付款利息。经李某清申请强制执行,望×新达公司未支付任何款项。博某、徐某利、徐某在担任望×新达公司股东或法定代表人期间,指使财务负责人将大量资金经个人账户转出,致使望×新达公司无资产履行前述义务。公司股东滥用公司法人独立地位和股东有限责任,逃避债务,严重损害公司债权人利益的,应对公司债务承担连带责任。

博某、徐某利未到庭,亦未提交书面答辩意见。

徐某未到庭,亦未提交书面述称意见。

法院查明事实如下:2017年9月20日,北京市朝阳区人民法院对李某清与望×新达公司租赁合同纠纷一案作出(2017)京0105民初59303号民事判决书,判决:(1)确认李某清与望×新达公司签订的经营权转让协议于2017年5月22日解除;(2)望×新达公司于判决生效之日起10日内退还李某清经营权转让款487,728元;(3)望×新达公司于判决生效之日起10日内向李某清支付利息(以487,728元为基数,自2017年5月22日起至实际付清之日止,按照中国人民银行同期贷款利率的标准计算);(4)驳回李某清其他诉讼请求。望×新达公司对(2017)京0105民初59303号民事判决书不服提起上诉,北京市第三中级人民法院于2017年11月22日作出(2017)京03民终13442号民事判决书,判决驳回上诉,维持原判。后李某清持上述判决向本院申请强制执行,该院以(2020)京0105执29146号立案受理。

望×新达公司设立于2014年8月25日,设立时注册资本100万元,股东及其出资为博某出资51万元,徐某利出资49万元,出资期限为2024年12月31日。2016年11月20日,望×新达公司决议增加注册资本900万元,增资部分由博某认缴出资450万元,徐某利认缴出资450万元,变更后望×新达公司注册资本共计1000万元。本次股东会还决议同意修改公司章程,将上述出资期限修改为2044年7月30日。2018年5月9日,望×新达公司股东会决议新增股东齐某凯;博某将其全部出资501万元转让给齐某凯,博某退出望×新达公司;徐某利将其全部出资499万元转让给齐某凯,徐某利退出望×新达公司。本次股东会还决议将上述出资期限修改为2044年8月23日。2018年6月5日前,望×新达公司登记的执行董事、法定代表人、经理为徐某。

诉讼过程中,李某清提交望×新达公司银行账户交易明细,显示存在望×新达公司向付某汇款,付某向博某、徐某利汇款的情况。李某清以此证明望×新达公司的收入通过付某账户转出,再转入包括博某、徐某利名下的其他个人账户内,导致望×新达公司不能清偿债务。

另查明,北京市朝阳区人民法院于2021年1月19日就张某伟与博某、徐某利、望×新达公司股东损害公司债权人利益责任纠纷一案作出(2020)京0105民初2617

号民事判决书。博某、徐某利不服上述判决上诉后,2021 年 9 月 30 日,北京市第三中级人民法院作出(2021)京 03 民终 10524 号民事判决书,判决书事实查明部分载明:各方当事人均确认,自 2016 年 1 月 7 日至 2017 年 12 月 8 日,望×新达公司通过付某账户向徐某利共转账 1,879,322 元,自 2016 年 3 月 2 日至 2017 年 11 月 9 日,望×新达公司通过付某账户向博某共转账 4,232,000 元。

再查明:(1)望×新达公司资金通过付某个人账户大量转给博某、徐某利,博某、徐某利主张该转账系望×新达公司偿还其二人垫付的资金,但无表明转出资金的用途。(2)徐某并非望×新达公司的股东,李某清未提交证据证明徐某存在指使财务负责人将大量资金经个人账户转出的行为。

【裁判结果】

被告博某、徐某利对本院(2017)京 0105 民初 59303 号民事判决书确定的望×新达公司的债务向李某清承担连带清偿责任。

【案件解析】

博某、徐某利在担任望×新达公司股东期间,望×新达公司资金通过付某个人账户大量转给博某、徐某利,博某、徐某利主张该转账系望×新达公司偿还其二人垫付的资金,一方面现无表明转出资金的用途,另一方面即使转出资金有实际用于望×新达公司的经营,望×新达公司直接将其财产转给博某、徐某利个人,也造成了博某、徐某利个人财产与望×新达公司财产的混同。在 2018 年 5 月 9 日前,博某、徐某利二人持有望×新达公司全部股权。根据《公司法》(2013 年)第二十条第三款①的规定,公司股东滥用公司法人独立地位和股东有限责任,逃避债务,严重损害公司债权人利益的,应当对公司债务承担连带责任。现望×新达公司名下银行账户存款远不足以清偿本案全部债权,亦无房产、车辆等其他可供执行的财产。博某、徐某利将望×新达公司资金转给自己,属于股东滥用公司法人独立地位的行为,且与李某清的债权无法清偿存在因果关系,博某、徐某利应当对望×新达公司的债务承担连带责任。徐某并非望×新达公司的股东,且李某清未提交证据证明徐某存在指使财务负责人将大量资金经个人账户转出的行为,故其要求徐某承担连带责任,缺乏事实和法律依据,法院不应支持。

---

① 对应《公司法》(2023 年)第二十三条第一款。

案例104 股东在债务产生后零价款转让股权，属于滥用公司法人独立人格和股东有限责任损害债权人利益，应在未出资范围内对债务承担连带清偿责任

——彭某、宗某敏等股东损害公司债权人利益责任纠纷案

【基本案情】

上诉人(原审原告):彭某

被上诉人(原审被告):宗某敏

被上诉人(原审被告):宗某波

被上诉人(原审被告):杨某阳

被上诉人(原审被告):周某龙

被上诉人(原审被告):王某

一审法院:济南市历下区人民法院

案号:(2021)鲁0102民初1484号

二审法院:济南市中级人民法院

案号:(2021)鲁01民终11757号

2018年12月，彭某因房屋租赁合同纠纷将济南佐×建材有限公司(原山东佐×建材有限公司，以下简称佐×公司)诉至济南市天桥区人民法院，要求佐×公司支付其房屋租金。2019年8月9日，济南市天桥区人民法院作出(2018)鲁0105民初8014号民事判决书，2020年1月6日，济南市中级人民法院作出(2019)鲁01民终9374号终审民事判决书。(2019)鲁01民终9374号民事判决书判令佐×公司向彭某支付2017年12月1日至2018年11月30日的房屋占有使用费2,206,024元。

(2019)鲁01民终9374号民事判决书生效后，济南市天桥区人民法院受理了彭某的执行立案申请，并于2020年7月1日作出裁定终结本次执行程序的(2020)鲁0105执2497号执行裁定书。

彭某提交佐×公司工商登记备案材料证据一宗。其中，公司股东(发起人)出资信息表显示:宗某波以货币方式出资，认缴出资额为980万元，出资时间为2047年4月26日，出资比例为49%。宗某敏以货币方式出资，认缴出资额为1020万元，出资时间为2047年4月26日，出资比例为51%。

佐×公司于2018年6月7日形成股东会决议，载明会议一致通过以下决议:原股东宗某敏、宗某波退出，增加新股东王某和周某龙。同意股东宗某敏将其持有的佐×公司1020万元占注册资本51%的股权，转让给新股东王某;同意股东宗某波将其持有的佐×公司380万元占注册资本19%的股权，转让给新股东王某;同意股东宗某

波将其持有的佐×公司600万元注册资本30%的股权,转让给新股东周某龙;以上股权转让,相应的权利义务一并转让,其他股东放弃优先受让权。同日,佐×公司针对上述股权变更情况修改了其公司章程。关于公司股东(发起人)出资信息的公司登记(备案)申请书载明:王某认缴出资额为1400万元,出资方式为货币,出资时间为2058年12月31日,出资比例70%;周某龙认缴出资额为600元,出资方式为货币,出资时间为2058年12月31日,出资比例30%。

2020年7月20日的股东决定载明:原股东王某退出,增加杨某阳。原股东王某将其在公司1400万元股权转让给杨某阳;原股东周某龙将其在公司600万元股权转让给杨某阳,相应权利义务均一并转让,其他股东放弃优先受让权。同日,佐×公司针对上述股权变更情况修改了其公司章程。2020年7月21日的公司登记(备案)申请书载明:企业类型由有限责任公司(自然人投资或控股)变更为有限责任公司(自然人独资);股东发起人变更后登记内容为:股东(发起人)名称杨某阳,认缴出资额2000万元人民币,认缴出资方式为货币,认缴出资时间为2050年12月31日,该申请书附表3显示股东(发起人)杨某阳,认缴出资额2000万元,实缴出资额一栏显示空白,出资比例100%。

2020年11月17日的股东决定载明:原股东杨某阳退出,增加王某。原股东杨某阳将其在公司的2000万元股权转让给王某,相应权利义务一并转让。同日,佐×公司针对上述股权变更情况修改了其公司章程。2020年11月18日的公司登记(备案)申请书载明:股东发起人变更登记后内容为股东(发起人)名称王某,认缴出资2000万元,认缴出资方式为货币,认缴出资时间为2050年12月31日。该申请书附表3股东(发起人)出资情况载明股东(发起人)王某,认缴出资额2000万元,实缴出资额一栏为空白,出资比例100%。

2020年11月20日,齐鲁晚报A11页登载佐×公司的减资公告,载明:佐×公司经股东决定,拟向公司登记机关申请减少注册资本由2000万元减至1万元,请债权人于2020年11月20日(公告发布之日)起45日内向本公司申报债权。

2021年1月13日的股东决定载明:公司名称变更为济南佐×建材有限公司;公司注册资本由2000万元减资至注册资本1万元,本次注册资本减少1999万元,由股东减少认缴出资1999万元;公司已于2020年11月20日在《齐鲁晚报》刊登了减资公告,公告期已满45日;公告45日内,公司债权人已同意,未提出清偿债务和担保要求;减资前的债权债务由全体股东按减资前的认缴出资比例承担。同日,针对上述修改内容,佐×公司作出章程修正案。2021年1月13日的公司登记(备案)申请书载明:名称由山东佐×建材有限公司变更为佐×公司;注册资本(金)由2000万元变更为1万元;投资人(股权)变更后为王某,认缴出资额1万元。

二审另查明,彭某与佐×公司房屋租赁合同纠纷的(2018)鲁0105民初8014号民事判决认定事实部分载明:"2017 年 11 月 30 日,彭某(甲方)与佐×公司(乙方)签订房屋租赁合同一份,主要内容为:合同主体情况,1. 本合同签约甲方为独立个人,乙方为独立个人;2. 鉴于乙方承租本房屋后将成立新的公司使用该房屋,则新公司成立后即自动成为本合同的承租方,享有和承担本合同的权利和义务,受本合同的约束;……该房屋租赁期为 13 年,自 2017 年 11 月 30 日至 2031 年 3 月 30 日……乙方每季度缴付一次租金,付款期限为每季度的第一个月开始后 5 日内……自甲乙双方签订本合同起,双方在 2010 年签订的租赁合同立即失效,以本租赁合同为准。"

根据工商登记材料显示,本案所涉几次股权转让的转让价款均为 0 元。

彭某提起诉讼,请求判令:(1)杨某阳在未依法出资的 2000 万元的范围内,偿还佐×公司欠付彭某的房屋占有使用费 2,206,024 元及利息[利息计算方式:以 2,206,024 元为基数,自 2020 年 1 月 18 日起,以全国银行间同业拆借中心公布的贷款市场报价利率为标准,并根据《民事诉讼法》(2017 年)第二百五十三条的规定加倍支付迟延履行期间的利息计算];(2)宗某敏对上述欠款及利息在未依法出资的 1020 万元的范围内承担连带责任;(3)宗某波对上述欠款及利息在未依法出资的 980 万元的范围内承担连带责任;(4)周某龙对上述欠款及利息在未依法出资的 600 万元的范围内承担连带责任;(5)王某对上述欠款及利息在未依法出资的 1400 万元的范围内承担连带责任。

【裁判结果】

一审法院判决:

1. 对佐×公司在(2019)鲁 01 民终 9374 号民事判决书下所应承担债务的不能清偿部分,王某于判决生效之日起 10 日内在 1400 万元本息范围内对彭某承担补充赔偿责任(利息以 2,206,024 元为基数,自 2020 年 1 月 18 日起至实际给付之日止,按照全国银行间同业拆借中心公布的贷款市场报价利率计算);

2. 驳回彭某的其他诉讼请求。

二审法院判决:

1. 撤销济南市历下区人民法院(2021)鲁 0102 民初 1484 号民事判决;

2. 就佐×公司在(2019)鲁 01 民终 9374 号民事判决书下所应承担债务,于本判决生效之日起 10 日内,宗某敏在 1020 万元范围内对彭某承担连带清偿责任;宗某波在 980 万元范围内对彭某承担连带清偿责任;王某在 1400 万元范围内对彭某承担连带清偿责任;周某龙在 600 万元范围内对彭某承担连带清偿责任;杨某阳在 2000 万元范围内对彭某承担连带清偿责任。

【案件解析】

我国《公司法》(2018 年)第三条第二款[①]规定,有限责任公司的股东以其认缴的出资额为限对公司承担责任;股份有限公司的股东以其认购的股份为限对公司承担责任。第二十条第三款[②]规定,公司股东滥用公司法人独立地位和股东有限责任,逃避债务,严重损害公司债权人利益的,应当对公司债务承担连带责任。上述规定的资本认缴制允许股东依法享有期限利益,股东在认缴期限届满前未缴纳或未全部缴纳出资不属于未履行或未完全履行出资义务的情形。但股东认缴出资经工商登记后即具有公信力,含有对未来的信用承担义务,也将成为债权人评估交易风险的考量,如股东滥用公司法人独立地位和股东有限责任恶意转让股权以逃避出资义务或利用注册资本不高、零实缴出资并设定超长认缴期等情形,严重损害公司债权人利益的,应对债务承担连带责任。

关于宗某敏、宗某波的责任问题。本案中,涉案债务产生于 2017 年 11 月佐×公司与彭某签订的房屋租赁合同,但在 2010 年宗某波已经与彭某签订房屋租赁合同,佐×公司成为承租方后即未支付占有使用费,宗某敏、宗某波在上述债务产生后于 2018 年 6 月将其持有的佐×公司股权全部以零价款转让并退出公司。宗某敏、宗某波未实际缴纳任何出资、在债务产生后转让全部股权的行为与公司经营所隐含的风险相比明显不匹配,经营过程中资本显著不足,没有从事经营公司的诚意,宗某敏、宗某波滥用佐×公司法人独立人格和股东有限责任把投资风险转嫁给债权人,恶意逃避债务,彭某要求判令宗某敏、宗某波在各自未出资范围内对涉案债务承担连带清偿责任,合法有据,法院应予支持。

关于王某、周某龙、杨某阳的责任问题。本案中,2018 年 6 月 7 日,王某、周某龙受让佐×公司股权时即延长认缴出资期限至 2058 年 12 月 31 日。2020 年 7 月 1 日,济南市天桥区人民法院就涉案债权作出(2020)鲁 0105 执 2497 号执行裁定书,因佐×公司无财产可供执行而终结本次执行。2020 年 7 月 20 日,王某、周某龙将佐×公司股权转让给了杨某阳,2020 年 11 月 17 日杨某阳又将股权转让给了王某。2021 年 1 月 13 日,佐×公司注册资本由 2000 万元减至 1 万元。王某、周某龙、杨某阳在转让佐×公司股权时,彭某是佐×公司的已知债权人,王某、周某龙、杨某阳在明知佐×公司作为被执行人穷尽执行措施无财产可供执行的情况下,依然零对价转让股权并最终将佐×公司注册资本减至 1 万元,上述延长认缴出资期限、股权转让及减资行为损害了彭某的信赖利益,违反诚信原则,属于滥用公司法人独立地位和股东有限责任逃避债务、损害债权人利益的行为,彭某要求判令周某龙、王某、杨某阳在各自未出资范

---

① 对应《公司法》(2023 年)第四条第一款。

② 对应《公司法》(2023 年)第二十三条第一款。

围内对涉案债务承担连带清偿责任,法院应予支持。

案例105 股东偶尔一次代收公司款项虽违反了公司财务制度,但并不足以认定股东与公司人格混同,债权人请求股东对公司债务承担连带责任被驳回

——罗某、陕西天×源能源科技有限公司股东损害公司债权人利益责任纠纷案

【基本案情】

原告:陕西天×源能源科技有限公司(以下简称天×源公司)

被告:罗某

审理法院:西安市未央区人民法院

案号:(2022)陕0112民初19430号

天×源公司向法院提出诉讼请求:(1)判令罗某对欣×公司在(2019)陕0112民初19885号民事判决书中向其所负的债务承担连带清偿责任;(2)本案诉讼费用由罗某承担。事实和理由:天×源公司与陕西欣×贸易有限公司(以下简称欣×公司)买卖合同纠纷一案,西安市未央区人民法院一审作出(2019)陕0112民初19885号民事判决书,判决欣×公司向其返还1,291,948元及资金占用费。欣×公司上诉后,西安市中级人民法院作出(2020)陕01民终14016号民事裁定书准许撤回上诉。其申请执行后,因欣×公司无可供执行财产,西安市未央区人民法院作出(2021)陕0112执1238号执行裁定书,终结本次执行程序。该案中西安市未央区人民法院已查明,案涉业务发生在罗某担任欣×公司股东及法定代表人期间,罗某以其个人账户收取了其支付的业务款1,225,908元。同时据其陈述和相关证据表明,该款项并未交回欣×公司。罗某作为股东及法定代表人,以个人账户收取欣×公司款项,明显属于财产混同;且收取款项后未交回欣×公司,随即将股权转让给他人,致使欣×公司无财产向其清偿债务。罗某行为明显属于滥用公司法人独立地位和股东有限责任逃避债务,严重损害其利益,应对欣×公司的债务承担连带责任。为维护其合法权益,故诉至法院。

罗某辩称:(1)天×源公司起诉违反一事不再理原则,2019年天×源公司起诉其及欣×公司一案已经西安市未央区人民法院处理,天×源公司根据《公司法》(2018

年)第二十条[①]主张其应承担责任。西安市未央区人民法院审理后驳回天×源公司诉讼请求,故天×源公司再次起诉违反一事不再理原则。(2)天×源公司基于同一事实的不同理由再次起诉,因事发于2015年至2016年,2022年天×源公司起诉早已超过诉讼时效,应予以驳回。(3)2020年判决后,其对(2019)陕0112民初19885号判决书指明的其与天×源公司之间所有资料已交回欣×公司,欣×公司亦做了财务记录,故其并未损害天×源公司利益。(4)天×源公司向西安市未央区人民法院申请追加被执行人案件中,2022年3月14日,西安市未央区人民法院作出(2022)陕0112执异17号裁定书,未支持天×源公司追加其为被执行人的申请,同时西安市未央区人民法院指出如不服裁定应在15日内提起诉讼。2022年5月10日,天×源公司的本案起诉状才制作,西安市未央区人民法院给了天×源公司救济机会,但天×源公司并未申请。天×源公司又选择了起诉方式,故天×源公司此次起诉违反一事不再理原则。(5)虽然天×源公司将款项支付至其个人账户,但其与欣×公司财产并不存在混同,2015年3月至2016年8月,其在欣×公司,后转让股权离开了欣×公司;综上,请求驳回天×源公司全部诉讼请求。

法院查明事实如下:2019年12月31日,天×源公司将罗某、欣×公司诉至西安市未央区人民法院,请求:(1)判令二被告共同向其返还煤款1,291,948元,并承担资金占用费(自起诉之日起至实际支付之日止按年息6%计算);(2)本案诉讼费由二被告承担。2020年5月22日,该院作出(2019)陕0112民初19885号民事判决书,判决:(1)欣×公司于本案判决生效后20日内返还天×源公司1,291,948元及资金占用费(从2019年12月31日起至本判决确定的给付之日止按年利率6%计算);(2)驳回天×源公司其余诉讼请求。欣×公司不服该判决遂提出上诉。2020年11月13日,西安市中级人民法院作出(2020)陕01民终14016号民事裁定书,准许欣×公司撤回上诉。2021年1月11日,天×源公司向西安市未央区人民法院申请执行。2021年5月24日,西安市未央区人民法院作出(2021)陕0112执1238号执行裁定书,以被执行人欣×公司暂无其他可供执行的财产,申请执行人亦无法提供被执行人其他可供执行的财产线索遂终结本次执行程序。

另查明,罗某于2015年3月16日至2016年8月5日担任欣×公司法定代表人,系欣×公司股东。(2019)陕0112民初19885号民事判决书查明天×源公司原法定代表人贾某虎向罗某共计转款1,225,908元。庭审中,天×源公司诉称罗某将款项收到后并未交付欣×公司,罗某与欣×公司构成混同,故罗某应对欣×公司债务承担连带责任。

法院审理后认定,天×源公司仅因罗某代收欣×公司账款即认定罗某与欣×公

---

① 对应《公司法》(2023年)第二十一条、第二十三条。

司人格混同证据不足，依法不予采信。

【裁判结果】

驳回天×源公司的全部诉讼请求。

【案件解析】

我国《公司法》（2018年）第二十条规定："公司股东应当遵守法律、行政法规和公司章程，依法行使股东权利，不得滥用股东权利损害公司或者其他股东的利益；不得滥用公司法人独立地位和股东有限责任损害公司债权人的利益。公司股东滥用股东权利给公司或者其他股东造成损失的，应当依法承担赔偿责任。公司股东滥用公司法人独立地位和股东有限责任，逃避债务，严重损害公司债权人利益的，应当对公司债务承担连带责任。"另根据相关法律规定，当事人对自己提出的诉讼请求所依据的事实或者反驳对方诉讼请求所依据的事实，应当提供证据加以证明，但法律另有规定的除外。在作出判决前，当事人未能提供证据或者证据不足以证明其事实主张的，由负有举证证明责任的当事人承担不利的后果。

本案中，天×源公司起诉与（2019）陕0112民初19885号案件的当事人、诉讼标的、诉讼请求均不同，故法院对罗某关于天×源公司起诉违反一事不再理原则的辩解不应采纳。关于罗某以个人账户收取欣×公司款项是否构成混同，虽然罗某以个人账户收取了欣×公司款项，违反了公司财务制度，但并不会导致罗某与欣×公司人格混同。因此，天×源公司的诉讼请求不能得到法院支持。

案例106 违反公司法规定的减资行为与股东违法抽逃出资，在法律评价及对债权人利益的影响方面本质上相同，股东应当按照抽逃出资的相关规定承担法律责任

——西安市未央区华×建筑架料租赁站与徐某珍、李某兴、徐某林等股东损害公司债权人利益责任纠纷案

【基本案情】

原告：西安市未央区华×建筑架料租赁站（以下简称华×租赁站）

被告：谢某平

被告：徐某林

被告：李某兴

被告：徐某珍

第三人：陕西万×建筑劳务有限公司（以下简称万×公司）

审理法院：西安市未央区人民法院

案号：（2022）陕0112民初4040号

华×租赁站向西安市未央区人民法院提起诉讼,请求判令:(1)谢某平、徐某林在4500万元的减资范围内补充赔偿西安市中级人民法院(2021)陕01民终411号民事判决书中所确定的第三人应向原告承担的债务;(2)李某兴、徐某珍对谢某平、徐某林应承担的责任承担连带赔偿责任;(3)本案诉讼费、保全费等费用由被告承担。事实和理由:西安市中级人民法院于2021年作出(2021)陕01民终411号民事判决书,判令万×公司支付华×租赁站租金1,405,629.77元并自2020年9月2日起按照3545.52元/天的租金标准支付占用费至实际返还之日、支付违约金131,797.2元、返还华×租赁站钢管93,565.5米、扣件38,830套、工字钢969米、顶丝5650根、套筒4871个、插扣198.6173吨,如不能返还,则应按照《架料租赁合同》约定单价进行赔偿(其中工字钢单价为60元/米)。因万×公司未按照生效判决书履行义务,华×租赁站遂向贵院申请强制执行。截至华×租赁站提起本次诉讼,万×公司仍未履行判决书义务。执行过程中,经调取万×公司工商档案发现,谢某平、徐某林作为万×公司的股东,在万×公司未通知华×租赁站的情况下,于2021年5月21日作出同意减少公司注册资本的股东会决议,将万×公司注册资本从5000万元减至500万元,且变更工商登记信息。谢某平、徐某林作为万×公司股东在明知万×公司能联系华×租赁站的情况下,未依法向华×租赁站进行通知,剥夺了华×租赁站及时要求万×公司清偿债务或提供相应担保的权利,该减资程序违反法律规定,降低了万×公司的承担责任能力,损害了华×租赁站的利益,其名为减资本质上与抽逃出资并无不同。李某兴、徐某珍作为万×公司的高级管理人员,未尽到职责,且协助完成减资程序,应与谢某平、徐某林承担连带责任。

谢某平辩称,华×租赁站主张万×公司名为减资实为抽逃出资,无法律根据和事实依据。万×公司因经营原因召开股东大会,作出减资决议,将5000万元注资资本减少至500万元,按照法律规定编制资产负债表及财产清单,并于2021年4月8日在三秦都市报刊登了减资公告,符合法律规定。即便减资过程中未通知债权人,仅仅是减资程序上存在瑕疵,不属于抽逃出资。即便减资程序瑕疵,也只是公司减资过程中有遗漏和缺陷的一些事项,股东并未有恶意的主观心态和欺诈、抽逃出资行为,不符合抽逃出资构成要件,不能单纯因为程序违法就类推为抽逃出资,减资与抽逃出资是不同的法律行为,减资程序瑕疵不同于瑕疵出资,不能适用瑕疵出资来认定股东责任。华×租赁站主张万×公司股东、高管应当承担连带责任无法律和事实依据。以公司减资瑕疵要求股东承担连带责任,既不是约定的义务,又没有法律上的规定。华×租赁站不能借用抽逃出资的法律规定要求四被告对万×公司的减资行为承担责任。万×公司的减资行为并没有实际损害到华×租赁站的债权利益,全体股东主动作出《清偿承诺书》对应付华×租赁站5,019,530.45元执行款,表明愿意对应支付执行款超过500万元部分按照出资比例承担责任,公司偿债能力并未因减资发生下降,并不必然导致损害华×租赁站的权益。减少注册资本变更登记后，股东出资实缴总额500万元，完全覆盖了华×租赁站债权，并不产生对华×租赁站债权损害的法律后果。华×租赁站所主张的6,258,915.82元未提供详细计算标准，(2021)陕0112执4847号执行通知书记载万×公司应付款项为5,019,530.45元，且法院已于2022年2月17日从万×公司公户划扣1,278,557元。目前，万×公司仅剩余3,740,973.45元未付。综上所述，华×租赁站请求股东承担补充连带责任，经理、监事承担连带责任不合理，于法无据，请求驳回华×租赁站的诉讼请求。

徐某林、李某兴、徐某珍的答辩意见同谢某平。

万×公司述称，其认为华×租赁站在诉状中记载的6,258,912.8元没有计算标准，根据(2021)陕0112执4847号民事裁定书，万×公司应付金额为5,019,530.45元，且法院已经从万×公司的账户划扣12,785,587元，即万×公司仅剩余3,740,973.45元未清偿，且万×公司减资后的资本，足以涵盖向华×租赁站支付的数额，华×租赁站并未受到损失。

法院查明事实如下：华×租赁站与陕西兴×建筑劳务有限公司、万×公司租赁合同纠纷一案，西安市未央区人民法院于2020年9月1日作出了(2020)陕0112民初4257号民事判决书，判决："一、解除华×租赁站与陕西兴×建筑劳务有限公司、万×公司签订的《架料租赁合同》；二、陕西兴×建筑劳务有限公司、万×公司于本判决生效之日起十日内支付华×租赁站租金1,405,629.77元，并自2020年9月2日起按照3545.52元/天的租金标准支付占用费至实际返还之日；三、陕西兴×建筑劳务有限公司、万×公司于本判决生效之日起十日内支付华×租赁站违约金131,797.2元；四、陕西兴×建筑劳务有限公司、万×公司于本判决生效之日起十日内返还华×租赁站钢管93,565.5米、扣件38,830套、工字钢969米、顶丝5650根、套筒4871个、插扣198.6173吨，如不能返还，则应按照《架料租赁合同》约定单价进行赔偿(其中工字钢单价为60元/米)……"万×公司不服该判决，提起上诉。西安市中级人民法院于2021年3月31日作出(2021)陕01民终411号民事判决书，判决驳回上诉，维持原判。因陕西兴×建筑劳务有限公司、万×公司未按照上述生效判决书履行义务，华×租赁站遂向西安市未央区人民法院申请执行，西安市未央区人民法院于2021年4月23日立案执行，执行案号为(2021)陕0112执4847号。万×公司不服二审判决，向陕西省高级人民法院申请再审，陕西省高级人民法院于2021年6月24日作出(2021)陕民申2182号民事裁定书，指令西安市中级人民法院再审；再审期间，中止原判决的执行。西安市中级人民法院于2021年11月22日作出(2021)陕01民再89号民事判决书，判决维持西安市中级人民法院(2021)陕01民终411号民事判决。该案执行中，西安市未央区人民法院于2022年2月17日扣划万×公司1,278,557元。庭审中，华×租赁站及谢某平、徐某林、李某兴、徐某珍、万×公司均称剩余债务现未实际清偿及履行。

另查明，万×公司成立于2008年9月3日。徐某珍为公司监事。2012年2月16日，万×公司股东会决议原公司注册资本200万元、实收资本200万元现变更为500万元、实收资本500万元，本次增资300万元，其中股东谢某平增资200万元、徐某珍增资100万元。2012年3月19日，陕西唐×会计师事务所有限责任公司出具陕唐会验字(2012)第0231号验资报告，显示本次增资前的注册资本200万元，实收资本200万元，已经陕西鼎×会计师事务所有限公司审验，并于2008年8月27日出具陕鼎会验字(2008)第349号验资报告；经审验，截至2012年3月19日，万×公司收到谢某平、徐某珍缴纳的新增注册资本合计300万元。2017年6月13日，注册资本增至5000万元。2021年3月11日，万×公司股东会决议，同意徐某珍将40%的出资共计2000万元转让给徐某林，新的出资结构为谢某平认缴3000万元、徐某林认缴2000万元，出资时间均为2037年6月12日。2021年5月19日，万×公司法定代表人、经理由时某根变更为李某兴。2021年5月21日，万×公司股东会决议，同意万×公司注册资本减少4500万元，变更后为500万元，股东谢某平减少注册资本2700万元、股东徐某林减少注册资本1800万元，减资后谢某平认缴300万元、徐某林认缴200万元，出资期限均为2037年6月12日。2021年5月31日，工商机关核准登记。该减资过程中，万×公司于2021年4月8日在三秦都市报上刊登了减资公告，要求有债权债务的单位或个人自登报之日起45日内前来办理相关事宜。

谢某平、徐某林、李某兴、徐某珍提交了2021年5月21日债务清偿承诺书，显示：截至2021年4月7日，万×公司无对外债务，按照公司法相关要求，编制了资产负债表、财产清查，并于2021年4月8日在三秦都市报刊登了减资公告。2021年4月25日，其收到(2021)陕0112执4847号执行通知书，记载的应付款项为5,019,530.45元，上述其公司对于法院应付款项当中超过500万元部分由减资前全体股东按照出资比例承担。股东谢某平、徐某林签名并加盖万×公司印章。

庭审中，华×租赁站未提供有效证据证明徐某珍、李某兴协助完成万×公司减资。

【裁判结果】

1. 谢某平、徐某林分别在减少出资的2700万元、1800万元范围内对(2020)陕0112民初4257号民事判决、(2021)陕01民终411号民事判决确定的由万×公司应承担的债务不能清偿部分承担补充赔偿责任。

2. 驳回华×租赁站的其余诉讼请求。

【案件解析】

我国《公司法》(2018年)第一百七十七条[①]规定："公司需要减少注册资本时，必

---

① 对应《公司法》(2023年)第二百二十四条。

须编制资产负债表及财产清单。公司应当自作出减少注册资本决议之日起十日内通知债权人，并于三十日内在报纸上公告。债权人自接到通知书之日起三十日内，未接到通知书的自公告之日起四十五日内，有权要求公司清偿债务或者提供相应的担保。”本案中，华×租赁站与陕西兴×建筑劳务有限公司、万×公司租赁合同纠纷一案，二审判决作出时万×公司注册资本为5000万元，其后，注册资本减少为500万元。二审审理终结后，万×公司应当预见到华×租赁站是其已知债权人，即便万×公司申请再审期间，公司减资时，华×租赁站亦应为万×公司减资时的通知对象。万×公司及其股东谢某平、徐某林在公司减资时没有在作出减资决议之日起10日内直接通知已知债权人华×租赁站，而是在减资决议之前以登报方式进行公告，已办理了工商变更登记手续，既未依法通知华×租赁站，亦未向华×租赁站清偿债务，剥夺了华×租赁站要求清偿债务或提供担保的权利，违反了上述法律规定。违反公司法规定的减资行为与股东违法抽逃出资在法律评价及对债权人利益的影响方面，本质上并无不同，相关责任人应当按照抽逃出资的相关规定承担法律责任。《最高人民法院关于适用〈中华人民共和国公司法〉的解释（三）》第十四条第二款规定，公司债权人请求抽逃出资的股东在抽逃出资本息范围内对公司债务不能清偿的部分承担补充赔偿责任、协助抽逃出资的其他股东、董事、高级管理人员或者实际控制人对此承担连带责任的，人民法院应予支持。本案中，现除法院依法扣划的1，278，557元外，万×公司仍未对欠付华×租赁站的剩余债务进行清偿，谢某平、徐某林应分别在减少出资的2700万元、1800万元范围内对万×公司债务不能清偿部分承担补充赔偿责任。

华×租赁站请求徐某珍、李某兴对谢某平、徐某林应承担的补充赔偿责任承担连带责任，虽徐某珍担任万×公司监事、李某兴担任万×公司法定代表人、经理，但华×租赁站未提供有效证据证明二人协助完成万×公司减资，该项诉讼请求，证据不足，法院不应支持。

案例107 只有一个股东的公司未依法进行年度财务会计审计，违反法律规定的强制性义务，股东因不能证明公司财产独立于自己财产，应对公司债务承担连带责任

——西安正×电气有限公司、周某股东损害公司债权人利益责任纠纷案

【基本案情】

上诉人（原审被告）：周某

被上诉人（原审原告）：西安正×电气有限公司（以下简称正×公司）

原审第三人：西安宝×电气科技有限公司（以下简称宝×公司）
一审法院：西安市雁塔区人民法院
案号：（2021）陕0113民初14603号
二审法院：西安市中级人民法院
案号：（2021）陕01民终16807号

正×公司向西安市雁塔区人民法院提起诉讼，请求判令：（1）周某对（2020）陕0116民初8290号民事调解书确定的宝×公司的债务（暂计580,000元）承担连带责任；（2）诉讼费由周某承担。事实和理由：2020年4月，正×公司因承揽合同纠纷将宝×公司诉至西安市长安区人民法院。2020年9月16日，长安法院作出（2020）陕0116民初8290号民事调解书，主要内容为宝×公司于2021年3月15日之前向正×公司支付574,844元货款及受理费4814.5元，如不能按期支付，应从2021年3月15日开始以未付金额为基数按照每日万分之五计算违约金。周某是宝×公司唯一股东。2020年9月15日，周某与正×公司达成和解协议，主要内容为宝×公司于2021年3月15日一次性付清574,844元，逾期付款应以未付款为基数，按照每日万分之五支付违约金，周某对上述债务承担连带责任。周某自愿加入宝×公司的债务。此外，宝×公司作为一人有限公司，未按照《公司法》（2018年）第六十二条[①]强制性规定在每一会计年度终了时编制财务会计报告，并经会计师事务所审计。周某以个人账户收支宝×公司往来款，并以自己的手机号作为宝×公司工商登记的企业联系电话，存在人格混同。根据《公司法》（2018年）第六十三条[②]之规定，周某应对宝×公司的债务承担连带责任。

周某、宝×公司共同辩称：（1）正×公司债权已通过诉讼手段得到救济，现就同一债权重复起诉，擅自扩大责任承担主体，于法无据，应当驳回起诉。（2）宝×公司有规范的财务管理体系，定期制作并报送财务报表，往来交易清晰明确，财产完全独立，正×公司所称周某自愿加入债务，并与公司人格混同的主张违背客观事实，应予驳回。首先，宝×公司自2018年9月5日成立至今，一直按照会计准则、税务等要求定期制作、报送资产负债表、利润表、现金流量表以及年度财务报表；人员工资、保险均由公司负担，与周某相互独立；在与正×公司发生交易时，亦是由公司为主体进行，并非周某个人。其次，周某在事实上亦不存在滥用股东地位实施损害公司债权人利益的行为，正×公司要求周某承担连带责任于法无据。此外，宝×公司目前对外享有200余万元应收账款，资产足以覆盖正×公司的债务，不存在资不抵债的情况，明显不符合

---

① 对应《公司法》（2023年）第二百零八条。
② 对应《公司法》（2023年）第二十三条第三款。

关于公司人格否认制度的法定条件。

一审判决后，周某不服向西安市中级人民法院提起上诉，请求：(1)撤销原判，依法发回重审或者查清本案事实后改判驳回正×公司的诉讼请求；(2)本案一审、二审诉讼费用由正×公司承担。事实和理由：周某提交宝×公司自成立以来的《资产负债表》、《利润表》、《现金流量表》、年度财务报表及原始凭证，财务管理体系完善，定期制作并报送财务报表，往来交易清晰明确，足以证明宝×公司与周某财产完全独立，并申请进行财务审计。周某亦不存在滥用股东地位实施损害公司债权人利益的行为，正×公司要求周某承担连带责任于法无据。正×公司已通过诉讼手段得到救济，诉讼标的额相同属于就同一债权重复起诉。

正×公司辩称，周某出示的证据不足以证明其与宝×公司财产独立，应对公司债务承担连带责任。周某自愿加入债务，应对宝×公司债务承担连带责任。一审认定双方最终未签订和解协议属于认定事实错误，本案无须进行司法审计。综上，无论是财产混同，还是债务加入，周某都应当承担宝×公司的债务。

宝×公司述称，同意周某的上诉意见。

法院查明事实如下：2020 年 4 月 10 日，正×公司以买卖合同纠纷将宝×公司诉至西安市长安区人民法院。9 月 16 日，经西安市长安区人民法院主持调解，双方达成如下协议：(1)宝×公司于 2021 年 3 月 15 日前一次性给付正×公司货款共计 574, 844 元；(2)若宝×公司未按上述第一项约定期限足额履行给付义务，则宝×公司按未付货款金额的日万分之五向正×公司支付自 2021 年 3 月 15 日起至前述货款实际清偿之日止的违约金；(3)正×公司放弃其余诉讼请求。另查明，宝×公司成立于 2018 年 9 月 5 日，注册资本 500 万元，周某持股 100%。

庭审中，关于调解书，正×公司表示没有履行；宝×公司虽表示已经履行完毕，但未提交相关证据。正×公司提交和解协议文本、正×公司代理人与周某之间的微信聊天记录截图、正×公司法定代表人与周某之间的微信聊天记录截图，拟证明周某签订和解协议，自愿为宝×公司的债务承担连带责任。周某、宝×公司表示微信聊天记录截图真实性认可，和解协议真实性不认可，证明目的不认可，和解协议最终周某没有签署，微信聊天记录最后一页的最后一句话，能够印证周某并无加入公司债务的意思表示。周某、宝×公司提交宝×公司 2018 年 9 月 ~ 2021 年 3 月《资产负债表》、《利润表》、《现金流量表》、年度财务报表及记账原始凭证，拟证明宝×公司一直按照会计准则、税务等要求定期制作并报送财务报表，且人员、财产与周某相互独立，有规范的财务管理体系，往来交易清晰明确，与周某不存在人格混同的情况。正×公司表示真实性认可，证明目的不认可，根据《公司法》(2018 年)第六十二条的规定，一人有限公司的财务报告必须经过会计师事务所审计。

法院审查后认定：(1)宝×公司作为一人有限公司，未依法进行年度财务会计审计,违反法律规定的强制性义务,应承担由此产生的不利后果;(2)周某所举证据不足以证明其财产独立于宝×公司。

【裁判结果】

一审法院判决:周某对(2020)陕0116民初8290号民事调解书确定的宝×公司的债务承担连带责任。

二审法院判决:驳回上诉,维持原判。

【案件解析】

本案主要争议焦点问题:一是本案是否构成重复起诉;二是周某是否应当就宝×公司的债务承担连带责任。

关于本案是否构成重复起诉。根据民事诉讼法的相关规定,重复诉讼应当同时符合三个条件:(1)后诉与前诉的当事人相同;(2)后诉与前诉的诉讼标的相同;(3)后诉与前诉的诉讼请求相同,或者后诉的诉讼请求实质上否定前诉裁判结果。本案当事人及诉讼请求显然与正×公司与宝×公司之间的买卖合同纠纷案件不同,因此周某关于本案构成重复起诉的理由不成立,法院不应支持。

关于周某是否应当就宝×公司的债务承担连带责任。一人有限责任公司股东为一个自然人或一个法人,在缺乏股东相互制约的情况下,一人有限责任公司的股东容易利用控制公司的便利,混淆公司财产和股东个人财产,将公司财产充作私用,同时利用公司独立人格和有限责任规避债务,损害债权人利益。在此情况下,为了保护公司债权人利益,降低交易风险,公司法通过年度法定审计和公司人格否认举证责任倒置来加重公司和股东义务,加强对一人有限责任公司的法律规制。本案中,宝×公司作为一人公司,未依法进行年度财务会计审计,违反法律规定的强制性义务,应承担由此产生的不利后果;且周某所举证据亦不足以证明其财产独立于宝×公司,因此,其应对宝×公司的债务承担连带责任。

案例108　公司在办理注销登记过程中未对债务进行清算,债权人有权要求股东承担连带清偿责任

——郭某民与苏某等股东损害公司债权人利益责任纠纷案

【基本案情】

原告:郭某民

被告:宋某园

被告:苏某

一审法院:北京市通州区人民法院

案号:(2021)京0112民初39978号

二审法院:北京市第三中级人民法院
案号:(2022)京03民终10969号

郭某民向北京市通州区人民法院提起诉讼,请求判令:(1)二被告对北京艺×诚顺家具有限责任公司(以下简称艺×公司)向郭某民退还30万元预付款的责任承担连带清偿责任;(2)诉讼费用由二被告承担。事实与理由:2020年8月12日,二被告注册于北京市通州区的艺×公司接收了郭某民的预存款30万元,拟用于购买家具。现该艺×公司已以实际行动拒绝履行预付款合同,恳请法院判决二被告返还郭某民预付款30万元,并判令其承担本案全部诉讼费用。

宋某园、苏某辩称,不同意郭某民的诉求,30万元抵充了家具购买款,郭某民尚欠公司家具款124万元。本案案由是股东损害债权人利益责任纠纷,依据《公司法》(2018年)第二十条第三款的规定,即使法院认为公司应该向郭某民返还30万元预付款,二被告也不对此承担连带责任,因为不存在滥用法人独立地位和股东有限责任损害公司债权人利益的行为。公司注销的事情宋某园年龄大了,应该是找人办的注销,具体责任承担主体不清楚,以工商档案为准。

法院查明事实如下:郭某民提交书面证明,内容如下:"郭某民先生预存在我单位叁拾万元整(两根原木已经退回,合同标的同为叁拾万元整。相互抵冲),用于购买家具。"加盖艺×公司公章,时间为2020年8月12日,宋某园签字。郭某民提交《北京市家具买卖合同》,显示家具名称为紫檀圆柱,紫檀木(俗称小叶檀)2棵,(带国家证书)(带树……此处不清晰),合计人民币30万元,定做家具图纸提供办法要求为现货,卖方处加盖艺×公司公章,买方处郭某民签字,时间为2016年11月12日。2016年11月21日,郭某民向宋某园转账30万元。全体投资人(发起人)承诺书内容为:"现向登记机关申请艺×公司的简易注销登记,并郑重承诺:本企业申请注销登记前未发生债权债务/已将债权债务清算完结,不再存在未结清清算费用,职工工资,社会保险费用、法定补偿金和未交清的应缴纳税款及其他未了结事务,清算工作已全面完结。本企业承诺申请注销登记时不存在以下情形:涉及国家规定实施准入特别管理措施的外商投资企业;正在被列入企业经营异常名录或严重违法失信企业名单的;存在股权(投资权益)被冻结、出质或动产抵押等情形;有正在被立案调查或采取行政强制、司法协助、被予以行政处罚等情形的;企业所属的非法人分支机构未办理注销登记的;法律、行政法规或者国务院决定规定在注销登记前需经批准的;不适用企业简易注销登记的其他情形。本企业全体投资人(发起人)对以上承诺的真实性负责,如果违法失信,则由全体投资人(发起人)承担相应的法律后果和责任,并自愿接受相关行政执法部门的约束和惩戒。"宋某园、苏某签字,加盖艺×公司公章,时间为2020年11月6日。郭某民提交上述证据证明其从艺×公司购买紫檀圆木2根,总价款30万元，后其向艺×公司提出退货退款，艺×公司同意，但当时宋某园称没有现金故向艺×公司出具了预存30万元的书面证明，但此后郭某民未向艺×公司购买家具，故要求退款，但艺×公司注销登记，故起诉股东。宋某园、苏某对上述证据的真实性认可，但称上述30万元已经抵充了家具款。2016年年初，郭某民还向艺×公司购买了价值154万元的紫檀家具，送货时郭某民对家具不满意，希望调换，2021年3月3日，艺×公司将家具送至郭某民指定地址，郭某民未签收也不同意工人将家具运回，后又与宋某园进行协商未果。

宋某园、苏某提交微信聊天记录，证明郭某民定做价值154万元的家具，分别为紫檀万历柜、紫檀大床、紫檀龟背纹画案，郭某民对上述证据的真实性认可，称系其发送的微信图片，但称上述家具与本案诉争的30万元无关，宋某园、苏某申请证人刘某、韩某水、李某砖、邓某兵到庭参加诉讼，其中，刘某为二被告现经营的天津可×兰管材制造有限公司（以下简称可×兰公司）的经理，称郭某民为可×兰公司的客户，2020年5月开始生产紫檀万历柜、紫檀大床、紫檀龟背纹画案家具，2021年3月23日向郭某民位于通州的地址送货，但郭某民未签署收货单，后郭某民与宋某园进行当面协商，协商结果其不清楚。刘某称郭某民有两根原木放在宋某园经营的公司代卖，刘某向宋某园请示后，宋某园同意，现在两根原木在天津的工厂里，2020年8月12日，艺×公司出具的书面意见中的30万元具体用于购买什么家具其不清楚，以为是上述的三件紫檀家具。另外三位证人均为可×兰公司雇用的员工，证明参与2021年3月23日向郭某民的送货，郭某民收货后未出具收据，后郭某民与送货人员一起回到公司向宋某园回复的事实。

郭某民提交《北京市家具买卖合同》2份，第一份时间为2017年5月7日，家具名称为龟背纹画案1件、四出头官帽椅1把，材质均为紫檀木，合计人民币30万元，买方处郭某民签字，卖方处加盖北京宋氏檀坊家具有限公司公章。另一份合同签订时间为2018年1月10日，家具名称为雕山水双人床，材质为紫檀木，总价为48万元，换回红酸枝双人床28万元，合计人民币20万元。卖方处加盖艺×公司公章，买方处郭某民签字。郭某民据此证明双方存在其他合同关系，二被告所称的154万元的家具另有上述合同约定履行，与本案无关，且上述家具的价值也非154万元，其认为双方关于上述三件家具的买卖合同已经履行完毕，与本案无关，现郭某民不再从宋某园、苏某经营的公司购买家具，故要求退款30万元，宋某园、苏某无权强行要求郭某民再购买家具。郭某民提交2020年8月12日其与宋某园的现场录音，郭："别这么写，你就写那什么吧，写预存30万元吧"宋："行吧。"郭："你写郭某民预存在单位30万元，用于购买家具。"宋："好。"……苏某、宋某园认为上述录音只是截取了片段，是断章取义。

关于公司注销登记的过程，宋某园称因其经营的艺×公司遇到拆迁，其将工厂搬到天津市，故办理了艺×公司的注销登记手续，称其注销登记时并未做虚假陈述，在宋某园的认知里认为已经达成用本案诉争的30万元抵充家具款的协议。

法院审理后认定，对宋某园、苏某所称用本案诉争30万元折抵另一笔家具款154万元的意见，其提交的证据不能证明其主张。

【裁判结果】

宋某园、苏某对已注销登记的艺×公司向郭某民应退还的30万元承担连带清偿责任，于判决生效之日起7日内履行完毕。

如未按判决指定的期间履行给付金钱义务的，应当依据《民事诉讼法》(2021年)第二百六十条之规定加倍支付迟延履行期间的债务利息。

【案件解析】

《最高人民法院关于适用〈中华人民共和国公司法〉若干问题的规定(二)》第十九条规定，有限责任公司的股东、股份有限公司的董事和控股股东，以及公司的实际控制人在公司解散后，恶意处置公司财产给债权人造成损失，或者未经依法清算，以虚假的清算报告骗取公司登记机关办理法人注销登记，债权人主张其对公司债务承担相应赔偿责任的，人民法院应依法予以支持。

本案中，艺×公司在向郭某民出具预存30万元款项在艺×公司的书面证明后依法注销，在办理注销登记过程中未对该笔债务进行清算，故郭某民有权要求艺×公司的股东宋某园、苏某承担连带清偿责任。对宋某园、苏某所称用本案诉争30万元折抵另一笔家具款154万元的意见，其提交的证据不能证明其主张，如宋某园、苏某认为与郭某民就另一笔家具款154万元存在纠纷，其可另案主张权利。

案例109 股东在公司被吊销营业执照后未组织对公司进行清算，无法提交公司主要财产、账册等清算所必需的材料的，债权人可主张其对公司债务承担连带清偿责任

——孙某与李某军股东损害公司债权人利益责任纠纷案

【基本案情】

原告：孙某

被告：李某军

第三人：北京融×鼎盛资产管理有限公司(以下简称融×公司)

审理法院：北京市昌平区人民法院

案号：(2021)京0114民初17114号

融×公司的股东系郭某存(持股60%)和李某军(持股40%)，李某军任融×公

司的副总经理,李某军之妻刘某为融×公司的法定代表人。北京鼎×股权投资基金管理有限公司(鼎×股权公司)的股东为郭某超和郭某存。

2014 年 12 月 1 日,孙某与融×公司、郭某超签订了借条一张,内容为融×公司向孙某借款 50 万元,借款期限 1 年,年息 13%,2015 年 6 月 1 日付息 32,500 元,2015 年 12 月 1 日还本付息 532,500 元。同日,孙某向融×公司转账 50 万元,备注投资。融×公司收到该款项后,同日支付王某 2.5 万元、付某 6 万元,向郭某超转账 41.3 万元。

2017 年 3 月 24 日,朝阳区法院作出(2016)京 0105 刑初 1569 号生效刑事判决书,认定孙某提出投资条件为孙某之夫付某担任融×公司的法律顾问,郭某存同意该条件,并虚构投资项目骗取孙某投资款 50 万元,同日预支付法律顾问费 5 万元,在快到分红期前由融×公司向郭某超转账 46 万元,故郭某存有非法占有的目的,犯合同诈骗罪,并责令其向孙某退赔 44 万元。李某军的证言另显示:其 2013 年 4 月至 2017 年任融×公司的总经理,一日业务员带付某来公司投资 50 万元,后来又说要改借条,其告知员工该借款要把合同原件收回来,后来员工就去做手续了,具体手续其不清楚,之后知道投资的项目是 2013 年一个没做成的项目,具体由郭某存负责。

2021 年 5 月 14 日,朝阳法院作出(2019)京 0105 民初 66221 号生效民事判决书,载明刑事退赔执行程序中郭某存无财产可供强制执行,执行程序已经终结,且郭某存虽构成合同诈骗罪,但融×公司与孙某之间签订的合同仍应产生拘束力,故判决融×公司返还孙某借款本金并 44 万元及支付利息(以 44 万元为基数,自 2014 年 12 月 1 日起计算至实际付清之日止,按年息 13% 为标准),扣除(2016)京 0105 刑初 1569 号刑事判决书中实际退赔孙某的金额;郭某超对上述第一项承担连带清偿责任。至本案诉讼时,孙某未获得任何清偿。

另查,2018 年 10 月 16 日,融×公司已经被吊销营业执照,但至今仍未办理清算和注销手续。

庭审中,孙某陈述称:(1)融×公司和鼎×股权公司之间的人员状况混同,即便仅从 50 万元的流向来看,财务状况也存在混同,现在融×公司迟迟未进行清算程序导致其现有资产无法查清,孙某无法获得清偿;(2)李某军作为持股 40% 的股东、法定代表人的丈夫以及参与经营的副总经理,在刑事判决书中认可其知晓孙某来公司投资的事,并告知员工去换合同,也未提交任何证据证明自己是被冒名登记,现在未按照公司法的规定履行清算义务,应当对融×公司欠付孙某的债务承担连带清偿责任。李某军陈述称,其在公司仅工作半年,且与刘某均是打杂的普通员工,是被冒名登记并不知情,无法提交公司账册。

上述事实,有借条、转账记录、(2016)京 0105 刑初 1569 号刑事判决书、(2019)京

0105 民初 66221 号民事判决书、生效证明、工商登记信息及当事人的当庭陈述在案佐证。

孙某提起诉讼，请求判令：李某军对融×公司在(2019)京 0105 民初 66221 号民事判决书向孙某负担的债务[本金 44 万元及利息(以 44 万元为基数，自 2014 年 12 月 1 日起计算至实际付清之日止，按年息 13% 为标准)，扣除(2016)京 0105 刑初 1569 号刑事判决书中实际退赔孙某的金额]承担连带清偿责任。

李某军答辩称：(1)本案的 50 万元是郭某存的诈骗行为，借款是诈骗手段，所以融×公司和孙某之间不是民间借贷。(2)本案所涉的融×公司和鼎×股权公司都是郭某存实际控制的，郭某存利用这两家公司犯罪，犯罪行为造成了孙某的损失，但与李某军无关。(3)这笔钱只是到达了融×公司账户，具体用途其并不清楚。(4)孙某并未提交证据证明李某军损害了孙某的利益，郭某存的赃款也没有到达李某军的账户。(5)其和其妻子刘某都只是融×公司的普通员工，是被冒名登记为公司的股东和法定代表人，所以其无法控制公司的实际经营，也无法对公司进行清算，自然不应当承担股东不能清算公司的法律责任。综上，请求驳回孙某的诉讼请求。

融×公司经法院公告传唤未到庭参加诉讼，亦未提交书面答辩意见。

法院审理后认定：(1)李某军关于因本案系郭某存的犯罪行为引发，不应由其承担责任的抗辩意见，因本案中公司欠付孙某的义务已经经生效判决认定，而孙某的请求权依据为李某军未依法履行股东的清算义务而引发的侵权责任，故该抗辩意见并无关联，不予采信。(2)李某军关于其工作时间仅为半年、仅负责后勤、是被冒名登记的抗辩意见，与现有证据和之前其在其他案件中的陈述证言均显然不符、前后严重矛盾，对其相关意见，不予采信。

【裁判结果】

1. 李某军对融×公司应当向孙某清偿的债务[本金 44 万元及利息(以 44 万元为基数，自 2014 年 12 月 1 日起计算至实际付清之日止，按年息 13% 为标准)，扣除(2016)京 0105 刑初 1569 号刑事判决书中实际退赔孙某的金额和(2019)京 0105 民初 66221 号民事判决书中连带责任保证人郭某超履行的金额]承担连带清偿责任，于本判决生效之日起 10 日内付清；

2. 驳回孙某的其他诉讼请求。

如果未按判决指定的期间履行给付金钱义务，应当依照《民事诉讼法》(2021 年)第二百六十条之规定，加倍支付迟延履行期间的债务利息。

【案件解析】

根据《公司法》(2018 年)第二十条第三款的规定，公司股东滥用公司法人独立地位和股东有限责任，逃避债务，严重损害公司债权人利益的，应当对公司债务承担连带责任。根据《最高人民法院关于适用〈中华人民共和国公司法〉若干问题的规定

(二)》第十八条第二款的规定，有限责任公司的股东、股份有限公司的董事和控股股东因怠于履行义务，导致公司主要财产、账册、重要文件等灭失，无法进行清算，债权人主张其对公司债务承担连带清偿责任的，人民法院应依法予以支持。

本案中，融×公司欠付孙某的债务已经经生效民事判决书认定完毕，而作为融×公司股东的李某军，自2018年10月16日公司被吊销营业执照后始终未组织对公司进行清算，且明确表示无法提交公司主要财产、账册等清算所必需的材料。综合以上情形，应当认定李某军存在“怠于履行清算义务”导致公司清算不能的情形，故孙某有权要求李某军对融×公司的债务承担连带清偿责任。